Friedrich Christoph Jonathan Fischer

Erbfolgsgeschichte der Seitenverwandten in Deutschland

Friedrich Christoph Jonathan Fischer

Erbfolgsgeschichte der Seitenverwandten in Deutschland

ISBN/EAN: 9783743692497

Hergestellt in Europa, USA, Kanada, Australien, Japan

Cover: Foto ©ninafisch / pixelio.de

Weitere Bücher finden Sie auf **www.hansebooks.com**

Friderich Christoph Jonathan Fischer,

Erbfolgsgeschichte

der

Seitenverwandten

in Teutschland.

―――

Leipzig,
im Schwickertschen Verlage
1782.

Sr. Excellenz
Herrn
Karl Eberhard
von Waechter.

Königl. Dänischen Kammerherrn und Außerordentlichen Gesandten an verschiedenen teutschen Höfen
gewiedmet.

Vorbericht.

Wenn man will, so kann man dieses Werk als eine Fortsezung des Versuchs über die Geschichte der teutschen Erbfolge betrachten; bei der Königl. Censur zu Berlin hatte es die Auffschrift: Abhandlung vom Fallrecht, und ist nach der Gewohnheit des Authors halb dogmatisch und halb historisch geschrieben. Diese Art des Vortrags scheint bei gewissen juristischen Schriften die bequemste und brauchbarste zu seyn, ja sie ist manchmal nothwendig; denn in teutschen Rechtssäzen sind so viel Veränderungen vorgegangen, und es ist so oft zu dem Urbegriffe etwas hinzugethan, oder davon hinweggelassen worden, daß man unmöglich deutlich seyn kan, wenn man nicht den historischen Vortrag erwählt, und ihn nur an gewissen Stellen mit dogmatischen Auseinandersezungen begleitet. Auf diese Weise, und indem man die historische Entstehung der heutigen Rechtswahrheiten verfolgt, lernt man ihre wesentliche Eigenschaften am besten kennen, weil ohngeachtet aller Zusäze und Vermischungen doch vom Urbegriffe immer noch sehr viel übrig geblieben ist. Diese Methode hat der A. sogar bei Deduktionen erwählt und Beyfall gefunden. *) Es wurden dadurch Manche zur Durchlesung der Schrift angelockt, denen sonst für allen juristischen Ausführungen ekelt. Seine Art die Beweisstellen zu häufen und zu ordnen, schien an einigen Orten zu misfallen, und man wolte sie nicht für modern halten. Allein diese hatten gewiß eine Originalausgabe der neusten historischen und juristischen Werke der Engländer in die Hände bekommen; denn die sind fast

---

*) Geschichte des Vertrags von Pavia. Geschichte der Straubingischen Erbfolge im II. B. der Kl. Schriften. Halle 1781. V. Stück der Erbfolgsgeschichte des Herzogthums Baiern, Leipzig 1780.

alle auf diese Art formirt. Ueberall werden die Hauptbeweisstellen in gedrängter Anzahl hinterhergetragen, und ihnen meist noch ungedruckte Urkunden beygesellt. Da vorzüglich in diesem Werke viele Hauptlehren als irrig angegriffen, und Streitsäze der Publizisten aufgelöst sind, so war zu Befestigung ihrer Gewißheit nöthig, die Ausführung mit einer Anzahl Beweisstellen zu belegen, die dem Leser zur vollständigen Ueberzeugung gleich im Auszuge mußten vorgehalten werden, zumal nicht jeder Gelegenheit hat, die Werke, woraus sie genommen, selbst einzusehen, und sie auch zu andern Arbeiten brauchbar sind. Die Geschichte der weiblichen Erbfolge im Grundeigenthume ist hier sehr genau entwickelt, und weil sich dabei ganz neue Rechtswahrheiten aufdeckten, so mußten dieselbe sogleich durch Induktionsschlüße mit der gehörigen Anzahl Beweisstellen beurkundet werden. Eben so ist die wahre Natur des Regredienterbrechts mehr ins klare gebracht, und gezeigt worden, daß die Gelehrten, die über seine Prinzipien verschiedener Meinung zu seyn schienen, einander im Grunde nicht widersprächen, und nur nicht aus den rechten Prinzipien die Folgerungen gemacht hätten.

Das Fallrecht macht eine Hauptgattung der teutschen Erbfolge im Mittelalter. Es haben daher eine große Anzahl Schriftsteller diesen Gegenstand bald im ganzen Umfang bald stückweise bearbeitet, wie davon der Geheimerath Koch in Gießen ein großes Verzeichnis liefert. Indeß kan der A. jeden Rezensenten auffordern, seine gegenwärtige Darstellung dieser Erbordnung mit den Arbeiten aller andern zu vergleichen, und sein Urtheil verlangen, ob er nicht dieses Sujet so behandelt habe, als wenn Niemand dabei sein Vorgänger gewesen wäre. Was den Ursprung dieses Rechts, seinen Zusammenhang mit dem ganzen germanischen Erbsystem und seine eigenthümliche Erbordnung betrifft, so wird man hier Sachen finden, die man überall vergeblich sucht. Zugleich sind neue

Aussichten gezeigt, wie aus diesen Lehrsäzen andere zweifelhafte und sehr bestrittene Rechtssäze bestimmt werden können. Ist je über eine Materie viel geschrieben und gezankt worden, so ist es gewiß über die Lehre von der Regredienterbschaft geschehen? Hierinn aber ist gewiesen, daß sie ihre sichere Bestimmung bloß aus den fallrechtlichen Prinzipien empfange. Doch man muß den Leser mit dem Innhalte des Buchs etwas näher bekant machen.

In der Einleitung sagt der A. daß er jezo die Erbgattungen zu untersuchen hätte, die sich bei einer kinderlos getrennten Ehe äußerten. Die Hauptgattung derselben wäre das Fallrecht, dessen verschiedene Benennungen er §. 1. berührt, und §. 2. die Ursache davon angiebt. §. 4. untersucht er die Frage, in wie weit den Eheleuten bei kinderloser Ehe die willkührliche Disposition ihrer Güter zugestanden hat. — I. Hauptst. Ehliche Erbeinsazung bei einer kinderlosen Ehe: lehrt die besondern Gebräuche, womit dergleichen Eheleute einander ihr Vermögen von Todeswegen geschenkt haben, und zeigt die Spuren davon in den ältesten Angelsächsischen Gesezen und die Ueberbleibsel dieser altgermanischen Auflaßung vor Gerichte in den heutigen testamentis coniugum reciprocis. II. Hauptst. Ehliche Beerbung der Kinder: der A. zeigt, wie diese Art von Erbfolge im alten Rechte unnatürlich gefunden worden ist, und man daher dieselbe nicht Erbschaft, sondern den Anfall, Escaeta geheisen hat. Der Grund davon ist, weil das Grundeigenthum bei der ersten Staatseinrichtung den gleichzeitigen Besizern für ihre ganze Nachkommenschaft gegeben worden. §. 9. hebt der A. den anscheinenden Widerspruch der beiden Sprüchwörter. Es stirbt kein Gut zurück, sondern vorwärts; und das Kind fällt wieder in der Mutterschoß; weil es dem Geist der teutschen Erbordnung gemäß seye, daß so lange Nachkömmlinge von jemand existirten, davon der

Eine oder der Andere Erbgut von ihm empfangen hätte, so lange dieses mit Ausschluß dessen, von dem es herrührte, unter ihnen vererbt würde, und erst dann fiele es an ihn wieder zurück, wenn von ihnen allen der Lezte gestorben wäre. §. 10. beleuchtet er die Materie aus dem Rechtssaze, das Erbe geht nicht außer dem Busen ꝛc. *) III. Hauptst. Fallrecht. Diß ist die alte teutsche Erbfolge der Seitenverwandten, wenn keine Kinder in der Ehe erzeugt worden sind, äußert sich also bloß bei dem Sterbfalle verheiratheter Personen. I. Abschn. Grund des Fallrechts. Der verliert sich ebenfalls in der allgemeinen Quelle des germanischen Erbrechts im Samteigenthume, insbesondere aber wird er hier aus dem stillschweigenden Samteigenthume abgeleitet. Gelegenheitlich wird hier das Samteigenthum als der Grund des teutschen Erbwesens gegen verschiedene neuere Einwürfe vertheidigt, und aus dem Losungsrechte, dem Rechtsaze: der Todte vererbt den Lebenden, und aus dem teutschen Pflichtheile mehr bekräftiget. Ueberhaupt §. 16. 17. aus der

*) Urthel der Schöppen zu Magdeb. vom 15. Jahrh. in Halt. Gloss. col. 200. vnd hab gelaßen eyne Summe Geldis, dy om vou Vater vnd Muter Teyl, alz von Gütern ouch in Wigbilde gelegen wart vßgemacht. Nu fordert nyne Muter das Geld, vnnd meynt, sy sulle dy nehste syn, dann das sy des toden Kindes Großmuter ist, vnd stehet ufwart in dem rechten Stamme vnde Buseme, dornß das Erbe nicht gehin sal, dywyle ymant aldar ist. Ein anders Urthel ebendaselbst. Duch ist die nehste Sippe vßwendig dem rechten bosem dem erben Hergerethe abir der Gerathe nehir, wenn die, die vern sippit yn dem rechten Bosemen vnnd in der rechten Lyneen nach magdeburgischem Rechte. Is en were denn, daß eyn Man eynen ungesunderten Son mit ym yn dem Huse hette, were daß der abegynge vnde Kinder liße, die in der Gewere verstorben wern, die wern nehir czu dem Erbe yres eldirvaters, denn die, dy sich nehir sipthen außwendig dem rechten Bosemen, ab sie seinen tod lebiten.

Statistik noch) allerlei Erläuterungen über dieses allgemeine völkerrechtliche Prinzipium gegeben, wodurch die ersten Hauptstüke des V. Versuch über die Geschichte der teutschen Erbfolge supplirt werden. II. Abschn. **Fallrechtlicher Niesbrauch:** bei der teutschen Erbfolge der Seitenverwandten behält der überlebende Ehegatte den Niesbrauch am liegenden Gute. Der A. zeigt seinen Ursprung, und seine Uebereinkunft und Abweichung vom verfangenschaftlichen Niesbrauche. §. 19. bemerkt er die Rechte, welche die Obrigkeit vermöge des Staatsobereigenthumsrechts über diese Güter auszuüben hat. III. Abschn. **Fallgüter.** Das sind nach dem A. weder alle unbewegliche Güter, noch uneingeschränkt alles Erbgut, sondern nur liegende Gründe, die jemand eigenthümlich erworben und bereits auf einen seiner Nachkommen vererbt hatte. Diese Vererbung mußte aber auf die Descendenz geschehen seyn. Doch scheint hierinn das neuere Recht von dem ältern abzuweichen, und weniger strenge zu seyn, da man den Grundsaz, saisina facit stipitem angenommen hat. §. 21. wird auf die Verschiedenheit dieser Grundsäze gegen das Verfangenschaftsrecht Rücksicht genommen.

IV. Abschn. **Ehliche Beerbung der Errungenschaft und Fahrnis bey Fallrecht.** Hier bemüht sich vorzüglich der Verfasser zu zeigen, daß diese eine eigene Vermögensmasse ausgemacht hätte, die nach teutschen Grundsäzen auf eine besondere und von der Liegendschaft abweichende Art vererbt worden seye; bei derselben ward nicht mehr auf die Linie gesehen, woher die Güter rührten, sondern bloß auf die Nähe des Grads. Zuerst aber kam dieses Vermögen mit Ausschluß der Verwandten des Erblassers an den zurückgebliebenen Gatten, und von ihm ganz an seine eigene Anverwandtschaft. §. 23. ist der Grund angezeigt, warum hier bei Grundeigenthum die samteigenthümlichen Prinzipien nicht statt haben.

V. Abschn. **Eheliche Obliegenheit alle Schulden zu bezahlen.** Nach teutschem Rechte beruhte alle Verbindlichkeit, Schulden zu bezahlen auf dem Besize des Mobiliarvermögens. Weil nun dieses ganz in die Hände des überlebenden Gemahls kam, so mußte der auch alle Schulden übernehmen. VI. Abschn. **Fallrechtliche Erbordnung.** Aus dem Fallrechte erklärt sichs, warum im Mittelalter die Kinder erster Ehe die von der zwoten und den übrigen Ehen ausgeschlossen haben. Die Teutschen waren bedacht, die Güter, die in eine Ehe gebracht waren, bei der Descendenz dieser Ehe zu erhalten. Daher auch der Vorzug der vollen Geburt vor der halben. Zugleich weist der V. daß die ungleichen Rechte in Ansehung der zwoten Ehe die im römisch-kanonischen und teutschen Rechtssammlungen vorkommen, aus ganz verschiedenen Quellen herrühren. Die Geschwister giengen allen Geschwisterkindern vor,*) bis das Vertretungsrecht eingeführt wurde, zu dessen Geschichte der V. §. 29. 30. viele Beyträge liefert. §. 31. Zeigt er die Verwirrung, die im teutschen Successionssystem, durch die Anwendung der dabei zum Grunde liegenden Prinzipien des römischen Rechts entstanden sind. Die Successionsordnung bei Fallrecht gieng zuerst auf die niedersteigende Linie, und dann, wann hier keine mehr vorhanden waren, so stieg man eine Linie aufwärts, und rufte derselben Seitenverwandten mit Ausschluß ihres Stammvaters zur Erbschaft. Ein solcher Erbfolger mußte aber seine Verwandtschaft beweisen.**) Eben daher ist

---

*) W:gen Nähe des Glieds. art. addit. Schraae nov. ap. Emmingh. mem. Susat. p. 244. §. 6. Dat nechst lidt, vry, und recht geboren, ervet, und moigen geine Kinder in einer Möder Stede stain, off in eres Vaders Stede.

**) cit. l. Schraae novae. §. 7. Wey nu erve meynet to boiren in unse Stad, is da nicht Kind off Broder, dei moit sich dartho besippen, und sulcks bewisen mit frommen Lüden, dat hei dei nehste sy.

zwischen den zwey französischen Rechtssäzen, L'oncle exclud le neveu; Le Neveu exclud l'oncle kein Widerspruch *). §. 33. Beleuchtung des alten sächsischen Ganerbs, und 34. seine Verschiedenheit vom Fallrecht. Es wird nicht auf die Nähe des Grads bei Fallrecht gesehen, sondern zuerst Geschwister und ihre Descendenz, dann Oheimen und Muhmen mit ihrer Descendenz; endlich Großoheimen und Großtanten mit ihrer Nachkommenschaft. So steigt man von Stamme zu Stamme aufwärts, nur daß beständig der Stifter eines Stamms ausgeschlossen bleibt, so lange noch jemand von seiner Nachkommenschaft sich vorhanden befindet. Eben so bleibt der Erbgang beständig auf einem und demselben Hauptstamme, und darf nicht auf einen bloß verschwägerten Stamm übergehen. Bestätigung der Materie durchs Näherrecht. Bei der Collateralsuccession gilt die Regel: man steigt so lange aufwärts, bis man einen Stammvater findet, von dem sowol die Gabel des Stamms herrührt, als auch noch jemand von seiner Nachkommenschaft am Leben ist. Es erbt dann der Nächste in Beziehung auf den nächsten Stammvater, und nicht in Rücksicht auf den Erblasser; denn es ist dabei bloß zu erweisen, daß man mit diesem einerlei Stammvater habe, und nicht, daß man mit ihm sehr nahe verwandt sey. Der V. stellt die Materie durch die Auseinandersezung der teutschen Berechnung der Grade der Blutsfreundschaft in ihr gehöriges Licht.

VII. Abschn. Aehnlichkeit der fallrechtlichen Erbordnung mit der Stammfolge. Nachdem die Gattungen der Stammfolge gezeigt worden, so wird endlich aus der alten Collateralerbfolge die fallrechtliche Erb-

---

*) *Arrest. Parlam. de* 1283. *ap. Du Fresne in Gloss. T. I. P. I. col.* 311. Et in hoc casu nepos patruum excludit, cum idem nepos suo iure et generali consuetudine in omnibus personam prioris donatoris repraesentet.

ordnung mit bemerkten Abweichungen entwickelt; zugleich aber aus der Stammfolge Aussichten zu Bestimmung der streitigen Successionspunkte beim Regredienterbrechte gegeben, und erwiesen daß sich alle Erbfolge der Seitenverwandten auf eine gewisse Anzahl Grade einschränkt. VIII. **Abschnitt. Verhältnis des Fallrechts zur Lehenfolge.** Die longobardische Lehenfolge ist der alten Collateralerbfolge gleich, und folglich ist sie ein solches Fallrecht, das sich bloß auf der väterlichen Seite äußert. IX. **Abschnitt. Geschichte von Entstehung des Fallrechts.** Man bedang sich in dem ältern Rechte den Rückfall der Güter, welche jungen Eheleuten in die Ehe mitgegeben wurden. Diß war besonders bei den Töchtern erlauchter Personen üblich und eine Folge des alten samteigenthümlichen Familiensystems; ward aber in den Urkunden doch zu Bewahrung des Andenkens angemerkt. §. 41. zeigt man den Ursprung der Ausstattung der Söhne, nach der Analogie der töchterlichen. Jezo nachdem zwey Vermögensmaßen da waren, davon jede an ein verschiedenes Geschlecht zurückgieng, entstand Fallrecht, und sein Epoche trat um die Zeit ein, da das weibliche Geschlecht des grundeigenthümlichen Erbrechts fähig gemacht wurde. Vorher konnte es unmöglich existiren; welches gegen Blackstone weiter ausgeführt wird. Zum Beweise dieser Säze muß der Autor im I. Absaze. **Beleuchtung des weiblichen Erbrechts im Grundeigenthume**, die ganze Geschichte der weiblichen Erbfolge näher entwickeln. Er bekräftigt hier seine im Versuche einer Geschichte der teutschen Erbfolge aufgestellten Grundsäze, und belegt fast jede Zeile mit 20. 30. u. 50. Beweisstellen *) auf einmal, um die

---

*) Zu den S. 84. Note g) vorkommenden Beweisen gehört noch: art. addit. *Schraae nov. ep. Emmingbaus in Mem. Sufat. n. 5. p. 242. §. I.* Man und Frau, sterven de bebe, und laten rechter Kind, et syn Söhne off Döchter,

Vorbericht.

Gewißheit seiner neuen Wahrheiten evident zu machen. Dann gibt er auch neue Prinzipien an, woraus die Materie vom Regredienterbrecht und besonders das vorzügliche Erbrecht der nächsten Anverwandtin des lezten Besizers für den entferntern Regredienterbinnen, bestimmt werden kan und zeigt, wie im Wesentlichen beide streitenden Hauptpartheyen einander nicht widersprechen, und unter gewisser Einschränkung jede Recht hat, und nur die ächten Prinzipien ihrer Behauptungen verkannt haben. II. Absaz. **Nähere Entwicklung des Ursprungs des Fallrechts.** Hier ist der Ursprung der Erbfolge der Seitenverwandten chronologisch hergeleitet. Man trift das teutsche Fallrecht bei den Bukaren, Israeliten, Indianern uud bei den Negern auf der Goldküste an. In

ebber Söhne und Döchter tesahmen, de synd alle glyck nahe tho eren nalaten Gute, et sy Erffgut oder Leengud, off varende Gut.

Zu S. 86. Note i) aber gehört: Uracher Vertrag der Grafen Ulr. und Eberh. von Würt. von 1473. bei Sattler Geschichte des Herzogthums Würt. Th. 3. S. 104 "Wann er aber ohne Leibserben mit Tod abgienge, und nur Töchter hinterließe, so sollen ihre Vettern, welche die Graf- und Herrschaften erbten, solche bis in das 14. Jahr ihres Alters auferziehen, alsdann verheirathen, und nicht uur 8000 Fl. Heiratguth geben, sondern auch mit Kleinoden und anderm Standesmäßig aussteuern, dagegen aber solche verheirathete Töchter auf alle Anfälle Verzicht thun, daß also sämtliche Grafen die Gerechtigkeit der weiblichen Nachfolge auf diesen Graf- und Herrschaften gänzlich aufgehoben haben, bis auf den Fall, wenn keiner mehr von ihnen vorhanden, und das ganze männliche Geschlecht derselben abgegangen wäre, und des leztverstorbenen Töchtern ein besonderer Vorzug bestättigt worden." *Du Fresne in Gloss. med. aeui Tom. I. P. I. col.* 310. Appaner une fille est dotem seu legitimam portionem bonorum filiae conferre, ita vt caeteris haereditatis bonis renunciet in consuet. Nivern. c. 23. a. 24. Marcb. a. 220. 224. Burbon. c. 265.

Teutschland zeigt es sich schon in den ersten barbarischen Gesezbüchern und in den ältesten Rechtsformeln; dann erscheint es in dem alten normännischen und im englischen Rechte. In Frankreich ist es ebenfalls in der alten und neuern Rechtsverfassung üblich, desgleichen in Schweden, hernach kömmt es im Lowbuch, in dem alten Rechtsbuche des preußischen Adels, und in den niederländischen Statuten vor. Seine Allgemeinheit in Teutschland beweisen das Kaiserrecht, schwäbische Landrecht, und eine ungeheure Anzahl alter und neuer statutarischen Rechtsbücher. Es war nicht nur beim Bürgerstande üblich, sondern auch bei dem Adel und bei den Bauern. Daß der Grund des Fallrechts die Erhaltung der Güter bei dem Geschlechte gewesen, zeigt der A. augenscheinlich aus einer Urk. H. Albrechts III von Oesterreich von 1381.

305. et in Consuet. Loci de Thear in Bitur. a. 25. Apanger in Consuet. Silvan. a. 60. Burbon. a. 265. Bitur. tit. 5. a. 17. et Turon. a. 284. Hinc appanare apud *Baluz. Tom. 2. Hist. Arvern. p. 283. in defens. Bob. Delph. contra Guil. Camcris:* „quando pater appanauit filiam suam, quod facere potest virtute consuetudinis praedictae, et filia huiusmodi appanationem probat, nihil amplius petere potest, ex successione bonorum paternorum.

Zu S. 84. Note f) *Dipl. Ottonis Domicelli Danor. de 1333. ap. Gercken in Cod. dipl. Brand. Tom. I. p. 154. n. 84. et p. 158. n. 86.* quod cum ill. Woldemari consensu fratris nostri praed. ac matura deliberatione nostrorum fidelium praehabita, — Ludovico Marchioni Brand. sororio nostro — ob aspectum matrimonii, quod cum nostra sorore Margaretha contraxit nomine dotis seu pro dote eiusdem sororis nostrae assignamus atque damus terram Teualiensem. — — Nolumus etiam, vt ex praemissa donatione — dictae terrae — sorori nostrae Margarethae ad veram suae haereditatis partem, prout aliae filiae regum in Dacia hereditare consueuerant ob antiquum aliquod damnum siue praeiudicium generetur.

Vorbericht.

X. Abschn. Schicksale des Fallrechts in den Händen der Glossatoren und Practiker: Bartoli von Saxoferrato behauptete, daß das Fallrecht im römischen Rechte gegründet seye, und hatte darinn viele Nachfolger, worunter Corneus und Jason. Ein teutscher Rechtsgelehrter Ambrosius Schürer führte seine Lehrsäze in Teutschland ein, und Benedict Carpzov, Medestin Pistor, Matthias Berlich pflichteten ihm bei. Aber Baldo von Ubaldis mit Raimund Saliceto und Raphael Fulgesio behaupteten das Gegentheil, und wollten keine Spur davon im römischen Rechtskörper wahrgenommen haben. Auch dieser Meinung verschafte Nikolaus Everhard in Teutschland Anhänger, die noch mehr Gewicht durch die Beystimmung Samuel Stryks erhielt, der nur einige kleine Einschränkungen machte. Am Ende des XVI. Jahrhunderts zog ein gewisser Italiener Antonin Tessauro die Lehrsäze des Bartoli wieder hervor, und vertheidigte sie gegen die Anhänger des Baldo sehr gelehrt. Da ihm in Teutschland Joachim Schepliz beitrat, und die Juristenfakultät zu Altorf die Materie noch mehr aufklärte, so bekamen sie ein überwiegendes Ansehen.

§. 52. bemerkt der A. den Nachtheil, den das ächte germanische Fallrecht dadurch erlitten hatte, indem eine Parthie der Practiker so viel daran künstelten, bis es den römischen Rechtsprinzipien näher kam, und die andere es ganz aus dem statutarischen Rechte zu verdrängen suchte. Endlich zeigten die zween Väter der Naturrechtslehre Hugo van Groot und Samuel von Pufendorf seine natürliche Billigkeit und Bertrand d'Argentre und Nikolaus Burgund fiengen zuerst an die germanische Rechtsprinzipien davon aufzuklären, und ins Licht zu stellen. **IV. Hauptst. Römisches Fallrecht.** Aus der neuern römischen Rechtstheorie wird gezeigt, daß diese Erbart nicht statt habe, und daß die scheinbaren Spuren, Irrthümer des Justinians seyn. Sicherere Merkmale treffen sich in der theodosiussischen Gesezgebung an, und unverfälscht findet sich die Materie in dem alten antejustinianischen Rechte, die der W. aus der Rechtsgeschichte beleuchtet. V. Hauptstück. Heutiger Gebrauch des Fallrechts und verschiedene Gattungen. Das Fallrecht findet sich noch heut zu Tage in einem großen Theile Teutschlands, den der A. umständlich beschreibt. Es trift sich auch noch da, wo Verfangenschaftsrecht üblich. §. 58. bemerkt der A. einige Gattungen von willkührlichen Abweichungen der spätern Zeit, und §. 59. solche, die aus der Vermischung des Theilrechts entstanden sind. §. 60. wird bemerkt, daß diese Erbart heut zu Tage an einigen Orten in den Eheberedungen festgestellt werde, und §. 61. äußert er den Wunsch, andere Schriftsteller möchten auf diese Art die einzelen statutarischen Rechte bearbeiten, und die dabei vorgegangene germanische Rechtsmischungen und nach und nach bewirkte Abweichungen von der ursprünglichen Gattung zeigen. Das Urkundenbuch besteht aus II. Theilen, davon der Erste, die Hauptbeweisstellen enthält, die unter 19. Rubriken geordnet sind, und der Zweete begreift die ungedruckten Urkunden.

Der Verfasser hat Ursache, dem gelehrten D. Oelrichs zu Berlin für die ihm zu diesem Werke mitgetheilten schäzbaren Bücher seinen verbindlichsten Dank zu sagen.

Innhalt.

Einleitung.

§. 1. Verbindung mit der Erbfolgsgeschichte.
2. Erklärung des Fallrechts und seiner verschiedenen Art.
3. Uneingeschränkteres Eigenthum der Grundstücke.

Erstes Hauptstück.

Eheliche Erbeinsazung bey einer Kinderlosen Ehe.

4. Gesezliche Stellen.
5. Wahre Beschaffenheit.
6. Alterthum.

Zweites Hauptstück.

Eheliche Beerbung der Kinder.

7. Aehnlichkeit mit der Courtesy.
8. Erläuterungen.
9. Beantwortung eines Einwurfs.
10. Erklärung des Worts Busen.

Drittes Hauptstück.

Fallrecht.

11. Eingetretenes Erbrecht der Seitenverwandten.

Erster Abschnitt.

Grund des Fallrechts.

12. Samteigenthum.
13. Neuer Beweisgrund.
14. Beantwortung der Einwendungen des Prof. Hochstetters.
15. Des Zwierleins oder Henkeltheys.
16. Ursprung des Samteigenthums.
17. Nachtrag von mehreren statistischen Zeugnissen.

Zweeter Abschnitt.
Fallrechtlicher Nießbrauch.
§. 18. Verhältnis zum verfangenschaftlichen Nießbrauche.
19. Veräußerung der nuznießenden Güter.

Dritter Abschnitt.
Fallgüter.
20. Ursache der Benennung.
21. Unterscheid von der Verfangenschaft. Schwäbische Fallgüter.

Vierter Abschnitt.
Eheliche Beerbung der Errungenschaft u. Fahrnis bey Fallrecht.
22. Bewegliches und unbewegliches Gut sind zwo abgesonderte Vermögensmassen.
23. Ursache der Gemeinschaft des Errungenen.
24. Besondere Erbordnung dabey.

Fünfter Abschnitt.
Eheliche Obliegenheit bey Fallrecht alle Schulden zu bezahlen.
25. Grund davon.

Sechster Abschnitt.
Fallrechtliche Erbordnung.
26. Vorzug der Kinder erster Ehe.
27. Vorrecht der vollen Geburt.
28. Mangel des Vertretungsrechts.
29. 30. Supplirte Geschichte desselben.
31. Verwirrung durch die Anwendung des römischen Vertretungsrechts.
32. Ausschluß der aufsteigenden Seitenverwandten.
33. Sächsisches Ganerbe.
34. Bey Fallrecht nicht anwendbar.
35. Fallrechtliche Erbordnung steigt von Linie zu Linie aufwärts.
36. Vorbeygehung des Stammvaters. Teutsche Berechnung der Grade.

Siebenter Abschnitt.
Aehnlichkeit der fallrechtlichen Erbordnung mit der Stammfolge.

§. 37. Theilrechtliche und fallrechtliche Stammfolge.
38. Alte Collateralerbfolge. Vorzug der Erbtöchter vor den Regredienterbinnen.
39. Grenzen der Collateralerbfolge.

Achter Abschnitt.
Verhältnis des Fallrechts gegen die Lehenfolge.

39. b. Verschiedenheit von der fallrechtlichen Erbordnung.

Neunter Abschnitt.
Geschichte der Entstehung des Fallrechts.

40. Rückfall der Heirathgüter. Erster Anlaß.
41. Entstandenes Heirathgut für den Ehemann.
42. Ursache des Stillschweigens der ältesten Geseze vom Fallrecht.
43. Epoche des Fallrechts. Der weibliche Besiz von Grundstücken.

Erster Absaz.
Beleuchtung des weiblichen Erbrechts im Grundeigenthum.

44. Die Töchter erhalten Grundstücke zur Ausstattung.
45. Die Anwendung des Mosaischen Rechts verschaft ihnen mit den Brüdern gleiches Erbrecht im Stammgute.
46. Weiblicher Vorbehalt.
47. Beobachteter Unterscheid zwischen Erbschaft u. Anfall.
48. Beleuchtung des Regredienterbrechts aus dem samteigenthümlichen Systeme.

Zweeter Absaz.
Nähere Entwicklung des Ursprungs des Fallrechts.

49. Alter und Allgemeinheit des Fallrechts.
50. Urkundlicher Grund davon.

Zehnter Abschnitt.
Schicksale des Fallrechts in den Händen der Glossatoren.

51. Verschiedenheit der Meinungen des Bartoli und Baldo, und Bewegungen deswegen unter den Glossatoren und Praktikern.

52. Entstandene Verwirrung.

Viertes Hauptstück.
Römisches Fallrecht.

53. Eigene Prinzipien des römischen Rechts in Erbsachen.

54. Spuren des Fallrechts im Theodosiussischen Gesetzbuche.

55. 56. Deutlichere Spuren im alten römischen Rechte.

Fünftes Hauptstück.
Heutiger Gebrauch des Fallrechts und verschiedene Gattungen.

57. Gegenden, wo es wirklich in Uebung, und Oerter, wo nur Ueberbleibsel davon.

58. Unächte Gattung.

59. Vermischung mit Theilrecht.

60. Häufiger Gebrauch in den Eheberedungen.

61. Schlußanmerkung.

Einleitung.

§. 1.

Wenn, wo ich nicht irre, im Versuche über die Geschichte der teutschen Erbfolge das Verfangenschaftsrecht in einem genauen Zusammenhange mit dem ganzen germanischen Erbsysteme dargestellt ist, so wird jezo nur noch mit der Untersuchung eine Abschweifung zu machen seyn, was es mit dem Vermögen der Privatpersonen an den Orten, wo dieses sonderbare Erbrecht, entweder ehmals üblich gewesen, oder noch üblich ist, sowol während der Ehe, es mögen Kinder gebohren seyn oder nicht, als auch nach getrennter Ehe, auf den Fall da keine Kinder vorhanden wären, für eine Beschaffenheit habe. Diese Forschung wird mich auf eine neue Hauptgattung der germanischen Erbfolge leiten, die seit der veränderten Beschaffenheit des alten Familiensamteigenthums die erste Erbordnung für die Seitenverwandten geworden ist, und den eigenen Namen Rückfallsrecht erhalten hat. [a] Ich nenne sie aber Fallrecht, weil sie unter dieser Benennung in den württembergischen Rechtsgewohnheiten vorkömmt. Der französische Ausdruck ist: Droit de Rechûte, [b] de Retour, Revetement des Lignes, [c] und der Lateinische, Ius reuolutionis, recadentiae. Sonst nennt man sie auch den Anfall, [d] Escaeta, Echoite, [e] und sie wird in diese Sprüchwörter gefaßt:

[a] Versuch über die Erbfolgsgeschichte. B. 1. S. 239.
[b] *Laurlere* Glossaire du Droit François Tome. II. page 325.
[c] Origine de la Representation infinie page 19.
[d] *Halzausii* Gloss. Germ med. aeui Tom. I. col. 25. 28.
[e] Mein Versuch über die Geschichte der teutschen Erbfolge. B. 1. S. 223. 24.

Paterna Paternis, Materna Maternis; bona redeunt ad id latus, vnde devenere; Het Goedt moet gaen van daar het gekomen is. Was einmal in den Erbgang gekommen; das muß in dem Erbgange bleiben. f)

§. 2.

Das Wort Fallrecht rührt daher, weil bey dieser Erbart das Eigenthum der Güter auf einen andern vererbfällt, und der wirkliche Besizer nur den Nießbrauch daran behält. Eben so heist im Lehenrechte ein durch Abgang der Lehenfolger eröfnetes Lehen der Anfall, weil nun das nuzbare Eigenthum an das lehenherrliche Obereigenthum zurückgekehrt ist, und sich mit ihm vereiniget hat. g) In erlauchten und adelichen Geschlechtern kennt man den ledigen Anfall, der das nach Erlöschung des Mannsstamms an die verziehene Töchter zurückgekehrte vollständige Eigenthum der Stammgüter bezeichnet. Bey unserer Erbgattung fallen die liegende Erbgüter jedesmal an den Stamm zurück, daher sie gekommen, oder davon sie ausgegangen sind, welches man auch so ausdrücken kan, sie bleiben beym Stamme, von dessen Stifter sie herrühren. h) Geseczlich heist es Fallrecht. In den alten spa-

---

f) *Boehmer* in Consult. et Decis. Tom. II. P. II. Resp. 884. n. 30. p. 201. *Selchov* Elem. Iur. Germ. priu. §. 556.

g) *Mascov* de Iure feud. c. 5. §. 3. Urkunde K. Rudolfs von 1270. MSpt. So sezen wir auch, welcher Steyer an Geschefftverfert, So soll sein Geerb oder sein Mag von der ersten Sippe sein Erbgut besizen — — Dargegen so verwerfen wir in allem Leenrecht, das da heist Anvelle, das allen guten und erbern Gewohnheiten wider ist.

h) *Bertr. d'Argentré* Comment ad Briton. leges art. 456. col. 1565. Huius vulgata certa, et fixa positio, est, paterna paternis agnatis, materna maternis deferri, haec simplex et minime perplexa regula. Omnes omnium

nischen - englischen - schottischen - französischen - und italienischen Urkunden, wird ein solcher Anfall Escaeta genennt, und bedeutet eine jede Erbschaft, die nach Endigung des Erbgangs wieder zurückkehrt; es mag biß nun an den Stamm; (Collaterales) an die Vorfahren; (Ascendentes) an das weibliche Geschlecht, oder an den Lehenherrn geschehen. *i)*

§. 3.

Die teutschen Hausväter empfiengen nach der geschehenen Abweichung vom untrennbaren Samteigenthumsrechte immer freyere Gewalt, über ihre Grundstücke nach Willkühr zu schalten und zu gebahren. *k)* Gleichwie sie fremde Alloden erwerben konnten, eben so durften sie auch bey Lebzeiten aller Mitbesitzer die Ihrigen veräussern. Diese Befugnis kam ihnen in Ansehung der Frau als Ehevogt zu, *l)* und in Ansehung der Kinder als

haereditates iure aequabili defert ad proximos quosque, vt quod cuiquam a patre obuenerit, ad paternos item agnatos morte eius deferatur, quod a matre maternis item. Haec disputationum myriadas ex iure Rom. praecludit, et quodcunque obuium de iure illo occurrit, disjicit — procul possessiones bonorum omnes et miserae diligentiae tituli, quos in solertia.

i) *Ioh. Skenaei* Index in Regiam Maiestatem fol. 88. b.
k) *Form. Andegav.* 52. *ap. Mabillon. in Anal. p.* 394. Lex Romana edocet, Consuetudo pariter consentit, et Regalis potestas non prohibet, vt vnusquis de re sua, quam in praesenti die possedit, faciat quod voluerit. *Baldric. Camerac. in Chron. l.* 1. *c.* 25. Lex priscorum quoque ex poscit auctoritatem, vt quicunque voluerit de rebus suis propriis vendere, cedere, condonare, suum Stramentum secundum Legem Salicam licentiam habeat alligare.
l) Kayserrecht Th. II. c. 96. Der Keyser hat gesprochen, was gesammelet Hant thut, daz sal stede sin. c. 100. Worpit Man vnd eyn Wip Gut han meb ennander, daz von dem Manne komen ist, und der sin Wip gewe-

Haupt der Familie. *) Folglich muß man sie hier nicht als ausschließende Eigenthümer, sondern als solche betrachten, welche die Rechte der Mitbesizer ausübten. Ueberdem war diese Veräußerung nur zu Erhaltung des wechselseitigen Verkehrs unter den Bürgern zugestanden, und rührte daher aus den Prinzipien der vollständigen ehlichen Gütergemeinheit. Wenn sie also auf Unterhaltung eines üppigen Lebens abzweckte, oder dagegen keine andere Alloden angeschaft wurden, so konnte sie allezeit eingeschränkt werden. *) Die zum Grunde liegenden Verord-

bernet hat, unn be nicht Kinder han med eynander, so mag der Man sin Gut geben, weme her wil an des Wibes dang, sundern daz alleyne, bo dez Wibes Wedeime uffe lid. — Dent in des Riches Rechte stet geschrebin. An den Wibin lid keyn Recht, euch stet anderswo geschrebin an dez Riches Rechte, alle Dinge sollen sin in dez Manns Gewalt. Priuil. Ciu. Friburg. de 1120. in T. V. Cod dipl. Hist. Zar. Bad. n. 25. Lex Rothar. CCV. Iustitia Lubec. de 1158. ap. *Westphal.* Monum. inedit. p. 3619. Leges ant. Normann. P. III. c. 36. §. 3. Anciennes Cout. de Bourgogne art. 167. Cout. de Dijon chez *Perard* p. 357. 360. Consf. gen. Ducat. Burg. art. 18. Lex Styli 210. in tr. de bon. const. matr. acquis. p. 55. Lüneb. Erbgeseze art. 10. Stadtrecht zu Augspurg von 1276. bey Walch Th. 4. S. 262. und 253. Statuten von Herzogenbusch tit. 14. Landsbräuche von Lothringen Tit 2. art. 7. Blüting übers Jütische Lowbuch ap. *Westphal.* T. 3. p. 2154. Stadtrecht zu Mökmühl von 1467. Dorfrecht zu Frauenzimmern von 1514. im Urkundenbuch zu meiner teutschen Erbfolgsgeschichte B. 2. Th. 1. n. 11.

m) Acte de l'an 1293. ap. *Choppin.* de civ. Paris. mor. L. 2. tit. 2. n. 31. Consuet. gen. Duc. Burg. art. 58. Anc. Cout. de Bourgogne Tit. 13. art. 156. *Stiernhoöck* de iure Sueon. et Goth. vet. L. 2. P. pr. c. 2. p. 176. *Lauriere* Glossaire du Droit François Tome I. p 110. Bail et Depail. Bail de mariage. p. 117. Relief de Bail.

n) Kaiserrecht Th. II. c. 9. 11. 12. 13. 10. Lex Styli 210.

nungen scheinen aber doch dem alten germanischen Rechte Teutschlands zu widersprechen, vermög dessen anfangs alle Grundstücke und nachher bloß die liegenden Erbgüter ohne Einwilligung der Erben, und soviel die eheliche Mitgift eines Eheweibs betrifft, ohne ihre Mitbewilligung nicht veräußert werden durften, auf den Fall dieses aber doch geschehen wäre, so stand jenen die Erblosung zu, und diesen, (jedoch erst nach des Mannes Tod,) die Vernichtung des Kontrakts. °) Nach einigen Gesetzen, wie z. B. nach dem Allemannischen Landrechte p) muß durchaus, die Einwilligung der Frau hinzukommen; nach den andern angeführten Rechtsgewohnheiten aber wird ihr bloß das Recht zugestanden, die Güter nach des Mannes Tod wieder an sich zu ziehen. Mir ist die Sache noch etwas dunkel, und sie scheint einer nähern Aufklärung zu bedürfen, die von mir beym gemischten Theilrechte angestellt werden wird. Vielleicht zeigt sich dann, daß nur bey einer vollständigen ehlichen Gütergemeinheit der Ehemann die willkührliche Veräußerung des weiblichen Vermögens gehabt habe, und nicht bey deren Ermanglung.

o) Consuet. gen. Duc. Burg. art. 18. Anc. Cout. de Bourgogne art. 167. Leges ant. Normann. P. III. c. 36. §. 3.

p) Nach einer Handschrift in der Windhagischen Bibliothek zu Wien art. 36. „Man und Weib mugen nit gehaben Gut, daz gewaigert ist, stirbet auer der man, das erbet nicht als vergesprochen ist. Ain Weib mag irs Gutz nit hingeben an Jrez manns vrlaub noch ein man an seines weibs willen, den als vorhin gesprochen ist." Womit die Leseart bey *Senckenberg* in Corp. Iur. German. art. 277. T. II. p. 331. übereinstimmt. Vergl. art. 263. und 302. Desgleichen *Walchii* Diss. de reliquiis Commun. bon. inter Coniuges Brunsw. §. 14.

Erstes Hauptstück.
Ehliche Erbeinsezung bey einer Kinderlosen Ehe.

§. 4.

Wenn keine Kinder vorhanden waren, so konnte ein Ehegatte dem andern sein ganzes Vermögen erblich übertragen. *a)* Das Möckmühler Stadtrecht *b)* beleuchtet in den Worten: „so mögen dieselben ehelichen „Gemahel einander vor Vogt und Gericht erben, wenn „eins dem andern das Seine mit Mund, Hannd unnd „Halm uffgeyt; gehet dann der ehelichen Gemahl eins „ab mit Thod, so mag das ander mit dem verlassen Guet „thuen vnnd lassen nach allem seinem Willen, vnd ist „kein Guet widerfällig off des Abgangen nechsten Erben." sehr gut das Lüttichische Droit de la main plevue, welches von Manus plicata herkömmt, und eine durch die von Eheleuten verschlungene Hand geschehene gerichtliche Auflassung ihres Vermögens bedeutet. Die Coutumes de Liege ch. 11. art. 13. machen davon nur diese Ausnahme: à l'exception des pleins fiefs, Seigneuries et nobles tenements venant de l'estoc et ligne du mary, dont la femme n'a que l'usufruit.

§. 5.

An andern Orten, wie in der Coutume de Cambray Titre V. art. 12. heist dieses Geschäfte, Rauestissement

---

a) Kaiserrecht Th. II. c. 96. Güglingen Stadtrecht oben im Versuche über die Geschichte der t. Erbfolge b. 2. Th. 2. n. 8. Stadtrecht zu Möckmühl von 1467. a. a. O. n. 11. S. 221. Baier. Landrecht von 1344. c. 113. Lex Ribuar. tit. 50. *Marculfi* form. L. 1. n. 12. L. 2. n 7. Cout. de Paris art. 280. Urkund. Kf. Fried. von Sachsen von 1499. im Urkundenb. n. 1. Ius terr. Nobil. Prussiae tit. 1. §. 10.

b) Im II. B. des Versuchs Th. II. S. 222.

d'heritage, und drückt die dabey vor Gerichte geschehene Einsetzung der Güter noch deutlicher aus. Man kann die Materie aus dem von mir bekannt gemachten Auszug des Wienerischen Stadtrechts Bl. 59. 61. 64. b. 121. und aus der Hennebergischen Landsordnung t. 1. §. 2. sehr gut beleuchten. In Zittau heist eine solche Verhandlung die Aufgabe. c) Sie geschieht ebenfalls vor Gerichte als ein Ueberbleibsel der alten gerichtlichen Auflassung und bewirkt die eheliche Gemeinschaft der Güter. d) Dergleichen Schenkungen waren in England und in den nordischen Reichen sehr üblich. Die ältesten davon sind die Angelsächsischen, die man doch insgemein Testamenta coniugum reciproca nennt, e) ohngeachtet man ihren Ursprung, den sie aus der ehlichen Aufgabe vor Gerichte genommen haben, ganz deutlich aus der Beylage zur angeführten Knoblauchischen Dissertation S. 28. erkennt. Gleichwie aber damals das Wort Testament nicht im Sinne des römischen Rechts für lezte Willensmeynung

c) *Io. Heinr. Meier* de aufgaba Zittauiensi. Erfordiae 1726. §. 27. kommen einige Formeln des Geschäfts vor. Vermöge derselben geschieht die Uebergabe gerichtlich, mit Mund und Halm, wird binnen drey Sonntagen auf öffentlicher Kanzel verkündigt, und dann gerichtlich bestätigt, worauf sie einseitig nicht mehr widerrufen werden darf.
Vergl. Hamburg. Stadtrecht Th. 3. tit. 6. §. 9. Lübisches Recht B. 1. tit. 6. art. 2. Noch mehr bestätigen die Sache die Eilenburger Statuten von 1634. art. 2. 3. 4. nach welchen sich die Eheleute auf dem nächsten Gerichtstage wechselseitig beleiben sollen.

d) *Io. Ge. Knoblauchii* Diss. de Zittauiensi communione bonorum inter coniuges eiusque precipuis effect. in foro. Lips. 1731. l. 2. §. 3. Er irrt sich jedoch, wenn er die Aufgabe als einen Vertrag der errichteten ehlichen Gemeinschaft ansieht.

e) *Westphalen* in praefat. Tomi II. mon. rer. Cimbr. pag. 138. *Guil. Wotton* Conspect. Thes. linguar. Septentr. (Lond. 1708.) p. 47.

genommen wurde, sondern ein jedes öffentliches Akte bedeutete, f) eben daher irrte man sich sehr, da man dabey die Grundsäze der römischen Rechtslehre anwenden wolte, und über die Frage zweifelhaft wurde, ob dergleichen Verordnungen von einem Theile allein widerrufen werden könnten, denn die sogenannten Testamenta reciproca sind eine Gattung der in Teutschland gewöhnlichen Erbverträge, die als Gedinge betrachtet, ohne wechselseitige Einwilligung nicht wieder aufgehoben oder verändert werden dürfen. g) Sie sind der Regel nach einseitig, ganz unwiderruflich, und diese Regel leidet nur in wenigen bestimmten Fällen ihren Abfall, und bey solchen Statuten, wo man ausdrücklich römische Prinzipien in der Sache angenommen hat. Denn zuweilen haben sie die Form eines Testaments, und zuweilen wie alle teutsche Testamente einer Schenkung unter Lebenden. b) In letzterm Falle, wo sie meist gerichtliche Auflassung i) heißen, müssen sie um so mehr nach teutschen Grundsäzen beurtheilt werden.

§. 6.

Dieses Geschäfte ist so alt, daß man es nicht nur in den Angelsächsischen Urkunden k) antrift, sondern auch in

---

f) Estors Rechtsgel. B. 3. S. 1005. Gercken vermischte Abhandl. B. 2, St. 5. S. 121.

g) Ren. *Choppin.* de ciuil. Paris. mor. L. 2. §. 9. p. 251. Estors bürgerl. Rechtsgelahrtheit, Band III. §. 2916. *Heinecc.* in Element. Iur. Germ. L. II. Tit. 6. §. 165. hat sich also sehr geirrt, wenn er dem V. des Schwabenspiegels vorwirft, daß er art. 305. Edit. Berg. Testamente und Erbfolgsgedinge mit einander vermischt hätte.

b) Estors bürgerl. Rechtsgelehrs. B. 2. §. 2906. auch einige Praktiker erklären sie ausdrücklich für eine Schenkung unter Lebenden. *Choppin.* cit. l.

i) Repertor. Iur. priu. T. l. p. 351. W. gerichtl. Auflassung §. 5.

k) Chirograph. peruet. de nupt. contrah. im Urkb. n. 2.

ben Formeln Markulfs *l)* und anderer gleichzeitigen Sammler. Hier zeigen sich aber auch schon Spuren der Irrmeynung, *m)* als wenn ihre Rechtsgültigkeit auf der Valentinianischen Novelle B. 2. Nov. 4. beruhete. Allein beiderlei Geschäfte sind von einander sehr wesentlich verschieden, da bey dem teutschen die römische Feyerlichkeiten nicht beobachtet wurden. Im Ribuarischen Geseze tit. 50. sieht man eine umständliche Verordnung von der Sache, womit die Coutume de Paris art. 280. und obige Coutumes de Liege ch. 11. art. 13. übereinstimmen. Diese Geseze, mit der obigen Formel verglichen, zeigen uns ferner, daß die Aufgabe mit gesammter Hand ehemals nicht immer das Eigenthum der Grundstücke übertragen, sondern sehr oft nur den Nießbrauch verschaft habe, *n)* wobey zugleich disponirt gewesen, daß das Gut nach dem Tode des Niessers an die Familie zurückgehen müßte, welches also ein sehr altes Beyspiel vom Fallrechte ist. Die Ursache, warum besonders die Gattinn sehr selten bey einer solchen Uebergabe das Eigenthum erhielt, war in Betracht der Stamgüter und Lehne das Samteigenthumsrecht der Familie, als weswegen ein Besizer dergleichen Stücke nicht veräußern durfte. Nachdem aber in der Folge diese Verfassung größtentheils aufhörte, so konnte nunmehr auch das ganze Vermögen an dem überlebenden Gatten eigenthümlich vermacht werden, doch nur auf den Fall keine Kinder vorhanden waren.

l) L. 1. n. 12. und L. 2. n. 7. im Urkundb. n. 1.

m) *Hier. Bignon* in not. ad form. Marculfi Tom. II. Capitul. *Baluzii* (Venetiis 1773.) col. 607.

n) Hieraus ist die Courtely of England and Scotland entstanden, wovon gleich gehandelt wird. Vergl. Stat. Mediolan. c. 302. Etablissemens de St. Louis ch. 11. im Urkb. n. 2.

Zweites Hauptstück.
Ehliche Beerbung der Kinder.

§. 7.

Haben die Eheleute nicht auf diese Art bey ihrer Lebenszeit über ihr Vermögen gebahret, so kömmt es darauf an, ob in der Ehe Kinder gezeugt worden sind, oder ob sie ganz unfruchtbar geblieben ist. Sind Kinder erzeugt gewesen, aber vor ihren Eltern wieder mit Tode abgegangen, so erbt das leztlebende das Abgeschiedene gänzlich, *a)* und das aus dem Grunde, weil die Eltern die rechtmäßigen Erben ihrer Kinder sind, wie es sehr deutlich im Kaiserrechte *b)* stehet, das aus der Verordnung Kaiser Richards von 1258. genommen. *c)* Zuweilen wird dieses ehliche Erbrecht schon zugestanden, wenn nur die Decke beschlagen worden. *d)* Aber da ist es eine Folge der vollständigen ehlichen Gütergemeinheit, und also gegen die Natur des ältern germanischen Erbsystems. Eine andere Beschaffenheit hat es mit der Courtely of England and Scotland, als nach welcher der Ehemann in obigem Falle nur den Mießbrauch von seiner Frauen Güter erhält. Diese Einschränkung findet sich aber nur bey Lehen und Stammgütern, die durchaus bey gewissen Geschlechtern bleiben müssen, und über deren Eigenthum der Besizer niemals allein disponiren darf. Unrecht be-

---

a) Stadtrecht zu Möckmühl von 1467. zu Schorndorf, Asperg, Paris art. 311. Goslar tit. 1. art. 87. Mailand c. 302. Halle in Sachsen von 1235. Weimar art. 32. Lübeck von 1158. art. 19. Tyrolisches Landrecht B. 3. tit. 17. in Urkundb. n. 2.

b) Th. II. c. 96.

c) ap. *Goldast*. Tom. III. Const. Imp. pag. 405.

d) Stadtrecht zu Tübingen von 1493. Henrathsbrief der Schenken von Erbach von 1412. im Urkb. n. 2.

hauptet daher John Skene, *e)* daß diese Gewohnheit bloß in der Normandie, *f)* in England *g)* und Schottland *h)* angetroffen werde. Ich habe daſſelbe in den älteſten alemanniſchen Geſeze, *i)* im aragoniſchen Rechte *k)* und in den Etabliſſements vom h. Ludwig *l)* ebenfalls entdeckt.

§. 8.

In etlichen alten würtembergiſchen Rechtsgewohnheiten heiſt es: die Eheleute ſtrickten den Widerfall ab. Es trat nemlich nach dem alten Rechtsſyſteme bey Abgang der Kinder, wenn gar keine gebohren oder wieder vor den Eltern verſtorben waren, das Miteigenthumsrecht der Anverwandtſchaft ein, ſo daß der ehliche Beſizer die Erbgüter ohne vorherige Anbietung an jene nicht veräuſſern durfte; mithin noch weniger den andern darum beerben konnte. Auf den Fall eine Veräuſſerung geſchah, ſo hatten die Anverwandten das Näherrecht, d. i. ſie durften nach Erlegung des Preiſes die entfremdeten Güter zu ſich nehmen. Dieſes Näherrecht oder Einſtandsrecht floß aus ihrer anwarthſchaftlichen Erbgerechtigkeit. Aber dieſes hörte durch den Rückgang von den Kindern zu den Eltern in gewiſſer Maße auf, weil ſich der ganze Erbgang geendigt hatte. Denn in der Vorzeit fand man die Erb-

---

e) In libro Regiam Maieſtatem Scotiae illuſtratam. Edinburgi 1609. pag. 64.

f) Conſuet. Normanniae c. 121.

g) *Du Cange* in Gloſſ. v. Curial. Angliae et Scotiae, et Tenens per conſuetudinem Angliae.

h) Regiam Mai. de 1124. L. 2. c. 58. Leges Burg. Scotiae c. 44. §. 3.

i) c. 91.

k) *Mich. del Molino* in Repertor. foror. Aragoniae v. Viduitas.

l) Ch. 11. Sämmtliche Stellen ſtehen im Urkb. n. 2.

folge der Eltern und der gerade aufsteigenden Vorfahren etwas unnatürlich, ᵐ⁾ und glaubte, wenn auf diese Art dennoch das Vermögen zurückgefallen wäre, daß jezo alles Erbrecht aufgehört hätte, und betrachtete daßelbe als ein ausschließendes Gemeineigenthum beider Eheleute, dessen Besiz folglich dem Ueberlebenden allein verblieb, und von ihm auf seine eigene Anverwandtschaft vererbt würde. Diß sagt der Ausdruck: den Widerfall abstricken. Die erbliche Eigenschaft (qualitas haereditaria) die doch zu jeder Begründung des Fallrechts erfordert wird, war vernichtet, weil die Güter fortzuerben aufgehört hatten, welches nach den alten Erbrechtsprinzipien eine außerordentliche Erscheinung machte. Eben deswegen war man so genau, dergleichen zurückgetretenes Vermögen nicht mehr eine Erbschaft, sondern den Anfall zu nennen. Nur so lange sich das Erbguth in dem wirklichen Erbgange befand, d. i. so lange es bey der Nachkommenschaft fortlief, so lange hieß es Erbschaft. Sobald aber diese ihre Endschaft erreicht hatte, und es demnach entweder an die gerade oder an die seitwärts aufsteigenden Verwandten zurückgieng; dann nannte man es den Anfall, Rückfall. Es ist das ein allgemeiner Grundsaz des Erbsystems und nimmt seinen Ursprung aus der ersten Vertheilung des Erbbodens unter den teutschen Völkern. Weil damals den Besizern das Grundeigenthum nicht für sie allein, sondern zugleich für ihre ganze

---

ᵐ⁾ *Regiam Maiestatem de* 1124. L. 2. c. 22. §. 13. Praeterea terra ista, quae sic donata est, censetor haereditas et non quaestus. Ideoque sicut alia quaelibet haereditas naturaliter descendet, nunquam autem ascendet regulariter.
Quoniam Attachiamenta c. 97. Item statutum est, quod conquaestus cuiuslibet liberi hominis legitimi, qui moritur de ipso saisitus, sine haerede de corpore suo gradatim vsque ad primogenitum ascendit, haereditas vero descendit gradatim.

der Seitenverwandten in Teutschland. 13

Nachkommenschaft eingeräumet worden war, *) so konnte auch der allgemeine europäische Privatrechtsgrundsaz: Mortuus saginat viuum, Le mort saisit le vif, der Todte erbt den Lebenden, o) nur in der Niedersteigenden, und nicht in der aufsteigenden Linie p) seine Anwendung finden, denn nach der Grundverfassung entsprang in jenem Falle das Mitbesizungsrecht gleich aus der Geburt und

n) Versuch über die Geschichte der t. Erbfolge. Hauptst. III. Abschn. III. S. 44.

o) *Van Leeuwen* Censura for. theoret. pract. L. 2. c. 18. 19. *Schilter* in praxi Iur. Rom. in foro Germ. Exerc. XV. §. 11. seqq. Estor bürgerl. Rechtsgelehrs. B. 2. §. 2949. B. 3. §. 3102. *Selchow* Elem. Iur. Germ. §. 656. Der Kanzleydirektor Heinrich Friederich Diez, der in seinem Archiv Magdeburgischen Rechts den größten Mangel an Kenntniß des teutschen Rechts verräth, hat daher auch nicht gewußt, daß unser Rechtsspruch der Grund der Magdeb. Polizeyord. C. 44. §. 15. ist.

p) *Le grand Coutumier de France feuillet.* 25. b. Mais en tiltre de Succession, le hoir se peult dire incontinent apres la mort de son predecesseur en possession et saisine des biens du tres passé, dont il se dit hoir, quia saisina defuncti descendit in vivum. Et se momentairement et avant lan et jour de saisine, ils se apparent aucuns opposans ou empeschans, icellus peult contre eulx intenter le dit libelle, et soy ayder de la saisine de son predecesseur et devancier. *feuill.* 26. Item la coustume, qui dit, le mort saisit le vif est a entendre en ligne directe et en ligne collaterale — c'est assavoir que si notoirement il appert de la Ligne et du Lignaige, le successeur est en tout saisi de droit, ainsi comme dit est, et ne luy est necessaire de aller ni au seigneur ne au juge. Magdeburg. Polizeyord. C. 44. §. 15. — und "Wollen Wir, daß in Zukunft in unserm Herzogthum Magdeburg der Besiz oder Gewehr der Güter, sie seynd liegend oder fahrend ohne einige leibliche Ergreifung auf des verstorbenen Erben in absteigender Linie verfallen — soll." Hieher gehört auch der Fridericianische Codex P. 4. tit. 3. §. 18. 19.

pflanzte sich unmittelbar fort. Dahingegen existirte im andern Falle nur ein Samteigenthumsrecht ohne wirklichen Mitbesiz, und daher war zur Erlangung dieses eine Handlung erforderlich. Wir haben in Teutschland ebenfalls haeredes sui, Notherben und einen Pflichttheil, wie die Römer. q) Die Erbschaft gieng auf die Notherben unmittelbar ohne vorläufige Erbsantretung oder Besizergreifung über. Sie hießen daher unmittelbare Erben, Anerben, r) Ganerben. Dahingegen die Vorfahren und manchmal auch die Seitenverwandten als mittelbare Erben, auf welcher sich der Besiz der Erbschaft nicht unmittelbar fortgepflanzt hatte, die Erbschaft förmlich antreten, und sehr oft erst durch die obrigkeitliche Einräumung erhalten mußten. So weit hat also unser altes Recht mit dem Römischen wirklich Aehnlichkeit, die Estor s) unrecht verkannt hat.

§. 9.

Es ist zwar dem Systeme des Verfangenschaftsrechts gemäß, daß bey vollbürtigen Geschwistern immer Eines dem Andern mit Ausschluß der Eltern succedirt, und die verfangene Güter erst nach ihrem allseitigen Absterben an

q) Mein Antrittsprogramm über die Schwierigkeiten bey der Aufklärung des teutschen Erbwesens. Halle beym Waisenhaus 1780. S. 5. Es gehört dazu *Lex R. Rotharis Longob.* 168. *ap. Muratorii* T. I. P. II. Script. Ital. p. 28. Nulli liceat sine certa culpa filium exheredare, nec quod ei debetur per legem alii thingare. *Bouteiller somme rurale* L. 2. ch. 7. Par coustume locale l'homme ne peut vendre son patrimoine et heritage, de par pere et de par mere luy est echeu, sinon, par le gré et consentement de son hoir, ou par pauvreté, au cas que verite seroit.

r) *Haltaus* in Gloss. T. I. col. 24.

s) Bürgerl. Rechtsgelehrsamkeit B. 3. §. 3102. S. 1081.

das Ueberbliebene der Eltern zurückfallen. ⁀) Allein die Sache scheint einem gewissen allgemeinen Grundsaze des germanischen Erbrechts zu widerstreiten, vermöge dessen, der Erbgang zuerst auf die Seitenlinie gehet, ehe er an die aufsteigende Linie zurückkömmt *) Dieser Einwurf kann jedoch durch die nähere Betrachtung der Beweisstellen gehoben werden. Denn man sieht daraus, daß sich dabey die Seitenlinie auf die Geschwister und ihre Nachkommenschaft soweit begrenzt, als sie Abkömmlinge des nächst aufsteigenden Erbgenahmen sind, und daß sie sich keineswegs auf weitere Seitenverwandten besonders in aufsteigender Seitenlinie erstreckt. *) Man kann daher die beyden Sprüchwörter: Es stirbt kein Gut zurück, sondern vorwärts; (l'echoite ne monte pas) desgleichen das Kind fällt wieder in der Mutter Schooß sehr wohl mit einander vereinigen, ohne mit dem Hofrath Walch zu Jena *) genöthiget zu seyn, dem Leztern einen römischen Ursprung zu geben. Das Gut bleibt so lange in der niedersteigenden Linie so lange ein Abkömmling vom auf-

t) Versuch über die Geschichte der teutschen Erbfolge. B. I. Hauptst. 11. Absch) 3. Abs. 1. S. 252. und B. II. Th. I. n. 34. S. 116. woselbst Ius Civ. Friburg. de 1120. L. L. Ant. Lüneb. a. 12. Stadtrecht zu Augspurg von 1276. S. 243. Stadtbrauch zu Giessen S. 11. allegirt.

u) Außer den Stellen die Walch in Diff. de succeff. adscendent. feud. §. 7. angeführt hat, gehören noch hieher Cod. Leg. Normann. c. 26. §. 14. 15. 16. 17. 22. 26. Les Cout. de Normandie ch. 25. Confuet. gen. Ducat. Burg art. 2. Anc. Cout. de Bourgogne art. 240. Cout. de Bourg. du Duc Phil. art. 6. des succeff. de Paris art. 311. Nivernois ch. 34. §. 8. Bayonne titre 12. §. 24. im Urkb. n. 3.

x) Cout. de Nivernois ch. 34. §. 8. Bayonne titre 12. §. 24. 29. Cod. Legum Normann. c. 26. §. 15, 22. 26. Cont. de Normandie ch. 25. a. a. O.

y) In cit. Diff. §. 8. not. * p. 17.

steigenden Erblasser vorhanden ist, und geht vorher auf die Seitenverwandte, die wohlangemerkt, von eben dem Ehebette entsprossen sind, von welchem das Gut herkömmt, ehe es an ihn wieder zurückkehrt. ²) Hierinn unterscheidet sich die teutsche aufsteigende Erbfolge von der Römischen, daß das Gut nicht sogleich von einem Ascendenten zum andern geradezu fortgeht. Denn wenn das Gut an den Vater zurücktrit, und dieser ist nicht mehr am Leben, so kömmt es nicht gleich weiter an den Großvater, sondern zuerst an des Vaters Seitenverwandten, die aber Abkömmlinge des Großvaters sind, und dann erst in Ermanglung derselben an den Großvater. ⁴) Das Gut vererbt nicht uneingeschränkt auf jeden Seitenverwandten, sondern bloß auf die Nächsten, die unmittelbar eben daher stammen, woher das Gut ausgegangen ist; welches im französischen Rechte heist, qui sont en pareil ou plusbas branchage. Fehlen aber diese, so muß es wieder zurückgehen, nach den Rechtssprüchen: das Kind fällt wieder in der Mutter Schooß; das Erbe geht nicht aus dem Busen, die also jenem das Erbe geht vorwärts, aus dem Grunde nicht widerspricht, weil ihre Beobachtung nur denn eintrit, wenn Niemand in der gerade niedersteigenden und in der niedersteigenden Seitenlinie vorhanden ist. Denn überhaupt ist es dem Geiste der teutschen Erbordnung angemessen, daß so lange

z) *Choppin. de civ. Paris. mor. L. II. p.* 324. Quo pertinet elegans *Molinei* distinctio morum heredia ad parentes vulgo non ascendere, ne in alienam cognationis lineam dilabantur, ad ipsos vero, si eadem sunt linea stemmateque defuncti necessitudinis proximae pertransire.

a) Paul Cipräus hat in Comment. Legum Slesvicar. das XIII. C. iur. Slesvic. nicht verstanden. Siehe *Petr. Kofod Ancher* Farrago Legum ant. Daniae Municipalium. Hafniae. 1776. pag. 94. und Vergl. Ius Dan. L. I. c. 4.

Nachkömmlinge von jemand existiren, davon der Eine oder der Andere Erbgut von ihm empfangen hat, so lange wird diß unter ihnen vererbt, mit Ausschluß dessen von dem es hergekommen, und erst dann fällt es an ihn zurück, wenn von ihnen allen der letzte gestorben ist. Diß ist nicht nur bey den nächsten Anverwandten, sondern auch bey den entferntern Gliedern der Familie richtig. Ein Gut geht nicht eher an die Quelle, aus der es gekommen, wieder zurück, als bis kein daher Entsprossener mehr vorhanden ist. *b)* Wenn man aber das Sprüchwort; das Kind fällt in der Mutter Schooß, so deuten will, daß jedes Kind nach seinem Tode, obgleich Geschwister leben, doch sein Vermögen an seine Eltern vererbe; dann kann der scheinbare Widerspruch auf diese Art gehoben werden, daß man ihm nur bey denen Erbgattungen, die aus der vollständigen ehlichen Gütergemeinheit entspringen, die Anwendung eingestehet, wovon an einem andern Orte mehr vorkommen wird.

§. 10.

Das Wort Busen bezeichnet in dem Rechtsaze: das Erbe geht nicht aus dem Busen, so lange der ebenbürtige Busen da ist, *c)* die nächste Familie, oder diejenige Personen, die mit einander im engern Samteigenthume stehen. Im Kulmischen Rechte findet man die Rubrick, „Wie ein Kind erbet auf die Brüder und Schwestern, „und nicht auf die Mutter nach getrennten Busen, und dieser getrennte Busen wird im Texte durch **getrennte Ehe** erläutert. Das bestätigt auch obige Richardische

b) Cod. Legum Normann. c. 26. §. 22. 26. Les Cout. de Normandie, ch. 25.

c) Stadtrecht von Stade Th. VII. art. 14. Kalm. Recht B. 3. tit. 9. c. 9. *Hommel* in oblectam. Iur. feud. pag. 109.

18 Erbfolgsgeschichte

Erbsazung von 1258.ᵈ) wo verordnet, daß bey ungetrennter Ehe die Eltern die Kinder erbten, bey der getrennten aber nicht, sondern von den Geschwistern ausgeschlossen würden. Die Glosse über das Sächsische Landrecht B. 1. art. 17. scheint das Wort ausdrücklich auf Eltern und Kinder zu beschränken, wenn ich anders die Worte: „denn der Busen gehet nicht forder, dann von „dem Vater auf das Kind," recht verstehe. Ganz deutlich wird die Sache durch die Stelle der Berechnung der Grade, die ich im Anhangeᵉ) aus einer alten Handschrift bekannt mache: „Dyeweil daß yemant ist in dem ersthen „Linien, die do niderwarz gehet, byeweile nemen dye „In der britthen Linien seythalben kein erbe; durch das, „das das erbe gehet billichen niderwarz, wy szer man „das gezelen kann, den aufwarz oder seytwarz; wenn „das ist der Busein, und die rechte Linie niderwarz, dye„weile (mag) das erbe nicht kommen, byeweil man dye „gehaben mag." Das Gewohnheitsrecht von Paris art. 311. 312. schränkt den Rückgang des Vermögens an die gerade aufsteigenden Vorfahren bloß auf das bewegliche und erworbene Gut ein, und läßt das ererbte Gut nicht wieder zurückkehren. Allein mir däucht doch,

ᵈ) Gebauers im Leben Kaiser Richards S. 373. geschehene Bezweiflung dieser Akte, weil der Kaiser zwischen dem 16. Jul, wo er Worms erhalten, bis Anfangs Oktobers, woran er Speyer die Privilegien bestätigt hätte, nicht könnte in Lausanne gewesen seyn, sondern wahrscheinlich gleich von Worms nach Speyer gegangen seye, ist, obschon ihr Häberlin, Reichshistorie B. II. S. 134. folgt, dennoch so albern, daß sie keiner Widerlegung bedarf. Sind denn die Kaiser nicht beständig mit der größten Eilfertigkeit von Provinz zu Provinz gereist? Ueberdem hat nicht Goldast die Aechtheit seiner Dokumente hinlänglich erwiesen? Siehe meine Literatur des germanischen Rechts. Leipzig 1782. bey Schwickert. §. 42.

ᵉ) Urkundenb. Th. II. n. 26.

der Seitenverwandten in Teutschland. 19

diß Gesez müsse aus den andern und besonders aus der angeführten Coutume de Bayonne erläutert werden. Es ist zu merken, daß nur die Eltern das ausschließende Erbrecht ihrer ohne Geschwister abgestorbenen Kinder haben, und mitnichten die Großeltern und andere Vorfahren. Die Teutschen wußten nichts von der Erbordnung der gerade aufsteigenden Linie, sondern allein den Eltern gaben sie nach Abgang ihrer Descendenz den Anfall, und eben so den Großeltern auf Ermanglung der von ihnen entsprossenen Linien. Zuweilen mußten die Ascendenten mit den höhern Collateralen nach der Stammzahl anstehen, welches man das Ganerbe nannte. (§. 33.) Diese Materie wird ihre weitere Beleuchtung bey der Auseinandersezung des gemischten theilrechtlichen Systems erhalten. Es dürfte sich etwa da im Beyspiele erproben, wie sehr der Geist der Hauptgattungen des teutschen Erbrechts verschieden ist, indem z. B. beym Fallrecht die Vorfahren von der grundeigenthümlichen Erbfolge ihrer Nachkommenschaft ganz ausgeschlossen sind, f) und das darum, weil sich die Erbschaft schon einmal in ihren Händen befunden hat, und sie jezo so lange vorbeygeht, als noch andere Abkömmlinge vorhanden sind. Dahingegen beym Sächsischen Ganerbe sie gleich neben ihrer Descendenz zur Erbtheilung anstehen. g) Bey der Erbschaft erworbener Grundstücken und der Mobilien aber gehen sie den Seitenverwandten vor, und da gilt überhaupt das Sprüchwort: der nächste im Blute der nächste im Gute, welches ohne Rücksicht auf die Verschiedenheit der väterlichen und

---

f) Ebendaher erhalten die gerade aufsteigenden Verwandten noch diese Stunde in Frankreich nur die bewegliche Erbschaft samt dem Errungenen und nicht an den Erbgütern. *Choppin.* de civ. Paris. mor. L. 2. tit. 5. p. 312.

g) Sächs. Landrecht B. 1. art. 17. Das Wurster Landrecht tit. 1. art. 7. §. 2. 3. dehnt es so weit aus, daß auch die Eltern mit den Geschwistern zugleich erben müssen.

mütterlichen Linien jederzeit den nähern Anverwandten dem Entferntern vorzieht. Der Geheimerath Koch zu Giessen *b)* glaubte dieses Sprüchwort stünde dem Fallrecht entgegen. Er wußte aber nicht, daß bey dieser Erbgattung zweierlei Erbschaften 1) der Erbgüter 2) der Errungenschaft und Fahrnis vorhanden sind, wovon jede nach eigenen Regeln behandelt wird. Wenn schon bey der Erbfolge in der Errungenschaft und Fahrnis jener Rechtsspruch gilt, so ist nichts destoweniger bey der Succession in die Erbgüter Fallrecht üblich, und folglich abweichende Prinzipien. Hier haben wir ein wiederhohltes Beyspiel, wie sehr man sich sowol bey der Excerpirung aus den alten Rechtsbüchern als bey Anführung alter Rechtssäze hüten muß, sie nur so geradezu hinzuwerfen, sondern daß dabey jedesmal auf den eigenthümlichen Geist jeder Successionsart Rücksicht genommen werden muß.

b) Obseruat. selectae de iure reuolut. seu Recadentiae. Giessae 1772. p. 2.

Drittes Hauptstück.
Fallrecht.

§. 11.

Blieb aber eine Ehe ganz unfruchtbar, oder kamen die Eheleute nicht zum sogenannten Bettsprunge,*a*) so entstand unser Fallrecht; das ist, die liegende Güter wurden demjenigen Verwandten verfangen, von dessen Stamme sie herrührten, und der zurückgebliebene Ehegatte erbte allein die Fahrnis und die erworbene Grundstücke, *b*) die alten würtembergischen Rechtsgewohnheiten sind etwas umständlicher, und sprechen bey dem kinderlosen Abgange Eines der Eheleute, die in die Ehe gebrachten und ererbten liegenden Gründe beiderlei Seitenverwandten als Verfallen eigenthümlich zu, doch mit Vorbehalte des lebenslänglichen Nießbrauchs (in den Statuten Beysiz genennt) für den hinterlassenen Gemahl. Das Fallrecht ereignet sich nach dem kinderlosen Absterben entweder einer verheiratheten oder unverheiratheten Person. Hier werden die Güter gleich von den Verwandten sowol von väterlicher als von mütterlicher Seite, wenn sich zufälliger Weise von beiden Partheyen zugleich Erbgüter vorhanden finden, in Besiz genommen. Auch in jenem Falle bekommen die Anverwandten sogleich das Eigenthum, aber den Besiz behält der überlebende Ehegatte und er kömmt erst nach dessen Tode, oder wenn er in die zwote Ehe übertrit, auf sie. Von der leztern Gattung handle ich hier, da derselben in den germanischen Rechtsbüchern am meisten gedacht wird.

a) Diß bemerkt das Tübinger Stadtrecht von 1493. im Urkundenb. n. 2. desgleichen das Stadtrecht zu Asperg im II. B. des Versuchs über die Erbfolgsgesch. S. 159. zu Urach n. 19. S. 290.
b) Man sehe die ganze Bibliothek von Beweisstellen, die ich unten im Urkundenbuch Th. I. n. 4. eingerückt habe.

Erbfolgsgeschichte

Erster Abschnitt.
Grund des Fallrechts.

§. 12.

Gleich allen germanischen Erbgattungen entspringt auch das Fallrecht aus dem Condominialrechte. Man weiß aus dem germanischen Rechtssysteme, daß im Mittelalter das Sammteigenthum in ein ausdrückliches und stillschweigendes eingetheilt wurde. Zu jenem gehörten alle die, welche im wirklichen Mitbesize der Ganerbschaft waren, als die Kinder und zuweilen auch die Geschwister. Dieses aber begrif nur diejenigen, die ein entferntes Erbrecht, ohne gegenwärtig an dem Mitgenusse Antheil zu nehmen, darauf hatten, also die Verwandten. Demnach waren sie, wenn Kinder zugleich lebten, von dem vollständigen Samteigenthume ausgeschlossen, und traten erst, wenn diese mangelten, und zu deren künftiger Existenz keine Hofnung vorhanden war, in das engere Samteigenthum ein. Es befremde Niemand, daß sie beym Fallrechte nicht im wirklichen Mitgenusse sind. Denn man kan in allweg in einer ächten Gesamtschaft stehen, und doch am Genusse keinen Antheil haben, wie wir es bey unmündigen Kindern wahrnehmen, und ohnehin aus römischen Prinzipien wissen. Diese Anwendung der samteigenthümlichen Grundsäze die schon Plato [a] festgestellt hatte, dessen Gesezgebung nach der richtigen Wahrnehmung Hulderichs Muzio [b] mit unsrer Teutschen genau übereinstimmt, bestärkt sich aus den Losungen, oder wie es sonst heist, aus dem Einstands- oder Näherrecht. Denn eine unendliche Anzahl Beweisstellen aus Rechts-

---

[a] De Legibus l. II. Edit. Lugd. 1590. p. 679.

[b] *In Chron. Germ. L. 12. ap. Piftor. Script. rer. Germ. Tom. II. p. 605.* Multa enim Platonis legibus conueniebant.

büchern und Urkunden belehrt uns, daß keine Veräusserung der Grundstücke geschehen konnte, ohne Einwilligung der nächsten Erben, welches entweder die Kinder und Enkel, oder die Geschwister, wenn sie untereinander in unzertrennter Gemeinschaft geblieben waren. c) Auf den Fall aber von all diesen Niemand existirte, so konnte zwar jede Veräusserung unternommen werden; allein die übrigen Anverwandten waren berechtiget, das Gut binnen Jahresfrist, als dem Zeitpunkte der germanischen Verjährung an sich zu ziehen. Hierinn stimmt das europäische Privatrecht nach den von Tiraqueau d) und Dreyern e) angestellten Untersuchungen unter sich vollkommen überein. Wenn wir nun dieses, weiterer Beweise jezo nicht zu gedenken, mit der Beobachtung vergleichen, daß die wirklichen Innhaber des Erb- und Stammguts nur **Treuesträger** (haeredes fiduciarii) f) daß die Anverwandten aber ehemals Cohaeredes, Consortes bonorum, Prohaeredes, haeredes mediati, Mitherren,

---

c) Die Gelehrten haben schon eine ungeheure Anzahl Urkunden producirt, wo bey jeder Veräusserung die Einwilligung der Anverwandtschaft beygezeichnet ist. Ich will hier noch einige minder bekannte beyfügen. Hen. Eltbey II. Sendschreiben von der Todttheilung in ihrer Wirkung auf Niederbaiern. Frankf. und Leipzig. 1779. S. 21. u. f. Neue Diplomatik übersezt von Adelung Th. VIII. §. 609. und Th. IX. §. 48. 110. 167. *De la Thaumassiere* Coutume de Berri. page 76. *Dreyer* de vsu Iur. Anglosax. pag. 18. *Gnüge* de origine Iur. retractus gentilitii in germania §. 35. 36. *Haltaus* in Glossar. Germ. med. aeui. col. 363.

Außerdem habe ich hierunten im Urkundenb. Th. I. n. 5. noch eine Reihe Urkunden gesammelt, die seither unbeobachtet geblieben sind.

d) In praefat. tract. de retract. lignagier inter opp. Vol. IV. p. I.

e) In libro singulari de vsu Iur. Anglosax. p. 12. 13. 14. 15. 16.

f) *Haltaus* in Gloss. Germ. T. II. col. 1803. 1804.

Ganerben, Erberen, Theilhaber, Gemeinhaber und
Erben im altteutschen Sinne, wo es so viel als Mitbe-
sizer heist, genannt wurden, g) so dürfen wir in Wahrheit
an der Existenz des Familiensamteigenthums *h*) nicht

g) *Dreyer* cit. l. pag. 17. *Haltaus* in Gloss. Germ. col. 1782.
Du Cange in Gloss. inf. latin. unter diesen Wörtern.

h) Welches auch in Frankreich allgemein war. *Les Cou-
tumes du Duché de Bourgogne avec les anciennes Coutu-
mes, tant generales, que locales, de la meme Province non
encore imprimées, et les Observations de M. Boubier
Pres. à Mortier T. I. A Dijon 1742. Ch. 26. p. 534.*
Coutume du Canton de Fribourg: ou il y a une indi-
vision de coheritiers, nul autre n'a droit d'entrer
dans la succession des biens d'icelle, que le dernier
vivant, tant que ladite indivision aura subsisté et
quelle n'aura pas été dissoute pendant le vivant des
uns et des autres.

p. 238. En effet, il est certain, par le temoignage de tous
nos Auteurs a) que les societez tacites entre des per-
sonnes, qui demeurent ensemble, et vivent a une
même pot, *étoient autrefois d'un usage géneral, soit en
france, soit chez les peuples voisins, et qu'elles y étoient
extremement favorisées par des motifs d'utilité publique.*
Aussi ont elles été autorisées par plusieurs de nos cou-
tumes, avec plus ou moins d'extension, suivant le gout,
et les moeurs des differentes provinces; et il y en a
même quelquesunes, comme celle *de la Marche Art.*
216. et celle *d'Auvergne T. 15. a. I. 2. 6.* qui sont à
peu près conformes pour le fait de la succession à
celle de Fribourg, ci dessus rapportée. a) V. *Boucheul
des convent. de succeder ch. 22. n. 19.* Boubiers wider-
sezt sich vergebens und aus ganz falschen Prinzipien der
Urtel die in App. Sachen darnach gegeben worden ist.

p. 573. *Boubier Observat. sur la Cous. de Bourgogne. T. I.*
infra p. 52. h. Il est certain que par les Articles 414.
425. de la C. de Normandie toute personne, qui n'est
point mariée, et qui n'a point d'enfans, est à l'age de
20. ans capable des disposer le ses meubles par testa-
testament, au profit de qui bon lui semble.
C'étoit cependant la seule chose, dont les anciens
Normans russent la liberté de disposer. Car à l'égari

zweifeln, *ʰ*) und müssen seine Anwendung auf jede Erbfolgsgattung für zuläßig halten.

§. 13.

Der alte Rechtsspruch mortuus saginat viuum, der Todte erbt den Lebendigen beleuchtet die Sache ebenfalls, indem nach demselben bey der Erbfolge der absteigenden Erben aus dem Grunde keine Erbschaftsantretung erforderlich ist, weil sie schon an sich Besizer des elterlichen Guts sind. Vermöge des engern Samteigenthums und des daraus entstandenen alten Theilrechts, giebt es auch in Teutschland Notherben *ᵏ*) und einen Pflichttheil, *ˡ*)

de leurs immeubles, soit propres ou Acquets, ils étoient obligez de les laisser en entier à leurs heritiers ab intestato, ou d'en disposer entre-vifs.

Cette rigueur fut un peu adoucie dans la derniere redaction de la coutume. Car par les art. 422. 427. il fut permis à l'homme n'ayant enfans, de disposer par testament, ou donation à cause de mort, du tiers de ses acquets et conquets immeubles. Mais ce fut à trois conditions 1) qu'il rien pourroit disposer au profit de sa femme. 2) Qu'il disposeroit trois mois avant son deces. 3) Qu'il ne le pourroit, qu'en cas, qu'il n'eut deja disposé entre vifs de ce tiers.

Von Spanien habe ich im Versuche B. I. S. 243. eine Stelle angeführt, und das Samteigenthumsrecht in Großbrittanien hat weitläuftig aus einandergesezt Wilhelm Blackstone Commentaries on the Laws of England. B. II. ch. 12. pag. 179.

i) Die im Versuche über die Geschichte der teut. Erbfolge B. I. Hauptst. III. IV. erwiesen worden.

k) Die Beweisstellen stehen schon oben §. 8. Es wird daher im französischen Rechte der Sohn für den wirklichen und rechten Besizer seines Pflichttheils gehalten, wenn gleich von dem Vater ein andrer zum Haupterben im Testamente eingesezt worden wäre, und er hat nicht nöthig, um dessen Erlangung bey der Obrigkeit bittlich anzusuchen. Ren. Choppin. de ciuil. Paris. mor. L. 3. §. 3. n. 431.

l) Mein Versuch über die Erbfolgsgeschichte. B. I. H. VII. Abschn. II. S. 105.

der nur in der Größe vom römischen verschieden ist. (§. 8.)

§. 14.

Es löst sich jezo der Zweifel des Professor Hochstetters in Stuttgart ᵐ) von selbst auf, wenn er den Einwurf macht, daß in den alten Urkunden bey Veräußerung eines Grundstücks nur der Einwilligung der nächsten und selten der entferntern Erben gedacht würde, welches doch, wenn diese ein (obschon entferntes) Samteigenthumsrecht gehabt hätten, nothwendig gewesen wäre. Es ist ihrer aber deswegen nicht gedacht worden, weil sie das Losungsrecht hatten, und gegen Erlegung des Kaufschillings das Gut an sich ziehen konnten. Ich will zum Beweise eine eigene gesezliche Stelle anführen, die mit klaren Worten sagt, daß bey den nächsten Erben die Einwilligung erforderlich seye, bey Entferntern aber wegen dem ihnen zukommenden Auslosungsrechte dieselbe übergangen werden könne. ⁿ) Folglich exercirten die bey einer Veräußerung doch samteigenthümliche Befugnisse. Gelegenheitlich erinnere ich den Autor ᵒ) auch hier an mein Antrittspro-

---

m) De fatis ordinis succedendi in feuda legitimi. Stuttgardiae 1779. pag. 24.

n) *Usatica Ambianensis Civ. Mf. ap. du Fresne v. Offerre.* S'il avient cose cuns hom ou une feme sont ensamble par mariage, et il venoent un hyretage *que ils ont*, et il aient enfans qui soient en leue baillie, *sans che Kil se soient parti deus*, il n'iont nule offre, car on offre mic hyretage d'acquefte à nullui s'on ne veut, ains le convient offrir auplus prochain après les enfans devant dis, *et à cest enffans devant dis le convarroit otroier s'on voloit que le vente fust estables*, et s'il avenoit c'aucuns qui fust seurés du pere ou de la mere par mariage, ou par autre maniere, chil avoit l'offre, et si manoit avec lui, et eust de son cotei à par lui aufi aroit il l'offre, aliter ap. *Rageau Gloff. T. II. p. 162. m. Offrir au proïsme.*

o) Cit. Diff. pag. 23.

gramm, ᵖ⁾ worinn ich mich förmlich erklärt habe, daß ich nicht dafür halte, daß die Teutschen auf das Geblütsrecht gar nicht geachtet, und wie andere Schriftsteller wähnen, bloß das Samteigenthum ohne Rücksicht auf die Blutsverwandtschaft für den Grund der Erbfolge angenommen hätten, ᵠ⁾ sondern daß sie gerade wegen dem Geblütsrechte in die samteigenthümliche Verbindung gekommen, und dazu berechtiget gewesen wären. Beides war mit einander verbunden.

§. 15.

Der Kammergerichtsprokurator von Zwierlein in Wezlar, ʳ⁾ (oder vielmehr nach der Vorrede zum IV.

---

p) S. 5.

q) Welches noch neuerlich vom D. Meurer zu Göttingen, der hier seine Vorgänger getreulich abschreibt, geschehen ist. Siehe sein I. Stück von der Succession in Lehn- und Stammgüter unter dem hohen und niedern teutschen Adel. Leipzig 1781.

r) II. Sendschreiben von den Rechten der Todttheilung in ihrer Wirkung auf das jüngsthin erledigte Herzogthum Niederbayern. S. 20. In der Vorrede zum IV. Sendschreiben S. 6. schmeichelt er sich mit der süßen Hofnung, er könnte mit dieser seiner Arbeit einmal Vater eines ganzen Systems werden. Ich muß ihn aber versichern, daß seine Hauptsäze gar nicht neu sind. Neben andern haben insbesondere Reinhart im Erbfolgsrecht der Töchter ⁊c. und Fischer in der Isenb. Geschlechtsreihe schon gezeigt, daß Stamm- und Fideicommißgüter im heutigen juristischen Verstande ehemals nicht vorhanden gewesen. Er und Fischer haben auch bereits gewiesen, daß die Töchter den Agnaten in der Stammfolge vorgegangen sind, womit ich 1778. durch meine Erbfolgsgeschichte harmonirte. Wäre Zwierlein im Stande aus Akten klar zu machen, daß die Töchter nur wegen vorgegangener Todttheilung succedirten, und die Agnaten ohne Gemeinschaft gar nicht erbfolgen könnten, dann sagte er etwas neues, welches aber noch nicht geschehen ist.

Sendschreiben zu urtheilen, der Präsident von Henkelthey in Wallerstein) erklärt die oben bemerkte ausdrückliche Einwilligungen der Erben geradezu für eine leere Formel, die etwa vom Kaiserrechte möchte veranlaßt, und nachher, da sie ganz unnöthig gewesen, von den Notarien nur noch als etwas herkommliches beybehalten worden seye. So unbedeutend diese Einwendung an sich ist, so fällt sie doch eines theils durch die Beobachtung weg, daß die anverwandtschaftliche Veräußerungseinwilligungen schon in den Urkunden des X. Jahrhunderts, also zu der Zeit, wo unmöglich ein Kaiserrecht Konrads II. existiren konnte, gefunden werden, [s] und andern theils gesteht der Autor dadurch, daß sie nach seiner Behauptung in der Folge leere Formeln geworden seyn, selbst ein, daß sie einmal eine wirkliche Bedeutung gehabt haben müssen, räumt also damit stillschweigend die Existenz der Stammgüter gegen seine Absicht in der ältesten Zeit ein. Der weitere Einwurf [t] von dem Mangel an dergleichen Willebriefen hebt sich durch die Beobachtung, daß dergleichen Einwilligungen, welches meist zugleich Verzichtleistungen waren, bloß symbolisch geschahen, [u] und folglich darüber

[s] *Neue Diplomatick* Band VIII. §. 609. Vom XII. Jahrh. sagen die Benediktiner B. 9. §. 110. „In der That, man nimmt wahr, daß in den mehresten Akten dieses und der vorhergehenden Jahrhunderte der Ehemann, die Ehefrau (wegen ihres Wittums) und die Kinder, ja oft diejenigen, die noch in der Wiege liegen, mit dazu kommen, eben als ob das ganze Vermögen einer Familie von allen denen, woraus sie besteht, besessen würde."

[t] A. a. O. S. 23.

[u] Einige derselben waren ganz sonderbar z. B. Ponzius Graf von Thoulouse sagt in einer Akte von 1045. Er hätte zum Zeichen seiner Einwilligung und zum Gedächtnis für die Nachwelt sich den Nagel von Daumen also beschnitten, daß er geblutet. *Vaissete* Histoire de Languedoc. Tome II. page 170. Vergl. Neue Dipl. Th. VI. §. 751.

eben so wenig besondere Akten aufgesezt wurden, als vorher über die Kontrakte selbst, deren schriftliche Verfassung man erst durch spätere Geseze verordnete. *) Seine Behauptung, daß die konsentirende Personen nicht einmal den Hauptbrief mit unterschrieben hätten, ist vollends grundfalsch, indem dergleichen Charten in der größten Menge nach dem Zeugnisse der Benediktiner von St. Maur y) vorhanden sind, und er derselben eine beträcht-

x) Neue Diplomatick Th. VIII. Seite 815. §. 468. 469. Dan. *Terszyenszky* Specimen Iur. Germ. de modo acquirendi hereditatem. Francof. et Lipf. 1759. p. 13. 18.

y) Ebendas. Th. IX. §. 48. „In diesem (XI.) und in den folgenden Jahrhunderten — mußte die Anverwandtschaft des Wohlthäters das Ansehen haben, als ob sie in seine Schenkung einwillige, ohne einmal die Kinder auszunehmen, deren Namen man zum öftern bey demjenigen antrift, welche die Charten gültig machen. Denn eine Schenkung war nicht rechtskräftig, wenn sie nicht von der Ehefrau, den Kindern, Brüdern und Anverwandten des Stifters gut geheißen wurde. — — §) Wenn die Kinder, die Brüder, oder andere Anverwandten die von ihren ersten Stiftern gemachte Schenkungen bestätigten, so sezten sie öfters ihre Bestätigungen hinter die erstere Urkunde, anstatt eine neue Akte darüber auszufertigen." In der spätern Zeit geschahen die Bestätigung durch die Anhängung der Sigel. Neue Dipl. Th. VI. S. 48. §. 109. Aber die Gerichtshändel, welche man nachher in Ansehungs der Stiftungen der Kirchen und der Klöster erregte, nöthigten die Herren ihre Schenkungsbriefe zu untersiegeln. — Ueberhaupt waren der Herren ihre noch selten nach dem Anfang des 12. J. Simon Herr zu Broies erklärt in einer Akte vom J. 1155. daß er durch Beifolgung seines Sigels eine Schenkung bestätige, welche 40. Jahr vorher gemacht worden. Quia scilicet in tempore illo, quo donum factum est, minime consuetudo esset de donationibus cartas sigillare, quas Malitia dierum istorum non recipit, auctoritate evacuans quas non sigillatas conspexit. Man sieht aus dieser Stelle, daß gegen die Mitte des 12. Jahrh. die Sigel nothwendig

liche Anzahl bloß in den Monumentis Boicis antreffen kan. z) Wie die schriftliche Kontrakte aufkamen, so war der symbolische Gebrauch, daß die einwilligende Erben unten an die Akte einen Strohhalm anknüpften, oder an der herabhängenden Schnur bloß einen Knoten machten. a)

§. 16.

Der Ursprung des Geschlechtssammteigenthums ist aus der weisen Gesezgebung bey Gründung der Staaten abzuleiten, wo man die Absicht hatte, durch kluge Einrichtungen ein beständiges Ebenmaaß unter den Vermögensumständen der Staatsbürger zu erhalten, und zu verhüten, daß die Nachkommenschaft nicht in Gefahr geriethe, den nöthigen Lebensunterhalt zu vermissen. Die Sa-

geworden; dieweil die Laien sich der den Kirchen geschenkten Güter unter den Fürwand bemächtigten, weil die Schenkungsbriefe nicht mit Sigeln verwahret wären. *Mem. pour servir a l'histoire de Bretagne T. I. p. 480.* Ioannes dictus Dolensis Dominus Camburnii decreui omnia quae dederunt antecessores mei ecclesiae S. Trin. Comburnii sigilli mei munimine confirmari. Notum est quod Nobiles viri antiquo tempore fundantes monasteria simplicibus cartis dona, quae Deo et ecclesiis offerebant. commendabant. Nunc vero filii huius seculi prudentiores filiis lucis in generatione sua facti multas contentiones contra ecclesiasticos rectores movent. Quod perpetuo delere cupiens inter successores nostros et monachos maioris monast. quoniam antecessores nostri sigilla non habuerunt, ego' quicquid ipsi dederunt donoconcedo et sigillo meo confirmo. Sed ne aliquid videar immutare, cartam Rauilloni filii Haimonis antecessoris nostri subter scribere et sigillo meo in quantum potui roborare volui. Die Urkunde ist vom Ende des 11. Jahrhunderts.

z) Man durchlaufe z. B. auch die von mir im Urkundb. Th. I. n. 7. gesammelte Urkunden, so wird die Einwilligung der nächsten Erben meist am Ende derselben angehängt finden.

a) *Dan. Tersztyenszky* cit. l. p. 18.

che ist von mir bereits induktionsweise aus den Zeugnissen der Alten erwiesen worden. b) Allein ich habe hier doch noch Einiges nachzuhohlen. Nach der Erwerbung Kanaans ward dem jüdischen Volke das ganze Land in 12. Haupttheilen nach den Stämmen Israels ausgetheilet. Die Portion jedes Stamms ward wiederum in so viel gleiche Unterabtheilungen zerstückt, als sich unter ihm besondere Geschlechter befanden, so daß jeder Hausvater auch in dessen Ermanglung seine zurückgelassene Kinder seinen Theil empfieng. c) Dieser mußte auf ewig und unveräußerlich bey seiner Nachkommenschaft verbleiben, d) und man machte zu dem Ende die Verordnung, daß nur die Söhne, worunter der Erstgebohrne den Vorzug hatte, zum Besize desselben gelangen sollten, und die Töchter sich bloß mit einer Mitgift an beweglichen Sachen zu begnügen hätten, e) ausgenommen jene wären ganz abgegangen, dann solten sie erst (aber unter der Bedingung sich an Einen ihres Stamms und väterlichen Geschlechts zu verheirathen,) f) zur Erbfolge gerufen seyn. g) Es war alle Veräußerung der Grundstücke verboten, und nur im äußersten Nothfalle eine Ausnahme zugestanden. Das C. XXXVI. im IV. Buch Mose überzeugt uns ganz augenscheinlich, daß der Zweck bey dieser Staatseinrichtung

b) Versuch über die Erbfolgsgeschichte. Hauptstück II. durchaus.

c) *Iac. Perizonii* Diss. de ducenda defuncti fratris vxore ad propagandam eius nominis memoriam. Daventriae 1679. pag. 37. 38. 39.

d) *Ioseph.* L. 4. Ant. Iudaic. c. 4. *Andr. Tiraquell.* de retraict lignagier praefat. p. 2. 3.

e) *Perizon.* de L. Vocon. p. 115. wo gezeigt wird, daß dieses auch bey andern Völkern üblich gewesen.

f) *Blasus Vgolini* de vxore Ebraea C. V. §. 2. in Thesauro Antiquit. Sacrar. Venetiis 1766. Tom. XXX. col. 282. 284. conf. col. 56. seqq.

g) *Perizonii* Diss. de Lege Voconia foeminarumque haereditatibus pag. 109.

allein die Erhaltung der Gleichheit des liegenden Vermögens unter den Geschlechtern gewesen, und daß dieselbe folglich nicht auf die Erhaltung des Gedächtnisses der Familien abgezielt, sondern zu Bewahrung des altväterlichen Guts bey den Geschlechtern gedient habe. *h)*

§. 17.

Die meisten morgenländischen Nationen waren auch nur deswegen so aufmerksam auf die Erhaltung ihrer Stammtafeln, weil sie ihnen den Weg zu großen Besitzungen zu gelangen öfneten. Die Bewahrung des Andenkens an den erworbenen altväterlichen Ruhm kam nur zufälliger Weise hinzu, indem sich nicht alle Ahnen durch große Thaten ausgezeichnet hatten, und viele bloß durch die Zahl ihrer Enkel in Ansehen kamen. Unter den Beweisen für die Allgemeinheit des Samteigenthumsrechts auf dem Erdboden mußte ich auch die Gewohnheit der Griechen und Römer anführen, die neugebohrnen Kinder auf die Erde niederlegen, und sie hernach feyerlich wiederum von ihren Vätern auf die Arme nehmen zu lassen. *i)* Meine Widerlegung der Erklärung, die seither die Antiquaren davon gemacht haben, bestättiget sich durch die Sitten der Neger zu Congo, *k)* wo man diesen Gebrauch noch heutzutage findet, und mit seinem wahren Ursprung eben so wenig bekannt ist. Auch die Beobachtung, daß die Völker das Grundeigenthum der Erdfläche in Gemeinschaft ergriffen, und die Kultur derselben auf eben die Weise besorgt haben, läßt sich durch mehrere

h) Perizon. cit. Diff. de duc. fratr. vxore pag. 43. 46. 47, 48. 68.

i) Mein Versuch der Erbfolgsgeschichte. B. I. S. 21. 22.

k) Diction. des Voyages Tome III. p. 541. Congo. Lorsqu'on sévre un enfans les parens le couchent à terre. — Le pere le prend entre ses bras, et le tient quelque tems suspendu en l'air, dans l'opinion, que cette ceremonie doit le rendre plus vigoureux.

der Seitenverwandten in Teutschland. 33

Beyspiele bestärken. Z. B. die alten nordischen Völker und vorzüglich die in Brittannien eingewanderte Angelsachsen bauten gemeinschaftlich die abwechselnd in Besiz genommene Strecken Felds, und vertheilten den Ertrag unter sich nach den Bedürfnissen eines jeden Geschlechts. *l)* Zu den übrigen von mir gesammelten historischen Beweisen, besonders die Räubereyen und öffentliche Diebstähle der rohen Völker betreffend, hat Demeunier *m)* Beyträge geliefert. Aus obiger Sitte von der symbolischen Niederlegung der neugebohrnen Kinder auf die Erde, ist auch das heidnische Gesez der Friesen zu erklären, daß ein Kind, das bereits irdische Speise genossen hatte, nicht mehr getödtet werden durfte. *n)* Die Großmutter der h.

l) Millars *sur les commencemens de la Société pag.* 216. Si pendant le séjour momentané, qu'ils sont dans quelques parties du pays, ils cultivent une petite portion de terre, cette terre, ainsi que celle, qui est employée au paturage est necessairement possedée en commun. Le soin de cette culture etant regardé comme un travail extraordinaire pour lequel il est necessaire, que tous les individs s'unissent et s'aident les uns les autres, il est naturel de supposer, que la recolte, qui en proviendra, appartiendra à toute la societé, et sera distribuée parmi tous ses membres, selon leurs besoins divers. Stuarts *diss. concerning the antiquity of the English constitution* p. 1. *s.* 3. teutsche Uebersezung. Lübeck 1779. S. 22.

m) Moeurs des peuples Tome III. l. 12. ch. 2. p. 7—16.

n) Vita S. Ludgeri L. 1. c. 6. Memorata Liaffburg cum nata esset habebat auiam gentilem, matrem videlicet patris sui — in furorem conuersa, eo quod praenom. conjux filias tantum genuisset, et filium non haberet, misit lictores, qui raperent eandem filiam tunc natam de sinu matris; *quia sic mos erat paganorum, vt si filium aut filiam necare voluissent, absque cibo terreno necarentur.* c. 7. — Superuenit vicina mulier et misericordia mota eripuit puellam de manu praefati mancipii, cucurritque cum ea ad domum, et claudens post se

Liasburg war unzufrieden, daß ihre Schnur lauter Töchter zur Welt brachte. Sie wolte daher diese Enkelin gleich nach ihrer Geburt tödten lassen. Eine benachbarte Frau hat Mitleiden mit dem Kinde, entreist es dem Sklaven, der zu seiner Ermordung abgeschickt war, und läuft mit demselben in ihr Haus, das sie hinter sich verschloß. Hier giebt sie ihm ein Wenig Honig in den Mund, und zeigt es darauf den übrigen herbeygeeilten Sklaven, wie es noch den Honig von seinen Lippen leckte. Dadurch war es vom Tode errettet, weil nach heidnischem Gebrauche die neugebohrne Kinder, die schon etwas von irdischer Speise gekostet hatten, weder getödtet noch ausgesezt werden durften. Also wird die Begebenheit im Leben des h. Ludigers Abts zu Utrecht erzehlt.

Zweeter Abschnitt.
Fallrechtlicher Nießbrauch.

§. 18.

Der fallrechtliche Nießbrauch ist zwar im wesentlichen demjenigen sehr ähnlich, den wir bey der Verfangenschaft kennen gelernt haben, *a)* und der dort ebenfalls Beysiz zum Andenken seines Ursprung theils als Ueberbleibsel des ehlichen Beysizes der Alloden und des ehlichen Wittums, *b)* theils als aus dem väterlichen Vormund-

> ostium, peruenit ad cubiculum; in quo erat mel, et misit ex melle illo in os juvenculae, quae statim sorbuit illud. Venerunt interea praed. carnifices — Mulier autem — occurrit lictoribus, dixitque, mel comedisse puellam et simul ostendit eis illam adhuc labia sua lingentem et *propter hoc illicitum erat juxta morem gentilium illam necare.*

a) Mein Versuch B. I. S. 268.
b) a. a. O. Haupst. IX. Abschn. I. S. 196. 197. u. Hauptst. VI. Abschn. V. S. 98. Vergl. *Walchii* Diss. de commun. bon. inter conj. Mulhus. p. 21. 22.

schaftsrecht c) hergeflossener Mitbesiz genennt worden. Auf gewisse Art ist er etwas strenger, weil nach dem Güglingischen, Frauenzimmerischen, Weilerischen und Möckmühlischen Rechtsgewohnheiten d) die Erben die Fallgüter, wenn sie von den Nuznießer nicht in gehörigen Bau und Wesen erhalten wurden, an sich ziehen, und zuweilen denselben sogar deswegen strafen durften. Eine andere Verschiedenheit besteht noch darinn, daß hier die Verbindlichkeit die Erben davon zu ernähren und auszusteuren hinwegfällt. Jedoch wenn man bedenkt, daß die Ernährung der Kinder keine nothwendige Folge des Verfangenschaftsrecht ist, e) sondern aus einer andern Quelle herfließt, so hört zwar hierbey alle Verschiedenheit auf; aber bey der Aussteurung bleibt die Abweichung, die ein Ueberbleibsel des ältesten Theilrechts zu seyn scheint. f) Estor g) und nach ihm Koch h) zu Gießen machen aus diesem Nießbrauche des überlebenden Ehegatten eine besondere Art von Fallrecht. Es mag sie der in verschiedenen Statuten besonders in der Schwarzburg-Rudolstädtischen Successionsordnung art. 15. vorkommende Ausdruck von Befällung der Eheleute dazu veranlaßt haben, desgleichen die Beobachtung, daß eine ähnliche Abrede sehr oft in den Ehekontrakten vorkömmt. Wenn sie aber den weitern Inhalt, daß die Erbgüter des zuerst verstorbenen dem Tode des leztlebenden an jenes Verwandten zurückgehen sollen, genau erwägen, so müssen sie erkennen, daß dergleichen Güter dem andern Gatten nur zu Leibgebingsrechte und nicht zum Eigenthume überlassen worden sind.

c) Hauptst. X. Abschn. II. S. 237. 238.
d) Band II. Th. II. S. 196. 203. 221.
e) Band I. S. 270.
f) Hauptst. VII. Abschn. II. S. 103.
g) Bürgerl. Rechtsgelehrtheit B. 3. §. 3227.
h) Diss. de iure reuol. pag. 2.

Dahingegen bey Fallrechte eine eigenthümliche Erwerbung vorgeht, indem die Anverwandten das Gut vollständig erben.

§. 19.

Obschon der Ueberlebende bloß Nuznieſſer der Fallgüter ist, so darf er sie doch eben so, wie bey der Verfangenschaft im äußersten Nothfalle unter Vorwiſſen der Obrigkeit wegen des ihr gebührenden Staatsobereigenthumsrechts veräuſſern. Die Diſpoſition des Dorfsrecht zu Weiler [1] iſt darüber ganz ausführlich: „Item wer „es ſach, daß zway Eheleut ohn Leibs Erben, Leibsnoth „angiennᵹ, so hannd sie macht Ju daß gemein gueth, so „erkhauft ist, anzugreiffen, nach aines Gerichtsrhat, so Jm „aber wytter noth wirdt, so mögen sie Jn Jr beyder „Guet gryffen, nach aynes Gerichts erkhennen. Item „so eins vom andern stirbt, ohn Leibserben uund geſche„he Jme Leibsnoth, so hat das lebendig macht, Jn ſein „theil zu greiffen, nach aines Gerichts rhat, darnach „würdt Jme weytters noth, so hatt es weytter macht, zu „greyffen in das gemein guet nach aines Gerichts Rhat. „Item wurdt Jm wytters noth so mag es Jn die Fall„gütter greiffen, aber nach eines Gerichtsrath."

Dritter Abschnitt.

Fallgüter.

§. 20.

Die Güter, deren Eigenthum nach unſern vorliegenden Rechtsſyſteme den Seitenverwandten zugeſtorben iſt, heiſen Fallgüter, von dem Worte Anfallen. Im Jülichiſchen und in andern Statuten nennt man ſie Stock-

---

[1] Im II. Bande des Verſuchs der Erbfolgsgeſch. Th. II. n. 8. S. 203.

der Seitenverwandten in Teutschland. 37

güter, Stammgüter, Stammlehen und Erbgüter, *a)* die Gelehrten die unter Stockgüter eine eigene Gattung von Bauergütern verstehen, *b)* haben also ganz unrecht, da der Name von Stock herkömmt, welches Wort noch im Englischen üblich ist, (französisch l'estoc,) *c)* und Stammvater, Erster Erwerber, Stammhalter, Stammbaum bedeutet. Mithin werden diejenigen Güter, die allezeit beym Namen und Stamme bleiben, und deswegen bey der Erlöschung der absteigenden Linie an die Seitenverwandte zurückfallen, von deren Stifter sie erworben worden sind, Stockgüter genennt. Sie sind also keiner Klasse des Volks vorzüglich eigen, sondern werden beym Adel, bey den Bürgern, *d)* und beym Bauerstande angetroffen. Fallgüter sind demnach weder alle unbewegliche Güter, noch uneingeschränkt alles Erbgut, sondern nur liegende Gründe, die jemand eigenthümlich erworben, und sie bereits auf einen seiner Nachkommen vererbt hat. *e)* Dieses Letztere ist nothwendig, denn sonst entsteht kein Rückfalls-

a) Voets de iure reuolut. c. 4. §. 6. — 10.

b) Selchov. Elem. Iur. Germ. priu. §. 407.

c) Lauriere Glossaire du Droit François Tome II. page 431. wo zugleich die fallrechtliche Erbordnung in Frankreich aus einandergesetzt ist.

d) Dergleichen Beyspiele, daß die Erbgüter der Bürger Stammgüter genennt werden, hat *Dreyer* Diss. de restricta facultate alienandi bona hered. ad heredit. mob. non pertinente. p. 45. 46. Vergl. *Selchov.* Elem. I. Germ. §. 556.

e) Melch. Voets Tr. de iure Reuolutionis ad lucem ordinat. Iudiciariae c. 88. Dusseldorpii 1694. c. 4. §. 10. 11. 12. „Was nicht abhin oder herabgefallen und vererbt ist, kan nicht zurück oder hinder sich fallen und erben." Im Sächsischen Rechte P. II. c. 10. wird ausdrücklich erfordert, daß das Gut vom Vater auf den Sohn vererbt worden. Das bremische Ritterrecht aber begehrte die Vererbfällung vom Großvater bis auf den Enkel. Tit. I. §. 12.

recht, weil im erstern Falle die Errungenschaft auf den überlebenden Theil des Ehepaars und ihre Verwandtschaft verstirbt, oder überhaupt der nächsten Verwandtschaft ohne Rücksicht auf die eigene Linie zufällt. Daher wenn Einer ein Gut erworben, und es an seinen Bruder vererbt hat, dieser hernach ebenfalls ohne Leibserben abstirbt, so dürfen sich seine väterlichen Anverwandten keine fallrechtliche Erbfolge dabey anmaßen, weil es nicht auf die Descendenz vererbt gewesen war. So nöthig es aber ist, daß Fallgüter einmal vererbt gewesen seyn müssen, so wenig wird heut zu Tage bey einem eintretenden Successionsrechte erfordert, daß man gerade vom ersten Erwerber abstamme, f) sondern es ist zu Begründung des Erbanspruchs hinreichend, wenn man zeigt, daß das liegende Gut einmal von einem der agnatischen Vorfahren vererbt gewesen, und daß man mit dem lezten ohne Kinder verstorbenen Besitzer, er mag nun männlichen oder weiblichen Geschlechts seyn, in agnatischer Verbindung stehet, oder vielmehr mit ihm einen gemeinschaftlichen Stammvater hat. g) Diß wird im Angelsächsischen und Normannischen Rechte durch das Sprüchwort ausgedrückt: Saisina facit stipitem, h) und ein solches Gut war nunmehr Stockgut. Anders verhielt es sich aber in der Vorzeit, da

f) welches der Geheimerath Koch in Gießen De iure reuol. p. 13. behauptet.

g) *Voets* cit. tr. §. 8 p. 8. Estors bürgerl. Rechtsgelehrtheit B. 3. S. 1108. *Choppin de mor. Parif. L* 2. §. 7. p. 314. Cum enim in haereditatis cretione lateralis, vt rectae, licet Pictonico titu maiorum gradus immensa serie referre, ii qui transverso duntaxat stipite haereditarii praedii genus ac gentem attingunt censentur ipsius auctores in familia non minus exprimere ac repraesentare, quam qui ab iis stirpitus in lucem editi sunt. Cramers Wezl. Nebenst. Th. 107. S. 421.

h) *Blackstone* Essay on collateral consangiumty, its Limits, Extent and Duration (Tracts. Oxford 1771.) p. 158.

der Seitenverwandten in Teutschland.

mußte man durchaus vom ersten Erwerber des Erblassers abgestammt seyn, *i*) und es galt der Rechtsspruch: Wer Erbe des Vaters gewesen, der ist es auch vom Sohne, *k*) welches noch in Engelland *l*) beobachtet wird.

§. 21.

Ohngeachtet die wesentlichen Begriffe von Verfangenschaft und Fallrecht sich subjectivisch gleich sind, so unterscheiden sie sich wiederum objectivisch darinn sehr stark von einander, daß alle liegende Güter, sie mögen ererbt oder sonst erworben seyn, desgleichen alles, was nach den einzelen Statuten der Liegendschaft gleich geachtet wird, *m*) verfangen ist,

i) Wie in der Coutume de Paris. art. 264. Melum. c. 15. art. 3. Montargis. c. 26. art. 13. c. 84. art. 5. 7. Nivernois. art. 166. Mante. art. 288. Tours. art. 324. 330. Orleans et de Dourdan. art. 116. 117. 118.

k) *Anc. Cout. de Bourgogne art.* 229. Et c'est ce que l'en dit vulgaument er Bourgoigne, que ce qui escherroit au pere escherra au fils.

l) *Blackstone Commentaries on the Laws of England.* Oxford 1775. *Book II. Ch.* 14. *p.* 223. This then is the great and general principle, upon which the law of collateral inheritances depends; that upon failure of issue in the last proprietor, the estate shall descend to the blood of the first purchasor; or that it shall result back to the heirs of the body of that ancestor, from whom it either really has, or is supposed by fiction of law to have originally descended: according to the rule laid down in the *Yearbooks* (M. 12. Edw. IV. 14.) *Fitzherbert* (Abr. t. discent. 2.) *Brook* (Ibid 38.) and *Hale*; (H. C. L. 243.) „that the who would have been heir to the father of the dezeased" (and of course to the mother, or any other purchasing ancestor) shall also be heir to the son."

m) Dahin manchmal Gold, Silber, Edelgesteine, Kapitalien gezählt werden. Siehe Knorre rechtl. Anmerkungen S. 299. u. ff. und meinen Versuch über die t. Erbfolgsgesch. B. I. S. 69. Estor *in Diss. de iure*

daß hingegen nur die liegende Güter, die ererbt waren, verfallen sind. Hieraus ergeben sich also die Grenzen von selbst, wie weit man von der Verfangenschaft auf das Fallrecht schließen darf. Die Fallgüter müssen ererbt seyn. Es kommt aber nicht darauf an, daß der Verstorbene das vollständige Eigenthum derselben erhalten habe, sondern auch bey dem bloß ererbten Nießbrauch tritt die Vererbfällung ein. *) Es sind daher alle erkaufte eingetauschte Pfandweise und durch Schenkung erhaltene Grundstücke dem Fallrechte eben so wenig unterworfen, als bey ihm die Erblosung statt hat. °) In Schwaben ist eine Gattung Bauergüter, die man Fallgüter nennt. Ihre Eigenschaft besteht darinn, daß sie vom Gutsherrn nur auf Lebenslang für einen gewissen Preis Handlohn genannt, und für eine jährliche Abgabe an Geld oder Früchten, als Zins oder Gülte, überlassen, und nach des Besitzers Tod neben der Rückzahlung einer gewissen Summe, die Weglöse genannt wird, an den Gutsherrn zurückfallen. ᵖ) An andern Orten werden sie Leibgedings- Wittums- Gnaden- Freystiftsgüter, Fall- und Schupflehen geheißen, und sind nur soweit von der gemeinen teutschen Erbpacht, Erbleihe und den Maiereyen verschieden, als sie nach der ursprünglichen Verfassung aller Bauergüter ebenfalls nicht

Devol. „Hinterfällige Güter sind Hauß, Hoff, mit demjenigen, was eingeklebt und angenagelt ist, darinn ist Aecker, Wiesen und Gärten mit Bäumen und andern eingesäeten Pflanzen, darzu Erbzinnß. Hinwieder aber alle wiederkäuffliche Pfand, baar Geld, Haußgeräth, Pferde, Kühe und anderm Viehe samt allem was beweglich geachtet werden kan, hält man zu Giessen vor fahrende Habe oder Pfandschaft. Solmf. Landr. P. II. tit. 28. §. 11.

n) *Voets* de iure Revol. C. 4. n. 17. p. 9.
o) *Dreyer* de restricta facult. alien. bona haered. p. 28. 31.
p) *Wolffgang Ad. Schoepff* de bonis vitalitiis sueuiae. Tub. 1748.

erblich sind, obschon sie in der That beständig bey den Familien gelassen werden. Ihre Uebereinkunft mit dem teutschen Zinsgute, mit den Gülthöfen und überhaupt mit allen Arten von Bauergütern, wo keine Erbpacht zum Grunde liegt, sie mögen Namen haben, wie sie wollen, indem die verschiedene Benennungen aus den mancherlei Mundarten Teutschlands herrühren, und sich ihre Abweichungen nur in zufälligen Dingen äußern, *q)* ergibt sich von selbst. Schöpff, Ein Mann, der weder ächte römische noch irgend einige teutsche Rechtstheorie im Kopfe hatte, war daher mit ihrer wahren Beschaffenheit sehr wenig bekannt. Auch gegen Selchow *r)* ist anzumerken, daß bey Bauergütern die Verschiedenheit der Erbordnung zumal wenn sie der landüblichen gemäß ist, dem Gute selbst keine wesentliche Bestimmung gibt.

Vierter Abschnitt.
Ehliche Beerbung der Errungenschaft und Fahrnis bey Fallrecht.

§. 22.

In meiner Geschichte der teutschen Erbfolge ist aus einer ganzen Bibliothek von Beweisstellen *s)* von mir zuerst gezeigt worden, daß in der ältesten Zeit die ehliche

q) Estors bürgerl. Rechtsgelehrtheit der Teutschen B. 3. §. 1905.

r) Elem. Iur. Germ. Ed. Vta. §. 407. Ebendaher hätte er den ganzen tit. III. Sect. II. C. 6. weglassen können, und die ganze Materie von Bauergütern in den Titel von den Kontrakten bringen sollen, weil sie ursprünglich nichts anders als teutsche Pachtarten sind. Sie stehen auch darum am unrechten Orte, weil sie zu den dinglichen Rechten gehören, und an obiger Stelle bloß die persönlichen Rechte aus einander gesetzt werden sollen.

s) Versuch der Erbfolgsgesch. B. II. Th. I. n. 7.

Gemeinschaft sich bloß auf das bewegliche Gut erstreckt habe, und erst nachher auf die erworbene Grundstücke ausgedehnt worden sey. *b)* Wenn wir nun beym Rückfallsrechte sehen, daß beiderlei Güter dem Ueberlebenden der Gatten verbleiben, so ist es für eine Folge jener Gemeinschaft zu erklären, gleichwie es auch in Ansehung der Fahrnis bey der Verfangenschaft ist. Weil in der alten Zeit beiderlei Erbfolgen die bewegliche und unbewegliche von einander ganz abgesondert waren, *c)* und man bey dieser nach dem Familiensamteigenthumsrechte, bey jener aber nach den Regeln der ehlichen Gemeinschaft succedirte; überdem diese Gemeinschaft anfangs bloß unter den Eltern bestand, so ist sowol bey der Verfangenschaft als bey dem Fallrechte das bewegliche Vermögen die ausschließende Erbschaft des zurückgebliebenen Gattens, und haben die Erben des Verstorbenen nicht den mindesten Anspruch daran zu machen. Den Grundsaz, daß das

b) Versuch über die Geschichte der teutschen Erbfolge. Band I. Hauptst. 6. Abschn. V. S. 97. 98.

c) Ebendas. Hauptst. V. Abschn. 4. die eigene Rechte des beweglichen Guts hat schon bemerkt. *Dreyer des Cessipital. requisito in testib. habilibus. Lipsiae 1750. p. 114. Nunc autem ex his quilibet percipiet, quam parum rerum mobilium rationem habuerint Germani, quae a communione exceptae, semper perfecte fuerunt in dominio. Nam in simplicissima viuendi ratione earum iactura non adeo magna nec alienatio prohibita, nec iis venditis, liberis et cognatis ius conquerendi cum quilibet pater familias vel nouiter eas acquisiuisset, vel a parentibus acceptas et longo vsu attritas refecisset. Difficultas accessit vindicandi, siquidem res mobiles aliorum facile conspectui subtrahuntur, nec dignosci semper ab inuicem possunt. Accessit et indigentia vel parcus nummi signati vsus, in quo rerum statu impossibile fuit, res mobiles a liberrimo commercio eximere, quia, quotiescunque alter alterius rebus vel opera indigeret permutatio vel rerum inter se vel facti et rerum interuenire necessario debebat.*

der Seitenverwandten in Teutschland. 43

bewegliche Gut dem Fallrechte nicht unterworfen, haben die Franzosen und Niederländer in eigenen Sprüchwörtern ausgedrückt: Z. B. Meuble n'a point de Suite. *d)* Meubelen en heben geen Gevolge. *e)* Biens meubles tiennent ni coté ni ligne. Es ist also das Mobiliarvermögen eine ganz eigene Erbschaft gewesen, die nach besondern Regeln vererbt wurde, welche mit der Vererbung der Grundstücke nichts gemein hatten, wie es in der alten Zeit üblich war, wo beide Gattungen noch nicht eine Vermögensmaße ausgemacht haben. Dergleichen nachher aus der Erzeugung der vollständigen ehlichen Gütergemeinheit erfolgte. Denn daß beym Fallrechte die ausschließende ehliche Erbfolge im beweglichen Gute wirklich aus der alten Verschiedenheit der beweglichen und unbeweglichen Erbschaft herrühre, sehen wir ganz deutlich aus dem lüttischen Rechte, worinn beides sowol Verfangenschafts- *f)* als Fallrecht *g)* angetroffen wird, und wobey die liegende Erbschaft von *h)* der Beweglichen ausdrücklich abgesondert ist. Aus der Beobachtung, daß für das bewegliche Gut eine eigene Erbordnung vorgeschrieben war, und für das Unbewegliche wiederum eine eigene, die beide in den Prinzipien sehr von einander abweichen, *i)* sind die Geseze in den ältesten Rechtsbüchern zu

d) *Lauriere* Gloss. du Droit françois Tome I. pag. 114. *Cout. de Lille art.* 8. Biens meubles ne suivent estoc, coté ni line.

e) *Ant. Matthai.* Belgicar. paroem. quibus praeter Ius Romanorum aliarumque gentium instituta et Ius Vltraiectinum exponitur. Vltraiect. 1667. Par. VII. p. 216.

f) Coutumes de Liege Ch. II. art. 15.

g) Art. 13.

h) *Chap.* II. *art.* 1. Qui decede intestat, laisse deux hoiriers, l'une est mobiliaire et l'autre immobiliaire.

i) *Boehmeri* Consult. et Decis. Tom. II. P. II. Consf. 884. n. 29. p. 201.

erklären, die der Erbfolge aus samteigenthümlichen Grundsäzen entgegen zu stehen scheinen, und daher neben andern von Henkelthey ᵏ⁾ gesammelt worden sind. Denn sehr oft wird im alten Rechte eine Erbsazung gemacht, ohne gerade hinzu zu sezen, daß sie sich bloß auf das bewegliche Gut beziehe. Man kan sie aber, wenn man mit den Grundprinzipien beiderlei Erbfolgen gut bekannt ist, sehr leicht erkennen, und jeder ihre eigene Beziehung anweisen.

§. 23.

Das Fallrecht bekömmt dadurch eine größere Ausdehnung als die Verfangenschaft, daß die gewonnene und errungene Liegendschaft bey ihm ebenfalls zur ehlichen Gemeinschaft gehört, und daher von der verwittweten Person geerbt wird. Diß rührt von der allgemach durch die erlaubte Veräusserung aufgehobene samteigenthümliche Verbindung der Grundstücke her. Im alten Rechte befand sich nur das Erb- und Stammgut in der samteigenthümlichen Verfassung des ganzen Geschlechts. Dasjenige Grundeigenthum aber, das sich Einer durch seinen eigenen Fleiß und Geschicklichkeit als durch Kauf, Tausch, Schenkung, Eroberung, Urbarmachung 2c. erwarb, das gehörte ihm, wenn niemand mit ihm im Samtgenusse der Güter lebte, zum vollständigen Eigenthume. Er konnte damit machen, was er wollte. ˡ⁾ Gleichwie nun alle Dinge, die im vollständigen Eigenthume ihrer Besizer waren, in die ehliche Gemeinschaft

---

k) II. Sendschreiben von den Rechten der Todttheilung in ihrer Würkung auf Niederbayern §. 4. S. 15 u. ff.

l) *Kaiserrecht Th. II. c. 90. in Senckenb. Corp. I. G. Vol I. P. I. p. 62.* Wellichem Man Got hod gegebin eygen Gut, der sol wissin, daz he med syme Güde mag thun waz he wel, her sy bey Libes siech oder gesund. An ennie Augen mag en nymant behindern med keinerley Rechte.

eingeworfen werden konnten, eben daher begrif diese Errungenschaft, wenn kein besonderer Wittum darauf haftete, einen Theil derselben, und wurde von dem überlebenden Gatten, weil keine Kinder vorhanden waren, ganz geerbt. m) Mithin findet auch beym gewonnenen Gute, wenn es gleich Grundstücke sind, kein Erblosungsrecht der entfernten Anverwandten statt, ob schon einige Gelehrten n) dieses behauptet haben, die von Dreyern o) ausführlich widerlegt worden sind.

§. 24.

Diese Errungenschaft und Fahrnis bekömmt das Ueberlebende in sein vollständiges Eigenthum, und vererbt es ausschließend auf seine eigene Anverwandtschaft. Weil aber nach seinem Tode in Ansehung der liegenden Erbgüter auch bey ihm Fallrecht beobachtet wird, und diese zum Theil auf die väterliche und zum Theil auf die mütterliche Anverwandten fallen, so wird jenes unter dieser beiderseitigen Anverwandtschaft gleich ausgetheilt. Die

m) Versuch der Erbfolgsgesch. B. I. S. 98.

n) Sie sind bey Dreyern De restricta facult. alien. bona heredit. p. 25. bemerkt.

o) a. a. O. pag. 27. — 33. Jedoch vergleiche man dabey, die von mir im Versuche der t. Erbfolgsgesch. Band I. S. 59. gemachte Einschränkung. Der junge D. Hellfeld in Jena widerspricht ihr in Diff. de fideicommissis famil. ill. pag. 4. nota e) weil ich nur eine einzige Beweisstelle angeführt hätte, die kein Gemeines Recht in Teutschland beweisen könnte. Ich habe aber am a O. aus der Natur des Samtgenusses selbst die Einschränkung abgeleitet, und nur gelegenheitlich zur Beleuchtung eine Stelle beygefügt. Mehrere kan ich an einem andern Orte in Menge liefern. Indeß sind hier wieder ein Paar. Ius Westrogoth. Tit. de I. agrar. c. 12. p. 26. Si quis ministro suo vel propinquo vel cuicunque donare velit terram, liceat ei de *empta terra tertiam partem* dare. LL. Christ. R. L. V. c. 11. LL. provinc. Car. IX. tit. 6. c. 9. (vid. supra p. 26.)

Lothringischen Rechtsgewohnheiten *p*) haben diesen Erbfall am deutlichsten aus einander gesezt. Sie verordnen, daß wenn jemand sterbe, der neben den Fallgütern erworbene Grundstücke und Mobiliarerbschaft hinterlasse, so vererbe er dieses zuerst auf die vollbürtige Geschwister, und dann auf die Halbgeschwister samt ihren nächsten Erben; nach) deren Ermanglung succedirten die Vettern und Muhmen von väterlicher Seite, und die von der Mutter Seite jede Parthie zur Helfte ohne Rücksicht auf die Linie, woher diese Errungenschaft und dieses Mobiliarvermögen hergekommen ist. Das alte burgundische Recht *q*) ist über diesen Successionspunkt ebenfalls sehr deutlich, und bestimmt auf den Fall beide Linien die väterliche und die mütterliche in gleichem Grade mit dem Erblaßer verwandt, oder wenigstens gegen einander nur um einen Grad verschieden wären, wo demnach das Vertretungsrecht plaz hätte, daß hier eine jede Linie eine gleiche Portion an den Mobilien und der Errungenschaft bekäme; im Entstehungsfalle aber, wo eine Linie im nähern Grade stünde, würde dieses alles allein kriegen. Nach dem alten teutschen *r*) und französischen Rechte *s*) gilt bey dergleichen Erbschaften der Rechtsspruch der nächste im

p) Titre IX. art. V. im Urkundenb. Th. I. n. 5.
q) Titre XX. art. 229. et 230. im Urkundenb. zu meinem Versuche über die Erbfolgsgeschichte Th. I. n. 5.
r) Car. de Mean ad Ius Leod. P. I. obs. 133. p. 259.
s) Grand Coutumier de France feuill. 55. En ligne collaterale le plus prochain heritier doit succeder quant aux meubles; suppose que aultrement soit heritaiges. Nota que le pere aicul ou aiculle se heritent et sont plus prochains, que les freres du tres passé, quant aux meubles et conquests. Et les freres et seurs heritent, quant aux heritaiges du costé et ligne, des quels ils en trouvent au tres passé: mais en toutes choses layeul ou layeulle heritent par devant cousins germains.

Blute der nächste im Gute ohne allen Unterscheid, man mag von väterlicher oder mütterlicher Seite verwandt seyn, und Großeltern haben hiebey für den Geschwistern des Erblaßers den Vorzug. (§. 9. 10.) Das Kaiserrecht, *) das Güglinger Stadtrecht und die Dorfrechte zu Weiler und Winterbach ⁑) weichen hiervon in so fern ab, daß sie jeder Seitenlinie, des ieztlebenden (also der väterlichen und mütterlichen) die Helfte zuerkennen.

Fünfter Abschnitt.
Ehliche Obliegenheit, bey Fallrecht alle Schulden zu bezahlen.

§. 25.

Nach dem alten samteigenthümlichen Systeme konnten die Stammgüter nicht veräußert werden, und folglich durfte man sie auch nicht verpfänden, weil beym germanischen Pfande ein gewisses Eigenthumsrecht übergeht. a) Aller Schuldenlast mußte also auf dem Mobiliarvermögen ruhen. Wer dieses bekam, der mußte alle Schulden übernehmen, und zwar ganz unbegrenzt, solten sie auch gleich die Vermögensmaße überstiegen haben, b) nach dem Sprüchworte: wer einen Heller |erbt,

---

*) Th. II. c. 95.
⁑) Mein Versuch B. II. Th. II. S. 196. 203. 259.
a) *Pottgieser* de indole et nat. pignoris. quoad Ius gent. iura et Consuetudines Germaniae. Marp. 1722. *Senckenberg* de iudice controuersiae de reluitione oppignorati territorii §. 9. 10. *Haltaus* in Gloss. Germ. v. Pfand T. II. col. 1467. *Dreyer* de vsu gen. Iur. Anglosax. pag. 136. 137. Estors bürgerl. Rechtsgelehrtheit. Band II. §. 3991.
b) Sächsisches Landrecht B. I. art. 6. Wer das Erbe nimpt, der soll zu Recht die Schult gelten, als ferne

muß einen Thaler bezahlen. c) Eben daher muß bey unserm Fallrechte der überlebende Ehegatte, weil er die Fahrnis und Errungenschaft erbt, alle Schulden bezahlen, und es ist hierinn der Verfangenschaft ganz gleichartig.

als das Erbe weret an der farenden Habe. Mecklenburg. Landrecht P. II. tit. 21. §. 31. Das Nemliche ist in den Angelsächsischen Gesezen verordnet. *Dreyer de vsu Iur. Anglosax. in terris Cimbr. pag.* 108.

c) *Hert. in paroem. Iur. Germ. L. 1. par.* 78. *Vol.* II. *Tom.* II. *p.* 348.

Cout. d'Anjou P. VII. §. 235. Et en ce cas qui les (meubles) prent et accepte comme heritier, il est tenu faire faire et accomplir l'obseeque, funeraille et testament du decedé, payer ses debtes personnelles et tous ses arrerages de rentes et deuoirs

§. 237. — — car par la coustume dudit pays, qui prent et accept vniuersellement, à quelquetitre que ce soit, les meubles du decedé, est tenu payer et acquitter ses debtes. Et qui en prent portion par maniere de quotité, est tenu pro quota.

Choppin. ad Conf. Andegav. p. 232. Cenom. Conf. Nobiles primogeniti realia debita soluunt pro ea parte quà succedunt, personalia in solidum, si mobilia hereditaria capiant.

p. 395. In Cenomania secundogeniti nobiles mares aut feminae aliquando petunt continuationem coniugalis societatis. Sed quia primogeniti mobilia sunt omnia, is solus proprie eam continuationem petere potest a superstite parente qui forte nouas nuptias inierit.

Establissements de St. Louis de Ordonnances des Rois de France de la III. Race, Vol. I. *Ch.* 15. *pag.* 119. Gentilfame ne metriens en l'aumosne son seignour et si aura la moitie es muebles, se elle veult, més elle mettra la moitié des dettes; et se elle ne veut rien prendre és muebles, elle ne mettra riens és dettes et de ce est il à son choix.

Sechster Abschnitt.
Fallrechtliche Erbordnung.

§. 26.

Der Gegenstand des Fallrechts ist nach der Regel bloß die Erbfolge der Seitenverwandten. Nun sind in der Seitenlinie die Geschwister die Ersten, welche sich uns darstellen, und weil es ein fast untrüglicher fallrechtlicher Grundsaz bleibt, daß jeder Nächste den Entferntern ausschließt, so succediren sie auch zuerst. Diß lehren die Rechtssprüche: Je näher dem Sippe, je näher dem Erbe; der Nächste im Blute, der Nächste im Gute. Wenn wir noch den andern fallrechtlichen Grundsaz „das „Erbgut muß auf dem Stamme bleiben" damit verbinden, so folgt weiter, daß Vollgeschwister den Halbgeschwistern vorgehen, *) welches sogar alsdann noch beobachtet wird, wenn diese von eben demselben Vatter oder von eben derselben Mutter, in deren Erbschaft succedirt werden solle, abstammen. Es war germanische Sitte, daß die Kinder erster Ehe die von der zwoten und den weitern Ehen ausschlossen, weil das in einem Ehebette zusammengebrachte Vermögen gerade bey der daraus entsprossenen Nachkommenschaft verbleiben mußte. *b*) Jene

---

a) Koch in Gießen will in Diss. de iure reuol. p. 14. bey dem gesezlichen Fallrechte kein Vorzugsrecht der vollen Geburt eingestehen. Sein Grund, warum er ihn beym gedinglichen Fallrechte zugibt, ist eben so unrichtig, weil unter dem gemeinen Erbrechte voraus die Eheberedungen supplirt werden müssen, nicht bloß das Römische, sondern zuerst das einheimische Germanische zu verstehen und anzuwenden ist.

b) Dipl. Ludov. Iun. Com. Pal. Rheni de 1288. Urkunde Bischofs Simon von Worms 1288. Dipl. Henr AEp. Mogunt. de 1288. Adlzreitter Ann. Boic. gent. P. III. L. 25. col. 658. Brunner. Ann. Boicae. P. IV. l. 5. §. 2.

mußten sich zuerst unter einander beerbt haben, ehe die Erbschaft an die Descendenz der nachgefolgten Ehe gelangen konnte. c) Ueberhaupt nimmt man wahr, daß die Teutschen sehr darauf sahen, die Güter, die in eine Ehe zusammengebracht waren, bey derselben und bey den daraus entsprossenen Abkömmlingen zu erhalten, als welche gleich durch ihre Geburt ein ausschließendes Miteigenthumsrecht daran erhielten. d) Dahin zielt sowol eben-

col. 214. IV. feud. 103. Alemann. Landrecht bey Senkenb. p. 342. Lex Wisigoth. l. 4. tit. 5. c. 4. Bainvar. c. 8. Spruchbrief K. Adolf I. von 1296. Rheingräfl. Heirathsberedung von 1459. K. Sigmungs Verschreibung an H. Albrecht von Oesterreich von 1426. Lud. Imp. dipl. de 1394. Urthel in Saars güldenen Fluß S. 203. Oesterreichisches Landrecht §. 15. Hessische Chronick ad a. 1311. Traité du Chancellier de Bourgogne ap. *Leibnit.* C. D. I. G. P. I. p. 12. Stat. Edwardi R. Angl. de 1255. Ant. Consf. Duc. Burgundiae art. 26. Anc. cout. de Bourg. a. 331. Leg. Burgor. Scotiae L. 26. Leg. prov. Scaniae L. I. c. 12. *Choppin.* de civ. Paris. mor. L. II. tit. 5. §. 628. *Tiraquell.* de vtroque Retractu §. 14. gl. 2. Crollius Vorles. vom II. Geschlecht der Grafen von Veldenz pag. 296. Landrecht von Geldern tit. 2. art. 11. §. 4. u. art. 5. 8. im Urkundenbuch Th. I. n. 8.

Einem Rechtsfall siehe bey Voets de iure Reuolut. C. VIII. §. 6. Sonst vergleiche man Meine Geschichte des Baierischen Pfälzischen Hausvertrags von Pavia in den kleinen Schriften. Band II. S. 409. u. ff.

c) Versuch über die Geschichte der Erbfolge. B. I. S. 252.

d) *Bluting* Qu. Iur. Inf. 7. Grand Coustumier de France L. II. ch. 2. et feuill. 546. Etablissemens de St. Louis J. I. ch. 64. Charta Caroli R. Siciliae de 1292. IV. feud. 103. *Rageau* Gloss. du Droit françois T. II. p. 206. *Lauriere* p. 411. Cout. d'Amiens art. 4. Dipl. Henr. IV. Imp. de 1073. Lib. dotis de 1197. Lex Burgund. Tit. 24. §. 1. Anc. cout. de Bourgogne Titre ●. art. 227. Consf. gen. Duc. Burg. art. 26. Lex Saxon. Tit. 8. §. 1. Lex Rothar. R. Long. 200. *Torfae* rer. Norwag. L. 9.

gedachte Verordnung, als das Vorzugsrecht der vollen Geburt; ferner die Einrichtung, daß die Frau ihren Wittum bloß auf den väterlichen Gütern ihrer eigenen Kinder zu beziehen hatte; *) aber nicht der Haß gegen die zwote Ehe. Denn obschon die Teutschen in der Vorzeit die zwote Ehe nicht gerne gesehen haben, so war dieses doch nur bey der Mutter, und floß nicht aus einer Vorliebe für die Kinder, sondern aus den Grundsätzen der heidnischen Religion, wo man eine Wiederaufstehung in ganz rohem Verstande glaubte. Eben daher konnte eine Frau nicht zwo Ehemänner haben, sondern mußte sich in der Urzeit gleich mit ihren todten Manne lebendig verbrennen lassen, weil sie sonst in der Wallhalle in eine Collision ihrer Verbindlichkeiten gekommen wäre. f) Einerlei Rechtsmaterie, nemlich den Haß gegen die zwote Ehe, trift man in allen dreyen heut zu Tage in Teutschland geltenden Rechtssystemen, und doch aus ganz verschiedenen Ursachen an. g) Im Kanonischen Rechte sah man

c. 7. *Stiernhöök* de I. Sueon. et Goth. vet. pag. 156. *Choppin.* de Paris. mor. L. 3. p. 451. *Scarez* de bon. conft. matr. adquif. p. 70. im Urkundenb. zu obigen Werke Th. I. n. 27. 28.

e) Ebendas. n. 20.

f) *Cleffel* ant. germ. potiff. Septentr. C. I. §. 19. *Bartholin.* Ant. Dan. L. II c. 10. *Arnkiel* Cimbrische Heidenreligion Th. I. C. 34. §. 7. *Ditmar* in not. ad *Tacit.* de mor. Germ. c. 19. pag. 119. *Démeunier Esprit des usages.* T. I. p. 243. Les Hindoux et les Tartares Elutris, qui croient la refurrection des corps firent ce raisonnement: un mari retrouvera fa femme dans l'autre monde et s'il en a deux, laquelle reprendra-t-il? Et la desius il defendent les secondes noces.

g) Selchow, der so oft die Prinzipien des germanischen Rechts übersieht, hat daher höchst unrecht in Elem. Iur. Germ. priv. §. 485. wenn er sagt: quae ergo de odio secundarum nuptiarum putatiuo et de poenis earundem disputant Viri docti, figmenta funt; cum omnia

sie als eine Art von Vielmännerey oder von Vielweiberey an. *b)* Im Römischen war es bloß Vorsorge für die Kinder, daß verschiedene ungünstige Verordnungen dagegen gemacht wurden, *i)* und im teutschen Rechte hielt man das Eheband für so unauflöslich geknüpft, *k)* daß weitere Ehen als beleidigte Treue betrachtet wurden. *l)*

cessent, si liberi prioris thori non adsint, atque adeo non poenae secundarum nuptiarum, sed beneficia liberorum prioris thori adpellari debeant. Man lese dagegen Just Henning Boehmer de secundis nuptiis praecipue Personarum ill. Halae 1723.

b) Cit. Diss. C. I. §. 22. — 42.

i) Heineccii El. Iur. Civ. ad ord. pandect. tit. de ritu nupt. §. 178.

k) Tacit. de mor. Germ. c. 19. Melius eae ciuitates, in quibus tantum virgines nubunt, et cum spe votoque vxores semel transigitur. Sic vnum accipiunt maritum quomodo vnum corpus, vnamque vitam, ne ulla cogitatio vltra, ne longior cupiditas, ne tanquam maritum sed tanquam matrimonium ament.

l) Diß war auch bey den Slavischen Völkern. Allein von diesen heiligen Sitten ist man schon zur Zeit des Bischofs Ditmars von Merseburg abgewichen. *Chron. L.* 8. *ap. Leibnit. Script. T. I. p.* 419. In temporibus patris sui, (Bolizlavi Ducis Polonorum) cum is gentilis esset, vnaquaeque mulier post viri exequias sui igne cremari decollata subsequitur, et si meretrix inueniebatur in genitali suo turpi et miserabili poena circumcidebatur, idque, si sic dici licet, praeputium in foribus suspenditur, vt intrantis oculus in hoc offendens, et futuris rebus eo magis sollicitus esset et prudens. Lex dominica huiusmodi praecipit lapidari, et parentum nostrimet carnalium institutio tales hortatur decollari. Apud modernos autem, quia libertas peccandi plus justo atque solito vbique dominatur, plus quam compressa ancillarum multitudo quaedam pars matronarum cupidine venerea pruritui noxio subscalpente marito viuente nunc moechatur, et in hoc eis non sufficit, sed hunc per adulterum morti furtiua conspiratione

Vorsorge der Kinder konnte deswegen hier nicht die Ursache von dergleichen ungünstigen Rechten seyn, weil eben so, wie bey der ersten Ehe, alles in die zwote zusammengebrachte, und das darinn erworbene Gut die ausschliessende Erbschaft der Nachkinder war. *m)*

§. 27.

Hier ist aber nicht von solchen Halbgeschwistern die Rede, die gar nicht von der Person abstammen, in deren Gute geerbfolgt wird, denn dergleichen Kinder können schon nach allgemeinen fallrechtlichen Prinzipien ganz und gar nicht succediren. Das Vorzugsrecht der vollen vor der halben Geburt äußert sich auch nicht allein bey Geschwistern und ihren Kindern, sondern bey der entferntern Anverwandtschaft, wie man es am deutlichsten in England *n)* bemerkt, wo immer der erbfolgsfähige Seitenverwandte von voller Geburt seyn muß. Indeß gibt es sehr viele ächt teutsche Rechtsbücher, wo nur beym gleichen *o)* Gliede dieser Vorzug eingestanden wird, welches

tradit, et posthaec malum caeteris exemplum eodem postpublice sumto — potestatiue abutitur. Vergl. meine Geschichte des Despotismus in Teutschland. S. 49.

m) IV. feud. 103. Mein Versuch über die Geschichte der teutschen Erbfolge. S. 252. Estor hat daher in Diss. de iure devolut. einen gewissen Rechtsfall unrecht entschieben, wenn er sagt: Idem dicendum erit de illo casu, quo mater ad secunda transit, et hereditatem demum sui patris durante matrimonio secundo accipit. Nam et tunc liberos primi thori non minus, quam secundi ad aequalem diuisionem maternae haereditatis esse admittendos putem. Clariora haec reddent quae consignauit Lynker. Res. 587.

n) Blackstone Commentaries on the Laws of England. B. II. pag. 224.

o) D. Herrmann Georg Krohns Abhandl. von dem Vorrechte der vollen Geburt vor der halben in Erbschaftsfällen. L. u. Lübeck 1748. C. VII. S. 91. u. ff. u. C. VIII S. 103. u. ff.

aus dem Sprüchworte; je näher dem Sipp, je näher dem Erbe zu erklären. Ein anderer Rechtsſaz, die halbe Geburt tritt um ein Glied zurück, beſtimmt die Sache noch näher. Nach ihme mußten nicht nur die Halbgeſchwiſter den rechten Geſchwiſtern nachſtehen, ſondern auch ihre Nachkommenſchaft kam jedesmal um einen Grad weiter hinaus, ſo oft ſie ſich mit den Abkömmlingen jener auf gleichem Gliede befand. Ich begreife daher nicht, wie zween gelehrte Männer p) zwiſchen den beiden Sprüchwörtern: Halbegeburt tritt ein Glied weiter, und das halbe Glied geht zurück, eine Verſchiedenheit haben wahrnehmen können, da ſie offenbar eben daſſelbe verordnen. Selchow, der den Grund dieſes Vorzugs ganz und gar nicht kannte, und es daher aus dem römiſchen Rechte ableitete, thut jenem Rechtſaz: die halbe Geburt tritt um Einen Grad zurücke, augenſcheinlich Gewalt an, wenn er ſeine Anwendung nur auf Geſchwiſterkinder einſchränkt. q)

§. 28.

Sippe heißt ſo viel als Stammhalter, Stipes. So verſtand ich das Wort, als ich es mit Stamm verwechſelte, das auch von Abraham Sauer r) geſchehen iſt.

p) Johann Chriſtian Bacmeiſters Widerlegung des Verſuchs über die Lehre vom Vorrechte der vollen Geburt. Lübeck 1748. S. 46. D. Krohns weitere Ausführung des Verſuchs der Lehre vom Vorrechte der vollen Geburt C. VII. S. 196. u. ff.

q) In Elem. Iur. Germ. priv. §. 654. Er deutet Einen auf einen Einigen.

r) Güldener Auszug und Fluß von Erbſchaften der Erbeigen und Lehengüter, wie die nach Art allgemeinen beſchriebener Keiſerlichen, auch vieler beſondern Land- und Stadtrechten vererbt und verfellt werden ꝛc. Frankfurt am Main bey Nikolaus Baſſre 1580. P. I. C V. §. 3. pag. 74. Je näher der Stamm je näher der Erbe.

Der Prof. Hochstetter *) hat mich daher nicht verstanden, wenn er glaubte; ich hätte die eigentliche Bedeutung des Worts nicht gewußt. Denn die nemliche genealogische Zweideutigkeit, die wir an dem Worte Stamme wahrnehmen, ist auch beym lateinischen Ausdrucke Stipes, ꭞ) nachdem ich nemlich in der genealogischen Ableitung höher aufsteige, oder nicht. Gleichwie ein jeder Stamm noch einen höhern Hauptstamm haben kan, eben so kan auch ein jeder Stammvater, (Stipes) noch einen höhern Stammvater, z. B. den allerersten Erwerber, besizen. Beiderlei Ausdrücke haben also Doppelsinn. Die Teutschen beobachteten ehmals den Rechtsspruch: der Nächste im Sippe, der Nächste im Erbe; der Nächste im Blute, der Nächste im Gute; *) so strenge, daß selbst die Enkel von den Kindern ausgeschlossen wurden. x) Und es war gleichviel, ob bey der Theilung der väterlichen Erbschaft, Söhne und Enkel, oder beym Stammvetterlichen Anfalle, Brüder und Neffen, zusammen kamen. Allemal schloß der Nähere den Entferntern aus. Folglich die

*) *L. F. I. Grub* de fatis ordinis succedendi in feuda legitimi. Stuttgardiae 1779. pag. 21. not. c) et pag. 30.

ꭞ) *Blackstone* Essay on Consanguinity. pag. 158.

*) In den Niederlanden sagt man; „het naeste Lnf. de Man vor't Wyf, de outste op der Sträten." Landrecht im bremischen Amte Hagen von 1581. art. 8. p. 13. Item dath is gefunden vor ein Recht in dem Landt tho Wurden. In dem Jhare M. CCCC. und softig wurde de gemeinen Landtlude othgedrven tho bindende ein Recht, wen ein Man dodes wegen verfolle, we dem Gude de negeste wesen scholde, und ohren Kinderen erven wolden; So brachten se wedeber in, und funden vor Recht, dat negeste Littsch (Glied) esse Liff scholde by dem Gud bliven dat nehere Recht, und wolden dat vor Recht holden tho ewigen tiden.

x) Der gelehrte D. Schott zu Leipzig in Diss. de vera causa, cur adhuc ius repraesent. in saxonia non obtinet? Lips. 1768.

Söhne, die Enkel; die Brüder, die Neffen. Diß ward auf das genaueste beobachtet, wie ich davon ausser den bereits angeführten Beyspielen noch eine Anzahl Beweisstellen gesammelt habe. y) Der Teutsche wußte nichts von der Erdichtung eines Vertretungsrecht, z) vermög dessen der Sohn mit dem Vater einerlei Person begreifen, und von diesem die Erbschaft versendet erhalten haben solte; sondern er ließ die Enkel oder Neffen, als ein entfernteres Glied der Verwandtschaft erst nach dem Abgange aller Söhne oder Oheime aus Gründen des entfernteren Samteigenthumsrechts zur Erbschaftsantretung zu. So war es im alten teutschen Rechte, heut zu Tage aber, wo in einer Reihe von Reichsgesezen das Vertretungsrecht

y) Versuch über die Geschichte der teutschen Erbfolge. B. I. Hauptst. VIII. Abschnit. III.

z) Testam. Car. II. Siciliae R. de 1308. Traité du Chancellier de Bourgogne §. 36. 50. *Struvii* Corp. Hist. Germ. T. I. p. 639. §. 31. Dipl. Elect. Saxon. de 1376. Karls V. Privil. für Wilhelm III. Herzog von Jülich ꝛc. 1546. K. Maximil. II Konfirmation der Lehenfolge der Töchter im Jülichl. von 1566. Litt. Civit. Marchion. Morauiae de 1356. Discussion des differends entre les Rois de France et d'Angleterre. Sententia Parlam. Paris, de 1322. Bulla Clem VII. pro regno Adriae de 1382. *Nicol. Burg.* Hist. Bav. L. II. p. 123. Litt. Eud. Ep. Tull. et Vasall. Lothar. de 1306. *Meier* Compend. Iur. Iut. L. I. c. 5. *Choppin* de civ. Par. mor. L. II. p. 358. Max. I. Privilegium für Maria älteste Prinzessin von Jülich 1496. *Taschenmacher* Annal. Cliv. pag. 398. Bamberg. Stadtrecht von 1489. Cod. Leg. Normann. C. 26. §. 6. Regiam Maiestatem L. II. c. 25. Glanvilla L. 7. c. 3. Kulm. Recht B. 3. tit. 9. c. 11. Cout. de Boulonois. art. 48. Sächs. Landrecht. Band I. art. 5. Kaisl. Maximil. Privilegium für Nördlingen von 1496. Bestättigung des Hallischen Statuts von 1493. Ludov. March. Brand. privil. pro Civ. Ierichow de 1336. Hierunten im Urkundenb. Th. I. n. 9. Vergl. Rech. sur l'origine de la Represent. infinie. page 96.

der Seitenverwandten in Teutschland.

ausdrücklich eingeführt ist, succediren sie zusammen, nach den Stämmen.

§. 29.

Ich habe hier Gelegenheit, meine Geschichte des allgemach in Teutschland eingeführten Vertretungsrechts zu suppliren. Es ist vom Vertretungsrechte weder im Sächsischen *a)* noch im Schwäbischen Landrechte *b)* etwas enthalten; denn obgleich in diesen zwei Rechtsbüchern verordnet wird, daß die Enkel deren Väter mit dem Großvater in der Wehre geblieben sind, die großväterliche Verlassenschaft mit ihren Oheimen erben sollen, *c)* so fließt dieses doch nur aus dem engern Sumteigenthumsrechte, vermöge dessen sie bereits Mitbesitzer des großväterlichen Guts gewesen sind, und folglich bereits mit den andern Samteigenthümern das gleiche Theilrecht daran gehabt haben. Dahingegen, wenn ihre Väter nicht im Samteigenthume mit dem Großvater geblieben, sondern vom Erbe abgesondert gewesen sind, so hatten sie auch kein gleichmäßiges Erbrecht mit den in der Wehre gebliebenen Geschwistern, ihren Oheimen und Muhmen, und mußten diesen wegen ihres entferntern Samteigenthumsrechts nachstehen, wie dergleichen Erbfälle in andern Statuten genau bestimmt sind. *d)* Das Magdeburgische Weichbild *e)* gedenkt dieser Ausschließung der Enkel mit eigenen Worten, und der dortige Schöffenstuhl wollte davon in der spätern Zeit durchaus nicht abweichen. *f)* Eben

---

a) B. I. art. 5. Lehenrecht c. 34.

b) C. 253. Lehenrecht c. 65. §. 3.

c) Dergleichen Verordnung sieht man auch bey Glanvilla L. VII. c. 3.

d) Recherche sur l'origine de la regle coutumiere: Representation a lieu à l'infini en Collaterale par T. C. L. G. A Strasbourg 1767. page 96. jusqu'à 100.

e) Abrah. Saur von Erbschaften S. 176.

f) *Coler.* in Decis. 43. n. 5. *Schurff.* Cent. I. consl. 21.

so hat die Ausschließung des zweitgebohrnen Sohns durch dem Enkel des Erstgebohrnen in England vielerlei Schicksale gehabt. *g)*

§. 30.

Nicht nur Kildebert II. und Otto der Große haben sich bemüht, das Vertretungsrecht in der absteigenden Linie (oder mit Absonderung aller römischen Nebenbegriffe deutlicher zu reden) das gleiche Miterbrecht der Kinder und Enkel einzuführen, sondern auch Kaiser Konrad II. wie wir es aus dem sogenannten Kaiserrechte *h)* ersehen. Ich bin daher sehr geneigt zu vermuthen, daß man zu der gegen Ende des XV. und zu Anfange des XVI. Jahrhunderts durchgehends in Teutschland geschehenen Einführung des Vertretungsrecht *i)* nicht durch das römische Gesezbuch, sondern durch eben dieses Kaiserrecht bewogen worden ist. Es kostete aber sehr viele Mühe, bis man die Reichssazung zur allgemeinen Ausübung bringen

g) *Blackstone* Commentaries. B. II. p. 219. und pag. 220. sagt er: King Iohn however who kept his nephew Arthur from the throne by disputing this right of Representation, did all in his power to abolish it troughout the realm: but in the time of his son, King Henry the third, we find the rule indisputably settled in the manner we have here laid it down, and so it has continued ever since. (*Bracton* L. 2. c. 30. §. 2.)

h) Th. II. §. 14. 34. 71. in *Senckenb.* Corp. Iur. Germ. Tom. I. P. I, pag. 28. 34. 54. Vergl. Meinen Entwurf der teutschen Rechtsgeschichte §. 80. S. 82. 83.

i) Urthel in Saurs güldenen Fluß S. 174. Sprechen Wir ꝛc. daß Kinder unnd Enckeln ihrer Ahnen verlassen Haab und Güter mit irer Vatter und Mutter Geschwisterten, an statt ihrer Vatter unnd Mutter zu erben nach laut gemeiner beschriebener Keyserlichen Rechten zu gelassen werden, der Gewohnheit, so an etlichen Orten darwider seyn möchte, unangesehen, von Rechtswegen.

konnte. Denn 1498. ward vom Kammergerichte zu
Speyer an die Reichsversammlung die Anzeige gemacht,
daß in dem größten Theil der teutschen Reichsländer die
Gewohnheit wäre, daß Geschwisterkinder mit den Ge-
schwistern nicht zugleich erben könnten. Der Reichsrath
der Städte erwiederte darauf, daß diese Gewohnheit im
Sachsenspiegel enthalten wäre, der von einem Drittel der
Nazion beobachtet würde. k) Endlich wurde die Sache
zum Vorteile des Vertretungsrechts im Freyburgischen
Reichsabschiede von 1498. §. 37. bestimmt, und da sich
verschiedene Schwäbische Reichsstädte, das Stift Mainz
und Kursachsen doch nicht daran kehren wollten, in der
Kammergerichtsordnung von 1500. §. 19. wiederhohlt.
Bald darauf im Wormser Reichsabschied von 1521. §. 18.
wiederum kund gethan, und zulezt 1529. noch durch ei-
genes Rescript des Reichsregiments eingeschärft. l) Zu
gleicher Zeit wurden darüber auch viele einzele Privilegien
und Bestätigungen den Reichsständen ertheilt, als z. B. der
Reichsstadt Augspurg 1484. von Kaiser Friederich V.
Nördlingen 1496. von Kaiser Maximilian, und Halle
in Schwaben 1498. von eben demselben. m) Die Reichs-
stadt Mühlhausen hatte noch 1550. und 1551. darüber
Bedenklichkeiten und mußte vom Reichshofrath zu recht
gewiesen werden; n) Lübeck gab 1560. seinen Abgeordne-
ten auf den Städtetag zu Eßlingen den Auftrag: Kaiſ.

k) Harpprecht im Staatsarchiv des Kammergerichts
Th. II. §. 154. 167.

l) Neuste Sammlung der Reichsabschiede Th. II. S. 301,
1521. blieb noch zweifelhaft, ob die Geschwisterkinder,
wenn sie allein zusammen kämen, nach den Häuptern
oder nach den Stämmen zu succediren hätten. Diß
ward 1529. auf die Häupter bestimmt.

m) Bey Müller im Reichstagstheater unter Kaiser Max.
Vorstell. IV. S. 451. 452. 453.

n) Bey Senkenberg im lebhaften Gebrauch vom teut-
schen Rechte Anhang n. 10,

Maj. gemeinschaftlich zu ersuchen, die Reichssazung vom Vertretungsrechte der Geschwisterkinder wieder aufzuheben. o)

§. 31.

Der bloße Ausdruck Vertretungsrecht hat in unserm Erbwesen eine weitere Revolution hervorgebracht. Denn jene neue Erbsazung vom gleichen Erbrechte der Kinder und Enkel nannten die Doktoren nach justinianischer Weise das Vertretungsrecht, Ius repraesentationis und veranlaßten dadurch, daß mit diesem Worte auch alle römische Nebenbegriffe verknüpft wurden, woraus verschiedene und widersprechende Rechtssäze in die Statuten kamen. p) Man glaubte jezo auch die Erbfälle, wo die Linie ohne Rücksicht auf die Nähe des Grads succedirte, wären aus der römischen Fiktion beym Vertretungsrechte entsprungen. Daher heist es manchmal in den alten Statuten: die Vertretung finde weder in der gerade absteigenden noch in der niedersteigenden Seitenlinie statt. Hier ist bloß jene altteutsche Rechtswahrheit mit römischen Namen (Repraesentatio) betitelt, und die Vorfahren hatten von der Sache selbst gar keinen Begrif. Bald aber schlichen sich die römischen Prinzipien selbst ein, und man formirte die Regel, das Vertretungsrechte ist in der gerade niedersteigenden, aber nicht in der Seitenlinie gebräuchlich. q) Nemlich an einigen Orten

o) *Brockes* Observ. 519.

p) Recherches sur la regle cout. Representation a lieu à l'infinie. page 52.

q) Und da geschah zuweilen noch Mischung des Justinianischen und teutschen Rechts: *Coutumes de Mez Titre XI.* art. 26. En succession collaterale les neveux succedent par Representation avec les oncles, et les arrieres-neveux avec les neveux. Mais quand il n'y a que des arrieres-neveux, representation cesse, et partagent par tete, et au dessous les plus proches excluent les plus eloignés et remots.

konnten wol die Enkel mit den Söhnen, aber nicht die Neffen mit den Oheimen erben. Durch einen andern Rechtssaz, der nachher aufgestellt wurde, kam das teutsche Recht dem römischen noch näher, und erlitt noch größere Abweichung von seinem ersten Grundsysteme. Es hieß, daß Vertretungsrecht gilt in der absteigenden Linie in Ewigkeit, und in der Seitenlinie nur bey Geschwisterkinder. r) Noch befand sich in vielen Gegenden sowol die alte teutsche Erbfolge der Seitenverwandten, vermög deren beständig das nächste Glied von der nächsten Linie zuerst erbfolgte, als die fallrechtliche Erbordnung, die von Linie zu Linie ohne Rücksicht auf die in einer entferntern Linie vorhandene nähere Anverwandten fortrückt. s) Mithin geschah es sehr oft, daß entferntere Abkömmlinge einem nähern Agnaten vorgiengen. Hier entdeckten nun die Doktoren eine neue Aehnlichkeit mit dem Vertretungsrecht, und bildeten die Regel: das Vertretungsrecht dauert sowol in der absteigenden als in der Seitenlinie ins Unendliche fort. t) Eben deswegen pflegten sie auch das Vorzugsrecht der nähern Linie das Vertretungsrecht zu nennen. Unter jenen Grundsaze und unter der französischen Benennung Repréſentation infinie hat sich die fallrechtliche Erbordnung in einer Anzahl späterer Statuten erhalten, die mich u) selbst verführte, die Sache für eine germanische Grundregel zu halten, deren Vereinigung mit gewissen andern Erbrechtsprinzipien ich nicht finden

---

r) *Grub* de fatis fucceſſionis feud. §. 20.

s) Cod. Legum Normann. P. I. c. 26. § 20. 24. Cout. de Lorraine Titre IX. §. 5. Cout. de Bayonne titre XII. §. 26. *Egin. Baron.* Comment. in Inſtit. Iuſt. tit. de haeredit, quae ab int. def. p. 306. 315.

t) Alle diese Regeln hat aus einander gesezt der V. des origine de la Repréſ. infinie page 101. jusqu'à 110.

u) Versuch einer Geschichte der teutschen Erbfolge. Band I. S. 143.

konnte. Endlich unterrichtete mich ein Ungenannter, *)
der den Irrthum in seiner Quelle entdeckt hat, daß die
Practiker damit die fallrechtliche Erbordnung hätten an-
zeigen wollen. Nunmehr fiel alle Schwierigkeit plözlich
weg, denn ich erkannte jezo, daß vom Vertretungsrechte
im eigentlichen Verstande dabey keine Rede war, sondern
nur der Fall damit bemerkt wurde, wo ein entfernterer
Agnat wegen Nähe seiner Linie dem nach dem Grade nä-
heren Vetter vorgeht, oder bey der theilrechtlichen Stamm-
folge, wo immer so viele Linien vorhanden sind, so viele Theile
gemacht werden, daß ein ganz entfernter Agnate, weil er
von einer besondern Linie abstammte, mit einen weit nä-
her verwandten eine gleiche Portion erhielt. Eben die
große Revolutionen, die das erbschaftliche Vorgangsrecht
der Oheime vor den Neffen in der teutschen Staatenge-
schichte erzeugten, *y)* finden sich auch in der Schottischen
Reichsfolge. Nach dem Tode König Fergus war durch
ein Reichsgesez die Thronfolge seinem Bruder mit Aus-
schluß seiner Kinder übertragen; und diese Ordnung wur-
de eine geraume Zeit befolgt, bis endlich darüber viele
innerliche Kriege entstanden waren, und sich deswegen
einige blutige Auftritte ereignet hatten; *z)* da mußte sie

x) Recherches sur l'origine de la Representation infi-
nie. page 38. 40. suiv.

y) Versuch über die Geschichte der teutschen Erbfolge.
Band. I. S. 139. 140.

z) *Ge. Mackenzie Defensio antiquitat. regalis scotorum
prosapiae. Traj. ad Rhen.* 1689. *pag.* 117. Nam cer-
tissimum est, multa cruenta et ciuilia bella inter de-
functi regis liberos et fratres excitata et hanc contro-
versiam de successione in recentioribus ordinum con-
ventibus magna animorum contentione agitatam; in-
ter eos, qui receptam a maioribus consuetudinem, et
regiorum comitiorum auctoritatem tueri; eosque qui
defuncti regis liberorum licet regno immaturorum
stabilita successione, omnia procerum in creando rege
suffragia tollere volebant.

der Seitenverwandten in Teutschland.

König Kenneth III. auf einer Ständischen Versammlung aufheben lassen. *a)* Gleiche Bewegungen entstanden auch in England *b)* Portugall und Spanien über das Vertretungsrecht.

§. 32.

Nach germanischem Rechte können die aufsteigende Verwandten so lange nicht erben, so lange noch jemand in der niedersteigenden Linie vorhanden ist. *c)* Doch ist diese Regel nur bey dem Falle untrüglich, wenn Personen aus der gerade niedersteigenden und aus der gerade aufsteigenden Linie zusammen kommen, und nicht immer bey Zwerchlinien. Denn hier können bald die aufsteigende und absteigende Anverwandten mit einander erbfolgen, bald aber werden diese von jenen ausgeschlossen, und bald gehen die leztere den Erstern vor. So wenig die Sache Bestimmung zu haben scheint, so sehr beruht sie doch auf sichern Grundsäzen, die uns über ihre Anwendung nicht zweifelhaft lassen. Es succediren die Zwerchlinien einander beständig, so lange sie solche Personen unter sich begreifen, die von einem Vorfahren abstammen, der entweder selbst, oder dessen Seitenverwandte Erbansprüche hätten formiren können. *d)* Er für sich aber bleibt nach Fallrecht, (denn anders scheint es sich bey der alten Collateralerbfolge verhalten zu haben *e)*) aus dem Grunde übergan-

---

a) *Mackenzie* cit. l. p. 117. 118.
b) *Io. Gottfried Graape* de transmissione Iur. succedendi Antecessoris morte non delati. Ienae 1772. §. 31.
c) Siehe oben §. 8. 9. 10.
d) *Cout. de Bourgogne. Rubr. VII.* §. 10. En toute succession representation a lieu, quad la personne representée est au pareil degré avec celuy de ligne et branche avec lequel il succede, et autrement non, et c'est qu'on dit à Bourgogne *que ce qui echoit au pere echoit au fils.*
e) Die noch in ben Cout. de Normandie ch. 25. angetroffen wird. Desgleichen in Cod. Legum Norm. C. 26. §. 26.

gen, f) weil sich die Erbschaft schon einmal in seinen Händen befunden hat. Sie fällt ganz allein an jene als gleichmäßige Abkömmlinge vom nächsten Stammvater des Erblassers. Ist Niemand mehr vom nächsten Stammvater vorhanden, so steigt man höher auf, bis wieder ein gemeinschaftlicher Stammvater angetroffen wird, dessen Nachkommenschaft dann wieder mit g) Vorbeygehung seiner selbst succedirt. Daraus kan man nun den anscheinenden Widerspruch zwischen den zween französischen Rechtssprüchen: L'oncle exclud le neveu; Le neveu exclud l'oncle, heben. Im Ersten bedeutet der Oheim den Bruder des Verstorbenen, der also bey Abgang des Repräsentationsrechts den Neffen ausschließt. Im Leztern aber bezeichnet er den Vatersbruder und der Neffe, den Bruderssohn; h) folglich nach der Regel, daß diejenigen, die von gleicher oder niedriger Zwerglinie sind, den höhern sowol gerade aufsteigenden als seitwärts Verwandten vorgehen sollen, i) muß der Neffe für dem Oheim den Vorzug haben. k)

f) Consuet. gen. Ducatus Burgundiae art. 27. Nach der Cout. de Paris §. 314. bekommen die Eltern bloß die Nuznießung.

g) Cout. de Bayonne Titre XII. §. 29. 31. im Urkundb. n. 3. *Blackstone* Commentaries on Laws of England. Book II. pag. 225.

h) Cout. de Bayonne titre 12. §. 24.

i) *Coutumes d'Auxerre titre XIII.* art. 143. Si aucun va de vie à trespas sans hoirs de son corps, ayant oncles, tantes, neveux, nieces, cousins et cousines germains; les dits neveux et nieces precedent les dits oncles et tantes en tous biens meubles et aquets immeubles et aussi aux propres procedants de leur Estoc, coté et ligne. Et s'il n'y a neveux ou nieces, les dits oncles ou tantes precedent semblablement les dits cousins et cousines germaines.

k) *François Guiné* traité de la Repréfentation. page 123. Cout. de Nivernois Ch. 34. §. 8. sur l'origine de la Répref. infinie. page 49.

§. 33.

Der erbliche Anfall, der sich bey Abgang aller Geschwister ereignet, heist im Sächsischen Landrechte, das überhaupt gegen das gemeine teutsche Recht die gerade aufsteigende Linie der niedern Zwerchlinie vorzieht, das verbrüderte oder verschwesterte Erbe, oder das Ganerbe, Dänisch, Gangarff. Der Sachsenspiegel, womit das Kulmische Recht B. 3. tit. 9. c. 10. wörtlich übereinstimmt, gibt B. 1. art. 17. diese Regel, „daß alle, die sich gleich nahe zu der Sippe ziehen mögen, gleichen Antheil nehmen sollen." Der Professor Moelmann zu Kopenhagen l) hat diß so erläutert, daß hierdurch eine eigene Erbordnung angedeutet würde, vermög deren, wenn keine Eltern und Geschwister vom Verstorbenen vorhanden wären, die Großeltern, Oheime, Muhmen und Geschwisterkinder zusammen zu erbfolgen hätten. Ich habe darüber mehr Beyspiele geliefert, m) und es scheinen auch hieher zu gehören: Das Wurster Landrecht tit. I. art. 7. §. 3. „So müssen auch Vatter und Mutter, item Großvater und Großmutter ꝛc. die andere seitliche Verwandten neben sich zu ihres verstorbenen Kindes Gütern verstatten, und einen solchen Theil folgen lassen, als auf derselben Stamm, dadurch sie sich einrechnen, gefallen." Das alte Kulmische Recht B. 4. c. 77. „Stirbet ein Kind und läßt seinen Großvater und seines Vattern Bruder, oder seiner Mutter Schwester, so hat es all sein Erb und Gut auf sie alle zugleich gebracht und gefället." Magdeburgische Fragen und Urtheile. P. I. c. 7. Dist. 14. „Alle die vorgenannten Personen sind gleich nahe des Kindes Gut zu theilen nach Personen Zahl nach Magde-

---

l) Selecta Iur. publ. Saxon. et feud. de Ganerbinatu etc. Ienae 1756. p. 9. seqq.

m) Im Versuche über die Erbfolgsgesch. B. I. S. 154.

burgischem Recht, und nicht nach Landrecht, dann da nimmt es der Eldervater."

§. 34.

Ich glaube nicht, daß diese Erbordnung bey Fallrecht gegolten hat, denn sie scheint mir mit obigen Regeln zu streiten. Beym Ganerbe succediren alle Stämme, beym Fallrecht nur der Nächste Stamm mit Ausschluß der übrigen. Dort erben alle Glieder einer Linie, hier geht das nächste Glied den andern aus eben derselben Linie vorbey, jener Erbart steht der Stammhalter zugleich mit seinen Abkömmlingen zur Erbtheilung an, und bey dieser wird er ihrentwegen vorbeygegangen. Durch das leztere scheint die fallrechtliche Erbordnung von der alten Collateralerbfolge abzuweichen, welches desto auffallender wäre, da sie sonst dieselbe genau nachahmt. Vielleicht läßt sichs noch so erläutern. Man übergeht bey Fallrecht den Stammvater nur so oft, als noch ein höherer Stammvater vorhanden ist, der der erste Erwerber gewesen, und das Gut vererbt hat. Es würde dieser, wenns möglich wäre, daß er bey einer langen Reihe von Generationen eine Vererbfällung erleben könnte, das Vermögen erhalten, und dasselbe dann auf die vormals als nächste Stammväter übergegangene nunmehr aber als gerade niedersteigende Descendenz von ihm, eintretende Abkömmlinge vererben. *) Meine Leser müssen hiebey genealogische Tabellen zu Rathe ziehen, wenn sie mich verstehen wollen, hernach wird es ihnen klar werden, daß zwischen der Fallrechtsregel, die den nächsten Stammvater so lange ausschließt, so lange noch andere Abkömmlinge vom ersten Erwerber gefunden werden, und zwischen der alten Collateralerbrechtsregel, die jeden Stammvater nach Abgang

*) Codex Legum Normann. C. 26. §. 26. Coutumes de Normandie ch. 25. im Urkundenb. n. 3.

seiner ganzen Nachkommenschaft zur Erbfolge zuläßt, °) kein Widerspruch vorhanden ist.

§. 35.

Bey Fallrecht succediren zuerst die Abkömmlinge von Geschwistern, wenn gleich die Seitenerben in aufsteigender Linie dem Grade nach näher sind. Nach Abgang dieser die Nachkommen der Großeltern, die aber selbst ausgeschlossen bleiben, p) weil sich die ganze fallrechtliche Erbordnung auf Seitenverwandte einschränkt. Die Nachkommenschaft der Großeltern, die aus den Oheimen und Muhmen des Verstorbenen samt ihrer Descendenz besteht, geht wieder allen Abkömmlingen der Ureltern vor, ob schon einige derselben dem Grabe nach dem Erblasser näher verwandt seyn mögen. q) Erst nach Ermanglung jener tritt die Nachkommenschaft der Ureltern ein, das dann Großoheime, Großtanten und ihre Hinterlassenen sind. So rückt das Fallrecht von Stamme zu Stamme aufwärts fort, daß der Nähere beständig den Entferntern ausschließt. r) Doch muß immer der Erbgang auf

o) Cod. LL. Norm. P. I. c. 26. §. 22. 26. Cout. de Normandie ch. 25. Cout. de Bourgogne du Duc Phil. II. Rubr. des Succ. §. 6. Vergl oben §. 8.

p) wie im Mosaischen Rechte *Selden.* de Succeſſ. Ebreor. c. 12.

q) Ius terrestre nobilit. Prussiae Tit. I. §. 15. 16. Urkundb. n. 4. den Gebrauch dieses Buchs erhielt ich aus der schäzbaren und zahlreichen Bibliothek des gelehrten D. Oelrichs in Berlin.

r) *Cout. de Mez Titre* XI. *art.* 12. Mais où il n'y a freres ni soeurs des descendans d'iceux oncles ni tantes, lors representation cesse, et faut revetir les lignes et lors les plut proche d'une chacune ligne est le plus habile à succeder; et faute d'une ligne ou d'autre le haut Justicier succede.

einem und eben demselben Hauptstamme bleiben, und darf niemals zu einem andern nur verschwägerten Stamm übergeben. s) Denn hierinn besteht gerade das Wesen des Fallrechts, daß es die Erbgüter beym Stamme erhält, und alle Entäußerung an einen andern und fremden Stamm verhindert. Eben daher wird bey der fallrechtlichen Erbfolge genau die Ordnung beobachtet, die bey der Ausübung des Erblosungsrechts sich äußert; und ist bloß der geringe Unterscheid vorhanden, daß nur Einer von denen die gleichen Grads sind, auslösen kan, dahingegen alle von gleichem Grade das angefallene Erbe unter sich theilen dürfen. Die Schriftsteller t) bemerken es auch als ein Prinzipium des Näherrechts, daß die Güter nur von der Linie ausgelöst werden können, von welcher sie hergerührt haben. Das Näherrecht richtet sich ganz nach der fallrechtlichen Erbordnung, u) wie wir

Blackstone Commentaries. B. II. pag. 226. on default of Such we must ascend one Step higher to the ancestors in the second degree and then to those in the third and fourd, and so upwards in infinitum; till some ancestors be found, who have other issue descending from them besides the deceased, in a parallel or collateral line.

s) Hieraus ist das Englische Gesetz von König Heinrich I. zu erklären, wo es, nachdem die Erbfolge der Töchter nach Abgang der Brüder festgestellt worden, heist c. 7. Qui cum propinquiores in parentela fiunt, heritario iure succedant, et dum virilis sexus extiterit, et hereditas ab inde sit, femina non hereditetur. Die große Anzahl von Gesezen, die mit diesem gleichlautend, sind also misverstanden worden, da man glaubte, sie schlössen überhaupt die Weiber, so lange Mannsstamm vorhanden aus. Ein wiederhohltes Beyspiel, wie nöthig die Kenntnis der Successionsarten zu gehöriger Anwendung der alten Rechtssäze ist?

t) *Tiraquell.* de vtroque Retractu in Vol. IV. opp. p. 264.

u) *Melch. Voets* de iure Revolut. c. 10. p. tot.

es deutlich aus dem Lowbuch *) ersehen. Wenn nun heut zu Tage erwiesen ist, daß das Näherrecht aus dem alten Samteigenthum seinen Ursprung genommen hat, *y*) so erhalten wir einen Grund mehr, der uns von der Richtigkeit unsrer Ableitung des Fallrechts aus dem ehmaligen Familiensamteigenthume überzeugt.

§. 36.

Wie schon bemerkt, so hat das Fallrecht die Sonderheit, daß, ob schon ich zuerst auf den nächsten Stammhalter zu sehen habe, von dem sowol der Erblasser als die Erbgenahmen entsprossen sind, doch derselbe nicht mit erben kan, sondern vor der Hand das Nachsehen hat. Man steigt auch so lange von Glied zu Glied gerade aufwärts, bis man einen Stammvater findet, von dem die Gabel des Stamms *z*) herrührt und von dessen Nachkommenschaft noch jemand am Leben ist. *a*) Wenn deren nicht mehrere von gleichem Gliede da sind, so erbt der Nächste in Beziehung auf den nächsten Stammhalter und nicht in Rücksicht auf den Erblasser. Denn ich habe bloß zu erweisen, daß ich mit dem Erblasser einerlei Stammvater

x) B. I. c. 34. De Boude mag sin Egen verkopen, wem he will, so idt drey Dage sine negesten Fründen, de ehme erven scholen, feyl gebuden hefft. Dat väterliche Erve schal men des Vaders Fründen, und dat moderlicke Erve schal men der Moder Fründen anbeden. „Vergl. *Ioach. Blüting* de empt. rer. immob. juxta Ius Cimbr. c. 2. et Obf. I. Cimbr. VII. in *Westphalen* Tom. III. Monum. pag. 2155. et 2192.

y) *Frid. Ant. Gottl. Gütige* de Iuris Retractus gentilitii in Germania origine. Ienae 1738. *Car. Frid. Walchii* Diff. de iure liberor. bona a parentibus acquifita retrahendi. Ienae 1767. §. 2. *Io. Carl. Heinr. Dreyer* de Vfu gen. Iur. Anglofax. p. 16. 17.

z) Estors bürgerl. Rechtsgelehrtheit. Band III. S. 1107.

a) *Blackstone* Commentaries. Book II. pag. 223.

habe.ᵇ) Man muß sich hiebey an die teutsche Berechnung der Glieder gewöhnen, wovon noch keine Sylbe in den Kompendien enthalten ist. Der Teutsche zählte bloß die Zeugungen. Daher hießen in den alten Gesezen die Grade, Geniculi oder Generationes. So viele Zeugungen vorhanden waren, so viele Anverwandtschaften hatte man. Wenn man nun wissen will, in welchem Gliede zween Vetter mit einander verwandt sind, so sieht man auf die Anzahl der Zeugungen, in welcher sie von ihrem gemeinschaftlichen Stammvater abstehen, und das erste Glied ist die zwote Zeugung.ᶜ) Wie zahlreich also jene ist, eben so viele Glieder stehen sie von einander ab.ᵈ) Es wird daher nach teutscher Art die Nähe des Grads oder Glieds niemals in Rücksicht auf den leztern Besizer, sondern immer in Beziehung auf den gemeinschaftlichen Stammvater bestimmt. Ich sagte mit Bedacht des ge-

---

b) Estor a. a. O. S. 1108.

c) Sächs. Landrecht B. I. art. 3. Das ist die erste Sippzahl, die man zu Magenfreund rechnet, Bruderkint und Schwesterkint. Landrecht des Gerichts Neuenland im Bremischen bei Pufendorf Vol 3. pag. 5. §. 6. Schwester- und Bruderkinder werden für das erste Gelibt gerechnet, und so vorhan bis in das dritte Gelibt. Rechtenstitt ebendas. p. 14. n. 6. Schwester- und Bruderkinder werden vor das erste Glidt gerechnet. Siehe auch a. a. O. p. 20. 25. 32. *Origine de la Repres. infinie page* 112. *Les Gaulois comptoient les degres de consanguinité comme les anciens Allemans. Les personnes au troisiéme degré en collaterale étoient donc les fils des arriereneveux. Ie prouve cette opinion par les anciennes coutumes de Dreux Ch.* 19. *art.* 93. *et par celles de Normandie Titr.* 13. *art.* 304.

d) *Car. Ferd. Hommel* Oblectam. Iur. feud. p. 109. *Grub de fatis ordin. succedendi pag.* 30. Krohn weitere Ausführung der Lehre vom Vorrechte der vollen Geburt S. 173. *Engelbert. Kettler* Decis. Ostfris. Cent. I. Dec. II. n. 160.

der Seitenverwandten in Teutschland.

meinschaftlichen Stammvaters, und nicht, des ersten Erwerbers oder ältesten Stammvaters, *e)* weil zuerst die Linie jenes zur Erbfolge gelassen werden muß, ehe die Nachkömmlinge dieses erbfolgen können. Denn die Succession steigt linienweise aufwärts. Ein jeder Abkömmling vertrit seinen Urheber, den Sohn des gemeinschaftlichen Stammvaters; *f)* und ward den Abkömmlingen des entferntern Stammvaters vorgezogen, ob schon sie zuweilen dem Grade nach näher seyn mochten, und das aus dem Grunde, weil sie ebenfalls nur ihren Urheber, d. i. den Sohn des entferntern Stammvaters vorstellten. Es sind sich überhaupt diese drey Fallrechtsregeln zu merken: *g)* 1) unter Personen von verschiedenem Stamme, Geschlechte und Sippe findet keine Erbfolge statt. 2) Bey verschiedenen Linien oder Zweigen eines und desselben Stamms und der gleichen Sippe geht jederzeit die nächste Linie und der nächste Zweig den entferntern vor, ohne alle Rücksicht auf die Nähe des Grads bey Personen von verschiedenen Linien. 3) in der nemlichen Linie und im nemlichen Zweige schließt beständig der nächste Grad den entferntern aus. Jezo wird es vermuthlich klar seyn,

e) Daher hat man die Regel, daß durch die erwiesene Abstammung vom nächsten Stammvater auch die Abkunft vom ersten Erwerber bewiesen seye. *Wright's Introduction to the Laws of tenures. p.* 184. for it becoming in many cases impossible, by length of time, and a long course of descents, to deduce a title from the first feudatory, proof of beeing heir to the last was necessarily allowed, as the best proof, that could be expected of title from the first.

f) Eine uralte Englische Rechtsregel ist: that he who would have been heir to the father of the deceased, shall also be heir to the son. *Blackstone* Comment. pag. 223. In Frankreich heist sie: Que ce qui escherroit au pere, escherra au fils. *Anc. Cout. de Bourg. art.* 229.

g) Sur l'origine de la Represent. infinie, page 19.

warum zwar häufig der mit dem Erblasser nächstverwandte zuerst succedirt, und doch die Reihe der Erbordnung bloß vom Stammvater abgeleitet wird. Die Rechtsgelehrten, die sich unter Stammvater immer den ersten Erwerber dachten, mußten freylich bey der praktischen Anwendung manche Abweichung von der Regel besonders beym Vorgange der lezten Erbtochter für den Regredienterbinnen finden. Wenn sie aber auf die Erbordnung aufmerksam gewesen wären die immer vom nähern zum entferntern Stammvater aufwärts steigt, und alle Abkömmlinge jenes diesen vorgehen läßt, [b] so hätten sie wahrgenommen, daß ob schon der nähere Verwandte des lezten Besizers vorderfamst erbfolgt, dennoch der Grundsaz vom abzuleitenden Erbrechte nach der Abstammung vom ersten Erwerber unabweichlich bestehe, und gedachter Erbfall nur eine Folge dieses Prinzipiums seye.

Siebender Abschnitt.
Aehnlichkeit der fallrechtlichen Erbordnung mit der Stammfolge.

§. 37.

Die fallrechtliche Erbordnung ist demnach eine Gattung von Stammfolge, aber von derjenigen sehr verschieden, die wir oben [a] betrachtet haben, und die man theilrechtliche Stammfolge, so wie jene fallrechtliche

---

b) *Cout. de Nivernois ch.* 34. §. 8. Eschoite d'heritage ne monte point en Succession collaterale, en maniere, que les oncles et autres ascendans collateraux ne succedent aux dits heritages, tant qu'il-y-a descendans collateraux, posé qu'ils soient plus loingtains en degré. *Cout. de Bayonne titr.* 12. §. 29.

a) Versuch einer Geschichte der teutschen Erbfolge. B. I. Hauptst. VIII. Abschn. I. S. 123.

Stammfolge nennen kan, denn dort succediren nach den Grundsaze: Theilung und Wiederzufall, alle Linien zugleich, und hier nur Eine nach der Andern. Jene äußert sich bloß bey getheiltem Grundeigenthume, diese bey jeder Vermögensgattung, sie mag aus untheilbaren Grundstücken oder aus theilbaren Gute bestehen. Bey jener können nähere und entferntere Agnaten zugleich erbfolgen, bey dieser schließt der nähere Agnate auf der erbfolgsfähigen Linie beständig den Entferntern aus. Auf der Seite kan sich also zugleich Primogenitur verknüpft befinden, auf der andern aber niemals. Ob schon der Erstern nemlich der theilrechtlichen Stammfolge in den beiden Spiegeln nicht ausdrücklich gedacht wird, so hebt das ihre Existenz nicht auf, weil es eine Menge germanischer Rechtsmaterien gibt, wovon in den alten Rechtsbüchern keine Sylbe vorkömmt.

§. 38.

Außer dieser theilrechtlichen Stammfolge gibt es noch eine andere, die ich die alte Collateralerbfolge nenne, und die noch im longobardischen Feudalrechte üblich. Sie galt damals, da die Töchter noch kein samteigenthümliches Miterbrecht erhalten hatten, und aus ihr sind die heutigen Erbordnungen nach der Primogenitur und den Senioraten sowol beym Adel als beym Bauernstande *b)* entsprungen. Vermög ihrer Grundsäze, geht die nächste Linie den entferntern vor, und in der nemlichen Linie das nächste Glied. Sie ist also in gewisser Maße auch der Anfang der fallrechtlichen Stammfolge. Der Geist der alten Stammfolge überzeugt uns von der Unrichtigkeit der Meinung, daß bey Ausgang des Mannsstamms alle verziehene Töchter oder ihre Nachkommenschaft zugleich zur Erbfolge berechtiget waren, welches man besonders

---

b) Estors bürgerl. Rechtsgelehrtheit. B. 3. §. 3118.

in der leztern Baierischen Erbstreitigkeit wiederhohlter behaupten wollte. Auch in der Geschichte sieht man kein ächtes Beyspiel, daß jemals den Weibern auf diese Art wäre der Rückgang eingestanden worden. Denn dieses konnte nach der Natur der Stammfolge nicht geschehen, weil immer die nächste Linie der Entferntern vorgieng, und in jeder Linie derjenige wiederum vor den andern den Vorzug hatte, der am nächsten von Stammvater des Erblassers abstand. Da nun dieses die allgemeine Erbordnung gewesen ist, und außer ihr, nur das getheilte Stammgut ausgenommen, keine andere existirt hat, so muß sie auch bey dem Regredienterbrechte der Töchter angewendet werden, und demnach zuerst die Tochter des leztern Besizers, die deswegen in alten Urkunden Erbtochter genennt wird, succediren, und dann trift die Reihe die übrigen verzichtgeleisteten Verwandtinnen nach Ordnung ihrer Linien, und nach der Nähe des Glieds in eben derselben Linie. Gleichwie die Agnaten in der Stammfolge eine gewisse Ordnung beobachten müssen, eben so muß es auch von den Verzichtstöchtern geschehen, und es thut nichts zur Sache, daß jezo der Fall, worauf sie sich ihr Erbrecht ausdrücklich vorbehalten haben, nemlich die Erlöschung des Mannsstamms, vorhanden ist. Denn die Agnaten hatten ebenfalls vermög der Abstammung gleiche Condominialrechte, und doch können sie den wirklichen Besiz nur in einer gewisse Ordnung erlangen. Ferner bedenke man, daß die lezte Tochter vermög ihrer Abstammung nicht nur eben die Ansprüche mit jeder Regredienterbin zu machen hat, sondern auch noch vorzüglichere Rechte, weil sie sich mit dem Erblasser in näherer samteigenthümlicher Verbindung befindet, dahingegen die Regredienterbinnen so wie ehmals auch die Agnaten nur entfernte samteigenthümliche Ansprüche zu machen haben.

der Seitenverwandten in Teutschland.

§. 39.

Welche Verwirrung würde nicht daraus entstanden seyn, wenn in einem Hause, daß etliche Jahrhunderte hindurch geblüht hat, bey Erlöschung des Mannsstamms alle Verzichtstöchter oder ihre vorhandene Descendenz hätten zugleich erbfolgen wollen. Wie sehr hätten nicht dadurch die Stammgüter zerstückt werden müssen, und wäre man wol jedesmal im Stande gewesen, alle Descendenz der ersten Verzichtstöchter auszuforschen. Die germanische Gesezgebung war viel zu weise, als daß sie zu einer dergleichen Ungewißheit hätte Anlaß geben sollen. Sie schrieb daher nicht nur jene genau bestimmte Erbordnung vor, und verordnete, daß man nur so lange seitwärts erbfolgen sollte, als man noch die Abstammung im Detail erweisen könnte, c) sondern war auch besorgt, allzubeschwerliche Untersuchungen und mögliche Vernachtheilungen dadurch vorzubeugen, daß sie die ganze Collateralerbfolge auf eine gewisse Anzahl Grade einschränkte, als unter welcher keine Erbschaft mehr begehrt werden konnte. Das war nach den meisten germanischen Rechten das VII. Glied. d)

c) Recherche sur l'orig. de la regle Cout. Repref. à lieu à l'infinie page 38. fuiv.

d) Schwäb. Landrecht c. 266. §. 2. Ein yeglich Mensch ist seynes Magen Guts erbe vncz er geczeychen mag zu der sibbende Sipp als das Buch hievor sagt. Siehe c. 256. §. 9. das c. 222. §. 5. wiederspricht, wie von der Labr not. B) in Corp. I. G. T. II. p. 316. unrecht verstanden hat. Lex Baiovar. tit. 14. §. 4. *Heinec.* Elem. Iur. Germ. L. II. §. 257. pag. 265. *Blackstone* Tracts chiefly relating to the Antiquities and Laws of England. pag. 151.—161.

Achter Abschnitt.

Verhältnis des Fallrechts gegen die Lehenfolge.

§. 39. b.

So wie im alten römischen und im alten germanischen Rechte, ehe noch die Succession der Weiber aufkam, das Fallrecht sich nur auf einer Seite, nemlich auf dem Stamme des Mannes äußern konnte, so geschieht es nach der Regel auch im Lehenrechte, wo das weibliche Geschlecht von der Lehenfolge ausgeschlossen ist. Es kan sich hier also ebenfalls nur auf Seiten der männlichen Anverwandtschaft eräugnen, und in der Rücksicht hatte Blackstone nicht unrecht, zwischen beiden Successionsarten Aehnlichkeiten zu finden. Aber er irrte sich, wenn er behauptete, das Fallrecht seye aus der alten Lehenfolge entsprungen. Diesem widerspricht die Beobachtung, daß die Lehenfolge selbst nur eine Nachahmerin der Allodialerbfolge war. Der Britte wußte nun freylich nichts davon, der wie ein großer Theil seiner Landsleute mit den Grundprinzipien des germanischen Rechts unbekannt ist, und daher oft die Quellen gewisser Dinge an Orten sucht, wo sie nicht sind. Ueberhaupt könnten sich die englischen Juristen eine Menge vergeblicher Nachforschungen ersparen, wenn sie manchmal nur einen einigen unsrer Germanisten nachschlügen. Wo strenges und longobardisches Lehnrecht beobachtet wird, da kan kein Fallrecht bestehen, wenigstens nicht die eigentliche und neuere Gattung desselben. Wo aber wie in Teutschland, Frankreich und andern Staaten das Frauenzimmer gleichfalls Lehenrecht erhalten hat, da muß sich plözlich das Fallrecht äußern, wie z B. in den Holländischen, Flandrischen und Brabandischen Lehen. [a]

[a] *Simon van Leeuwen* Cenſ. forenſ. theor. pract. L. II. c. 2. p. 156. 157. *Cornel. Neoſtadius* de feudi Iur.

der Seitenverwandten in Teutschland. 77

Neunter Abschnitt.

Geschichte der Entstehung des Fallrechts.

§. 40.

Die meisten Fallrechtsordnungen fangen mit den Worten an: "Wann zwey zusammen kommen in die "Ehe, sind sie ledig, was man den Zwayen zu dem Er-"sten gibt an den liegenden Gütern, ist das dann daß sie "ohn Leibserben beleyben ꝛc. *a)* " "Item auch ist nunser "des Dorfs Recht, so zway ledigen Menschen zusammen "kommen in die Ehe, was man dem jedwederm Theil "gibt zu einer Heimsteuer, oder jeglichs von seiner Sei-"ten ererbt. ꝛc. *b)* " Eben so heist es in den alten Gothlschen und Schwedischen Rechtsbüchern, *c)* desgleichen im Stadt- und Budjadinger Landrecht, *d)* und in den Statuten von Kahle, *e)* daß die Güter, die den jungen Eheleuten von den beiderseitigen Eltern in die Ehe mit gegeben worden, nach ihrem Kinderlosen Absterben wieder an die Familien oder an dasjenige der Eltern, von welchem sie hergekommen sind, zurückfallen sollen. Hauptsächlich sieht man in den alten Heirathsberedungen erlauchter Personen, daß der Rückfall des den Töchtern mitgegebenen Heirathguts auf den Fall ihres unbeerbten Tods ausbedungen wurde. *f)* Eben dieser Rückfall wird noch

---

Scripti. et Hollandici Westfrisicique Successione. Goringhemii. 1670. C. V. §. 46. p. 102. 103.

a) Güglinger Stadtrecht Band II. des Versuchs Th. II. St. 8.

b) Dorfrecht zu Weiler ebendas. n. 8. S. 202.

c) Stiernböök de iure Sueon. et Goth. vet. p. 156.

d) Art. 56.

e) Art. 3. ap. *Hellfeld.* in repert. I. priv. p. 2157.

f) Charta Aymon. de Faucigny de 1251. Pacta dot. inter. Car. I. Duc. Sabaud. et Blancam Montisferat. de

heut zu Tage sowol bey dem Manne als beym Weibe in den niederländischen Heirathsbriefen s) angetroffen, und in der alten Zeit war es eine nothwendige Folge der entfernten samteigenthümlichen Verbindung, in welcher die Anverwandte mit einer solchen ausgeheiratheten Person geblieben sind. Wenn dann in dergleichen Ehen keine Kinder (die vermög des nähern Samteigenthumsrechts, das ihnen an der Eltern Gut zukam, jene ausgeschlossen hätten) erzeugt worden waren, so trat das wirkliche Erbfolgsrecht der Verwandten ein, von der Seite die Heirathsgüter hergekommen waren. Man sieht also, daß sowol der vorbehaltene Rückfall des Heirathsguts als das eigentliche Fallrecht, nach welchem bey Trennung einer unfruchtbaren Ehe anfangs nur die liegende Erbgüter, nachher aber überhaupt aller eingebrachter Brautschatz, wenn er auch gleich in einer Summe Gelds bestanden hat, wieder an den Stamm zurückfallen mußte, einerlei Ursprung gehabt haben, und denselben aus der Beschaffenheit des alten Samteigenthums ableiten.

1485. Instract. Ruperti R. Regis. de 1314. Hanau Münzenberg. Vertrag von 1610. § 26. Pfalzzweibrück. Heirathsbered. Kundschaft von 1652. in *Pufendorff* Vol. 3. pag. 25. Baier. Landrecht von 1346. c. 100. Reformat. des Baier. Landrechts von 1518. tit. 44. art. 3. Ehebered. des Freyh. Georg Wilh. von Cr. von 1600. Urk. von 1440. Ehebered. des F. E. W. Freyherrn von Walbott zu Bassenheim von 1672. Pacta dot. inter fil. Henr. VII. Imp. et Ludov. Com. Pal. de 1308. Regiam Majest. L. 2. c. 58. Leges Burg. Scotiae c. 44. §. 5. Des *Fontaines* Conseil ch. 19. n. 14. *Loyseau* des Offices L. IV. ch. 9. n. 23. Waldemari I. Leges terrae scaniae L. l. c. 5. Lowbuch B. l. c. 23. *Stiernböök* de iure Sueon. et Goth. vet. p. 156. hierunten im Urkundenb. Th. I. n. 6.

g) *Voets* de iure reuolut. c. 8.

§. 41.

Anfangs erhielten allein die Töchter bey ihrer Ausheirathung eine Heimsteuer. Nachdem sie aber in der Folgezeit, doch gleich nach der Annahme der christlichen Religion, seit welcher sie nur den Söhnen oder Brüdern nachstehen durften, mit dem Mannsstamme und am Ende sogar mit den Brüdern ein gleiches Erbrecht erhalten hatten, *b*) so gab man deswegen den Söhnen bey ihrer Vermählung ebenfalls einen Theil des väterlichen Vermögens unter dem Namen Heirathsgut mit. *i*) Diese Sache wurde vorher nur als eine abgetheilte Portion, womit man sie vom Erbe absondern wollte, *k*) betrachtet. Nun aber behandelte man sie nach gleichen Prinzipien mit der weiblicher Mitgift, und sie mußte nach einer unfruchtbaren Ehe an die Familie zurückfallen. Demnach ist auf eben die Art, wie es sich im römischen Rechte zugetragen hat, *l*) der Rückfall der Heirathsgüter der erste Anfang des Fallrechts worden.

§. 42.

Man kan sich die Frage leicht beantworten, warum in den ältesten teutschen Gesezen keine Erwehnung des Fallrechts geschieht? Es war so lange unmöglich, so lange noch die alte Beschaffenheit des Samteigenthums unverändert bestand. Denn dadurch wurde das weibliche Geschlecht von aller Erbfolge in Grundstücken ausgeschlossen, und folglich war bey jedem Erbfalle nur väterliches Erbgrundeigenthum vorhanden, und niemals Mütterliches. Da nun jenes beständig beym Mannsstamme bleiben mußte, so konnte sich's niemals ereignen, daß väterliche

---

b) Versuch einer Erbfolgsgesch. B. I. S. 212.
i) Hierunten im Urkundenb. Th. I. n. 10.
k) im a. Verf. Abschn. VI. Hauptst. VIII.
l) Siehe weiter unten §. 55.

und mütterliche Anverwandten bey der Erbtheilung zusammen gekommen wären. Ein anders geschah beym beweglichen Gute, in welchem damals noch die Heimsteuern der Töchtern bestand, ᵐ) das wurde nach den Regeln der ehlichen Gemeinschaft vererbt und kam zuletzt ganz an die Anverwandten desjenigen Gatten, der den andern überlebt hatte. Mithin erfolgte auch hier keine Zusammenkunft von zweierlei Anverwandtschaften, die eigene und von einander verschiedene Erbansprüche zu machen hatten.

§. 43.

Der Ursprung des Fallrechts muß daher in dem Zeitpunkte gesucht werden, wo die Weiber zum Eigenthume liegender Güter gelangt sind, und man anfieng Grundstücke zu veräußern. Alle Geseze, die vor diesem Zeitpunkte verfaßt wurden, können seiner nicht gedenken, weil damals, wie beym Lehenwesen und im alten römischen Rechte, die Grundstücke ganz allein auf den Mannsstamm väterlicher Seits vererbfällten. Gleich wie sich aber jene Revolution sehr frühzeitig in unsrer Geschichte zugetragen hat, eben so treffen wir auch schon sehr alte Geseze und Urkunden an, die seiner gedenken, ⁿ) und zwar solche, die schon vor Ausübung des erblichen Lehenssystems beobach-

---

ᵐ) Damit ist der V. de l'origine de la Repres. infinie p. 31. — 35. widerlegt, der gegen alle Historische und Rechtl. Zeugnisse annimmt, die Heimsteuern hätten damals schon aus Grundeigenthum bestanden.

ⁿ) Leges Wisigoth. L. IV. tit. 2. §. 5. Lex Burgund. tit. 14. Luitprand. K. Longob. c. 77. Cod. LL. Normann. P. l. c. 26. §. 19. 20. 25. Lowbuch B. 1. c. 6. Kaiserrecht Th. II. c. 95. Alem. Landrecht c. 414. im Urkundb. n. 4.

Der Unterscheid der bonorum paternorum et maternorum findet sich auch in Urkunden von 800. u. 772. bei *Schannas.* in Corp. Tradit. fuld. n. 10. 36.

tet wurden; das gegen Blackstone *o)* anzumerken ist, der
den Ursprung des Rückfallsrechts aus dem longobardi-
schen Lehenrechte hergeleitet hat. Es ist das desto unge-
räumter, als nach diesem Rechtskörper in der Regel nur
Mannsstamm succedirt, und demnach hier keine gedop-
pelte Erbschaften an väterlichen und mütterlichen Grund-
stücken entstehen können, welche doch bey Fallrecht noth-
wendig vorhanden seyn müssen. *p)* Wenn er und seine
Landsleute grössere Aufmerksamkeit auf die Kenntnis des
teutschen Rechts verwenden würden, so könnten sie von
vielen Rechtsmaterien besser unterrichtet seyn, und die
Quellen davon deutlicher kennen lernen. Sie hätten dann
den Vortheil, sich nicht so oft mehr mit leeren Muth-
maßungen befriedigen zu müssen. Denn bey uns ist es
ein schon längst erwiesener Saz, daß die Lehenfolge die
Allodialerbfolge nachahme, und erst lange nach dieser ent-
standen seye. Die Lehenfolge hat nur so weit Aehnlich-
keit, daß sie auf die Abkömmlinge vom ersten Erwerber
forterbt, und niemals auf jemand anders, der nicht von
ihm männlicher Seits seinen Ursprung ableitet, ohne Mit-
belehnung oder lehenbare Anwartschaft kommen mag,
wenn dieser auch gleich der nächste Blutsverwandte wäre.
Allein diß gilt ebenfalls von der alten Stammfolge, die
ungleich älter ist. Man kan mir einwenden, der Rück-
fall der Ehesteuer bey abelichen Töchtern hätte in der spä-

o) Commentaries. B. II. p. 221.

p) Schon in Urkunden aus dem VIII. und IX. Jahrhun-
derte trift man die väterliche und mütterliche Erbgüter
von einander abgesondert an. *Charta de 772. ap. Schan-
nat in Corp. Tradit. Fuldenſ. n. 36.* Quem genitor
meus et genitrix mea mihi morientes dereliquerunt, et
ego ipſe comparavi. *de 789. n. 88.* Quidquid proprie-
tatis habemus ex iure parentum et alio quocunque
modo acquiſitum. *de 800. n. 140.* tam de paterno
quam de materno et aliunde exquiſito.

tern Zeit auch bloß in beweglichen Dingen bestanden, weil die Töchter von der Erbfolge in Stammgüter und Lehnen ausgeschlossen gewesen. Allein davon habe ich bereit das Gegentheil gezeigt, g) nnd werde hie Sache an einem andern Orte weiter ausführen, wo noch mehr Urkunden und Beweisstellen aufgebracht werden sollen.

Erster Absaz.

Beleuchtung des weiblichen Erbrechts im Grundeigenthum.

§. 44.

Hier bemerke ich die Stellen, die uns belehren, daß den Töchtern auf eben die Art, wie den Söhnen, bey ihrer Verheirathung ein Theil der väterlichen Grundbesizungen zur Heimsteuer, a) (Mitgift, Ehesteuer, Brautgabe, Brautschaz, lateinisch Maritagium, Matrimonium, französisch Mariage) mit gegeben wurde, die sowol von ihrem Brautschaze, Wittume, den sie vom Manne bekamen, als von der ehlichen Ausstattung, die sie zwar auch vom elterlichen Hause mitkriegten, allein bloß in Kleidung und andern beweglichen Sachen bestand, b) wol zu unterscheiden ist, obgleich beides von einigen

---

g) im Versuche der Geschichte der teutschen Erbfolge B. I. S. 210. u. ff.

a) Tract. matr. inter Henr. I. Com. Lucemb. et Margareth. Barr. de 1231. Schreiben Burggraf Joh. von Hammerstein an den R. König Albert I. Litt. invest. Alberti I. de 1307. Instr. super pact. Successs. c. a. 1303. Urf. Dietrichs von Jsenburg von 1328. Dipl. Wilh. Com. de Cazenelnb. de 1306. Regiam Maj. L. II. c. 16. im Urkundenb. n. 11.

b) *Estor* de apparatu et instructu muliebri nuptarum praeter dotem pactis dotalibus promisso. Marpurgi. 1744. *Grupen* in Vxore Theot. C. III. pag. 49.

Rechtsgelehrten mit einander vermischt worden. Es wird überhaupt der Fehler häufig begangen, daß von der ältesten Verfassung geradezu auf das spätere System Anwendung gemacht und auf die dazwischen vorgegangene Veränderungen keine Rücksicht genommen wird. Daher befinden sich verschiedene Leute oft im Falle, wenn ihnen in der spätern Zeit ganz entgegengesezte Rechtssäze aufstoßen, derselben Ursprung aus dem römischen Rechte herzuhohlen. c) Allein solcher Auswege hat sich nur die Unwissenheit zu bedienen, die mit der Geschichte unserer Rechtsverfassung nicht hinreichend bekannt ist, und von den beständigen sittlichen Revolutionen im Staate nichts weiß. Wahr ists, viele Rechtssäze sind aus dem römischen Rechte entstanden. Aber das geschah nicht erst zu der Zeit, wo man über das justinianische Gesezbuch Vorlesungen zu halten anfieng, sondern schon viele Jahrhunderte vorher durch die Geistlichkeit, die beständig römisches Recht unter sich beobachtete, und unter der Hand ein oder den andern Grundsaz davon bey den Laien in den Gang zu bringen wußte.

§. 45.

Noch mehr ward unser Rechtssystem durch die Anwendung des Mosaischen Rechts verändert, welches man für ein solches göttliches Recht ansah, das nothwendig von allen Christen beobachtet werden müßte. Alemannisches Landrecht C. 92. „Also scholl man Erib tailen, „als Gott gesprochen hat." Ebendaselbst C. 414. kommen ganze Texte der Bibel von der Erbfolge der Weiber

---

c) welches von den Glossatoren geschehen. *Angl. Aretin. in Gloss. §. Cacterum Instit. de legit. agnat. Juccess. verbo plerumque. Hinc sumpta est ratio statutorum communiter per Italiam, quod stantibus masculis foeminae non succedant, quia ex parte masculorum statuta sunt fauorabilia, et ex parte foeminarum sunt odiosa.*

vor. Durch dergleichen Sprüche *d)* und durch die Predigten des h. Bonifaz *e)* erhielten sie allgemach auch in Teutschland am Grundeigenthum Erbrechte, und man gab ihnen eine Portion davon bey ihrer Verheirathung als Erbtheil mit. *f)* Diese Neuerung zog bald eine andere nach sich, als man die Töchter mit den Brüdern zur gleichen Erbtheilung zuließ, *g)* denn bey der ersten Ver-

d) Daher sah man es als etwas Gottloses an, daß die Töchter nicht mit ihren Brüdern die väterliche Erbschaft theilen dürften. *Form. Marculfi* L. 2. n. 12. diuturna sed *impia* inter nos consuetudo tenetur, vt de terra paterna sorores cum fratribus portionem non habeant, sed ego perpendens hanc *impietatem*, sicut mihi a Deo aequaliter donati estis filii, ita et a me sitis aequaliter diligendi. Deswegen verdammte auch das Koncilium zu Basel den art. 17. des I. B. vom Sachsenspiegel, worinn den in Sachsen wohnenden Schwaben die weibliche Erbfolge abgesprochen wird. Decimus tertius sagen die Väter, propter odium mulierum saxones habent ius sueuicum, quo mulieribus haereditas denegatur.

e) Estors Neue kleine Schriften Band I. St. 2. S. 490. Vergl. *Breul.* de renunciandi more. Cauſ. I. c. 5. p. 470.

f) Hanauische Hausordnung von 1375. Extract. priuil. Truchseſſ. nob. Pruſſ. de 1487. Ius terr. nobil. Pruſſ. Tit. 1. §. 2. Dipl. Arosii de Bruberg de 1313. Cod. LL. Norm. P. I. L. 2. c. 27. n. 18. Couſt. de Normandie art. 249. Conſtit. et Stat. Regni Poloniae Caſ. I. de 1423. L. I. c. 106. L. II. c. 7. Conſt. Regni Pol. de 1588. fol. 461. Stat. Mediolan. c. 278. *Ren. Choppin.* de Pariſ. mor. L. 2. §. 15. im Urkundenb. Th. I. n. 12.

g) Marculphi L. II. form. 10. Teſtam. Everhardi Com. Foroiul. ap. *Eccard.* p. 38. Charta Henr. IV. Imp. de 1073. Corp. Tradit. fuld. n. 23. 387. de 765. 826. Litt. inveſt. de 1393. 1540. Lex Wiſigoth. L. 3. tit. 3. §. 8. Anc. Cout. de Bourgogne Titre 20. art. 239. *Torfae.* rer. Norwag. P. I. L. 5. c. 17. P. II. L. 2. c. 9. Conſt. Sicul. R. Guil. L. 3. tit. 15. Urkund. zu Schneiders Erbach. Geschichte. Satz II. S. 333. n. 164. Erbach.

der Seitenverwandten in Teutschland. 85

änderung hatten sie bloß nach dem Abgang ihrer Brüder die Stammfolge vor den weitergesippten Vettern erhalten. *b)*. Natürlicher Weise erfolgten hieraus große Zer-

Geschichte S. 67. u. f. 127. u. ff. Urtheilsbrief K. Rudolf I. von 1291. Concl. Pomeran. in Lehensachen lit. 8. §. 1. 2. im Urkundenbuch zu meiner Geschichte der teutschen Erbfolge Th. I. n. 21. Form. Marculphi L. 2. n. 12. adp. form. n. 49. fupercessio legis sal. ap. *Muratori* p. 163. Cod. Tradit. Tegernse in mon. Boic. Vol. 8. pag. 133. Cod. tradit. Weihensteph. a. a. 1138. Testam. Irminae fil. R. Pip. de 698. Dipl. Henr. III. Imp. de 1053. Theob. D. Lothar. pacta dot. de 1281. Dipl. Henr. III. Imp. de 1053. Constit. Richardi Imp. de 1258. Fundat. Mon. Kaysersh. de a. 1119. Compos. inter Eberh. Com. Wirtemb. et Hess. March. Bad. de 1297. Lex Wifigoth. tit. 2. c. 1. Lex Guil. R. Angl. 36. Etablissemens de St. Louis de 1270. Kaiserrecht Th. II c. 13. Schwäb. Landrecht c. 285. Wurster Landrecht art. 9. §. 1. Privil. Civ. Plauwe de 1235. Ant. LL. Goslar. art. 2. Ius civ. Brisac. de 1275. Augsp. Stadtrecht von 1276. Wichische Statuten S. 54. Statuten zu Jülich von 1555. Bl. 92. Urkunde in Hunds Stammbaum Th. I. S. 134. Urk. in Sattlers Beschreibung von Würtemberg S. 113. Urk. Graf Otto von Eberstein von 1283. Dipl. Conr. Ep. Hildes. de 1248. Stat. regni Hung. P 2. tit. 29. *Blackstone* Comment. B. II. p. 213. *Henr. Breul.* de renunc. rec. more. C. I. c. 3. p. 465. hierunten im Urkb. T. I. n. 13.

b) Aus den ältesten teutschen Gesetzen hat diß gezeigt Johann Jakob Reinhard Abh. vom Erbfolgsrecht der Töchter vor den Stammvettern C. I. Außerdem habe ich über die Materie diese Induktion von Beweisstellen gesammelt. Dipl. erect. Ducat. Brunsuic. de 1235. Urk. von 1285. Osnabrück. Zeugenaussage von 1589. Dipl. de 1255. Sent. Parlam. Paris. in causa Flandr. de 1322. Urk. von 1349. Bulla Clem. VII. pro regno Adriae de 1279. Dipl. Ott. IV. Imp. de 1208. Narrat. de fundat. Mon. Formbac. c. a. 1040. Dipl de 1326. Test. Tancredi March. de 1145. Io. VIII. P. M. epist. 139. Tradit. Fuld. L. 2. c. 34. Burgfriede von 1373. Landrecht im Amte Hagen von 1581. Gebh. Ep. Ratis-

rüttungen im alten Familiensamteigenthume, denen man durch die errichtete Majorate und Primogenituren zu begegnen genöthigt war, und da dieses Auskunftsmittel nicht überall anschlagen wollte, so disponirte man die Tochter bey ihrer Ausheirathung, daß sie sich durch die erhaltene Mitgift an Gelde, die mit ihrem Erbtheil im Verhältnisse stand, erbschaftlich absondern ließ. *) In der Folge, da der Werth des Gelds wegen seiner größern Quantität sich vermindert hatte, und man die Sache als ein Herkommen behandelte, so bestand freylich diese Abfertigung in einer geringen Summe, und man fand nicht

pon. litt. fund. Eccl. Oehring. de 1037. Monach. Weingart in Chron. Guelf. c. 12. Ant. Ius Normann. de 1207. Const. et Stat. Regni Polon. Casim. I. de 1423. L. I. c. 106. L. 2. c. 6. Ius terr. Nobil. Prussiae. Tit. I. §. 1. Stat. Wladislai Iagell. de 1423. fol. 158. Kulm. Recht B. 3. tit. 9. c. 19. Stat. Moscowitt. c. 17. §. 2. Luitprandi Hist. L. V. c. 1. Lex Henr. I. R. Angl. c. 70. Regiam Majest. l. 2. c. 30. hierunten im Urkundb. Th. I. n. 14.

*) Osnabrüggisches Zeugenverhör von 1589. Dergleichen Zeugenaußagen zum IV. Art. n. 9. 16. 25. 32. Wurster Landrecht art. 3. §. 1. Wiener Stadtrecht von 1351. S. 311. Formulare von 1458. Bl. 74. Litt. feud. AEp. Colon. de 1190. Reg. Majest. l. 2. c. 33. §. 8. 9. Stat. Mediolan. c. 280. Cout. d'Auvergne art. 25. 31. de Bourbonnois ch. 25. art. 305. *Lauriere* sur les ordonnances Vol. I. p. 219. Ius Consuet. Regni Hung. P. 3. tit. 29. Const. Regni Polon. Casim. I. de 1423. L. 2. c 6. Ius terr. Nobil. Pruss. tit. 1. §. 4. 5. in gegenwärtigem Urkundenb. n. 15. Ant. Consuet. Ducat. Burgund. art. 24. 25. 97. Anc. Cout. de Bourgogne tit. 20. art. 235. 236. 237. 239. Anc. Cout. de Dijon art. 48. et chez *Perard* p. 357. Cout de Berry ch. 75. Charta de 1251. Tract. Matr. inter Ed. I. R. Angl. et Henr. Nav. R. de 1273. test. Diemut. Loblin de 1341. Lex Longob. Luitprandi R. L. I. c. 28. L. 3. Constit. Sic. Imp. Frid. tit. 24. §. 2. in meinem Urkundb. zum Versuche einer Erbfolgsgesch. Th. I. n. 32.

der Seitenverwandten in Teutschland. 87

rathsam, sie zu erhöhen, wenn auch schon das Geschlecht an Besizungen zugenommen hatte. Die Töchter glaubten sich daher an ihrem Erbrecht gekränkt, und verlangten unter Einwerfung des Vorempfangs zur gleichen Erbtheilung anstehen zu dürfen. *k)* Der daraus entstandenen Unordnung mußte man für die Zukunft wiederum durch die eingeführten Verzichte, die jezo die Frauenzimmer nach der empfangenen Heimsteuer leisten mußten, vorzubeugen. Weil aber diese keine Proportion zum Erbtheil mehr hatten, so verwahrte man ihr weiteres Erbfolgsrecht durch den bekannten Vorbehalt, der nun jeder Verzichtsleistung angehängt wurde. *l)*

k) Versuch einer Geschichte der t. Erbf. Band I. S. 213. Stat. Mediolan. c. 286. Cout. d'Auvergne art. 25. 26. Ius terr. Nob. Pruss. tit. 1. §. 4. 5. 6. Lehenurthel bey Saur Bl. 288. Herzogs Notariatsunterrichtung S. 328. im Urkundb. n. 16.

l) Pacta dot. inter Casim. R. Pol. et Elisab. fil. Alberti II. Imp. de 1453. Renonciation d'Isabeau de Lorraine de 1385. Compositio inter Eberh. Com. de Wirtemberg et Hess. March. Bad. de 1297. Dipl. de 1287. Verzicht von Beatrix Burggräfin von Nürnberg von 1374. Desgl. der Schwester Margaretha von 1383. Ehestiftung zwischen Graf Bothen von Stollberg und Annen von Königstein von 1499. Cout. d'Auvergne art. 27. Herzogs Notariatsunterrichtung S. 331. 335. Dipl. de 1399. ap. *Guden.* p. 1205. de 1414. ibid. p. 1255. Divis. Comit. Sponhem. de 1264. Litt. revers. Engelb. Com. Sayn. de 1294. Sain. Theilbrief von 1437. Otto Grafen zu Rittberg Eheberedung von 1515. Eheberedung Graf Gerhards von Sain von 1461. Eheberedung von 1551. Sentence arbitrale du Roy de France de 1440. Verzicht Graf Heinrichs von Mömpelgard von 1473. Baier. Theilbrief von 1349. Verzicht M. Ludwig des Römers von 1358. Dess. Urk. von 1411. Herzogs Notariatsunterrichtung S. 328. im Urkundenbuch n. 17.

§. 46.

Dieser Vorbehalt war wirklich eine Gattung des ausbedungenen Rückfallsrechts, wie es sowol Estor [m]) als die Autoren vom Regredienterbrecht richtig bemerken. Denn die Töchter haben sich nur der Ausübung ihres Miterbrechts entweder zum Vortheile ihrer Brüder, oder überhaupt des ganzen Mannsstamms begeben; ihr Erbrecht selbst aber sich auf den Abgang dieser begünstigten Personen feyerlich verwahrt. Dergleichen Töchter und ihre Nachkommen hatten mit dem Mannsstamme ein ursprünglichgleiches [n]) aber bis auf dessen Erlöschung aufgeschobenes Erbrecht, das alsdann wieder auflebte, und in seine Wirklichkeit übergieng. Sie leiteten ihr Erbrecht auf gleiche Art wie der Mannsstamm vom ersten Erwerber her. Denn sie hatten mit ihm gleichen Ursprung, und seit der Hauptrevolution im Mittelalter auch gleichen Grund; mithin gleiche Rechte. Nur blieb bey ihnen die Besiznehmung der anfallenden Erbsportion so lange aufgeschoben, bis keiner vom Mannsstamme mehr vorhanden war. Eine verziehene Tochter hatte jezt nicht ihrem Erbrechte, sondern nur ihrer Erbordnung entsagt, und sich den Eintrit und den Besiz des gebührenden Erbtheils aus-

---

m) Estors bürgerl. Rechtsgelehrtheit B. II. §. 3226-3229.

n) Diß beweisen nicht nur die viele Stellen im Urkundb. n. 13. 14. sondern auch Vertrag zwischen H. Albrecht von München und H. Ludwig von Landshuth 1450. Verzicht H. Ludwigs des Reichen von Landshuth 1450. Urk. H. Heinrichs von Landshuth von 1428. Obersteinische Nachrede von 1414. Urthelsbrief des Basler Hofgerichts von 1434. Baier. Theilbrief von 1353. Osnabrückische Zeugenaussagen von 1589. Heirathsbrief von 1509. Kammergerichtliche Urthel von 1494. Sent. Parl. Par. in causa Flandrensi de 1322. Statuten Herzog Wilhelms von Jülich 1555. Bl. 92. Saynl. Theilbrief von 1437. Hanns Bruswin von 1428. im Urkundb. n. 18.

drücklich oder stillschweigend vorbehalten, und wenn sie den Fall nicht erlebte, auf ihre Nachkommenschaft und denjenigen Zeitpunkt versendet, worinn der Mannsstamm mit seiner Descendenz aufhören, und also die Ursache ihrer Zurückstehung nicht mehr vorhanden seyn würde. Nunmehr, und wenn zugleich keine Erbtochter da war, so trat alles wieder in den Stand zurück, in welchem es bey dem Tode eines jeden Erblassers sich befunden hatte. Hierinn ruht der Grund, warum der Mannsstamm, der die Erbtheile der Verzichtstöchter einsweilen in Besiz bekam, und bis zu seiner Erlöschung innbehielt, dieselbe weder veräußern, noch verpfänden, noch darüber durch Testamente gebahren konnte. Ein jeder Besizer mußte diese Erbstücke, wie Stammgüter und Mannlehne auf seine Söhne, und überhaupt von Mannserben zu Mannserben forterben, und unversehrt überbringen. Denn wenn irgend ein Agnate damit willführlich schalten könnte, so möchte es leicht geschehen, daß der nächsten Verwandtin vom lezten männlichen Erblasser nichts mehr zu erben bevorbliebe, und sie von ihrem väterlichen Erbe ausgeschlossen wäre. *)

§. 47.

Es ist sich auch aus der alten Rechtsgelehrsamkeit der große Unterscheid zwischen Erbschaft und ledigen Anfall zu merken. Erstere, die Hereditas, heritage heist, war der ordentliche Erbgang zu der niedersteigenden Linie. Leztere aber, oder die sogenannte Escaeta, Echoite, Ganerbe, Gangarff, Anfall, Angevelle, diejenige Erbschaft, die nach Endigung der Linie wieder zurücktrat, und entweder der aufsteigenden oder Seitenlinie anfiel. Man

---

*) Des Regierungsraths Harpprechts zu Stuttgart Vorlegung der Regrebienterbrechte des Hauses Wirtemberg an einige Theile der baierischen Allodialverlassenschaft. Stuttgart 1779. S. 21.

hatte die Rechtsregel, die Erbschaft steigt niederwärts und nicht aufwärts. Wer sich der Erbschaft verziehen hatte, dem blieb noch der ledige Anfall, und ein Verzicht, der nicht auf den ganzen Mannsstamm gerichtet war, gieng nicht gerade zu auf diesen,*p*) sondern er mußte, wenn ihm ebenfalls entsagt werden sollte, ausdrücklich mitbenannt werden. Der Anfall war wiederum von verschiedener Art. Er konnte sich unter den Agnaten selbst ereignen, wenn eine Linie ausgieng und das Gut an die Seitenlinie fiel. Diesem mußten die Töchter nach den errichteten Primogenituren, Maioraten und Ganerbschaften entsagen. Dahingegen sogar in der neuesten Epoche niemals jenem, der sich nach Erlöschung des ganzen Mannsstamms ergab, sondern den behält man sich entweder ausdrücklich vor, oder die Rechte vermuthen seinen Vorbehalt. *q*) Bey den Untersuchungen über das Alter der Verzichtsleistungen fanden sich die ersten Verzichte vom XIII. Jahrhunderte. Diß veranlaßte die Gelehrten zu behaupten, sie müßten bloß als ein Verwahrungsmittel gegen die Zudränglichkeit des römischen Rechts gebraucht worden seyn. *r*) Allein eine genauere Einsicht in die Rechtsverfassung dieses Zeitalters belehrt uns, daß damals das römische Recht kaum dem Namen nach bekannt gewesen, und man sich zu Bezeichnung teutscher Rechtssäze bloß römischer Benennungen bediente; bey den Gerichtsbän-

p) Verzicht Graf Heinrichs von Mömpelgard von 1473. Landrecht im bremischen Amt Hagen von 1581. Ius terr. Nob. Pruss. tit. 1. § 6. Constit. Casim. I. R. Polon. de 1423. L. 2, c. 6. Cout. d'Auvergne art. 33. Herzogs Notariatsunterrichtung S. 316. 325. Estors bürgerl. Rechtsgelehrtheit B. 3. §. 3175. im Urkundb. n. 19.

q) ~~Samson~~ Herzogs Notariatsunterrichtung von Testamenten und lezten Willen. Strasburg 1597. tit. 13. n. 25. S. 328.

r) Fried. Iac. Dietr. de Bostell Diss. de origine renunciationum filiarum ill. Goett. 1766.

der Seitenverwandten in Teutschland.

ten selbst aber bloß teutsches Recht beobachtete, *) folglich können sie nicht wol aus der Anwendung des römischen Rechts entstanden seyn; zumal sie mit lauter uralten und Aechten germanischen Gebräuchen vergesellschaftet gewesen sind. *) Vielmehr zeigt uns die Geschichte, daß aus dem sich in den zwei vorhergehenden Jahrhunderten festgesezten Erbrechte der Schwestern neben den Brüdern sehr große Zertrümmerungen der alten Stammherrschaften entstanden sind, *) benen man durch die eingeführte Fräuleinverzichte Einhalt thun mußte.

§. 48.

Alle diese Säze, die ich seither von der Regredienterbschaft vorgetragen habe, und die sowol mit den Grundsäzen der bewährtesten Rechtslehrer als mit den Urkunden übereinstimmen, lassen sich vorzüglich aus dem samteigenthümlichen Systeme beleuchten, indem sie eben so natürlich aus dem Verhältnisse des nähern zum entfernten Samteigenthumsrechte fließen, wie das Fallrecht selbst, dessen Zweig sie ohnehin nach Estors Lehre sind. Durch den Verzicht treten die Töchter aus dem engern Samteigenthume, worinn sie mit ihren Vätern und Brüdern gestanden haben, in die entferntere Gattung desselben zurück, worinn sie so lange bleiben müssen, so lange männliche und weibliche Abkömmlinge von denjenigen vorhanden sind, gegen welche er geleistet worden, wenn anders

---

*) Mein Entwurf einer Geschichte des teutschen Rechts. Absch. IV. §. 94. — 39.

*) Mein Versuch über die Geschichte der teutschen Erbfolge. Band II n. 26. S. 94. u. ff.

*) Die Beyspiele trift man bey Reinhart in der Abhandl. von dem Erbfolgsrechte der Töchter L. II, S. 38. u. ff. bey Henkeltbey im II. III. IV. Sendschreiben von den Rechten der Todttheilung in Absicht des Herzogthums Niederbaiern. 1779.

diese wiederum das engere und nähere Samteigenthum unter sich bewahrt haben. Sind aber diese alle abgegangen, so wacht das nähere Samteigenthumsrecht jener wieder auf, und sie treten eben so wie in der agnatischen Stammfolge die abgetheilte Vettern aus dem entferntern in das engere Samteigenthum zusammen, und nehmen die erledigte Stamm- und Fideikommißgüter in Besiz. Man sehe da! wie genau meine Anwendung der samteigenthümlichen Grundsäze überall anpaßt. Aus eben dem Verhältnisse des nähern zum entferntern Samteigenthume ist es zu erklären, warum ohngeachtet der Verzicht bloß auf den Mannsstamm gerichtet wird, dennoch die Erbtochter des lezten Agnaten die Verzichtstöchter ausschliesset. *) Es kömmt nemlich die Erbschaft nicht eher an die entferntern sammteigenthümlichen Erben, bis keine mehr aus dem nähern Samteigenthume vorhanden sind. Nun gehört die Tochter des lezten Besizers, wenn sie noch keinen Verzicht geleistet hat, zu Jenen, sie geht also den Regredienterbinnen, als von der andern Gattung vor. Wenn sie aber ebenfalls Verzicht geleistet hätte, so würde sie doch auch da noch aus Gründen der fallrechtlichen Erbordnung als nähere Anverwandtin vor den Entferntern den Vorzug haben, wovon §. 38. bereits gesprochen worden.

Zweyter Absaz.
Nähere Entwicklung des Ursprungs des Fallrechts.

§. 49.

Aber wieder von dieser Abschweifung, die uns jedoch von der ersten Veranlassung des Fallrechts unterrich-

---

*) *Henr. Breul* De renunciandi recepto more modoque quem Germaniac principum, comitum Baronum, nobiliumque filiae — obseruare solent. Argent 1701. Cauſ. l. c. 3. p. 466.

der Seitenverwandten in Teutschland.

tet hat, zurück zu kommen, so finde ich schon Spuren desselben nicht nur bey den Bukaren, *a)* Israeliten, *b)* Indianern *c)* und den Negern auf der Goldküste, *d)* bey welchen es durch die Phönizier *e)* scheint eingeführt worden zu seyn, sondern es däucht mir auch in unsern barbarischen Gesezbüchern *f)* und in den ältesten Formeln *g)* vorzukommen. Hier aber scheint es von anderer Entstehung zu seyn, da der Rückfall bloß bey ehlichen Uebergaben vorbehalten wurde. Sonst zeigt sich das Fallrecht in den alten Normannischen Gesezen, *h)* die zuerst das Primogeniturrecht einführten, und weil die Britten diese Geseze unter Wilhelm dem Eroberer größtentheils angenom-

a) Dict. de Voy. T. II. p. 117. Mais si dans cette intervalle la femme meurt sans enfans de son mari, tout ce qu'elle a reçu de meure à ses parens, à moins qu' après l'année du deuil, ils n'ayent la generosité d'en rendre la moitié.

b) Iac. Perizon. Diss. I. de ducenda defuncti fratris vxore pag. 37.

c) A. Code of Gentoo Laws or ordinations of the Pundits from a Persian Translation made from the original written in the Shanscrit Langango. London. 1777. pag. 28. 38.

d) Dictionnaire de Voyage Tome IV. page 38. Selbst die Kinder sind da von der Erbfolge durch die beiderseitigen Anverwandten ausgeschlossen. Der Mann muß nach dem Tode seiner Frau ihr Vermögen gleich ihren Brüdern oder Vettern zu stellen. Bloß zu Afra empfängt der Sohn des Vaters Schild und Säbel. *Démeunier* Esprit des usages et Cout. des peuples. Tome III. page 8. 9.

e) *Hert.* in paroem. Iur. german. Par. 83. §. 4. Vol. II. Opusc. T. II. pag. 353.

f) Leges Wisigoth. L. IV. tit. 2. §. 5. Lex Burgund. tit. 14. Luitprandi R. Longob. L. 6. c. 77.

g) *Marculfi* form. L. 1. n. 12. L. 2. n. 7.

h) Cod. Legum Normann. P. I. c. 26. §. 19. 20. 24. 25

men haben, so trift man es auch beym Lowell *i)* an. Sein heutiges System aber entwickelt Wilhelm Blackstone. *k)* Von Frankreich zeugen nicht nur sein ältestes allgemeines Rechtsbuch *l)* und die Etablissements vom H. Ludwig, *m)* sondern auch seine meisten einzelen sowol alten *n)* als neuen Rechtsgewohnheiten und eine Anzahl Rechtssprüche. *o)* Man findet es überdem in Schweden, *p)* im jütischen Lowbuch *q)* im Landrechte des Adels von Westpreußen, *r)* und in den meisten niederländischen Statuten. *s)* Seine Allgemeinheit in Teutschland beweist das Kaiserrecht, *t)* das Schwäbische Landrecht *u)* und eine Menge alter und neuer Statuten, die ich theils hier, theils weiter unten hin und wieder anführen werde. *x)* Sachsen allein bleibt ausgenommen, worinn es eben so

i) Inftit. I. Angl. L. 3. tit. 2. §. 5.

k) Commentaries on the Laws of England. B. II. ch. 14. n. 5 p. 228.

l) Feuillet 55.

m) Ch. 135.

n) Anc. Cout. de Bourgogne art. 227. 228. 229. 230. 231. de Normandie art. 245. Cout. de Bourge art. 2. &c. &c.

o) Sind in großer Anzahl angezeigt im Origine de la representation infinie p. 1. 2. 3. Siehe noch *Eguin. Baro* Comment. Inftitut. tit. de haeredit. ab int. pag. 306. *Tiraquell.* de vtroque retr. Vol. IV. opp. p. 264.

p) Leges fuec. prov. Tit. 3. c. 7.

q) B. I. c. 6. *Bluting* Comment. Iur. Iut. c. 6.

r) Ius terreftre Nobilit. Pruffiae Tit. I. §. 14. seqq. Dieses Buch ist mir aus der zahlreichen Bibliothek des gelehrten D. Oelrichs in Berlin mitgetheilt worden.

s) Außer benen, die ich, wie sämmtlich ebengedachte Stellen im Urkundenb. n. 4. angeführt habe. *Simon van Leeuwen* Cenfura for. theor. pract. P. I. l. 3. c. 16.

t) Th. II. c. 95.

u) C. 414. Ed. *Senck.*

x) Siehe die angef. n. 4. des Urkundenb.

der Seitenverwandten in Teutschland.

selten, y) wie das Verfangenschaftsrecht ist. Man kan auch besonders bey der alten Zeit alle die Gesezbücher herzehlen, die bloß vom Verfangenschaftsrecht handeln; denn es scheint eine sichere Regel zu seyn, wo Verfangenschaft existirte, da mußte auch Fallrecht seyn. Nicht bloß bey bürgerlichen Personen und bey dem Bauernstande war diese Erbfolgsgattung üblich, sondern auch beym Adel. z) Ich habe darüber im Urkundenbuch etliche Beweise zusammengestellt, nnd weiter oben Gelegenheit gehabt, sowol die Verwandtschaft der fallrechtlichen Erbordnung mit der Stammfolge zu zeigen, als auch diese aus jener zu erläutern.

§. 50.

In meinem Versuche einer Geschichte der teutschen Erbfolge ist der Fall beleuchtet, wenn Kinder, die im Besize verfangener Güter sind, und sämmtlich bey der Lebenszeit eines ihrer Eltern absterben, wie es mit diesen Gütern gehalten werde, und aus dem Verfangenschaftsrechte gezeigt, daß dann dergleichen Güter von dem überlebenden Gatten vollständig geerbt würden. Weil nun dadurch die Erbgüter von dem Geschlechte abkommen, und an fremde Familien gelangen konnten, a) so ward

y) *Gebaueri* annotat. ad *Huberi* Praelect. Tom. I. p. 297.
z) Traité du chancelier de Bourgogne sur les differends entre les Maison de France et d'Autriche § 29. Pacta dot. Henr. de Hattstein. Dipl. de 1403, Dominicy de praerogat. allod. c. 10. §. 3. Eheberedung zwischen Freyherrn Georg. Wilh. v. St. und Margaretha v. B. 1600. Charta Phil. franc. R. de 1255. Heirathsbrief aus einem Formular von 1488. Bl. 20. im Urkundenbuch n. 5.
a) *d'Argentré* ad *Consuet.* Briton. art. 456. col. 1565. Hoc modo fit vt coniuncti per lineam maternam in totum sint respectu quidem hereditatum extranei paternis, ita vt nulla paterna hereditas migrare vllo modo in cognationem maternam queat, etiamsi omnis a paterna linea ad vnum peruenit. *Ren. Choppin. L. II.*

von Herzog Albrecht III. von Oesterreich 1381. mit dem Stadtrath zu Wien *) die Verordnung gemacht, daß auf diesen Fall jedesmal die Erbgüter, die in der ersten Ehe vorhanden gewesen, an die Anverwandtschaft der Kinder erster Ehe zurückfallen sollten. „vnd ist da, heist es dabey, „mit dem ganzen Rat überain worden, wie „fürbaß in der Stat zu Wienn alle Erbgüeter erben sol„len, das die bey den rechten Erben bleiben, wann an „denselben Stück das Erbrecht haiset, ist etwoviel Zeit „von Unbesichtigkeit wegen hie zu Wienn Unordnung ge„halten den Rechten widerwertig, davon die rechten Er„ben enterbt seyn worden, vnd die Güeter gefallen sind „unrechtlich zu Frömbder Lewt Hannden, die der nicht „Erben weren. Also das der rgenant unser Herr, Her„zog Albrecht und der ganze Rat gesezet habend unwider„ruflich zu einem ewigen Rechten, daß alle Erbguetter, „die ein Mensch, es sey Mann oder Fraw, anerstorben „sind, von Enen oder von Anen, oder von Vater oder „von Mueter, erben sollen auf das Geschlächt, des Stam„men, von dem die Güter herkhomen sind, in solche „Weise." Man sieht daraus ganz deutlich, wie eines theils der Grund des Fallrechts die Erhaltung der Güter bey dem Geschlechte gewesen, und andern theils diese Verordnung kein neueingeführtes Recht, sondern nur eine Erneuerung der alten gewesen, wodurch man der wegen der jezo neben dem Mannsstamm gestatteten Erbfolge der Töchter zu besorgenden Entfremdung der Alloden vorbeugen, und die Ueberbleibsel der alten samteigenthümlichen Verfassung noch im einiger Maße bewahren wollte.

tit. 5. *de Civ. Parif. mor. p.* 312. Tale scilicet Edictum paterna modo filii bona matri haeredi abnuit in Patria Iuris. ne repetito ab ea connubio, vt plurimum, gentilitia familiae latifundia prioris coniugis in alienas externasque transmitterentur.

*) Urkundenbuch zu meinem Versuche einer Erbfolgegesch. n. 29.

der Seitenverwandten in Teutschland.

Zehnter Abschnitt.
Schicksale des Fallrechts in den Händen der Glossatoren und Practiker.

§. 51.

Das Fallrecht ist gleich anfangs von den Glossatoren und besonders vom Accursio wahrgenommen worden.*) Einer ihrer ehrwürdigsten Glieder Bartoli von Saxofarrato sezte bey Erklärung der Authentika itaque C. Commun. de Succeſſ. die Regel fest, daß bey der Theilung solcher Erbschaften, die entweder zurück an die Vorfahren oder an die Seitenverwandten fielen, die Güter nach ihrem Ursprunge abgesondert werden, und die vom Väter oder auf seiner Seite hergekommene dahin zurückgehen, die von der Mutter oder ihrer Anverwandtschaft empfangene Güter aber ebenfalls dahin zurückkehren müßten. Er berufte sich auf L. 3. §. Sin autem C. de bonis, quae liber. und hatte, wie leicht zu erachten, hierinn einen Theil seiner Jünger warunter Corneus*) und Jason c) zu Nachfolgern. Ein teutscher Rechtsgelehrter Ambrosius Schürer d) führte diese Lehrsäze in Teutschland ein, wo sie durch den Beytritt Benedikt Carpzovs, e) Modestini, Pistors f) und Matthias Berlichs g) bald ein großes Gewicht bekamen. Allein gleich der Jünger des

---

a) Sur l'origine de la règle cout. repreſ, à lieu à l'infinie p. 10.

b) Consult. 266.

c) ad L. post dot. D. sol. matr. n. 110. fol. 50.

d) de heredit. quae ab int. Tit. X. ampl. I. p. 155.

e) Part. III. Const. 14. d. 1.

f) Conſ. 31. Qu. 3. n. 38.

g) P. III. concl. 29. n. 4.

Bartoli, Baldo von Ubaldis [h] und andere gleichzeitige Juristen, Raimond, Saliceto, Raphael Fulgosio verwarfen diesen Lehrsaz, und behaupteten, das Rückfallsrecht wäre nicht im Römischen Rechte gegründet. Auch dieser Meynung verschafte Nikolaus Everhard [i] Anhänger in Teutschland, und da ihr nachher Samuel Stryk, [k] der aber doch die Anwendung bey der aufsteigenden Erbfolge und bey Gütern verwarf, die von der Seitenlinie angefallen waren, beytrat, so gewann sie sehr starkes Ansehen. Endlich vertheidigte wiederum die Meinung des Bartoli der gelehrte Italiener Antonin Tessauro [l] der er noch verschiedene Gründe aus der natürlichen Billigkeit beyfügte, und bekam an Joachim Scheplizen [m] einen bedeutenden Anhänger. Die Juristenfacultät zu Altorf, [n] die ihm ebenfalls beypflichtete, berufte sich nicht allein auf römische Texte, sondern auch auf das allgemeine europäische Privatrecht.

§. 52.

So viel Vortheil das Rückfallsrecht auf der einen Seite von dem geglaubten Ursprunge der Materie aus dem römischen Rechte hatte, weil dasselbe deswegen weniger verdrungen, und sogar an einigen Orten, wo man wie in der Mark Brandenburg alles teutsche Successions-

h) ad Avth. Defuncto. C. ad SC. Tertull.

i) Confult. Tom. I. Conf. 60.

k) de Succeff. ab Inteft. Francof. 1733. Diff. III. c. 1. §. 22. feqq. p. 204.

l) in Decifion. duor. praeftant. ICtorum. Hamburgi 1608. Vol. 1. Decif. 17. pag. 72.

m) Confuet. Elector. et Marchion. Brandenburg. Lipf. 1616. P. III. Tit. 3. §. 9. feqq. pag. 212.

n) Conr. Rittershusii Confilia fiue Refponfa Iuris Altorfina ex edit. *Leuchsii.* Norib. 1702. Resp. VIII. n. 8. pag. 22.

recht abschafte, °) neuerdings einführte, so vielen Nachtheil erhielt es auf der andern Seite durch die dabey geschehene Verwechslung der Prinzipien, wodurch ihm in vielen einzelen Erbfällen wegen entgegenstehender römischer Rechtsprinzipien die Anwendung versagt wurde. Wenn z. B. in der aufsteigenden Linie der Vater mütterlicher Seits mit dem Großvater väterlicher Seits und wechselseitig zusammen kämen; so glaubte man, dieser müßte jenen wegen der Nähe des Grads ausschließen. Eben so wollte man das Fallrecht bey der Concurrenz der aufsteigenden und Seitenlinie nicht zulassen. Ueberhaupt gestattete man seine Anwendung nur bey denen von den Eltern unmittelbar hergekommenen Gütern, und nicht bey den andern, die von der Anverwandtschaft ererbt waren. Hernach beobachtete man es nicht weiter als bey Geschwistern und ihren Kindern, wenn sie mit ihren Oheimen und Muhmen von einem Bande zusammen kamen, und nicht bey entferntern Verwandten. Folglich richtete die römische Ableitung des Fallrechts mehr Unheil an, als daß sie Nuzen schafte. Minder schädlich war die entgegenstehende Meinung des Baldo, der die Existenz des Rechts selbst nicht läugnete, sondern nur seinem behaupteten Ursprunge aus dem Justinianischen Gesezbuche widersprach). Freylich nahmen seine Nachfolger daher Gelegenheit, dasselbe an verschiedenen Orten abzuschaffen, und andere Juristen machten eine sonderbare Mixtur aus den Bartolischen und Baldischen Meinungen, und suchten beide zugleich in Anwendung zu bringen. Das ächte, germanische Recht siegte zulezt wiederum, nachdem die Naturrechtslehrer Hugo van Groot p) und Samuel von Pufendorf q) seine natürliche Billigkeit gezeigt, und schon

---

o) *Scheplitz* cit. l. pag. 212. n. 8. 9.

p) de iure belli ac pacis L. 2. c. 7. §. 9. pag. 165.

q) De Iure Naturae et Gent. L. IV. c. 11. §. 17.

vor ihnen Bertrand d'Argentre r) und Nikolaus Burgund s) die heterogene Vermischung der einheimischen Prinzipien mit den Fremden aufgedeckt, und auf der einen Seite das ganz eigene System und die ganz abweichende Prinzipien des römischen Rechts, auf der andern aber den ebenfalls ganz eigenthümlichen Geist der teutschen Gesetzgebung in der Materie aufgeklärt hatten.

r) Commentarii in patr. Briton. Leges seu Consuet. gener. Ducatus Britanniae. Parif. 1601. art. 456. col. 1565.

s) *Nicol. Burgund. ad Consuet. Flandr. tr. 13. n. 22. p. 279.* Nobis autem aliae funt caufae, alia principia fucceffionis, fecundum regulam paterna paternis, materna maternis; quae fola perfe hereditatem dirigit atque format. — — Iam vero quicquid fit, ipfius nobilitatis nerui funt feuda, a quibus et illuftres familiae nomen et fplendorem accipiunt, ac fubinde proximam regibus imaginem reprefentant. Neque enim Ducatus, Comitatus ceteraue honoris infignia — reperiri haud poffunt, quae non fint cum bonis coniuncta, ideoque nil magis commendatum eft legibus noftris, quam ne ftirpem deferant, aut in alienas migrent familias. Hinc et orta retractus iura, et illa, quam diximus regula: paterna paternis, materna maternis; quae fane eam habet fignificationem, vt non folum id, quod emanauit a paterna linea, eodem deferatur; fed et partem mobilium et acquifitorum. Ideoque in omni fucceffione praeter legitimum gradum, etiam concurrentia ftipitis exigitur, proximusque ille habetur, quem in eadem linea nemo antecedit, confequenter quot funt lineae (Scil. vel paternae vel maternae et fic porro) totidem quoque ab initio, atque adeo ipfo iure erunt portiones, et quafi aliae atque aliae hereditates.

Viertes Hauptstück.

Römisches Recht.

§. 53.

Es ist ein Hauptgrundsatz des neuern römischen Rechts, daß die Güter, sobald sie von den Eltern auf die Kinder vererben, ihre ursprüngliche Beschaffenheit verlieren, und eine einige Erbschaft ausmachen, ohne Rücksicht auf die Quelle, woher sie geflossen sind; sie mögen allein von des Vaters oder von der Mutter Seite hergerühret haben. Der Römer sagt: Vnius hominis vnicum est patrimonium, et illi succeditur eodem jure. [a] In einer jeden Erbschaft succedirt immer der Nächste, er mag allein von der väterlichen oder allein von der mütterlichen Seite verwandt seyn. Ist Einer von dieser Seite näher, als Einer von jener, so geht er diesem vor, und es bedarf keiner Absonderung der Güter. [b] Die Grundlage aller römischen Succession ist das Geblütsrecht und der vom Gesetzgeber vermuthete Wille des Erblassers, demjenigen sein Vermögen zu überlassen, den er in seinem Leben am meisten geliebt habe. [c] Diesen Prinzipien ist gerade zu der Geist des teutschen Fallrechts entgegengesetzt, der dahin abzweckt, die Güter, die einmal bey einem Stamme gewesen, bey demselben beständig zu erhalten. Er sieht also nur darauf, wer vermög der Stammfolge ein Recht zu dem verlassenen Gute hat, und zieht sehr oft den um einen Grad entferntern Verwandten, der aber auf

---

[a] L. 10. §. 2. de vulg. et pupill. Substit. *Nic. Burgund.* cit. l. p. 279. *d'Argentré* cit. l. col. 1565.

[b] *Franc. Broei* Exposit. Institut. Justin. Luter. Paris. 1622. L. III. tit. I. pag. 503. seqq.

[c] *Vlrici Huberi* praelect. Iur. Civ. Lips. 1725. Tom. I. L. 3. tit. 1. §. 13. p. 297.

der Seite sich befindet, woher die Güter gekommen sind, dem auf der andern Seite befindlichen nähern Anverwandten vor. Justinian, dem es sehr oft begegnete, daß er bey seinen Folgerungssäzen sich der allgemein aufgestellten Prinzipien nicht mehr erinnerte, schien bey der Erbfolge zweierlei Geschwister aus gewissen Billigkeitsgründen, die aber mit dem Systeme des römischen Rechts sehr wenig harmoniren, sondern nur den Prinzipien des allgemeinen Rechts angemessen sind, eine Absonderung des väterlichen und mütterlichen Vermögens anzuerkennen, die er jedoch durch die Novelle 118. wieder aufhob, wo er ausdrücklich alle ältere Geseze vernichtete, die diesem entgegenstünden. Samuel Stryk *)* behauptet zwar, eine allgemeine Abänderung der Geseze beziehe sich nicht auf den besondern Fall, der in gewissen Gesezen genau ausgedruckt ist, und L. 13. C. de legit. haered. (wo §. 2. wirklich große Aehnlichkeit mit einer gewissen fallrechtlichen Materie hat) wäre durch Nov. 84. c. 2. bestättigt worden. Allein diese Bestättigung ist ebenfalls nur im allgemeinen abgefaßt, und dann muß eine neuere Novelle die Aeltere abrogiren. Ferner heißt es in obiger Nov. 118. daß durch sie insbesondere dasjenige aufgehoben seyn solle, wodurch zwischen den Anverwandten männlicher und weiblicher Seits eine Verschiedenheit eingeführt worden seye: (per quae differentia inter cognatos ex masculis et feminis introducta fuerit) Es wird also damit gerade auf den Fall gezielt, wo zweierlei Geschwister mit einander konkurriren, und kraft der ältern Verordnungen die Vaterhalb rechte Geschwister die väterliche, die Mutterhalb rechte Geschwister aber die mütterliche Güter für sich nehmen.

---

d) *Huberi* Praelect. Tom. I. pag. 297.

e) De succeff. ab intest. Diff. 3. c. I. §. 24.

§. 54.

In dem Theodosiussischen Geseʒbuche trift man eine gewissere Unterscheidung zwischen dem väterlichen und mütterlichen Gute an, und es wird verordnet, daß nach getrennter Ehe der Vater seines Kindes Gut, das demselben von der Mutter oder von ihrer Seite her nach dem 6. Jahr seines Alters angestorben, erben, wenn es aber binnen dieser Zeit verstorben wäre, nur die Nuznießung davon bekommen, das Eigenthum aber des Kinds mütterlichen Anverwandten zufallen sollte. f) Ebendasselbe wird auch bey der Mutter, wenn sie die überlebende Person ist, in Ansehung des väterlichen Guts ihres Kinds verordnet, wenn ich anders L. 8. Cod. Theodos. de legit. heredit. recht verstehe. Diese römische Erbsazungen haben aber nur eine ganz entfernte Aehnlichkeit mit unserm teutschen Rechte, weil ihr das Grundprinzipium unsers Rückfallsrecht abgeht, vermög dessen beständig derjenige zu erben hat, der von dem ersten Erwerber abstammt, welches bey jedem Erbfalle, er mag sich in der aufsteigenden oder Seitenlinie eräugnen, gelten muß. Dahingegen ist nach der Theodosiussischen Verordnung eine dergleichen Erbsonderung bloß für den ersten aufsteigenden Grad, wenn die Eltern ihre Kinder erben wollen, angenommen.

§. 55.

Mehrere Spuren von der Sache werden in der ältesten römischen Successionsordnung, so lange noch die Geseze der XII. Tafeln unverändert beobachtet wurden, und einige Zeit nachher angetroffen. Des Manns Vermögen erbte, wenn keine Kinder und keine Frau, die gleich den Töchtern im Samtbesize des Guts blieb, vorhanden wa-

---

f) L. 5. Cod. Theodos. de matern. bon. Vergl. *Iacob. Gothofredus* in Comment. Tom. II. pag. 651, 658. Edit. *Marvill.*

ren, der nächste Agnate, und wenn keiner existirte, oder wenn er die Erbschaft nicht antreten wollte, der Stammvetter (Gentilis) ebenfalls nach der Nähe des Grads. Folglich blieb das Erbe beständig auf der väterlichen Seite, und die mütterliche Anverwandtschaft konnte nicht zugleich anstehen, wenn sie auch gleich näher war. Hier zeigt sich also bloß die eine Helfte der fallrechtlichen Regel, als paterna paternis; so wie sie auch nur soweit in der alten teutschen Rechtsgelehrsamkeit statt hatte, ehe die Weiber zum gleichen Successionsrechte gelangt waren. Ob sie nun auch auf der andern Seite anschlage, diß ist nicht so geradezu zu behaupten. Denn in der Vorzeit waren bey den Römern die Töchter ebenfalls von dem vollständigen Erbrechte ausgeschlossen, und sie hatten so lange sie unverheirathet blieben, daß bloße Mitnießungsrecht, *g*) wofür man sie bey der Verheirathung durch den mitgegebenen Brautschaz befriedigte, und sie auf diese Art von der Erbschaft abfertigte. *h*) Ganz auf eben die Weise, wie es in dem alten Teutschland üblich war, dessen ältere Staats- und Rechtsverfassung ohnehin mit der ältesten Römischen meist übereinkömmt. Durch das Ehekaufsgepränge kam die Römerin unter die Ge-

g) Nemlich sie succedirten mit den Brüdern, konnten ihren Erbtheil aber vom übrigen Vermögen nicht absondern, denn sonst wäre der Endzweck der römischen Gesezgebung, die Güter bey dem Geschlechte zu erhalten, nicht erreicht worden. Perizon. Diss. de lege Voconia, Feminarumque apud Vet. hereditatib. Daventriae 1679. pag. 135. Broeus Expofit. Inftitut. L. III. tit. 1. pag. 520. 521. Quirin. Gottl. Schacher Specimen Hiftor. Iur. Civ. viciffitudines Succeff. ab int. apud Rom. pag. 21. 22.

h) Diß ist der ächte Ursprung des römischen Dotis, und die Ursache, warum er sich in den ältesten Zeiten verliert. Abrah. Wieling lectiones Iur. Civ. Amst. 1736. L. II. c. 23. pag. 202.

walt ihres Gemahls, und wurde in den Rechten als seine Tochter betrachtet, deren Vermögen folglich ihm als gemeinschaftlichem Hausvater gleichfalls zugehörte, und, wenn er ohne Leibserben starb, auf seinen Agnaten oder Stammsvetter gleich dem Uebrigen forterbte. Nachdem aber in der Folge der Römer, wie der Teutsche, eine Vorliebe für seine Töchter gewann, und ihnen durch Testamente einen Theil seines Vermögens verschafte, so wollte er doch damit seine Familie nicht zu sehr vernachtheilen, und behielt ihr deswegen das Rückfallrecht vor. *i)* Jezo gieng also das weibliche Vermögen auf ihre eigene Agnaten und Stammsvettern zurück, wie es vorher allein beym männlichen Geschlechte geschehen ist. Ja es konnten sogar die Kinder ihre Mutter nur durch eine agnatische Fiction erben. Mithin sieht man nunmehr auch den zweeten Saz der Fallrechtsregel in Uebung, als Materna Maternis, und die obige sowol Theodosiussische als Justinianische Geseze erhalten dadurch große Erläuterung. Das römische und teutsche Fallrecht haben einerlei Entstehung, weil bey beiderlei Erbrecht das Samteigenthum *k)* den Ursprung macht. Nur das Römische hat sich wegen den häufigen Revolutionen in seiner Rechtsverfassung und durch die Annehmung ganz heterogener Grundsäze früher als das Teutsche wieder verloren; und nur sehr wenige Ueberbleibsel hinterlassen. So lange das Samteigenthum unverändert bewahrt wurde, so lange konnte weder

---

i) *Collatio Legum Mosaicarum et Roman. tit. 16. ap. Schulting in Iurisprud. Antejustin. p. 793.* Quod ad feminas attinet, hoc iure aliud in ipsarum haereditatibus capiendis placet, aliud in ceterorum ab his capiendis: nam et feminarum hereditates proinde agnationis iure redeunt atque masculorum.

k) Das Römische Samteigenthum habe ich erwiesen im Versuch einer Geschichte der teutschen Erbfolge. B. I. S. 33. — 37.

in Rom noch in Teutschland ein Rückfallsrecht ausgeübt werden, so bald man aber von seinen Grundsäzen abgewichen war, und den Töchtern, die bey ihrer Verheirathung nicht allezeit in potestatem mariti übergiengen, einigen Antheil am väterlichen Vermögen eingeräumt hatte, so kam Rückfallsrecht auf. Denn jezo waren unter den Eheleuten zwo abgesonderte Vermögensmassen, die nicht mehr nach einem und ebendemselben Rechte sich erbschaftlich fortpflanzten. Hiermit wäre nun sowol Blackstone, 1) der im römischen Rechte gar keinen erblichen Rückfall finden konnte, als die übrigen Rechtsgelehrten besser unterrichtet, die nur hie und da einzele Spuren davon entdeckten, und niemals den wahren Ursprung der Sache kannten.

§. 56.

Ebendieselbe Spuren findet man auch bey dem Prätorischen Güterbesize, (Bonorum Possessio) welcher die Erbschaft derjenigen Personen bezeichnet, die durch die Geseze der XII. Tafeln nicht ausdrücklich zur Erbfolge gerufen waren, und doch nach der Billigkeit Erbansprüche zu machen hatten. Dergleichen die emancipirten Kinder, die Mutter ꝛc. Es gab zweierlei Güterbesiz, der Agnatische (Vnde legitimi) und der Cognatische (Vnde cognati) und eine dreyfache Ordnung, nach welcher succedirt wurde. Zuerst die Kinder und die, welche unter der väterlichen Gewalt waren; dann die Agnaten; und hernach die Cognaten. So lange noch jemand aus einer der vorgehenden Ordnungen vorhanden war, so lange konnte Niemand von der folgenden erbfolgen. Ebendaher gieng eine Person, die ein Recht an den agnatischen Güterbesiz hatte, allen Cognaten vor, wenn diese auch gleich sich in dem nähern Grad der Anverwandtschaft befanden. Die

---

1) Commentaries on Laws of Engl. B. II. p. 220.

doppelte Habilitirung als Agnate und Cognate zugleich, gab keinen Vorzug, und nüzte zu nichts. Denn man mußte sich punktlich entweder als Agnate oder als Cognate zum Güterbesize melden, welch lezteres doch nicht eher geschehen konnte, bis kein erbfähiger Agnate mehr vorhanden war. Befand man sich aber als Agnate außer dem vom Geseze zugestandenen Successionsgrade und stand daneben auch in Cognatischer Verbindung mit dem Erblasser, so konnte man noch den Cognatischen Güterbesiz erlangen. *m*) Wenn wir nun diese Prinzipien in ihrer praktischen Anwendung auf die Erbfälle selbst betrachten, so müssen wir viele Aehnlichkeit mit unserm Fallrechte wahrnehmen, indem hier ebenfalls das Vermögen beständig auf dem Stamme blieb, und zuweilen dahin auf gewisse Art zurückfiel.

m) Alle diese Prinzipien hat vortreflich auseinandergesezt *Iof. Averanius* in Interpretat. Iur. Lugd. Bat. 1736. L. I. c. 13. per tot.

Fünftes Hauptstück.
Heutiger Gebrauch des Fallrechts und verschiedene Gattungen.

§. 57.

Das Fallrecht findet sich heut zu Tage noch in den Niederlanden, wo es zuweilen die brabantische Erbfolge heist, *a)* zu Lüttich, Duisburg, Sangershausen, Weimar, Gotha, Kahle, *b)* ferner in Jülich, Bergen, Cleve, Grafschaft Mark, Ravensberg, *c)* Bremen, *d)* Preußen, Hessen, Ostfrießland, Schwarzburg, *e)* Henneberg *f)* und in Franken. *g)* Desgleichen zu Nürnberg *h)* und in den meisten Schwäbischen Reichsstädten, besonders zu Heilbronn. ꝛc.

Man könnte beynahe die Regel für untrüglich annehmen, daß es an all den Orten angetroffen wird, oder wenigstens Spuren davon anzutreffen sind, wo das Verfangenschaftsrecht üblich gewesen oder noch ist. Es läßt sich aber nicht wechselseitig schließen, wo Verfangenschaft ist, da muß auch Fallrecht seyn, und wo Fallrecht, da muß Verfangenschaft seyn. Denn das Erstere ist wol größtentheils richtig; aber das leztere nicht. Das Fallrecht

---

a) Estors bürgerl. Rechtsgelehrtheit Band II. §. 31 24. *Boehmeri* Consult. et Dec. T. II. P. II. Dec. 486. pag. 200.

b) Urkundenb. Th. n. 4.

c) Sorber Diss. de Iure reuolut. et recadentiae Marp. 1755. § 10. pag. 18.

d) Pufendorf Obs. Iur. vniv. Vol. 3. Obs. 7.

e) Urkundb. n. 4.

f) C. 7.

g) P. III. tit. 86. §. 5.

h) Tit. 35. §. 5.

ist unmittelbar aus der ältesten Condominialerbfolge hergekommen; hingegen die Verfangenschaft erst durch spätere Revolutionen erzeugt worden. Gleichwie nun theils durch die Unwissenheit der Zeit, da man den wahren Grund dieses Rechts nicht mehr kannte, theils durch die unächte Einmischung des römischen Rechts diese Erbgattung allerlei sonderbare Bestimmungen und Einschränkungen erhielt, so geschah es, daß sich davon in den Würtembergischen, Badenischen, Nassaukazelnbogenischen, Pfälzischen Landrechten nur noch geringe Spuren erhalten haben. *i)*

§. 58.

Aus dem Fallrechte ist auch die Erbgattung in Oberyssel *k)* und Antwerpen *l)* übrig geblieben, daß beym kinderlosen Absterben Eines der Ehegatten, dessen Vermögen in zwo gleiche Portionen abgetheilt wird, wovon die eine Helfte die mütterlichen und die Andere die väterlichen Anverwandten erben, wenn aber die eine Seite abgeht, so erbt die andere alles allein. Nach ächtem Fallrechte geschieht diese Abtheilung nur bey dem Gute, das von der Familie ererbt ist. Eine andere unächte Gattung findet sich zu Osnabrück, wo bey dem kinderlosen Absterben eines Ehegatten, ohngeachtet der errichteten vollständigen ehlichen Gemeinheit doch ein Drittel der ererbten Güter des Verstorbenen an seine Anverwandtschaft zurückfällt, und der Wiederkehr, Rückfall genennt wird. *m)* Das Heilbronnische Stadtrecht von 1541. Th. III. tit. 2. 3. verordnet, wenn zwey Eheleute nach Beschlagung der

---

i) Siehe l'origine de la Representation infinie. page 15.

k) Landrecht von Oberyssel. Deel II. tit. 6. art. 4.

l) Rechte ende Costuymen van Antwerpen tit. 47. art. 14. 15.

m) *Koch* de iure reuolut. pag. 3.

Decke doch vor Jahresfrist von einander abstürben, daß alsdann das Ueberlebende bloß an den Mobilien des Verstorbenen die Helfte eigenthümlich, und an der Helfte dessen Erbgüter die lebenslängliche Nuznieſſung haben sollte; die übrige Halbscheid an liegender und beweglicher Erbschaft aber wäre sogleich an dessen Anverwandtschaft mit Nuzen und Eigenthum verfallen, ausgenommen die Eheleute wären erst nach Verfluß eines Jahrs von einander abgestorben, da gelte hernach das gewöhnliche Fallrecht. Eine weitere Abweichung geschieht an den Orten, wo das Gut des verstorbenen Ehegatten seinen Anverwandten zufällt, und von dem Nächsten unter ihnen, ohne Rücksicht auf die Linie, von der es herkömmt, geerbt wird.

§. 59.

An sehr vielen Orten ist eine Vermischung mit dem Theilrecht und Fallrecht geschehen, indem die Einrichtung so getroffen worden, daß das ganze Vermögen des Verstorbenen in zween gleiche Theile geschieden wurde, wovon die eine Helfte der überlebende Gatte oder seine Erben, und die andere jenes seine Anverwandtschaft bekam.*) Es ist diß eine Wirkung der ehlichen Gütergemeinschaft, und fliest aus dem Theilrechte. Wir sehen den Ursprung genau aus den Niederländischen Rechten. Da war ehmals in einigen Gegenden das Friesische Schöffenrecht, das Verfangenschaft und Theilrecht zugleich enthält, und an andern Orten das Seeländische Aesdomsrecht, welches bloß das alte gemischte Theilrecht begreift. Diese beide ganz verschiedene Rechtsgattungen schmolzen die Generalstaaten 1580. zusammen, und bildeten daraus diese Erbart, wo man vom Theilrecht nur so weit abwich, als man bey der Kinderlos getrennten

---

*) Kehdinger Statuten tit. 16. in Helfelds Repertor. Iur. priv. p. 1461. Stadtrecht zu Stade Th. II. art. 2.

Ehe dem Ueberlebenden nicht nach den Regeln der vollständigen Gemeinheit das ganze Vermögen überließ, sondern die Anverwandtſchaft zugleich an die Stelle des Verſtorbenen rief, und ihr die Helfte davon, doch ohne Rückſicht auf den Urſprung der Güter einräumte.

§. 60.

Das Fallrecht wird nicht nur in ſtatutariſchen Rechten angetroffen, ſondern auch häufig in den Eheberedungen. *) Der geheimerath Koch in Gieſſen ᵖ) empfiehlt

o) J. H. *Boehmer* in Conſult. et Deciſ. Tom. II. P. II. Dec. 884. n. 24. p. 200.

p) Diſſ. de iure Reuolut. ſeu Recadentiae. Gieſſae 1772. worinn zugleich ein merkwürdiges Reſponſum über eine dergleichen Eheberedung enthalten. Das pag. 18. befindliche Bedenken der Juriſtenfacultät zu Tübingen von 1770. taugt aber gar nichts, weil ganz heterogene Prinzipien angewendet worden. Ein anderer ähnlicher Rechtsfall ſteht bey Eſtor De Iure Devolut. welches von Koch überſehen worden, und ebenfalls aus ſeinen Rechtsgründen zu verbeſſern iſt: Es rührt von dem alten Juriſten Seidel her dieſes Innhalts:

Als einsmals von wegen der rückfälligen Güter in einem ſolchen Fall Streit vorgefallen, daß nemlich ein Weib in erſter Ehe etliche Güter ſo ihr erſter Mann in die Ehe bracht, mit demſelbigen erſeſſen, und einen Sohn gezeugt, der Mann geſtorben, und das Weib ſamt dem Sohn nach ſich im Leben verlaſſen, ſie das Weib zur andern Ehe geſchritten und dadurch, vermöge Marpurgiſcher Gewohnheit, des Eigenthums aller liegenden Güter verluſtig worden, der Sohn in zweyter dieſer Ehe ſtirbt, und verläſt die Mutter neben dem Stiefvater nach ſich im Leben; die Mutter geſegnet dieſe Welt auch; und des erſten Mannes Verwandte, aus dieſem Grund, daß vermöge angeregter Gewohnheit, die bona auita oder Stammgüter ihnen angefallen ſeyen, die vom erſten Mann hinterlaſſene und auf den Sohn vererbte Güter angeſprochen; Iſt ſowol aus andern als folgenden Motiven dahin am Samthofgericht zu

daher mit Recht den praktischen Juristen das genaue Studium dieser Rechtsgewohnheit aus den gesezlichen Quellen selbst, weil durch jene alle Augenblicke dergleichen Rechtshändel vorfallen können, und man die Entscheidung aus dem allgemeinen Systeme hernehmen muß.

§. 61.

Ich habe mich aber bey Berührung der fallrechtlichen Gattungen und Abweichungen aus dem Grunde ganz kurz gefaßt, weil vor der Hand mein Endzweck nur der bleibt, die Hauptgattungen des Erbfolgrechts aus dem Mittelalter zu beschreiben, die Ursachen ihrer Entstehung anzugeben, ihr System zu entwickeln, und ihre heutige Uebligkeit zu beweisen. Der in der Folge geschehene Zusammenstoß der Prinzipien von diesen Erbgattungen, ihre Vermischung unter sich, und die Zusäze des römischen Rechts, die sie an einigen Ort bald in größerer und bald in geringerer Menge erhalten haben, müssen erst von mir in eigenen Werken beleuchtet werden, und wäre überhaupt am besten von den Commentatoren über die einzelen statutarischen Rechte zu bewerkstelligen, indem ein Kopf allein für das ganze nicht hinreichend ist.

Marpurg geschlossen, die consuetudo seye als stricti iuris et contra ius commune so weit nicht zu extendiren, sondern die qualitas originaria per translationem ad descendentem mutiret, und habe die Mutter den Sohn geerbet. Ita iudicatum in causa Hanß Heimbücher contra Ludwig Clausen Erben den 7. Jul. 1602.

Quis non videt iudicem hic illud vulgare obseruasse, quod statutum non dicit, nec a nobis dicendum est; et ad quos non pertinet statuti ratio, eos non includit statutum.

Urkundenbuch.

Erster Theil.

Gedruckte Beweisthümer.

Innhalt.

I. Ehliche Uebergabe des Vermögens mit gesammter Hand.

II. Die Eltern sind die rechtmäßigen Erben ihrer Kinder, ja zuweilen hat die ehliche Erbfolge statt, wenn bloß die Decke beschlagen worden ist.

III. Beleuchtung der alten Rechtsregel, Erbschaft steigt nicht zurück.

IV. Sammlung einiger gesezlicher Stellen vom Fallrecht.

V. Urkundliche Zeugnisse vom Fallrecht und Ueblichkeit desselben bey erlauchten und adelichen Personen.

VI. Rückfall des Heirathsguts bey dem kinderlosen Absterben einer erlauchten, adelichen und bürgerlichen Person.

VII. Einwilligung der Anverwandten bey Veräußerung der Grundstücke, Beweis von der Existenz des Familiensamteigenthums.

VIII. Ausschliessende Erbfolge der Kinder erster Ehe gegen die Kinder von der zwoten und den weitern Ehen.

IX. Vorzügliches Erbrecht der Kinder für den Enkeln, und der Geschwister für den Geschwisterkindern.

X. Ehliche Ausstattung sowol der Söhne als der Töchter.

XI. Heirathsgüter der Töchter in Grundstücken.

XII. Die Abfertigung der Töchter war ihr Erbtheil.

XIII. Vollständiges Erbrecht der Schwestern neben den Brüdern.

XIV. Die Töchter wurden ursprünglich in der Erbfolge nur von den Brüdern, und keineswegs von dem übrigen Mannsstamme ausgeschlossen.

XV. Das Absonderungsrecht ist die Ursache, warum die Töchter zuweilen in der Erbfolge ausgeschlossen worden sind.

XVI. Weibliche Einwerfung des Vorempfangs und Beleuchtung der Rechtsregel: femina semel exclusa semper manet exclusa.

XVII. Feyerlichkeit des Verzichts und vorbehaltener Rückgang der Töchter zur väterlichen Erbschaft.

XVIII. Erbrecht einer unverziehenen Person in Lehen und Stammgütern.

XIX. Wenn schon die Töchter von der väterlichen Erbschaft ausgeschlossen sind, so behalten sie doch die Erbfolge in den mütterlichen Gütern, und den stammsvetterlichen Anfall.

L

Ehliche Uebergabe des Vermögens mit gesammter Hand.

Kaiserrecht Th. II. c. 96. Gebet aber eyns dem andern sin gut noch syme Tode mede zu tunde waz her wel So sint ez by erbin entladin bez der von erst sterbet ist ez daz ez unvergiftet von eme eme blibet sint der Keyser hat gesprochin, woz gesammt Hant thut baz sal stede sin.

Güglinger Stadtrecht im Urtb. zur t. Erbfolgsgesch. B. 2. Th 2. n. 8. Item wann zwey Eheleutter, die da ohne Leybserben weren, wie sie das mit gesammter Hannd, und auch vor Gericht zue dem Beßten wennden, haben sie wol Krafft unnd Macht zu thun, unnd zu lassen.

Stadtrecht zu Möckmühl von 1467. a. a. O. n. 11. S. 225. Item wann zway eheliche Gemahel zusammen khommen, unnd nit leibßerben mit einander haben, oder gewunnen mögen, so mögen dieselben eheliche Gemahel, ob sie wöllen, einander vor That und Gericht erben, wenn eins dem andern das sein, mit mumb hannd, unnd halm uffgeyt, gehet dann der ehelichen Gemahel eins ab mit Thod, so mag das annder mit dem verlaßnen guet thun unnd laßen, nach allem seinen Willen, unnd ist khein guet widerfellig uff des Abgangen nechsten erben.

Bayerisches Landrecht von 1344. C. 113. Wo zwey Wirtleut seint die nicht chind haben do mag eins dem andern sein hab wol machen und geben mit brieffen als vor geschrieben ist Gewinnen sie aber nach dem Gemecht kinder mit einander So sol das Gemecht absein.

Lex Ribuariorum tit. 50. Si quis procreationem filiorum vel filiarum non habuerit, omnem facultatem suam in praesentia Regis, sive vir mulieri, vel mulier viro, seu cuicunque libet de proximis vel extraneis, adoptare in hereditatem, vel adfatimi per fcripturarum feriem, feu per traditionem et teftibus adhibitis fecundum legem Ribuariam licentiam habet. *Tit. 51.* Quod fi adfatimus fuerit inter virum et mulierem poft difceffum amborum ad legitimos heredes revertatur; nifi tantum qui parem fuum fupervixerit, in eleemofyna vel in fua neceffitate expenderit.

Marculfi form. L. I. n. XII. Dedit igitur praedictus vir ille per manu noftra iam dictae coniugi fuae illi villas nuncupantes illas, fitas in pago illo, quas aut munere regio, aut de alode parentum, vel undecunque ad praefens tenere videtur, cum terris, domibus, et cetera. Similiter in compenfatione rerum dedit praedicta femina antedicto jugali fuo illo villas nuncupantes illas, fitas in pago illo, cum terris, et cetera, feu praefidio domus eorum, argentum et aurum, fabricaturas, drappos, veftimenta, vel omne fuppellectile eorum, pars parti per manu noftra vifi funt condonaffe; ita ut dum pariter advixerint in hunc feculum omnes res fuprafcriptas ab utraque parte pariter debeant poffidere: vel fi eis pro animabus eorum aliquid exinde ad loca fanctorum dare decreverint, voluntatis eorum liberum maneat arbitrium, et qui pari fuo ex ipfis in hunc feculum fuppreftis extiterit, ambabus rebus, quandiu advixerit, ufufructuario ordine debeat poffidere; poft amborum de hac luce difceffum, ficut eorum delegationes continentur, tam ad loca fanctorum quam benemeritis vel eorum propinquis debeant revertere heredibus tam fuprafcriptas villas quam et de praefidio eorum quicquid morientes reliquerint.

L. II. n. VII. Quicquid enim inter coniugatos de propria facultate, manente caritate, pro amore dilectionis in invicem condonare placuerit, fcripturarum neceffe eft titulis allegare, ne in pofterum ab heredibus eorum vel a quocunque poffit convelli: quia fecundum legem, si manente coniugio vir uxori vel uxor marito aliquid donaverit, si is cui donatum est prior mortuus fuerit, apud donatorem ea quae donata fuerint remanebunt. — Proinde dono tibi, dulcissima coniux mea, si mihi in hunc seculum suprestis fueris, omni corpore facultatis meae, tam de alode, aut de comparatum, vel de qualibet adtractu, ubicunque habere videor, et quod pariter in coniugium positi laboravimus, — ita ut dum vixeris usufructuario ordine valeas possidere vel dominare; excepto quod pro animae remedium ad loca sanctorum condonavimus — in reliquo vero omnes res ipsas, quantum post tuum discessum intestamentum remanserit, ad nostros legitimos revertatur heredes. Similiter et ego illa, dulcissime jugalis meus ille, commonet me dulcitudo tua in compensatione rerum tuarum quod in me visus es contulisse, si mihi in hunc seculum suprestis fueris, dono tibi omni corpore facultatis meae, ubicunque, undecunque, tam de hereditate parentum quam de comparatum, vel quod pariter laboravimus, — Post tuum quoque discessum, quicquid intestamentum remanserit, ad nostros heredes, qui tunc propinquiores fuerint, revertatur,

Coutume de Paris art. 280. Homme et femme conioincts par mariage, estans en santé, peuuent et leur loist, faire Donatiō mutuelle l'vn à l'autre esgalement de tous leurs biens Meubles et Conquests immeubles, faicts durant et cōstant leur mariage, et qui sont trouuez à eux appartenir, et estre communs entre eux à l'heure du trespas du premier mourant desdits conioincts, pour en iouyr par le suruiuant d'iceux conjoincts, sa vie durant seulement, en baillant par luy caution suffisante de restituer lesdits biens apres son trespas, pourueu qu'il n'y ait enfans, soit des deux conioincts, ou de l'vn d'eux lors du decez du premier mourant.

Ius terrestre Nobil. Prussiae. Tit. I. §. 10. Aduitalitium etiam vis mutuum in omnibus bonis liberorum erit coniugibus sibi inscribere. Si quae etiam nullam dotem a marito inscriptam habuerit, quartae tamen partis bonorum mariti defuncti vxor superstes vsumfructum percipiet, donec ad secundas nuptias transierit.

Urkunde Kurfürst Friederichs von Sachsen von 1499. bey Estors bürgerl. Rechtsgelehrsamkeit B. III. §. 1907. — Der Stadt Koburg altes Herkommen und Gewohnheit, welche in Aufrichtung Testament oder lezten Willen von Burgern oder Burgerinnen bei ine, die von Männiglichen gesundert und getheilet, auch nicht lebendige Leibserben haben gehalten auch gebraucht wird. —

Erster Theil.

II.

Die Eltern sind die rechtmäßigen Erben ihrer Kinder, ja zuweilen hat die ehliche Erbfolge stätt, wenn bloß die Decke beschlagen worden ist.

Kaiserrecht Th. 2. c. 97: Wo eyn Man un eyn Wip han legende Gut zu eynander bracht unn by ein Kint han, Sterbet der Menschin eyns so ist daz Kint geerbet meb dem Gude: aber der Vater meb alle dem Gude da daz Kint meb geerbet waz, (Jnd des Gelyp is dick be moeber) daz sellet uf dez Erbin der zulest stirbet mid rechte, Sint der Kayser hat gesprochen, Eyn Kint sal syne Vater erbin, alse ez von ym geerbet ist. „C. 13. Glicher Wiß hod der Keyser den Vater weder geerbet von der Kinde guete zu alle dem rechte alse by Kint von dem Vater sint geerbet Sint geschreben stet der Vater sal von dem Kinde geerbet werden also se von yme geerbet werdin."

Stadtrecht zu Möckmühl von 1467. in meinem Versuche B. 2. Th. 2. n 11. S 222. Hetten sie (die Eheleute) aber leyberben mit einander gehabt, die abgangen unndt gestorben weren; so soll das letst das Jnleben bleibt, aller der Guetter mechtig unnd deren ein erb sein, die sie bey einander gewonnen oder geerbt haben.

Stadtrecht zu Schorndorf im Versuch über die teutsche Erbfolgsgesch. n. 16. S. 252. Seyen aber Eheleyth zusamen khommen, die leybserben gehabt haben, welche Leibserben vor Vatter unnd Mutter mit thod abganngen seinndt, so strickendt diesselben Leibßerben den Widerfall ab, unnd fallt Jr zusammen gebracht, unnd überkhommen Guet ligendts unnd fahrendts nit hinder sich, sonndern von ainem Ehegemecht uff das annder.

Aspergisches Stadtrecht am a. O. B. 2. Th. 2. n. 2. S. 159. Item wa zway zusammen in die Ehe kommen, unnd darnach ains vom annden mit tod abgeht, ohn Leibserben Inn abſteigender Lingen, von Jnen beeden ſampt geboren, ſo erbt alles Gutte, daß ſie bede gehabt haben, hienach der Statt Recht, uff daß daß In Leben pleibt, ohn alle Widerfelle.

Ordonnances vieilles de la Ville de Paris de 1294. ap. Choppin. de mor. Paris. p. 313. Que par la couſtume de la ville de Paris qui eſt toute notoire et approuvee de touz jors, leol et leole ſunt plus prochains hoirs-quant aux muebles et aux aques de leur neveus et de leurs nieces, que freres ne ſeures.

Cout. de Paris art. 311. Pere et mere ſuccedent à leurs enfans nez en loyal mariage, s'ils vont de vie à trespas ſans hoirs de leurs corps, aux meubles, acqueſts et conqueſts immeubles. En deffaut d'eux l'ayeul ou l'ayeulle et autres aſcendans. art. 312. En ſucceſſion en ligne directe, propre heritage ne remonte, et n'y ſuccede les pere, mere ayeul ou ayeulle.

Ich übergehe das Dorfrecht zu Winterbach im Urkb. zu meiner Erbfolgsgeſchichte B. 2. Th. 2. n. 16. S. 259. Das mit dem Schorndorfer Artikel, und das Stadtrecht zu Urach ebendaſ. n. 19. S. 290. welches mit dem Aſperger Stadtrecht ganz gleichlautend, desgleichen die Gebräuche zu Heiningen und Röckheim a. a. O. n. 11. S. 223. weil ſie die Sache nicht ſo deutlich ausdrücken.

Extr. Conſt. Richardi Imp. de 1258. ap. Goldaſt. Conſt. Imp. T. III. p. 405. Filius, patre et matre ſuperſtite, ſine liberis defunctus, excluſis fratribus et ſororibus, patrem et matrem ſolos habet ſucceſſores. Poſt patris autem obitum, et diuiſione paternae haereditatis facta, filio ſine liberis decedenti in feudalibus ſoli fratres conſanguinei, in allodialibus ſorores pariter et fratres conſanguinei, excluſa matre, ſuccedunt. Datum Loſannae VI. Kal. Octobris.

Statuta von Weimar art. 32. Wann die Kinder vor den Eltern ſterben und keine Kinder hinter ſich verlaſſen, welches dann am Leben bleibet, es ſey Mann oder Weib, das ſoll durch ſolch Kinderzeugen das Eigenthum an allen Gütern behalten und auf alle ſeine nächſten Freunde, wenn es ſonſt damit keine Geſchäft machen würde, befällen und erben.

Heirathsbrief der Schenken von Erbach von 1412. bey Schneider n. 87. S. 135. Es iſt auch mit Namen beredt und geteidingt wer es das Schenke Conrad Here von Erppach oder Angneß ſine eliche Hußfrawe, nach den by einander geſlaffen haben, yr eins under yne, welches das were von Dods wegen abginge, Da Got mit ſin Gnade lange für ſy, ee ſy nitt einander Leibserben gewinnen, ſo ſal das ander das alſo lebendig bliben iſt, ſein lebtag uß, bey dem Widum und gut bliben ſitzen.

Chirograph. pervet. de nupt. contr. et dote conſtit. ap. Grupen de Vxore Theot. p. 254. and ſwa hwaetherheora laeng libbe ſo to eallen aetan ge on Tham lande the ic heom gaef geo aelcon thingan. Verſ. Angl. And which ſoever of them longeſt liveth take all poſſeſſions aſwell that land that i tho them Give as every thing.

Leges Goslar. ap. Leibnitz. T. III. p. 484. art. 5. Hefft de Vader ebber moeder ore Kinder affghebelet, wat der Kinder ſtervet ore erpe velt upp de Suſter de ungetwepet ſin van vader unde moder, wane aver de leſte Suſter eber brober ſterfft ſin erpe velt uppe vader eber moder. Hedde ſet over der Kinder jennuß bemanned ober beyvivt unde ſtorve, da erbede vord uppe ſynen echten gaben unde kinder.

Inſtitia Lubecenſ. de 1158. ap. Weſtphal. Tom. 3. monum. rer. Cimbr. pag. 619. art. 19. De percipienda hereditate. Vbicunque pater et mater ſunt viuentes, propinquiores ſunt ad percipiendam hereditatem, quam ſemifrater et ſemiſoror. Wan erve. War ſo vader und moder levende sind, se sint neger erve up to borende, danne half broder, oder half suster.

New reformirte **Landsordnung** der fürstl. **Grafschaft** Tyrol wie die aus Landesfürstl. befelchs im 1603 Jar umbgetruckt worden. *Buch III. tit. XVII.* Erben in auffsteigender lini. So ain Person mit Todt vergeht, und weder Kinder noch Kindskinder, und also für und für, inn absteigender lini: deßgleichen weder Bruder noch Schwäster, noch Bruder oder Schwäster Kinder oder Kindskinder in der Seiten linien, sunder Vatter, Mutter Anen oder Aeni, und also für und für in auffsteigender linien verliesse, so soll alßdann das Erb denselben, ye den nechsten im Grab zuefallen: Vnd dieselben Vatter, Mutter, Anen und Aeni schliessen jre Brüder und Schwestern und derselben Kinder, und andere jre gesiprten Freund, von der Seitenlinien ganz auß. Doch in solcher massen, wie hernach der neunzehend Tittel, erklärung und außfürung thuet.

Leges art. Goslar. Tit. I. art. 87. Wert en Kind levendig gheboren, dat man betülghen magh, sint veer Fruwen, de dat hebben ghehort, dat id is erve.

Stat. Mediol. c. 302. Nulla mulier ascendens succedat descendenti ab intestato decedenti existentibus agnatis masculis vsque ad VII. gradum inclusiue, sed solum habeat vsumfructum illius partis quam habitura fuisset de iure communi, ex hoc tamen, quod habeat vsumfructum, non intelligatur in aliquo esse haeres.

Leges Burgorum Scotiae c. 44. §. 3. Et si illa nocte qua nascitur filius vel filia, simul moriantur mater filius vel filia: adhuc vir gaudebit bonis illius terrae in tota vita sua. §. 4. Ita tamen, quod vir ille habeat testimonium duorum legalium virorum vel mulierum vicinarum, qui audierunt infantem clamantem vel plorantem.

Erster Theil.

Tübinger Stadtrecht von 1493. Manuſpt.
Begibt ſich, daß zwey zu der Ee gryffend, vnnd das ein vor vnnd ehe ſy byſchlaffend vnnd Jnn die ee vor der Kirch gemachet iſt, mit Toud abgat, vnnd denn Zwitracht vnnd Krieg entſtaat um das Gut ꝛc. ſo ſolle Keins das Ander erben. Sonder ſoll das abgeſtorben Gute ſeinen nächſten Freunden ſeyn und bleiben, und dann ſo Hand ſie byſchlaffen, wann die Decken den Mann mit der Frauen beſchlecht.

Etabliſſement de St. Louis ch. 11. chez de Lauriere dans les Ordonnances des Rois de France Vol. I. p. 117. Gentishoms tient ſa vie ce que len li donne à porte de Monſtier en mariage, apres la mort ſa fame, tout n'eut il nul hoir, pour qu'il en ait eu hoir qui ait crie et bret ſe ainſi eſt que ſa femme li ait eſté donnée pucelle.

Lex Alamannorum cap. 91. Si qua mulier, quae haereditatem paternam habeat, poſt nuptum praegnans peperit puerum et in ipſa hora mortua fuerit et infans vivus remanſerit aliquanto ſpatio vel unius horae ut poſſit aperire oculos et videre culmen domus et quatuor parietes et poſtea defunctus fuerit haereditas materna ad patrem eius perteneat et tamen ſi teſtes habet pater eius, qui vidiſſent illum infantem oculos aperire et potuiſſet culmen domus videre et quatuor parietes, tunc pater eius habet licentiam cum lege defendere. Si autem aliter, cuius eſt proprietas, ipſe conquaerat.

Regiam Majeſtatem de 1124. L. II. c. 58. De curialitate ſcotiae. Cum terram aliquam cum uxore ſua, quis acceperit, in maritagis ſi ex eadem heredem habuerit auditum vel bragantem, inter quatuor parietes, ſi idem vir uxorem ſuam ſuperuixerit, ſiue vixerit heres ſiue non, illi viro pacifice remanebit terra illa. §. 2. poſt mortem vero eius ad haeredem, ſi vixerit vel ad donatorem vel eius haeredem terra reuertatur, §. 5. Si enim ſic terra data eſſet in maritagio, aut alio mo.

do, quod inde reciperetur homagium: nunquam ad donatorem vel eius haeredein licite poſſit reuerti.

Conſuet. Normanniae t. 121. Conſuetudo eſt in Normannia ex antiquitate approbata, quod ſi quis vxorem habuerit, ex qua haeredem aliquem procreaverit, *quem natum viuum fuiſſe conſtiterit, ſiue deceſſerit,* totum feodum, quod maritus poſſidebat ex parte vxoris ſuae tempore, quo deceſſerit, *ipſi marito, quamdiu ab aliis ceſſerit nuptiis, remanebit.* Poſt deceſſum autem eius, vel poſt contractum cum alia matrimonium, haeredibus mulieris, ex cuius deceſſu feodum per viduitatem tenebat, *ipſum redibit feodum ſucceſſionis ratione,*

Ita etiam obtinet in Arragonia, ita tamen *vt teneatur* de bonis viduitatis alimentare non ſolum filios eorum communes, ſed etiam priuignos ſiue entenados: ſiquidem ii aliunde bona non habeant, vnde ſe poſſent *alimentare;* vt ait Michael *Molinus in Repertorio ſororum Arragoniae v. Viduitas.* Iacobus I. R. Arrag. in Foris Oſcae a. 1247. fol. 23. Defuncto viro, vxor vidua, licet ab eo filios habuerit, omnia quae ſimul habuerant, poſſidebit: ea tamen vidua exiſtente, et licet non accipiat virum, ſi manifeſte tenuerit fornicatorem vel adulterum, amittat viduitatem et dotes, ac ſi duxiſſet virum.

Du Cange v. Curialitas Angliae et Scotiae: Ea olim, neſcio an et hodie inoleuerat in Anglia Lex qua qui vxorem duxerat feodo ſimplici vel talliato ſaiſitam, illa extincta, ſi liberi qui ex eorum matrimonio nati fuerant, ſeu mas, ſeu femina vel ſtante matrimonio, vel poſt vxoris mortem obiiſſent, feodo illo frueretur ad vitam. Conf. *Crag.* de feud. Scot. L. 2. t. 22. p. 575. *Du Cange* v. Tenens per conſuetudinem Angliae.

Stadtrecht des Schöppenſtuls zu Halle von 1235. in Stöckels Abhandlung ꝛc. Seite 6.

Si aliquis moriens bona dimiferit, fi pueros habuerit, fi pares in natione, bona ipfius ad pueros fpectabunt.

Si vero pueros non habuerit, proximus ex parte gladii bona ipfius poffidebit.

Idem judicium habetur de herwette.

Idem judicium habetur de rade in femineo fexu.

Sic illa que hereditatem que rade dicitur recipit illum incufare voluerit (de pluri.) Rade. Ille qui reprefentat fola manu fe expurgabit.

Si alicui hominum uxor fua moritur bona ipforum que poffident, bona ipforum fpectabunt ad maritum, excepto quod Rade vocatur.

Item fi alicui domine maritus ejus moritur, Bona ipforum non fpectabunt ad dominam, fed tantum illa, que maritus tradidit uxori coram judicio, et hoc per teftes fi poterit approbare.

Item fi aliqui puerorum praedictorum moriuntur, bona ipfius pueri qui moritur, fpectabunt ad gremium matris.

Ordonnances anciennes de la ville de Paris a. 1309. ap. Choppin. de mor. Paris. p. 323. Robriche, que leoul et leelle funt plus prochen hoir de leur neveu, que leurs coufins germains. Le Caz eft tel. Dame Conftance de S. Iaques ot i fuilz, qui ot nom Robert de Seint Iaques, efpicier. Cil Robert fe maria et cil Robert et fa fame orent i fuilz, et firent cil Robert et fa fame durant led. mariage plufieurs acques. Led. Robert mourut, fa fame et fon fuilz demourerent en vie. Apres ce le fuilz dud. Robert mourut fans laiffer hoir de fon propre cors. Lad. Conftance demoura en vie, et plufieurs autres coufins et coufines dud. fuilz. Lad. Conftance demande comme la plus prochene hoir du fuilz Robert tous led. heritages que led fuilz dud. Robert avoit au tems que cil fuilz ala de vie a mort, qui li eftorent defcendus de la fucceffion de fon pere. Lesd. coufins et coufines le contredient, et le veulent avoir comme plus proches hoers dud. fuilz du cofté du pere etc- A ce fut regardé au Parlouer des Borjois de Paris par le Prevoft et par les efchevins et par molt grand plante de Borjois de Paris, et de plus anciens, qui favoient les Coftumes de la ville de Paris, que lad. Conftance eftoit dud. enfens la plus prochene hoir, come cele, qui etoit aole, et que par la Coftume de Paris ele auroit tous les heritages dud. enfent: et les autres n'en auroient point. Car il n'eftoit pas fi pres aud. enfent de linage, come lad. Conftance.

III.

Beleuchtung der alten Rechtsregel, Erbschaft stirbt nicht zurück.

Coutumes de Nivernois ch. 34. §. 8. Eschoite d'heritage ne monte point en succession collaterale en maniere, que les oncles et autres ascendans collateraux ne succedent aux dits heritages, tant qu'il y a descendans collateraux, posé qu'ils soient plus loingtains en degré.

Coutumes de Bayonne titr. 12. §. 24. Succession des biens avitins ou de conquete faits par le pere ou mere devant leur mariage ne monte jamais, en droit ligne ou en transversale, tant qu'il y a des parens du decedé en pareil Branchage, ou plus bas Branchage transversal, que le decedé, descendans du Tronc de l'acquerant. §. 25. Ains aux biens de telle qualité, au decedé sans enfans et faire testament, succedent par branchage également les freres et soeurs du coté, dont tels biens sont obvenus, avec les enfans des freres et soeurs de telle qualité predecedes. §. 26. Non faite aucune, discrepence entre les freres et soeurs de tous cotés et freres et soeurs du coté, dont les biens sont obvenu, les pere et mere et autres ascendans du tout exclus de la succession de tels biens. §. 28. Et en defaut de frere ou de soeur du coté dont les biens sont obvenus et de leurs enfans. §. 29. En tels biens succedent par tete les plus prochains transversaux, s'ils sont plusieurs en pareil degré, et en plus bas, que le decedé, dont les biens sont obvenus; Les pere et mere, autres ascendans en droite ligne et toux transversaux étant en plus haut Branchage, que le decedé, et descendans des dits transversaux étant en plus haut branchage, jaçoit qu'ils soient plus prochains au decedé, de telle succession exclus. §. 31. Et en defaut de tels collateraux en pareil ou plus bas, que le decedé, defcendans de l'acquerant, en tels biens fuccedent les collateraux plus prochains de plus haut branchage; que le decedé, defcendans du tronc de l'acquerant le quel cas peut avenir feulement en biens avitins.

Cod. Legum Normann. P. I. C. XXVI. §. 14. Si vero omnes lineae feodorum deceſſerint; ad fratrem primogenitum redit ſucceſſio feudalis vel ad eius lineae propinquiorem. §. 15. Si vero fratres defuerint et eorum lineae; redit ad patrem, ex quo lineae proceſſerunt. §. 16. Si autem defuerit, redit ad fratres ipſius patris, qui auunculi ſunt poſſeſſoris. §. 17. Si autem auunculi defuerint, et eorum lineae, redit ad auum. Et ſimiliter intelligendum eſt de ſuperpoſitis in linea conſanguinitatis, et hoc ſane intelligendum eſt ſolummodo de illis, a quibus deſcendit hereditas. §. 12. Ad Auum autem non poteſt redire ſucceſſio, dum aliquis ex lineis ab ipſis deſcendentibus remanſerit; ſed ſi omnino defuerint, ad eum ſucceſſio redibit hereditatis ab ipſo deſcendentis per eius ſucceſſores. Ad propinquiorem enim generis ſemper acquiſitorum ſucceſſio, quae non regreditur ad praedeceſſores, cum de eorum feodis non deſcendat. §. 26. Patri redit hereditas, nullo de procreatis ex ipſo lineis remanente: illa hereditas videlicet, quae ab ipſo deſcendit et hoc idem de matre intelligendum eſt et de auo et proauo et atauo et proauia et atauia. Cum autem ſemper recurrendum ſit ad ſtipitem primogeniti maſculi, vel eorum heredes ſucceſſionis retinent dignitatem.

Les Coutumes de Normandie ch. 23. L'heritage doit defcendre à celui, qui eſt le plus prochain en lignage à celui, qui le tint aprés ſa mort, pourtant qui ſoit du lignage dedans le feptieme degré à celui, dont l'heritage defcend. S'il ne remaint aucun des freres, l'heritage revint aux couſins et ne peut revenir à l'aël.

tant qu'il y ait aulcun de ceulx, qui sont descendus de lui. Mais s'il en y a nulz, l'heritage reviendra à lui, tant celui, qui descend de lui, comme les conquets, que les enfans ont faits, car le conquet vient au plus prochain du lignage.

Echeance d'heritage, qui n'est pas droite, est quand le nepveu, ou aulcun autre, qui n'est pas de la droite ligne a l'heritage. Si comme le frere ou le nepveu celui de son oncle — Et s'il n'y a aulcun des freres ne de leurs enfans l'heritage revient au pere, de qui freres issurent et s'il est mort, il reviendra à ses freres, qui sont oncles à celui, de qui il echet, et s'il n'y a aulcun des oncles ne de leurs enfants, il reviendra à l'aël.

Consuetud. gener. Ducat. Burgundiae art. 27. Superiores in recta linea non succedunt liberis, sed frater vel auunculus bene succedit filio fratris vel sororis, licet aliqui fatui contradicant, pro eo quod dicitur, non ascendere excasuram. Sed illud intelligitur in recta linea, vt de patre et auo.

Anciennes Coutumes de Bourgogne art. 240. L'echoite ne monte pas. C'est à sçavoir, que le pere ne peut etre hoirs du fils; ne l'oncle ne la tante ne puent estre hoirs du nepveu ne de la niepce.

Cout. de Bourgogne du Duc Philippe. Rubr. des successions. §. 6. Succession en ligne direcle ne monte point. C'est à scavoir, que le pere ou la mere ne succede point à son fils ou fille, ni aux enfans de son fils ou fille, quant aux heritages anciens paternel ou maternels. Mais le pere succedera seul et pour les toutes biens, que ses enfans auront eu de luy et pareillement y succedera la mere, comme le pere es biens venans à elle.

Statuten von Gent art. 14. Vadere ende Moebere engeheelen bedde sittende, succeberen heuren Kinberen, sterbende sonder Descendenten van hemlieden, alle andere Ascendenten ende Collateralen uptgesteiten.

Couſtumes de Paris. tit. de ſucceſſ. art. 311. Pere et mere ſuccedent à leurs enfans nez en loyal mariage, s'ils vont de vie à treſpas ſans hoirs de leurs corps, aux meubles, acqueſts et conqueſts immeubles: Et en default d'eux l'ayeul ou l'ayeulle et autres aſcendans, art. 312. En ſucceſſion en ligne directe propre heritage ne remonte et n'y ſuccedent les pere, mere, ayeul ou ayeule. §. 313. Toutes fois ſuccedent es choſes par eu données à leurs enfans decedans ſans enfans et deſcendans d'eux. §. 314. Les pere et mere jouyſſent par uſufruict les biens delaiſſez par leurs enfans, qui ont eté acquis par les dits pere et mere, et par le decez de l'un de leursdits enfans; encores qu'ils ſoient et ayent eſté faicts propres auſdits enfans. Au cas toutes fois que lesdicts enfans decedent ſans enfans et deſcendans d'eux. Et apres le decez desdits pere et mere, qui ont jouy desdits biens par uſufruict, lesdicts biens retournent aux plus proches parens desdits enfans, desquels procedent lesdicts biens.

Ordenances vieilles de Paris 1294. ap. Choppin. de Mör. Paris. p. 313. Que par la Coſtume de la Ville de Paris, qui eſt toute notoire et approuvee de touziors, leol et leole ſunt plus prochains hoirs, quant aux meubles et aus aques de leur neveus et de leur nieces, que freres ne ſeures.

IV.
Sammlung einiger geſetzlicher Stellen vom Fall-recht.

Leges Normann. P. I. C. XXVI. §. 19. ap. Ludewig in Reliqu. MSS. Tom. VII. pag. 214. Sciendum tamen eſt, quod ſi hereditas deſcendit ex parte patris et fratris, vel cognatus ex parte matris ſolum, ad eum ſuccedere non poterit, cum a parentibus ſuis non deſcendat; ſed ad dominum feodi. §. 20. De acquiſitis autem ſecus eſt, quod patebit preterea, et ſimiliter intelligendum eſt de converſo. Ad eum enim hereditas deſcendere poteſt, qui propinquior eſt in conſanguineitate, poſt deceſſum poſſeſſoris illius, cui ſucceſſit in eadem, dum tamen ſit de eius Linea, a quo dinoſcitur hereditas deſcendiſſe. §. 24. Si quis fratrum deceſſerit vel ſoror, in ſucceſſione indirecta ſemper recurrendum eſt ad ſtipitem: vt propinquior in genere ſtipitis linea ſucceſſionem habeat feodalem. Frater enim meus ex parte patris ſucceſſionem non habebit feodi ex parte matris deſcendentis, nec e contrario. §. 25. Et ſimiliter de cognatis intelligendum eſt, procreati ex feminarum linea vel femine ſucceſſionem non retinent, dum aliquis remanſerit de linea maſculorum.

Cowell. in Inſtit. Iur. Anglic. L. III. tit. 2. §. 5. Vbi haereditas e parte matris prouenit, ibi filio ſine liberis decedenti proximus conſanguineus e parte matris haeres ſit, non e ſolo patre frater.

Lex Wiſigoth. Lib. IV. Tit. 2. §. 5. Qui fratres tantummodo et ſorores relinquit, in eius haereditate fratres et ſorores aequaliter ſuccedunt, ſi tamen vnius patris et matris filii eſſe videantur. Nam ſi de alio patre vel de alia matre alii eſſe noſcuntur, vnusquisque fratris ſui aut ſororis, qui ex vno patre aut ex vna matre ſunt geniti, ſequantur haereditatem.

Leges vbstallbomicae de 1323. ap. Vbb. Emm. L. 13. rer. Fris. In praediis emendis et vendendis ius proximitatis valeat habita ratione eius lineae, a qua illa prouenere. Idem in adeundis haereditatibus servetur, nisi aliter testamento defuncti fuerit cautum.

Emser Statuten von Graf Ezard *I. L. 2. tit. 135.* Alles Erbgut fällt wieder auf die Seiten, woher es erstlich gekommen ist, und nicht auf die Sielbeste und nächste Freunde daher es nicht auskommen ist.

Lex Burgundionum tit. XIV. Si forte defunctus nec filium nec filiam reliquerit ad sorores vel propinquos parentes hereditas redit.

Anc. Coutumes de Bourgonne art. 227. Se aucuns a enfans de plusieurs femmes, et il aille de vie â mort, les enfans de plusieurs femmes viennent â l'escheoite, et prennent part et portion és biens de leur pere mort, non pas selon le nombre des enfans, mais selon le nombre des branches — Et ainsi quant â la femme ayant enfans de plusieurs maris. C'est ce que l'en dit vulgaument en Bourgogne, que Enfans de plusieurs mariaiges ne viennent pas â succession par testes.

art. 228. Se aucun Noble ou Dame noble, ont enfans de deux lits, et ils vont de vie â trépassement l'un des enfans n'aura point d'ainsnesse contre l'autre; mais partiront tous par moitié les enfans de chacun lit. Et s'ils sont plusieurs enfans de chacun lit, l'ainsné de son lit prendra ainsnesse sur ses freres germains; non pas sur celui, qui n'est son frere que d'un costé.

art. 229. Se la personne morte avoit acquis héritages ou meubles, se li lignage de par pere, et li lignage de par mere sont ent égaul gré, ou divers, toutes voyes descendans de ceux mesmes, qui estoient en ce meme gré, li acquests et meubles dessusdits adviendront egaulment par moitié esdits lignage. *Mais se ils estoient en divers grez, li plus prochain lignage, soit de par pere*

ou de par mere omporteroit tout l'acqueſt et les meubles
deſſusdits. — (Bruder und Bruders Sohn ſind von
gleichem Grad:) Car generalement l'en dit en Bour-
goigne: li deſcéndant répreſente la perſonne de ſon
pere en toutes eſchoites de ſon adveul. Car en la ma-
niere que ſon pere ou ſon adveul venist à la ſucceſſion
d'aucun, ou tout ſeul, ou avec aucun, en celle même
maniere li deſcendant y viendra. Et c'eſt que l'en dit
vulgaument en Bourgoigne, que ce qui eſcherroit au
pere, eſcherra au fils.

Art. 230. Se l'homme muert ſans hoirs, ou de-
ſcendant de ſon corps, et ait collateraux, desquels au-
cuns lui apparteignent de par pere et aucuns de par
mere tant ſeulement, ſe la perſonne morte avoit heritai-
ges, qui lui fuſſent advenus de par ſon pere, ils advien-
dront et eſcherront au lignaige de par le pere. Et ſem-
blablement eſcherront les heritages de par la mere au
lignage de par icelle, ſans que le lignage de par le pere
y preigne riens. Et eſt à entendre en divers degrez,
ou en prochain, ou en loingtaing. — Mais à legard
des meubles et acqueſts, ils vont au plus prochain parent.

Art. 231. Et eſt à entendre ladite Couſtume ou
cas, où la perſonne morte auroit lignage de par pere
tant ſeulement. Car le frere de par pere et de par me-
re emportera toute la ſucceſſion, ſoit de par pere, ou de
par mere, et ny prenra riens le frere de par pere; ja
ſoit ce que l'heritaige ſoit venus de par leur pere com-
mun. Ne auſſi le frere de par mere n'y prendra riens.
La raiſon ſi eſt, pour ce que le frere germain tient à
double ligne. Et en cette maniere eſt il à entendre ez
grez loingtains.

Antiquiſſ. Conſuet. Ducatus Burgundiae art. 28. Si
decedat aliquis ſine liberis, habens ſororem vterinam vel
fratrem vterinum et liberos amitae, vel patrui, vterini
ſuccedunt in ſolidum, tam de conſuetudine, quam de

iure, immobilibus et acquaestibus. In immobilibus vero succedunt illi, de quorum latere parentum processit haereditas, secundum consuetudinem.

Coutumes de Bourgogne du Duc Philippe II. Titr. VII. Art 17. Les heritages ensuivent en succession la ligne du Tronc de laquelle ils sont issus: C'est à scavoir, que les heritages procedans du coté et ligne paternelle, retournent aux heritiers du defunt du cote paternel; et ceux procedans du coté et ligne maternelle, retournent aux heritiers du defunt du coté maternel, soit en prochain ou en loingtain dégré.

Coutumes de Paris a. 313. De la Marche ch. 19. a. 224. Meaux. c. 42. 43. 44. Meldun. c. 99. Amiens c. 40. Maine c. 358. Orleans c. 258. Bourbonnois ch. 25. a. 314. Tours. Tit. 27. a. 311. Montargis ch. 15. a. 9. Nivernois ch. 27. a. 9. Perone a. 119. 200. Saint Quentin. a. 42. Anjou c. 268. 270. Dunes a. 71. Angouleme c. 94. La Rochelle c. 50. Artois c. 72. 73. Noyon a. 22. Chalons a. 88. Vermandois a. 110. Sens a. 113. Auxerre. Tit. II. a. 224. Troyes. a. 141. Reims. a. 29. Poitou Tit. 6. a. 285.

Coutumes de Normandie. art. 245. Les heritages venus de coste paternel retournent tousiours par succession aux parens paternels: comme aussi font ceux du costé maternel aux maternels, sans que les biens d'un costé puissent succeder à l'autre, en quelque degré qu'ils soyent parens, ains plustost les seigneurs desquels lesdits biens sont tenuz et mouvans y succedent. *Art. 246.* Ce qui se doit entendre non seulement des biens, qui descendent des peres et meres; mais aussi des autres parens paternels et maternels, pourveuque les biens fussent propres en la personne de la succession duquel est question.

Ius Terrestre Nobilit. Pruss. Tit. I. §. 14. Si neque per directam lineam, neque a fratribus et sororibus extiterint, proximi fucceffores afcendentes per directam lineam fint, in qua linea hi gradus funt: Pater, Mater, Avus, Avia, Proavus, Proavia, Abavus, Abavia, caeterique omnes, qui in Iure parentum nomen obtinent. §. 15. Neque defcendentibus per directam lineam, vel a Fratribus et Sororibus, neque afcendentibus per directam lineam ullis exiftentibus, quarto loco caeteri vel Agnati vel Cognati, ut Patrui, Avunculi, Propatrui, Proavunculi, et fimiles, ab iisque defcendentes, eo, quo Pater et Avus ipforum, fi in vivis effent, Iure fuccederent, fuccedent, id eft, in ftirpes. §. 16. Succedere autem quisque debet in ea tantum bona, quae ab eo proficifcuntur, per quem cognatione defuncto conjungitur, ut paterni propinqui in paterna bona fuccedunt, materni vero in dotem tantum, vel bona materna. §. 17. Itaque fi quis ex una tantum Uxore liberos, aut ab iis defcendentes habuerit, in utraque bona tam Patris quam Matris, eo, quod fuprà conftitutum eft inter Mares et Foeminas, difcrimine confervato, fuccedent: Si ex pluribus Uxoribus, in paterna quidem bona coniunctim itidem fuccedent, in materna feparatim, fuae quisque Matris. §. 18. Eodem modo, fi germanum Fratrem, aut Fratre deficiente fororem, aut ab iis defcendentes defunctus reliquerit, itidem tam in paterna quam materna bona defuncti fuccedant: Si confanguineos Fratrem, fororemve, aut ab iis defcendentes defunctus reliquerit, in paterna defuncti bona tantùm fuccedent, in materna autem materni propinqui defuncti, quamvis remotiores. §. 19. Itidem fi uterinus Frater, fororve, aut ab iis defcendentes extiterint, materna tantùm bona defuncti capient, ad paterna autem paterni tantùm propinqui admittentur, etfi remotiore gradu coniuncti illis fint. Profectitiorum autem feu quaefitorum bonorum defuncti, eadem femper conditio fit, quae paternorum.

Coutumes de Lorraine Titr. IX. art. 5. Une perſonne de quelque ſexe et qualité elle ſoit, decedant ſans delaiſſer hoirs de ſon corps, ni freres ou ſoeurs lègitimes germains, les freres ou ſoeurs non germains ſont pour le tout ſaiſis de la ſucceſſion de ſes meubles et acquets, et de ce d'ancien, qu'elle aura délaiſſé, en ligne de laquelle ils lui ſont freres ou ſoeurs. Les parens de ſes autres lignes de ce des dits anciens, qui ſe trouve mouvoir des troncs et eſtocage, d'où ils prennent leur deſcente. Et ſi elle n'a delaiſſé aucuns freres ni ſoeurs germains ou non germains ni repréſentans d'iceux, ſes couſins légitimes, ou leur repréſentans de ſa ligne paternelle, ſuccedent pour la moitié en ſes meubles et acquets; et ceux de la maternelle pour l'autre. Sans recherches ou conſidération de la mouvance des dits meubles, ni des deniers desquels lesdits acquets pourront avoir été faits d'ailleurs que du chef de celui, qui en a fait l'enchute; encore qu'il fût notoire ceux lui être obvenus par ſucceſſion de l'une de ces lignes ſeulement. Et quant aux heritages anciens parcequ'ils doivent ſuivre le tronc et ſouche, dont ils ſont deſcendus, fourchoient, retournans aux parens, de l'eſtocage des lignes d'ou ils ſont mouvants et deſcendans; ſelon que chacun s'y trouve capable, de ſon chef, ou par repréſentation, ſans aucune conſidération de la proximité des uns en degré plus que des autres, parceque repreſentation tant en ligne collaterale que directe a lieu infiniment, et ſont de telles formes de ſucceſſions communement appellées, revetement de lignes.

Lauriere Gloſſaire du Droit françois Tome I. §. 328. Reveſtiſſement des Lignes. C'eſt un droit, par lequel les propres ſont deferés par ſucceſſion aux plus proches parents des cotez et lignes, d'ou ils ſon provenus. *Fabert* ſur l'art. 126. de la Cout. de Lorraine page 176.

Eginarii Baronis Commentarius in Inſtitutiones. (Pictavis 1555.) *Tit. de haeredit. quae ab inteſtato deferuntur p. 306.* Illud ad vtranque ſucceſſionem, nobilem, et plaebeiam, reſpicit, quod quaſi ex vetuſtiori iure perductum traditur in mores: nimirum vt res ſoli paternae, vel maternae, ad eos primum ſpectent qui ea linea defuncto iuncti ſint, ex qua res prouenuint: id eſt vterini bona materna, conſanguinei paterna ſibi vendicent: et lineae vtriusque rurſus ea prior ſit, in qua ſemel res diuiſione venerunt: — *Pag. 315.* In haerediis antiquis, quae mobilia non ſunt, id obſeruatur vt adgnatus, vel cognatus, ex cuius linea defuncto bona obuenerunt, in ſuccedendo potior ſit, etſi gradu non ſit proximior. *Paris. 147. Melden. 42. et ſeq. Meldun. 99. Senon.. 59. Biturig. des ſucc. 1. et 2.* Nam ſi fratrem conſanguineum et vterinum defunctus habuerit, et haerediorum aui materni fuerit, deinde matris: frater vterinus conſanguineum excludit, atque adeo filius vterini, vel nepos licet remotiores ſint. E diuerſo conſanguineus et ex eo deſcendentes, vterinum fratrem ſubmouebunt ſucceſſione paternorum haerediorum. Et hoc ex iure communi, Accurſio interprete, perductum eſt in mores: niſi quod ius commune in eadem cauſa cum rebus ſoli, habeat mobilia materna, vel paterna: et quòd fratrem ex vtroque parente, ei anteponat, qui ex ea linea ſit, vnde bona defuncto obuenerunt. *Biturig. des ſuc. 6. Burgund. des ſucc.*

Andr. Tiraquell. de vtroque retr. Vol. 4. opp. p. 264. Ex his igitur omnibus aſſumunt multi ex noſtratibus ſemper et in omni ſucceſſione, et inter quoscunque bona paterna paternis, materna maternis deferri, id eſt, bona ſequi lineam, ex qua primum prodierunt. — At ex maiori parte conſuetudinum Franciae, ſicuti in retractu — ita et in ſucceſſione ſemper bona ſequuntur lineam.

Luitpr. L. VI. c. 77. p. 77. Et res eiusdem mulieris si filios habuerit, ipsi habeant, et si filios non habuerit, reuertantur ad parentes ipsius, eo quod credimus, quod tale malum ideo quaesiuit miser homo facere, vt ipsam mulierem perdat, et res eius habeat.

Etabliss. de St. Louis de 1270. Ch. 135. Se aucuns hons Coustumiers a eu deux fames, li enfant de chacune des meres si prendront autretant li uns comme li autres en la terre de par le pere. Et se l'une des fames avoit eu deux seigneurs, li enfant li auroient en la terre de par la mere autretant li uns comme li autres. Et se ainsi estoit que entre le seingnieur et la premiere fame, eussent fet achat, li enfent de la premiere fame si auroient tuit seul la moitié par la reson de la mere, et l'autre partie entre les premiers et les derreniers, si que autretant en aura li un comme li autre, tout ainsi comme nous avons dit devant.

Conf. Cout. d'Anjou a. **267.** *Grand Coutumier de France feull. 55.* En ligne collaterale le plus prochain heritier doit succeder, quant aux meubles suppose, que aultrement soit heritaiges.

Statuten der Stadt Sangershausen bei Zellfeld *in Repert. Iur. priv. p. 2156.* „Wann zwen Eheleute ohne Kinder von einander versterben, so behält das bleibende Theil alle Güter liegend und fahrend nichts ausgeschlossen sein Lebenlang. Nach des lezten Absterben aber sollen die liegende Güter auf jedes Theil Freundschaft, daher sie kommen, die beweglichen und fahrenden, desgleichen die erzeugten und erworbenen Güter sollen auf beyderseits Freundschaft zu gleichen Erbe fallen."

Hessische Hofgerichtsord. v. 1497. tit. 19. So einer mit Todt one Geschäfft abgehet, und lesst nicht Erben in absteigender oder aufsteigender Linien, sondern Geschwister von dem Vater allein und auch Geschwister von der Mutter allein verwandt, so erben die Geschwister von dem Vater solche Haab und Gut, die dann von dem Vater darkommen ist, und dem gemäß, die von der Mutter, was von der Mutter darkommen ist. Was aber gemein oder versammleter Habe, die dann nit von des Abgangen Vater oder Mutter besonder Haabe herkomen were, oder dafür beweist werden möcht, erben sie gleich mit einander nach Anzahl der Personen. Und wo aber das Gestorben von dem die Erbschaft herrührt, seinen ehelichen Genossen auf die Zeit seines Abgangs liesse, so soll es alsdann mit dem bleibenden Genossen gehalten werden wie obsteht, auf Meinung, daß er den Beisiz habe.

Stadtbrauch zu Gießen bei Senckenberg *in Diss. de iure Hassor. n. 11.* Wann zwey ledige Personen eynander heyrathen, und ohne Leybserben eine vor der andern stirbt so wirds allhier in Giessen mit deren Verlassenschaft dergestalt gehalten, daß das leztlebende bekommt die vermachte Ehesteuer, alle Mobilia und dasjenige was sie zeit währender Ehe durch Gottes Segen erkauft und errungen haben. Die Immobilia und liegende Güter aber, so der verstorbene Ehegatte aus dessen elterlichen Verlassenschaft ererbet, fallen wieder zurücke auf dessen nächste Freunde und Anverwandten. Welches auf Begehren hiemit benachrichtigen wollen, Sign. Giessen am 9. Marz 1703. J. B. Balser Stadtschr.

Successionsordnung Graf Günthers von Schwarzburg von 1551. art. 15. Wo Mann und Weib keine Kinder gewinnen würden sollen alsdenn einer den andern befällen, und nach des Leztern Absterben die liegende Gründe wieder auf desjenigen Freundschaft, davon sie herkommen fallen, aber die gewonnene Güter und fahrende Habe solle auf des Lezten Ueberbleibenden Freundschaft alleine fallen.

Ostfriesisches Landrecht B. 2. C. 118. Wente so verfallen up de Syt, dair se von uth gekomen sint, und nicht up de negeste Fründe, dau se vorfallen weder up den Hert, darut se gesproeten sinnen. B. II. art. 158. Starvet dar ock ene Person sonder Kinder, vnd heft Guth empfangen van einem Halfbroder von des Vaders syd ock van einem Halfbroder van der Moder syd, so verfält dat Guth widderum so die Persohn empfangen heft van dem Halfbroder van des Vaters syd up de nehesten Frunden van des Vaders syd, dar dat van was vth gekamen, unde dat Guth van der Moder syd angekomen, wen gelyk in sin Verfall den nechsten Blotfrunden dar dat goth van afgekomen is.

Engelbert. Kettler in Decis. Ostfris. Cent. I. Dec. 12. Consideratio illa, vnde bona provenerint, in successionibus vsque ad quartum gradum attenditur jure Ostfrisico.

Statt- und Budjadinger Landrecht art. 56. Daß wann beide Vater und Mutter annoch vorhanden, jedwedem Theil von den Stammgütern dasjenige, was von ihm herrühret, und etwa den ausgesteuerten Kindern mitgegeben worden wieder an sich nimmt. Da aber ein Theil bereits verstorben, die von dessen Seiten herrührende und von demselben auf hinterlassene und nachgehends verstorbene Kind vererbte Stammgüter zur Helfte dem Ueberlebenden und zur übrigen Helfte den nächsten Anverwandten von des Verstorbenen Seite heimfallen. Art. 63. Diesemnächst fällt das Erbgut allezeit wieder an die Seite, wovon es herrühret, es sey von Väterlichen oder Mütterlichen Gütern sowol an der Spiel- als an der Schwerdtseiten. Art. 64. Jedoch bleibet der verstorbenen Frauensperson Laubgut allezeit —— an der Spielseiten, und beim weiblichen Geschlecht, wovon es herkommt.

Bremisches Recht von 1581. Wenn keine Leibserben vorhanden, so fället und erbet das Gut wiederum auf die Seiten, dahero es kommen.

Artikel des Gerichts Osterstade: So viel aber das Sansteder Büttlerfeld anlangend, so ist ein alt Herkommen, daß das Gut wieder an die Stämme, dahero es kommen, so fern keine Leibserben vorhanden fället. bei Pufendorf adp. Vol. III, Obſ. I. V11.

Abraham Saurs güldener Fluß von Erbschaften S. 346. Im Land zu Hessen und sonderlich allhie an der Lohne ist ein hergebrachte Gewohnheit und Landbrauch: Was ein Ehegemahl in währender Ehe von seinen Eltern an liegendem Guth ererbt, daß solches, wo keine Kinder und Leibserben vorhanden, nach des letzlebenden geendter Leibzucht wieder zurück auf die nechsten Erben falle. Aber in den Gütern, so sie in stehender Ehe errungen, mögen die Conjuges Eins dem Andern succediren.

Statutenbuch Gesaz-Ordnungen vnd Gebräuch Kaiserl. Allgemeiner vnd etlicher besonderer Landt und Stett Rechten Frankfurt am Main 1572. Blatt 87. b. „Ehlich leut die nit Kinder in der Ehe mit einander gewinnen, vnd beyde todts verfallen, was yr jedes Heymsteuer, Zugab, oder ligend Güter dem andern zubracht odder ererbt hat, dieselben Güter alle fallen wiederumb hinder sich auff ihr jedes nechsten erben, daher solch Güter kommen seind.

Was aber Zwey Ehlich gemechte durch jr beyder Geschicklichkeit fleiß vnd arbeyt miteinander erobert vnd gewonnen hetten, es sey ligends oder farends, Welches dann das ander vberlebt, ist derselben eroberten Güter ein Herr, mag damit thun vnnd lassen, nach seinem willen, Vnd gefallen nach desselben todt, seinen Erben.

Wann auch der Ehleut eins todts abgangen, so mag das ander lebend bleiben sitzen in allen jrer beyder zubrachten, ererbten, vnnd eroberten Gütern, sein lebtagen auß, vnnd soll die hinderfälligen Güter, in einem Inventarium beschrieben, in gewohnlichem Bawe vnd Wesen halten.

Vnd so vnder Eheleuten eins mit tode on Testament abgeht, behelt das leztlebende alle fahrende Hab zum halben Teyl von dem verstorbenen darkommen, so kinder vorhanden sein, Vnd in desselbigen Verstorbnen vnbeweglichen Gütern, vnd den Gütern darfür geachtet, Auch im halben teyl der Kinder fahrendem allein den Vsumfructum, vnd der eygenthumb derselben vnbeweglichen vnd farenden Güter, ist den Kindern alsbald zugestorben.

Blatt 88. So aber kein Kinder vorhanden sein, behalt das leztlebend alle farend Hab von dem verstorbnen darkommend, vnd in dem vnbeweglichen Gütern allein den Vsumfructum, vnnd der Eygenthumb derselbigen, gebürt alsbald dem Nechsten Erben.

Es soll aber auch also das leztlebend die Kinder, ob die ba wern, auffziehen. Auch alle Schuld, so das erst abgangen schuldig were, bezalen.

Wie diß alles in vieler Reichstätt als Frankfurt, Worms vnd anderer Ordnungen, vnd Reformationen nach leng erklärt."

Erneuerte Reformation zu Wezlar v. 1608.
Tit. III. §. 4. So aber keine Kinder fürhanden seind, so soll das lezt im Leben alle fahrende Haab, von dem Verstorbenen darkommen, ganz erobern vnd behalten, vnd uff desselben Verstorbenen vnbeweglichen Gütern, vnd den Gütern dafür geacht, allein den Vsumfructum behalten, vnd der Eigenthumb solcher vnbeweglichen Güter vnd die dafür geachtet seind, den nechsten Erben alsbald zugefallen sein.

Tit. IV. §. 3. Wo aber in diesem jezt berürten Fall keine Kinder im Leben weren, vnd das Erstabsterbende solchen seinen halben Theil in Zeit seines Lebens nicht verschafft hette, so soll solch erobert Gut dem leztlebenden ganz bleiben.

Erster Theil.

Landsbrauch im Grunde Breidenbach *ap. Senckenb. de iure Haſſ. p. 61.* Die Schöffen des Gerichts berichten, daß allhier landbräuchig ſeye, wann zwey Eheleute voneinander ſonder Leibserben verſterben, daß das leztlebende auf des Verſtorbenen Güther die Leibzucht zu genießen habe, die Zeit ſeines Lebens, nach deſſen Tod fallen ſolche wieder auf die nächſte Erben. publ. den 12. Jenner 1638.

Ebendaſ. S. 60. Joſt Rau von Simmersbach begehrt ſich belehren zu laſſen vor dieſem Gericht, was landbräuchig in dieſem Gericht ſeye, und wie es mit den hinterfälligen Gütern gehalten werde, berichten und erklären die Schöffen allhier darauf, wann eigene Güter ſo dienſtbar ſind, durch Abſterben auf fremde Erben fallen, dafern dann die rechten Erben ſolche Güther können beſtehen, und mit Geld ablegen, daß billig die nächſten Erben ſolcher hinterfälligen Güther wegen der nächſte ſeye, damit die Güther und Dienſte nicht möchten zerriſſen werden, ſondern bey einander verbleiben.

Ordnung des Eigengerichts zu Eiſenhauſen *ap. Senckenb. de iure Haſſ. obſerv. n. 3. p. 36.* Item welch eigen Mann ſich weibet aus ſeinen Genoſſen, der geerbet iſt, da ſoll das erblich Gut alsdann folgen den rechten Erben und nächſten Ganerben, und nicht den Auskindern.

Statuten von Kahle 1575. *in Repert. Iur. priv. p. 2157. art. 3.* Kommen zwo Perſonen — in ehelichen Stand zuſammen, alſo daß eines zu dem Andern liegende und unbewegliche Güter, Baarſchaften oder ausſtehend Geldſchulden, auch andere fahrende Haabe bringet, und doch gar keine Kinder mit einander zeugen, oder aber, da deren erzeugte vor den Eltern verſterben würden, und denn hernachmals auch Einer von den Eltern; Es ſey der Mann oder das Weib, — mit Tod abgehen, und ſeinen Ehegatten am Leben hinterlaſſen würde, ſo behält das Ueberbleibende alles des Andern unbewegliche Güter, ſo viel ihrer deren anfänglich gehabt und zu ihm gebracht hat, zu seinem Leibe als Leibgutsrecht, so lange es lebet, doch mit genugsamen Vorstand, dasselbe nicht zu verändern oder zu vermindern und die fahrende Habe erblich als sein Eigenthum. Und wenn dasselbe hernach auch verstirbt, alsdenn sollen die unbeweglichen Güter, so viel es deren von dem verstorbenen ersten Ehegatten bekommen, wieder auf desselben nächste Freunde, besgleichem die fahrende Habe auf seine Freunde — — fallen. Würden aber sich zwei mit einander verehligen, und keine eigenthümliche fahrende oder liegende — Güter zusammenbringen, und aber doch in währender Ehe deren — erwerben — das ihrer beider wolgewonnen Gut; verstürbe ihr dann Eins ehe dann das Andere — so erbt solch ihr erkauft und wol erworben Gut auf das Lezte, und das Lezte erbt solches auf seine Freunde, und nicht auf des Freunde so zum Ersten verstorben ist.

Gothaische Statuta *Art.* 27. Kommen zwey ehelich zusammen, und bringen Erbguter zusammen, oder werden in stehender Ehe mit Erbgütern befallet und haben keine Leibes Erben, stirbt eins, das überbleibende behält das Erbe oder Gut, das von den Verstorbenen herkommen ist, weil es lebet, nach desselben Absterben aber fällt solch Erb wieder zurück, auf des Verstorbenen Ehegattens Freundschaft, von dannen es kommen ist; was sie aber an Erbe bewegliche oder unbewegliche Güter in stehender Ehe mit einander erzeugt haben, damit befallet eines das andere, und solches herwiederum seine Freundschaft erblich.

Solnische Rechts Ordnung. 1571. *C. II.* Also ordnen setzen und wollen auch wir, da zwey Eheleute onsondere Pacta und Gedinge, oder so dieselben sich allein auff die Zugift und widerlegung erstreckten, zusammen sich verheyrath, und in währendem Ehestandt kein Kinder mit einander bekommen haben, oder ob sie gleich Kinder mit einander gehabt hetten, dieselbe doch vor in den Eltern verstorben weren, und eins vor dem andern, sonder Geschäft und letzten Willen mit todt abgehet, daß alsdann desselben erst verstorbenen liegende Güter, und so dafür geacht, so von im darkommen, oder im aufferstorben, so bald sein nechsten Blutgesipten Freunden, so der zeit im leben sind, eigenthümblich heimgefallen seyen, und doch der letztlebendt sein Lebenlang, und nicht länger, den Besetz darbey haben soll, doch daß er auch solche Güter in wesentlichem Baw und besserung halten, darvon nichts verwüsten, dieselbigen nicht versetzen noch beschweren, auch alle beyde, Zinß, Geschoß, Dienst, und andere Beschwerden, ohne zuthun der Eigenthumbs Erben, davon tragen und leisten solle, Aber nach desselben tödtlichem abgang, sollen sie den rechten Erben unverzüglich zugestellt werden. —— So viel dann die Güter belangt, so beyde Eheleut in währendem Ehestand mit einander erzeugt, erkaufft, und samentlich durch ihre mühe, arbeit und fleissige Haußhaltung erobert haben, bey denselbigen soll das letztlebend auch sein lebenlang seinen völligen Besetz haben, und davon gefährlichen nichts rereussern, Aber nach des letztlebenden tödtlichen abgang sollen dieselben erzeugten und eroberten Güter, die seyen liegend oder fahrend in zwey gleiche Theile getheilt, und der halbe theil auff deß Mannes, und der anderhalb theil auff der Frawen nechst verwandte Erben, erblich fallen. —— Und dieweil das letztlebend nicht allein sein Lebenlang den Besetz bey allen liegenden und fahrenden Gütern, Sondern auch den Eigenthumb aller beweglichen Güter und fahrenden Haab zum halben theil behelt, So ordnen und wollen wir, daß es auch dagegen alle Schulden, so in stehender Ehe, sie Eheleut mit einander gemacht haben, zu zweyen drittheilen, und die Eigenthumbs Erben deß erstverstorbenen den übrigen drittentheil bezahlen sollen.

Leges Suecicae prov. Tit. III. c. 7. Si duae stirpes sint et omnes alii extincti, stirps stirpi, succedat, nec alias vir aut foemina. i. e. juxta *Loccen. in Synopsi Iur. Suec. Diss. 2. §. 20.* in bonis paternis praeferuntur consanguinei, in maternis vterini, secundum illud: Paterna paternis, materna maternis.

Statuten von Weimar *art. 36.* Die Guetter, so zwei Eheleute zusammenfügen, oder in stehender Ehe miteinander erwerben, soll auch auf den Fall, wenn weder erzeugte noch zusammengebrachte Kinder vorhanden, das Theil, welches das Andere überlebt, sein lebenlang vor männiglich ungeirret behalten, solches zu seines Leibes Nothdurft geniessen, aber davon nichts veralieniren, — — und wann es dann auch verstorben, bazumal sollen die zusammengebrachte Güther auf jedes Theils nächste Freunde kommen; aber die erworbene Güther auf beyder Theile Freundschaft zugleich fallen. Es sollen aber alle bewegliche Güther dem überbleibenden Ehegatten erblich eigenthümlich und allein bleiben.

Io. Bluting Comment. Iur. Iut. de emt. rer. immob. ap. Westphalen Tom. III. rer. Cimbr. et Megapol. p. 2154. C. VI.

Lowbuch B. I. C. 6. Kamen Lüde tosamen in Echtschop vnd hebben nene Kindere mit enander, hebben averst ehr Gut tosamen in de Gemeenschop gelegt, und kopen in stehender Ehe Land, vnd stervet darna ener van den beyden; so deelet man dat koffte Land gelyk dem anhern beweglichen Gutte twischen des lebendigen vnd des boden Fründen in twee glike deele. Dat Erveland folget jedes natürliken Erven. Ist averst en Sohn dar, so nimt he doch bey des Vaders Levende na siner Moder Tode neen Andeel des kofften Landes. — Der Fruwen Sohn averst — nimmt in dem kofften Lande na Antall des Lotes ebber Deeles, als de in de Gemeenschop is.

Wiener Stadtrecht von 1351. in meiner teutschen Erbfolgsgeschichte. B. II. Th. II. n. 23. S. 304. Stirbt si aber an geschefft und hat, auch nicht chind pei dem man der ir das gutt gab, so fält das gut halbe irs Wirts nagst frewnd an und halbe weg yere nagsten frewnt. S. 308. Sterben aber die ersten chind vorebs der vatter verschaid und auch dennocht unbestat sind gewesen So geit der vatter wol als sein chaufegutt und alles das erb das vonn seinem vordern herchommen ist die er nu hat pei seiner hausfrawn aber das des erbgutt ist das vonn seiner lestenn hausfrawn herkomen ist das gehört nach seinem tab alles sambt seiner ersten hausfrawn nagst frewnt wider an.

Kaiserrecht P. 2. c. 95. „Wo eyn Man stirbet, der gut hat, das her unvergiftet hat, daz sollen nemen syne erbin, daz von dem Vater komen ist daz sollen nemen des Vater Frunde, daz von der Mutter kommen ist, daz sollen nemen der Mutter Frunt, han se aber gut gewonnen met er erbeyt, so sollen se ez glich theylen." c. 96. „Wo eyn man und eyn Wip brengen legende Gut zu eynander an Undinge nun gon by abe ane Kint so fellet ie daz gut bar doez her komen iz.

Stadtrecht zu Augspurg v. 1276. in Walchs Beiträgen T. IV. S. 253. Stirbet aber der Gemächt eins aun kind sweders das ist und aun Geschäfit so mag das ander mit dem eygen das von ihr iedweders vorderen her ist kommen not getun wan zu sinem Libe und mit der erben willen von der vorderen es da ist kommen, wann nit Kint da ist — Gewinnent aber sie eigen miteinander, aun das eygen daß Ihn von Ihren vorderen geben ist, da thut ihr iedweders wohl mit was es will und mag noch en soll es nieman daran irren.

Landregt des Kuremundisen Overquartiers van dem Lande ende Hertogdem van Gelre tit. 2. art. 11. §. 3. Als het Ehe-bedde door de doot gebroken wert, soo volgt het gereed goet den langst-lebende, met den last van de gereede schulden. Art. 12. 15. 16. Ende belangende die Erff-goederen, 't zu patrimoniael vfte gewonnen ende geworven, die blyft de langst lebende van de Ehe-luyden alleen besitten in togte, ende den eygendom valt terstont op der selber gemeene kinderen so daer zyn, anders op des ierste aflyviges erfgenamen. Art. 14. Des is de langstlevende gehalten wegen de togt ende 't gereedt, als oock natuyrlych daer toe verplicht, hunne beyder kinderen wel ende deugdelych op te brengen, doen ende laten leeren, ende onderwysen taemelych ende eerlych hun naer syn staet onderholden, ende ter gelegener tydt tot Ehelychestaet brengen, naer syn vermogen uytstellen, ende met Hylichs-goedt versien.

Tic. VII. §. 3. Art. 1. Vader ende Moeder, ofte yemandt anders in opgaende Strunch ofte Stam, enzyn geen erfgenaem van hunne kindern, kints-kinderen, ofte hunne nakomelingen in de goederen van hun nietgekomen 't zu de Hieylychs ofte andere giften, soo lange daer broeders ende susters zyn, ofte hunne kinderen oft nakomelingen. Art. 2. Maer soe verre d'aflyvige Broeders, Susters, ofte der selber kinderen ofte nakomelingen achterlaet, die selve worden voor Vader, Groot-vader, Moeder, Grotmoeder, ende andere, in opgaende Strunch oft Stam, tot erwinge geroepen ende voorgetogen met uyt fluytinge der selver. Art. 3. Ende oft noch Broeder, noch Suster, noch andere der voorts persoonen waren, an tot de versterffenisse te komen, soo sal die vervallen ierst op den Vader ende Moeder, in leben wesende, oft big gebreke van hun, in representatie oft tredinge in hunne plaetse, op de Grootvader ende Groot-moeder, ende so vorts in opgaende Stam. Art. 4. Doch met den bescheyde, dat die Vaderlyche goederen vervallen op den Vader, oft op syn Onders, ende die Moederlyche goederen, op de Moeder, ofte hare Onders, ende dat de gewonnen ende gereede goederen volgen den naesten uyt den bloede op den grabe. Art. 5. Wanneer die Alders ofte Ober-alders hunne kinderen einigh Hylichs oft ander goedt gegeben hebben, ende die selve kinders voor de Alders komen be sterben, sonder eenigh wettigh kint ofte kinderen achter te laten, oft dat die kints-kinderen by hun achtergelaten, ooch voor den Vader, Groot-vater ofte Groot-moeder geraechten te sterben, soe valt ende erft alsulch goet op die Alders die dat gegeven hebben, ende niet op die Broeders ofte Susters. §. 4. art. 1. Als yemants goet versterft, ende geene kinderen ofte kintskinderen naer en laet, soe erven volt ierst des selfs geheele broeders ende susters in die goederen by hun achtergelaten, naer des goets aert ende wesen volgende 't gene hier onder wort gesaght. Art. 2. Mit die Broeders ende Susters erben ooch in des Oemen oft Muenen goederen des Broeders ende Susters kinderen, dan en erven niet meer sy zyn veel oft weynigh wanneer sy met hun Oemen oft Muenen te beil gaen, dat hun Vader oft Moeder daer aen hadden moegen erven, wanneer sie in leven verbleven waren. Art. 3. Maer wan Broeders ende Susters kinderen allein zyn, ende geene Oemen oft Muenen hebben, soo erven sy alle hoofts-gewys ende niet in die Stammen, niet tegenstaende dat sy in ongelychen getal zyn, oft dat von den einem Oem ofte Muen meer kinderen zyn, als van d'andere. Art. 4. Welverstaende dat altydt die geheele Broeders ende Susters, ende die kinderen der selver (alzyn die verner von bloede) uytsluyten die halve Broeders ende Susters van die goederen, die op hun allein, ende niet mede op die halbe Susters ende Broeders zyn verstorven, mitsgaders van die goederen die sie gewonnen oft verworven mochten hebben. Art. 5. Ende oft die erffelyche goederen nit op hun algelychelych en waren verstorven, maer einsdells op die van den iersten, ende anderdeils van den anderen bedde, inder manieren als haven verhaelt, ende dat der gein geheel susters oft broeders van den afl̆yvigen, oft hunne kinderen en waren, als dan versterben die ooch op die halve susters ende broeders van der zyden, daer van die gekomen zyn. Art. 8. Maer in die erffellyche goederen die by de aflyvigheyt van ein van die Alders oft Vrunden op die kinderen van den iersten ende anderen bedde gelyckelych verstorven zyn, daer in erven ooch die susters ende broeders van den iersten ende anderen Bedde gelychelych, als yemant van hun komt te sterven. Art. 9. Allengaende die ruerlyche ende verworven oft verkriegen goederen van den aflyvigen, die versterven alle, als daer gein susters oft broeders van geheelen bedde en zyn, op alle die halve susters ende broeders ende hunne kinderen, maer des alflyvige erffgoederen van die andere zyde gekomen, erven op die naeste Vrunden van die selve zyde, in den Stam daer van die gekomen zyn, ende niet op die halve susters ende broeders, oft hunne kinderen, al zyn sy naerder. Art. 10. Als daer gein susters oft broeders, oft kinderen, von den aflyvigen en zyn, soe vallen die Vaderlyche erffelyche goederen op de Vaderlyche zyde, ende die Moederlyche op die Moederliche zyde, in den Stamme daer van die zyn gekomen. Art. 11. Ende aengaende die gewonnen ende geworven mitsgaders die gereide goederen, die volgen, die gebreeche van susters ofte broeders, oft hunne kinderen, tusschen den bloets-verwanten den naesten op den grave, sonder dat diesen aengaende tusschen hun eenige representatie plaetse heeft. Art. 12. Soe wanneer yemandt allein Bloedts-vrunden van eener zyde achterlaet, soe versterven alle des aflyvigen goederen op die Vrunden van der zyde allein, alwaer 't schon soe, dat die van d' ander zyde waren gekomen. Ende daer gein Vrunden noch von d' ein noch van d' anber zyde en zyn komen ende blyven die op den langst-levenden van Man ende Vrauwe in Ehestandt vergaert geweest zynde.

Stadts Wetten van Mechelen. *Tit. XVI.*
Art. 8. In successie komende uyt der zyde, soo excludeert

de Mans-persoon altyt de Vrouwe persoon al even na
bestaende den overlevende, in de ervelycke goeden, maer
niet in de have. Art. 10. In successie van broeder oft su-
ster, soo excludeert de broeder oft suster van geheelen bedde
altydt den broeder oft suster van halven bedde. Art. 11.
Een halve broeder fte suster succedeert allenlych synen hal-
ven Broedere oft suster in de ervelych goeden gekomen van
der zyde daer van sy malkanderen bestaen ende in de helft
van der halve ende verkregen erve. Art. 12. Alle ervelych
goeden succederen ende gaen altydt ten strupke — waert
daer sy af gekomen zyn.

Rechten ende Costuymen van Antwerpen.

Tit. XLVII. Art. 14. Moeten alle sterfhuysen oft
Successien ende Versterfenissen van goeden binnen deser
Stadt oft vryheit gelegen, hebben twee zyden, alsoo dat
d'een helft succedeert op de naeste vrienden van de vader-
lycke zyde, ende d'ander helft op de naeste vrienden van
de moederlycke zyde. Art. 15. Ende indien datter vander
eender zyde niemandt en is, zyn de vrienden van d'ander zyde
alleene succederende: ende by gebreecke van dien, zyn
Man ende Wyf malkanderen succederende. Art. 21.
Item, Vader ende Moeder succederen haren kinderen ab
intestato van haer ber zyden: ten ware dat de kinderen
hadden Broeders, Susters, oft Broeders, oft Susters-
kinderen, oft andere descendenten van hen gekomen zynde:
ende d'erf-goeden niet haefbeyligh, ende Erf-renten in
wesen zynde, onverandert, volgen, altydts ter zyden, allene
daerse af gekomen zyn.

Costuymen ende Rechten der Stadt Brüssel.

Art. 290. Ende den man, oft vrouwe stervende sonder
wettigh kindt, oft kinderen achter de laten, soo versterft
met deselve afhyvighent de proprieteyt ende erfdom van
alle des overledenen Erfgoeden, mitsgaders d'een helliche
van de goeden staende het Hauwelych verkregen, voor soo

veel die deser Stadt Recht subiect zyn, op de naeste vrienden ofte erfgenamen das voorsz. eersten overledenen, soo wel de Vrauwen, als Mans-persoonen, blyvende den langstlevende daer aen behouden syne Tocht, ende naer de doot des selfs langhst-levende, paerten ende deylen de voorsz. naeste vrienden alle de selve goeden onder heulieben staechsgewyse, by representatie. Art. 291. Maer aengaende de patrimoniale ende collaterale goeden des overledenen, de selve moeten gaen ten strunchwaerts van daer die gekomen zyn, te weten, de Vaderlicke goeden op de vrienden den selven overledenen van des Vaders wegen naest bestaende, en de moederlycke goeden op de naeste vrienden van de moederlycke zyde, ende beylt elchen Staech syn part ende deel noch Staechs gewyse, naer advenant dat sy daer in gericht zyn, sonder regard te nemen, oft eenige andere van des overledenen vrienden den selven in naerderen graedt bestaende zyn, dan de gene die den strunch, van daer sulche goeden af gekomen zyn, representeren: inder voegen dat Doms ende de Moeyen, Neven ende Nichten succederen in de goeden van hunnen strunch gekomen voor halve Broeders oft halve Susters van den selven overledenen. Art. 292. Ende indien den voorsz. overledenen geen Vrienden noch Magen en habbe van de zyde daer af de voorsz. gestrunchte goeden gekomen waren, noch ooch an te succederen in syne andere goeder, soo souden in sulken gevalle de goeden daer af b'erfgenamen oft vrienden desicieren, toekomen den Prince van het Landt. Art. 293. Ende aengaende de geconquesteerde goeden van den voorsz. overledenen by gebrech van de Broeders oft Susters, Broeders oft Susters kinderen, oft hunne descendenten, worden gedeylt in vier parten oft deelen, te weten, by des overledene naeste vrienden van syns Vaders vaderlycke zyde, van syns Vaders moederlicke zyde, ende van syner Moeders moederlycke zyde, elchen staech een vierde part, ende Staechsgewyse naer advenant, als boven.

Statuten van Gent 1583. *Rubric. 26. Art. 18.*
Indiender yemandt is vander Vaderlycher zyde alleene bestaende, die heeft d' een helft van alle 's overledene deelsame goedinghen: ende de Vrienden ofte Magen van der ander zyde d' ander helft. Ende de Leenen, Erven, ende patrimoniale besette Renten volgen de zyde, daer af dat gekomen zyn. Art. 19. Ende waert dat de naeste bestaende maer en waren, d' een van 's overledene Vaders Vaders wegen, ende d' andere van 's overledens Vaders moederlyche zyde, ende de derde van 's Moeders Vaders wegen, ende de vierde van 's Moeders Moeders zyden, indien gevalle soo' soude heur de Successie deelen in vieren, op elch van den voornoemden quartieren d' een vierendeel: den grondt ofte patrimoniale besette, erflyche Renten, altydts der zyden volgende daer af dat die gekomen zyn. Art. 20. Alsser geen hoyr en compareert van bloede, bestaende den goede, soo succederen Man ende Wyf in elchhanders goedingen als hoirs necessaire, midts dat sy elchanders sterfhuys niet vlieden en mogen.

Coutumes de Bourges. Rubr. des testam. art. 2.
Item, Si aucun va de vie à trespassement intestat, sans hoir descendant de son corps, les heritages anciens, et biens immeubles du defunct, et quels par le defunct non sont acquis, ni conquestez, branchoient, et forchoient, et viennent à celuy, ou ceulx qui est son plus prochain parent de l' estoc et branche dont lesdicts heritages sont yssus, et venus, jaçoit ce qu'il y ait plus prochain parent du defunct d' aultre branche que de celuy de qui lesdits heritages sont yssus et venuz. §. 3. Mais aus reguard des conquestz immeubles, et des biens meubles ils adviennent au plus prochain parent du dict defunct, qui luy peult, et doit succeder ab intestait.

Coutumes de Paris. Tit. de successions Art. 326. Et quant aux propres heritages, luy succedent les parens qui font les plus proches du coſte et ligne dont font advenus et eſcheuz au defunct lesdits heritages, encor qu'ils ne ſoyent plus proches parens du defunct. Fors, excepté qu'en fief le masle exclud les femelles en pareil degré, ſans auſſy exclurre les enfans des freres et ſoeurs venans par repreſentation, comme deſſus. Art. 327. Les heritiers d'un defunct en ligne collaterale, partiſſent, et diviſent egalement entre eux par teſtes, et non par ſouches, les biens et ſucceſſion dudit defunct, tant meubles que heritages, non tenus et mouvans en fief.

Coutumes generales du Païs et Duché de Bourbonnois. Chap. XXV. Art. 315. Quand aucun va de vie à trespas ſans hoirs deſcendans d'iceluy, et ſans Pere et Mere, ayeul ou ayeule, les plus prochains du coſte, et eſtoc paternel, ſuccedent pour la moitié des meubles, et conqueſts, et les plus prochains du coſté maternel en l'autre moitié et aux heritages ſuccedent les plus prochains lignagers des eſtocs dont ils ſont venuz, ſoit en ligne directe ou collaterale.

𝔄lemann. 𝔏andrecht *c. 414. in corp. Iur. german. priu. Senkenb. T. II. P. I. p. 486.* Wer näher erbet von recht. Wes gut will erben der ſol ſchwertes halb darzu geboren ſein das iſt der Vatter Maug. Wa ein vattermaug und ein muttermaug kriegent umb ein erb da ſol der vatter maug erben und der muter maug nit. Iſt aber das gut von mutermaug barkomen das erbent auch die mutermaugen. Swer aber ainer ſipp dem vater oder der muter näher iſt, bann die andern es ſey von vatter oder von muter die ſöllent mit recht erben. c. 285. §. 16. Diz ſprechen die meyſter und iſt das gut von Vater magen barkommen ſo erbent es die nächſten dye darczu gehörent und iſt es von mutermauge barkommen, es iſt daſſelb wort. (L. 13. §. 2. C. de legit. hered.)

Coutumes de Bretagne. Art. DLXI. Quand l'homme ou femme meurent fans hoirs de leur chair, et ils ont pere ou mere, leurs biens meubles doiuent eſtre et tourner à leur pere et à leur mere, s'ils ſont viuans ou à celuy qui ſera viuant, pourueu que le decedé fuſt de loyal mariage. Et ſoñt tenus de payer les debtes, et les amendemens, el l'obſeque du decedé, et ſon teſtament. — Et les autres heritages deuront aller à la ligne dont ils ſeront partis. Et au cas que le decedé n'auroit enfans nais en loyal mariage, ou par mariage ne pere ne mere, leurs biens meubles, et leurs conqueſts deuront aller à leurs hoirs prochains, c'eſt à ſçauoir, à la ligne deuers le pere la moitié, et l'autre moitié à celle deuers la mere, à eſtre departis, le noble comme le noble, le partable comme le partable, et s'il y auoit conqueſt en fief noble, qui ſe gouuernaſt noblement, comme deſſus dit, il deuroit eſtre departy, comme dit eſt, moitié à l'aiſné deuers le pere, et l'autre à la ligne deuers la mere. Et pource que la ligne vient de pluſieurs ramages, ils doiuent eſtre departis à chacun ramage, et le principal hoir de chacun ramage du noble doit auoir toute l'echoiſte du noble, ſans que nuls des autres y deuſſent rien prendre, combien qu'il fuſt prés ou loing du lignage du decedé.

V.

Urkundliche Zeugnisse vom Fallrecht und Ueblichkeit desselben bei erlauchten und adelichen Personen.

Traité du Chancellier de Bourgongne sur les pretensions et differents, entre les Maisons de France et d'Autriche in Leibn. Cod. Iur. Gent. dipl. P. I. p. 14. §. 29. Item que le jeune Duc Philippes de Bourgongne alla de vie à trespas à Rouvre lez Dijon en l'an 1361. Sans delaisser hoir de sa chair. *Item que ses Duchez Comtez pays et seigneuries succederent sur trois heritiers de diverse nature, tenant le costé et ligne, dont iceux Duchez et Comtez, pays et seigneuries estoient venus et descendus.* A sçauoir la Duché de Bourgongne succeda au Roy Jean comme plus prochain heritier du Duc Philippes de costé de Bourgongne. Car le Duc Robert, qui estoit l'estocq, dont le dict Roy Jean et le Dict Philippes, de cuius successione agebatur, estoient descendus et issus, n'avoit comme dessus est dict qu'un seul filz nommé Eudes et trois filles de l'ainée estoit descendue la Royne de Navarre qui fut la premiere femme du Roy Louïs Hutin de la seconde fille, qui fut mariée au Roy Philippes de Valois, estoit issu le Roy Jean et le Duc d'Orleans son frere, et de la troisieme etoit descendu le jeune Duc de Bar et de Eudes filz du dict Robert n'estoit issu et descendu que Mr. Philippes qui mourut en l'an 1345. devant Montaguillon ainsi que dict est dessus, et du dict Mr. Philippes estoit descendu le jeune Philippes, qui mourut sans hoirs de sa chair, p. 15. §. 30. — A Made. Marguerite de France venoient de la ligne et costé de la dicte mere les dictz Comtez d'Artois et de Bourgongne par le trespas du dict jeune Duc Philippes son petit nepueu. §. 31. Et les Comtez de Boulougne et d'Auvergne succederent a M. Jean de Boulongne grand oncle maternel du dict jeune Duc Philippes. —

Pacta dotal. Henr. de Hattstein in Guden. Cod. diplom. Mogunt. T. I. n. 323. p. 895. Hoc tamen saluo permanente. quod bona, *quibus quilibet nostrum ex morte suorum progenitorum predecessorum successit; vel qualiter ad eum sunt deuoluta,* post mortem uniuscuiusque Nostrum *ad suos haeredes, vt iustum et consuetum fuerit, reuertentur.*

Dipl. de 1403. c. l. n. 267. p. 1214. Jnd off Heinrich vnd Conegunt aen Lyffs Erben stirven — So sollen alle gude hynder sich vallen vnd ersterben, da sy her komen synt. Beheltnisse doch der lester Hand yre Lyffzucht ind Gebruches daran.

Ant. Dominicy de praerogatiua allod. C. X. §. 3. Quem morem (Paterna paternis, Materna maternis) etiam in Vasconia vsurpare voluisse video proximiores Brixiae filiae et haeredis Sancii Guilielmi Comitis Burdegalensis et Vasconiae, defuncto sine liberis Odone ejus filio ex secundis nuptiis cum Guilielmo IV. Comite Pictaviensii et Duce Aquitaniae adversus Guidonem Gauffridum Odonis fratrem consanguineum ex Adelmoide prima Guilielmi vxore, qui fretus auctoritate legum Romanarum fratris sui successionem sibi avocans, Vasconiam sui juris faciebat, licet ex paterno genere sibi delata non esset.

Eheberedung zwischen Freyherrn Georg Wilhelm v. St. und Margaretha v. A. 1600. bei Koch in *Diss. de iure revolut.* §. 10. p. 17. Ob der gemelte Georg Wilhelm vor berührter seiner Gemahlin, da sie ehelich beygeschlafen hatten, mit Tod abgienge, und nicht lebendige Leibs-Erben von ihrer beyder Leib gebohren, hinter ihm verliesse, so soll dieselbige sein Gemahl ihr Lebenlang ganz aus einen Beysitz haben, bey allem deme, was sie zu einander bracht, ererbt und bey einander erworben hätten, solches nutzen und niessen, wie hinterfälliger Güter Recht und Gewohnheit ist —. Da entgegen, wo in solchem Fall da nicht Kinder vorhanden, Jungfrau Margaretha eher denn Georg Wilhelm Tods verfahren, solle er dasjenige, was sie ihm zugebracht, bey einander erwunden und ererbt hätten, auch haben, nutzen, niessen und gebrauchen sein Leben lang ganz aus. Und so er, Georg Wilhelm auch Todes verfahren, solle angeregt Heirathsgut, und was sie ererbt und mit ihr darkommen, oder ihr sonsten zuständig gewesen, auch wieder an ihre nächste Erben fallen und bleiben, wohin sich das von Rechtswegen gebühret und herkommen wäre. Sonderlich auch ist abgeredet und bethädiget, da nach Absterben ihrer eins obgemelter ehelicher Gemächt, Kinder von und aus ihnen gebohren, vorhanden wären, und derselben Kinder eins oder mehr ohne eheliche Leibs-Erben Tods abgingen, solle ie ein Kind das andere erben, und nicht Vatter, Mutter, Anherr, Anfrau, so lang solcher Kinder eins oder mehr Geschwister im Leben seyn. Wo aber berührte Kinder alle ohne Leibes-Erben abgingen, so solle alsdann, iegliches Gut fallen an die Ende, da es herkommen ist; ohne Widerrede männiglichs. Doch auf diesen Fall iezt gemelt, dem letztlebenden Ehegemächt den vsumfructum sein Lebenlang vorbehalten.

Phil. Franc. R. charta de 1285. ap. Leeuwen in Cens. for. p. 293. Vsus et consuetudo est Tolosae quod si aliquis homo vel femina non habens patrem ab intestato discedat, quod omnia bona et res et iura, mobilia et immobilia illius personae defunctae remanent et deuoluuntur propinquiori seu propinquioribus ill. personae def. in gradu parentelae ex parte patris. Et si forte illa persona defuncta patrem habet tempore suae mortis, pater illius personae defunctae succedit in bonis illius, et ei remanent et deuoluuntur de consuetudine Tolosae.

Erster Theil.

Heiratbrief, daruß man vil artickel erlernen mag. auß einem Formularbuch von 1488. Blatt. 20. Ich N. beken offenlich mit disem Brief für mich und alle myn erben und thun kunt aller menglich noch dem zu zyten und ich mich BR. myner hußfrouwen eelich verheiret hab, under anderm abgered verschriben und vernotelt ist dz ich sy ires Hyratguts, nemlich C. guldin rynisch, so sy mir zugebracht hat. und den C. gulden rynisch wydlegung so ich ir do gegen versprochen unde verheissen hab an einer summ. CC. guldin rynische gebürende uff gülti, gen güten und lygend: die umb solich summ genugsam gewisse und gut syen nach reblicher notturft verwesen versichern und verschryben sol. Dz ich boruff mit gar gütem müt unn flyssiger vorbetrachtung nach myner nechsten und besten fründ rat und underwysung die genannten myn hußfrouwenn solicher. C. guldin rynisch irs Hyratsguts heimsteur widerlegung und morgengoub uf disen nachbestympten mynen stücken und gütern versicher und verwysen hab, versicher und verwyse sy yetz mit rechtem wissen in kraft dyß Briefs, in anstrenglichster bester maß formeinung und rechten, wie nach ordnung gemeyner und sündlicher landßlöffe und besunder der stat B. und vor allem und yeglichem land und stat rechten und gerichten geystlichen und weltlichen allerhöchst und meyst und best kraft und macht hat und haben sol für aller menglichs inrede und widersprechen yn allweg. Nemlich zum ersten, uff disen nachgestympten stücken und güten zu S. Dieselbigen stuck und C. guldin rc. Also und mit der beschendenheit, ob beschehe, das ich vor den genanten myner eelichen hußfrouwen mit tod vergienge und ir nit eelich lybs erben uß uns beyden by und miteinander geborn hinder mir verlassen würde; das als dann die genannte myn hußfrouwe solich N. guldin heiratgut heimsteur widerlegung und morgengoub uff den obgeschryben stücken gütern allen yeglichen mit aller und ir yeglichs zugehörungen renten dienſten nutzen gulten und genyeſſen. uff cleynen und groſſen ganz nychtzit ußgenomen vor allern unde yeglichen ander mynen erben und fründen und vor menglichen behaft warten und bekomen ſyn ſol. Die ſtuck und guter alle und yeglich mitt ſampt den briefen darüber lütende, die ir dorumb zu gemeynen handen gelegt ſynd, intze, haben nutzen nieſſen beſetzen entſetzen ſo lang biß an der myn nechſt erben und fründe die mit C. guldin hyratgut widerumb ledigen und löſen unde auch alſo ob ſoliche löſunge in zweyen joren den nechſten nach mynem tod und nach mynem abgang, von ir oder ihren erben, ob ſy do zwyſchent nach mir abgienge, wie das beſchehe, das als dan ſy oder ir erben die obgeſchrybenen ſtücke und güter alle und yegliche mit allen iren zugehörungen unde mit den brieffen dorüber begriffen für die C guldin hyratgut heimſteur und widerlegung auch morgengoub als ir ſelbs eigen gut und hab ichendis behaben beſitzen nutzen nieſſen, und nyemandt furo löſung tzugeſtatten pflychtig und ſchuldig zeſin. Sunder do mit als mit andern iren eygentlichen haben und güttern nach iren willen notturft und gefallen thun laſſen handeln und wandeln, und do mit von aller und yeglicher myner übrigen hab güten ligenden und farenden aller ding ouch gar unde gentzlich ab und hindan gewiſen und geſundert heyſſen unde ſyn ſollen in alle weg, alles ongeuerlich. Dorzu ſol ir ouch mitfolgen und werden ouch gefallen alles ir zerſchniten gewand. N. und was zu irem lyb gehörer und ſy doran gebeſſert hat. Ouch was ir uff die hochzyt geprocht ouch wz yr durch erbſchaft geſchefften übergeben oder in ander wege zugeſtanden iſt. und dorzu was ir ſtatrecht zu. BR. billichen werden und gefallen ſol, alles ongeuerlich. Gefügt ſich aber dz ich ia nach mynen tod und abgang etlich lybs erben uß uns beyden by und mit einander geborn ein oder mer ſün oder töchtern hinder mir verlieſſe, ſo ſoll es zwiſchen derſelben eewürtin, ſy werde iren ſtand verändern oder nit, und derſelben unſer beyder kynd oder kinden eynem oder mer mit erbschaft und allen andern sachen bestōn und belyben nach der stat recht hie zu. R. Beschehe dan das die obgenant myn hußfrouw vor mir mit tod, abgieng und wir nit elich lybs erben uß uns beiden by und miteinander geborn oder mer sün oder töchtern hinder ir verliesse, das zu got stöt. so sollen mir die obgenanten. C guldin rynisch ir zubracht heyrat gut zusampt miner widerlegung und morgengoub, dorzu ir geschniten gewand und was zu irem lyb gehört und sy doron by mir gebessert hat und was ir uff die hochzyt gebracht ist fry lediglich volgen und belyben on menglichs irrung inrede und wiedersprechen. Ob ir aber durch erbschaft geschefft übergoub oder in ander weg eynicherley by mir zugestanden were die selb ir zugestanden hab solte dan widerumb hynder sich an ir nechst erben und fründ irer syten fallenden werden volgen und belyben on menglichs hyndern und widersprechen yn allwege. Ob mir aber die genant myn hußfraw nach iren tod und abgang eelybs erben uß uns beiden by und miteinander geborn einen oder me süne oder töchtern hinder ir verlies, zwischen denselben unser beider kund oder kinden, ich verendern myn witben stat oder nit, sol es mit erbschaft und andern sachen bestōn und belyben nach der statt rechte hie zu. S. alles ongeuerlich. An dem allen und yeglichen so vor stöt, sol kein meye fründt noch yemantz von mynen wegen die genanten min hußfrouwen ir erben fründt oder yemant von iren wegen weder irren engen noch hyndern in kein wege. Und zu worer urkundt.

VI.

Rückfall des Heirathguts bei dem Kinderlosen Absterben einer erlauchten, adelichen und bürgerlichen Person.

Charta *Aymon de Faucigny de 1251*. **in Lünigs Rsarchiv.** *P. Sp. Cont. II.* Fortf. *II. p. 6.* Si vero contingeret — Dom. Petrum fine haerede fuscepto mafculo vel femina ab ipfa Agnete, vel ipfam Agnetem fimiliter decedere fine prole, ad nos deuoluentur integra omnia fupra dicta pleno jure.

Pacta dot. inter Car. I. D. Sab. et Blancam Montisferrat. de 1485. c. I. p. 65. Item conuenerunt, quod cafu, quo — Dom. Blanca — in Matrimonio fine filiis ex fe procreatis decefferit, praefatus — Dux — fupradictam dotem reftitueret integre pro ea videlicet quantitate, quae foluta fuerit.

Brunner in Ann. Boicae gentis P. III. L. V. §. 1. col. 207. Albertus Auftriacus illud terrarum fpatium quod Anafum inter et Danubium fitum Ottoni Henrici filio dotis nomine Rudolphus Caefar attribuerat, auulfum a reliqua Auftria inique ferebat; cumque poft mortem Catharinae fororis non redderetur, repetundum fibi armis putabat.

Hift. Auftr. plen. ad a. 1283. ap. Freher. Script. rer. Germ. T. I. p. 475. Dux Albertus primam expeditionem fuam contra Henricum Ducem Bauariae mouit propter Auftriae fuperioris, quam pater fuus genero fuo Ottoni filio Henrici obligauerat, filia praedicta anno priori iam defuncta. Sed in confinio Herisned per comitem Michel de Goritia illa guerra eft fopita. Vergl. Meine Erbfolgsgeschichte von Baiern St. II. S. 69. u. f. f.

Inſtructio Ruperti Rom. Regis in Martene et Durand. Ampl. Collect. Tom. IV. n. 92. §. 8. p. 136. — Hoc eſſe contra morem et conſuetudinem in prouinciis dominatibus ac terris noſtris, vt ad mulieris haeredes quid (*de dote*) rediret, ſi prole deſtitueretur.

Hanau Münzenbergiſcher Vertrag v. 1610. §. 26. in *Except. ſub-et obrept.* **Die Hanau. Mobil. Verlaſſenſchaft betr.** p. 16. „Dieweil auch unter andern in allen derer beyden Stamme Hanau Lichtenberg und Hanau Münzenberg beſtatteter Töchter aufgerichten Heuraths Verſchreibung auf den Fall, wo die beſtatte Perſonen keine eheliche Leibserben verlaſſen, der Wiederfall vorbehalten wird, ſoll es mit denen Fräuleins ſo unbeſtattet bleiben, ebener geſtalt gehalten werden."

Pfalzzweybrück. Heirathsberedung im Berichte in Sachen Stein-Callenfels *contra* **Bechtolsheim** *Lit. Q.* „Und dann bei ermeldtem Pfälziſchen Haus bishero üblich und gebräuchlich geweſen, daß wann eines unter beyden obgenannten Ehegemahlen vor dem andern mit Tode abgehen und nicht Leibes Erben von unſerer beider Leib ehelich gebohren nachhin ſeyn würden, daß alsdann das leztlebende ſolch Heirathsguth ſein Lebenlang behalten, nuzen, gebrauchen und nach deſſelben Tode das vorgenannte Hauptgelt, Heurathsgut vorgenannter Währung wieder an Ihro K. M. oder dero männliche Erben und Nachfolgere des Herzogthums Zweybrücken fallen ſollen, daß wir dem allen nach Ihro K. M. zugeſagt, geredet und verſprochen haben, gereden, zuſagen und verſprechen auch Ihro K. M. hiermit und in krafft diß Brieffs für Uns, Unſere Erben und Nachkommen, welche Zeit ſich begebe, daß unter uns beyden obgenannten Ehegemächten eins vor dem andern ohne Leibs Erben, wie obſteet, abgienge, daß alsdann und ſonſt nicht höchſtgedacht Ihro K. M. oder dero Erben und Nachfolgern des

Herzogthums nach des leztlebenden Tod solch obgeschrieben Heurathsgut der 30000. Gl. vorbestimmter Wehrung wider heimgefallen seyn soll.

Des Fontaines dans son Conseil. Ch. 15. n. 14. Kant li preudhoms maria sa fille, de qui tu te conseilles, et li donna une pieche de terre en mariage, ce n'est pas contre coutume de terre, se la dite terre revint au pere apres la mort de sa fille, qui mourust sans hoirs de son cors.

Loyseau des Droits des offices L. IV. ch. 9. n. 23. Quand aux terres baillées en mariages aux filles de France auparavant l'Ordonnance du Domaine, elles n'estoient pas estimées reversibles, sinon en defaut des males et femelles.

Regiam Majestatem L. II. c. 58. Cum itaque terram aliquam cum vxore sua quis acceperit in maritagio, — — illi viro pacifice in vita sua remanebit terra illa. §. 2. post mortem vero eius ad haeredem, si vixerit, vel ad donatorem vel eius haeredem terra reuertatur.

Leges Burgorum scotiae t. 44. §. 5. Et sic si plures terras acceperit in maritagium cum vxore sua, et prolem non habuerit, nec genuerit cum dicta vxore omnes illae terrae reuertentur ad proximos haeredes vxoris.

Jo. Ol. Stiernhöök de iure Sueon. et Goth. vet. pag. 156. Illud (Hemfölgd, omyendh) vt dixi filiae, hoc (Uhrgiäff, Hemgiäf) filio familias dabatur, sed non nisi respectu conjugii ad familiae onera sustinenda, et quidem respectu sobolis; illa enim deficiente quasi spe nominis sublata, ne in aliam familiam deueniret, redibat ad datorem, aut eius heredes ad tertiam vsque generationem; si vero ex illis non superessent, dabatur gradu proximis.

Erster Theil.

Kundſchaft von 1652. bei *Pufendorf in Obſerv. I. vniv. T. III. p. 25.* Als ſind auf beiderſeits Belieben die Eidgeſchwohrne ſamt andern alten ehrlichen Landleuten darüber befragt worden, ihre Findung einzugeben, ob im Land Wuhrden obſervirt und hergebracht, daß nach Abſterben der Eltern und Kinder illata dos wiewieder an den Ort, daher ſie kommen, gehen thäte, dieweil dann 6 unverwerfliche Männer einhellig mit Anführung vieler Exempel dahingeſtimmet, daß der eingebrachte Brautſchaz, ohngeachtet das Kind die Mutter überlebet, wieder nach dem Heerde, davon er gekommen, gehe.

Baieriſches Landrecht von 1346. c. 100. Von der weibliches Heimſteuer: Beleibent ſy on Erben mitenander, und haben dy Erben, die des Guz wartend ſein, nach irem Tod, So mag ſy der Man nicht on werden um ſein voder Gült. C. 107. Wo eyn Mann oder eyn Frau Heyratgut innhabent, und das on wellent werben, und ir eintweders tod iſt on Erben, ſo mag das Ander das Heyrathgut, das von dem toten herchomen iſt, nicht verchauffen länger dann zu ſein eyns Leib, und wenn es dann nymer iſt, So ſoll es herwiedergen auf die nechſten Erben.

Woldem. I. Leges prov. terrae ſcaniae L. I. c. 5. Nulla prole ſuſcitata vel ſuperſtite alienare non debet praedium vxoris maritus. Si tamen alienauerit, ſtabit alienatio per vxorem (cui non conuenit de viro ſuo conqueri) nullatenus infringenda vel infirmanda: Sed ab eo jure diuino vel ab eius herede, quamuis communi filio: ſi duro mortis imperio ſoluta fuerit ipſa vel eius haeres: terrae ſuae, quam conſtat fuiſſe alienatam, in terra, vel ſi terra defuerit, iu rebus quibuslibet iuſte aeſtimatis recipiet. Conf. **Lowbuch** B. I. C. 23.

Eheredung des Freyherrn Georg Wilhelm von Br. von 1600. in *Kochs Diſſ. de iure reuo-*

lut. p. 17. Und so alsdann — Junfrau Margaretha ohne Leibserben auch Tods verfahren, solle das angeregte Heirathsgut, und was sie ererbt; zu ihrem Leib gehörig, von ihr darkommen, oder ihr sonsten zuständig — auf ihre — Erben, das übrige aber auf Georg Wilhelms nächste Freund erblich kommen und fallen.

Urkunde von 1440. *in Iustitia possessionis Palat. super.* **Kaiserswerth** *pag. 73.* Wir Otto v. G. G. Pfalzgrave am Rhein — und Johanna — desselben eheliche Hausfrouw thuen — kundt — als Ruprecht Römischer König — Agnessen von Beiern unsere liebe Schwester ahn — Adolff — Graff von Cleve vnd van der Mark — bestadet, und ihr eine Summe Geldz Medegabe und Zugelt uff einen Widderfalle, ob sie beide ohne Leibeserben van ihn beiden geschaffen, van bodhes wegen afftgiengen, an der Burg, Statt und Zolle zu Kaiserswerde und ihre zugehornighe gegeben und bewieset han.

Eheberedung zwischen F. E. W. Freyherren von Waltbott zu Bassenheim und M. A. Th. Freyin von Leerodt von 1672. bei Estor burgerl. Rechtsgel. B. 2. S. 45. Daß dieser anstatt des älterlichen Kinds theils aus dem abelichen Size zu Leerodt 8000. Rthl. gegeben werden, jedoch wenn keine Kinder aus dieser Ehe erzielet würden, solche wieder zurückfallen sollten, wo sie hergekommen wären.

Reformation des bayerischen Landrechts von 1518. tit. 44. art. 3. Wo ein Man nach sainer Hausfrauen Todt, die on Leibserben vergangen, das Heyrathsguet, so er von ir empfangen innhat, das mag er nuzen und niessen, oder sein Lebtaglang verkümmern. doch on Schaden und Münhrung des Guets vnd nach des Mans Todt, so volgt sölch Heuratguet, seiner ee gestorben Haus-Frauen nägsten Erben. Desgleich ob ain Frau irs Mans, der on Leibs-Erben vergangen ist, Widerlegung inn hat. So mag die Frau söllif Widerlegung in obberürter Maß auch ir lebtaglang, nuzen, niessen vnd verkümmern.

Pacta dotal. inter fil. Henr. VII. Imp. et Ludov. Com. Pal. de 1308. im **Urkundenbuch zu meiner Geschichte des Vertrags von Pavia. Kl. Schriften B. II. S.** *526. n. 5. et* quicunque coniugum praedictorum, postquam coniacuerint, sine haeredibus alium praedecesserit, superstes habebit in bonis defuncti vsumfructum, et eo decedente, idem vsusfructus redibit ad haeredes proximos, vnde venit, si vero vnus eorundem coniugum decesserit, antequam coniacuerint, tam dos, quam donatio propter nuptias ad eos vnde venit, libere reuertentur.

VII.

Einwilligung der Anverwandten bey Veräußerung der Grundstücke, Beweis von der Existenz des Familiensamteigenthums.

Baring *Clavis Diplomatica Hanover 1737.* N. 5. Nos Olricus Dei gratia Senior Comes de Regensteyn universis Christi fidelibus ad quod presens scriptum peruenerit Recognoscimus ac presentibus publice protestamur, Quod de maturo consilio nostrorum heredum pro salute animarum nostrarum donavimus — 1317.

N. 7. — Quod nos Albertus et Bernhardus gracia Dei Comites de Reghensteyn, cum consensu Olrici, Gunteri et Siffridi fratrum nostrorum, ac cum consensu omnium heredum nostrorum, nec non quorumlibet illorum, quorum consensus ad hoc requiritur, vendidimuis et dimisimus. — Item transtulimus et per presencia transferimus in dictam ecclesiam seu monasterium, omne ius, quod in prefato agro habuimus, nostro et nostrorum heredum nomine, iam natorum et nasciturorum in posterum, dicto monasterio sufficientem Warandiam in premissis, contra personas quaslibet, spirituales et seculares, amputatis exceptionibus, promittentes. — Item donationi unius mansi, in eiusdem ville campis siti factam salubriter a nostris parentibus, felicis memorie in suarum animarum remedium, pro nobis et omnibus nostris heredibus, consentanee confirmamus, nos et omnes successores nostros, ad premissorum inuiolabilem obseruantiam fideliter obligantes. 1333.

N. 8. Nos Olricus Dei gracia de Reghensteyn recognoscimus publice protestantes, quod nos cum consensu omnium nostrorum heredum — — dicti Scherensmed, quondam ciuis in Quedelingburch bone memórie, nec non Thiderico, ac Iohanni suis filiis, eorumque heredibus universis, unum mansum cum dimido in magno Ordem — ab omni impetitione ac instantia liberum et solutum. 1302.

N. 9. Vniuersis presencia visuris seu audituris ego Albertus Basilides de Elme famulus cupio fore notum, Quod cum voluntate et consensu omnium heredum et consanguineorum meorum, quorum interest, vel interesse poterit in futurum, me vendidisse et in hiis scriptis vendo iusto vendicionis tytulo strennuo famulo Wilkino de Merne alias dictus Vliger, suis iustis heredibus partem meam in prato dicto Howisch cum omnibus ipsius pertinenciis sicut hereditaria successione ad me fore dinoscitur pertinere pro viginti marcis denariorum Lubecensis monete integraliter persolutis perpetuis temporibus sine aliqua inpeticione pacifice et quiete possidenda valore predicto Wilkino et suis veris heredibus prestare warandiam predicti prati inuiolabilem atque iustam. In cuius rei testimonium sigillum nostrum presentibus duxi apponendum. Datum anno Domini Milesimo, Tricentesimo Quinquagesimo primo ipso die beati Michaelis Archangeli.

N. 10. — Hinricus de Vdzendorpe Miles, vniversis presencia visuris seu audituris salutem in eo, qui est omnium vera salus. *volumus innotesci*, quod nos, deuocione accensi, saluti nostre, nostrorumque cunctorum, animarum, vtiliter providere intendentes Ecclesieque sancti Lyborii in Vorden ac ipsius — Rectori Singulis quoque personis ecclesiasticis in eadem benefacere feliciter cupientes, matura deliberatione pleno consensu et tractu ac libera voluntate omnium nostrorum heredum et amicorum super hoc primum habitis et requisitis dotauimus, legauimus et concessimus, ac presentibus, viva mente damus et assignamus —

Et nos Hermannus et Marquardus famuli de Vdzendorpe fratres prelibati domini Hinrici in maiorem plenioremque huius rei euidenciam, eciam sigilla nostra presentibus duximus pariter apponenda. Testes sunt — 1348.

N. 11. Nos Marquardus et Hermannus filius meus dicti de Etzelendorpe famuli, tenore presentium publice recognoscimus, firmiter protestantes, quod cum consensu, et voluntate omnium heredum nostrorum, et omnium quorum interest, vel interesse poterit obligauimus Hinrico dicto da Etzelendorpe. — 1340.

Monumenta Boica T. II. Rotenſ. Nro. 202.

Ich Ruger der Punzinger von Aslern, und ich Ulrich Punzinger deß Rugers sohn, und ich Friederich auch sein Sun, und ich Albrecht Krätzl von Eusan sein aidem ꝛc. vendunt bona sua in Choezting: als sie uns ankommen sind und Ulrich deß Hohemvarters gewesen sint, und geben die lehen auf mit Lehenherren Hant, eigen mit Salmanns Hant, als der Schranrecht ist da die gut inne gelegen sind, und wollen der ir gewer sein lehen als lehens recht ist, aigen als aigens recht ist und als der Schran recht ist. ꝛc. Actum sub proprio sigillo und meines suns seines Jnsiegel, und mit meins Aidams Albrecht des Krazels Jnsiegel ꝛc. anno 1383.

N. 230. Carta venditionis Sylvae. Anno 1405.

Es kommt zugleich die Resignatio iudicialis darinn vor.

Baumburg. N. 30. Ao. 1281.

Ego Otto de Layminning notum esse cupio omnibus presentem cedulam inspecturis, cum Dominus Otto prepositus et Archidiaconus Ecclesie Baumburgensis et conuentus ibidem a Chunrado dicto Guglingario, predia in Swarzbrunning cum quesitis et inquirendis pro quadam summa pecunie sue Ecclesiae comparassent, dem Chunradus Guglingarius et vxor sua Offmia cum pueris ipsorum natis nec non nascendis et poſtliumis in preſencia mea pari conſenſu renunciauerunt omni iure, quod in eisdem eis prediis competere videbatur. Preterea memoratus Guglingarius predicto Domino prepoſito et Archidiacono, et ſuo Conuentui ad hoc ſe firmiter obligauit, ut quaslibet impeticiones ſeu lites diſſolueret complanando, que ſue Eccleſie in pretaxatis prediis poſſent a quibuscunque perſonis infra ſpatium decennii generari. — —

N. 63. A. 1435.

Ich Wolfgang der Tauffkircher zu Guetenberg bekenn offenlich mit dem Brief für mich, mein Hausfraw, und all mein Erben und Nachkomen allen Leuten die den Brief ſehent, hörent oder leſent: das ich mit ganzem gutem Willen und verdachtlich nach frummer erber Lewt rät chauflich ze chauſen geben hab, als Chaufs recht iſt, mein Guet und Hueb gelegen zu Niderhaim — — under die beide Inſiegel ich mich obgenanter Wolfgang Tauffkircher, mein Hausfraw und all mein Erben und Nachkomen verpind mit meinen treuwen in aydes weis, alles das war und ſtät zehalten, —

Monum. Boica Tom. II. Codex Tradit. Chiemſ.
  N. 59. circa ann. 1155.
  N. 70. A. 1177.
  N. 100. A. 1140.
  N. 144. A. 1150.
  N. 171. A. 1165.
  N. 190. circa a. 1170.
  N. 203. circa a. 1190.

Scire volumus tam futuros quam preſentes quod quidam miniſterialis Ducis de Meran Heinricus de Nuiwartingen tradidit ſuper alter ſanctorum Martyrum Xyſti et Sebaſtiani partem predii ſui in verſtet pro remedia anime ſue. — Hoc quoque notum ſit, quod eiusdem predii abdicationem fecerunt in loco, qui dicitur uni wartingen Roudigerus frater delegatoris et vxor ipsius et filii. —

Dipl. misc. N. 22. a. 1295.

Ego Otto de Aschau pro voluntate mea ultima, presente filio meo Ottone consentiente et voluntate et uxore mea Diemude similiter volente ago et ordino.—

N. 23.

Ich Chriſtian der Tetelhelmer ꝛc. mit meiner Hausfrauen Alein gunſt und mit meiner Sune gunſt und ir Hant Johannſen, Siboten, Friderichen Chonraden und meiner Tochter Elzbet ꝛc. Actum 1296. am Sunwente Tag.

N. 24.

Ich Ott von Aſchaw verjeh daß ich mit meins Suns Hand, Rat und Gunſt Herr Ortliebs von Aſchaw geben han. Act. 1300. —

N. 49. Iura Vogteyee in Stumm circa annum 1440.

Item es iſt ze fragen, wan ain Gut wirt hingelaſſen, oder das man verchauffen will, wie man damit gefaren ſol? Darauf iſt geurtailt, welicher oder weliche Paurecht verchauffen, verſezen, oder verchummeren will, der ſol daß die Erben anſailen; welen ban by erben daß Chauffen, oder den Saz und die emfrömbung einnemen, und darumb thun als ein Frömber, ſo ſol man in den Chauf die Verſezung oder Emfrömbung widerfaren laſſen für ainem Frömben: ob aber die Erben das nit wollten oder vermöchten, ſo möchten ſy das darnach nach ihrer Notdurfft wol verchauffen, oder verchumeren: doch das der chauff, die Verſazung oder Verchumernus mit Willen und Wiſſen des Probſt ze Chiemſe oder ſeines Amwalt von Stum gevertiget wird; und weſicher oder weliche dawider hanbelten daß hiet chain Chrafft, und wär verfallen die Pen, die vor alter Herkomen iſt. Desgleich ſol mit gefaren weren, die Hewſer, Aeker oder andere Grüntt verchaufen, verſezen hinlaſſen oder verchümeren wollten, daß sol als mit der Herrschafft von Chyemse Willen und Wissen geschehen.

Vol. 3. p. 179. a. 1292. und sein des ier Gewehr zehen Jar, und einen Tach nach pairischen Recht und sezen darüber zu Füerpfant mit guetem Willen unser Guet baz Haus månning.

Item es soll noch mag nyemant den andern chainer Pawrecht enterben der zehen Jar und einen Tag in nuz und genaw gesessen ist.

Item wer seine Pawrecht verchauffen will oder mueß, der sol die die nåchsten Freünt anpeiten: und ben sol man es umb ein Marg nahender geben, dann einen Fremden, wolt das ein nit tun, so mag er es geben, wem er wil durch sein Nottdurft wegen, und sol alles geschehen nach Landes Recht an geuar.

Item auch umb welcherlei Pueß einer dem Gericht gevelt, den mag der Richter ab aller varenden Hab und Gut bechomen, und den nechsten Erben sullen die Pawrecht an Irrung mit Gemach beleiben.

Item wer auf den Leib gefangen wirt, den soll der Richter nemen, als er mit Gürtl umbfangen ist, damit den Erben das Gut beleiben sol, und das sy der Herrschafft ir Güter gepawen, und gedienen mügen.

Tom. III. N. 91. Raitenhaselac. a. 1305. in Excerpt. de Res. iud. Ib. n. 78. priv. iurisdicundi a. 1295. — an alli vill ob dheim des Gozhaus man wird begriffen mit sogetannen Sachen, daß man mit dem Tod über sein Leben solt richten, wann gastlaich orben so gethan gericht miche turben getün, so soll der Richter denselben man nehmen, allein als er mit der Guertel ist begriffen, und soll alles das guet, daß der Mann hat vorrent und unvarent dem Gozhaus beleiben.

Perard Recueil de pieces à l'hist. de Bourgogne. p. 425. Ego Hugo Dominus de Fisca, universis praelantibus et futuris notum facio, quod de laude et assenfu Beatricis uxoris meae, et filiorum meorum videlicet Hugonis iam militis, et Elifabeth uxoris eiusdem Alani et Galtheri filiorum meorum adhuc domicellorum vendidi pro fex viginti libris et fexdecim denariis forcium campaniae, et in eleemofynam dedi perpetuo poffidendum Ecclefiae B. Benigni Div. et priori et Prioratui de S. Benigno, quicquid habebam vel habere poteram, reclamabam vel reclamare poteram apud S. Benignum, et in finagio eiusdem, in familiis et hominibus eorundem cum ipforum tenementis. — et omnia fupradicta ego et haeredes mei in perpetuum garantire tenemur priori et Prioratui de S. Benigno, aduerfus omnes homines contra venditionem huiusmodi et eleemofynam portanda de fupradictis. — Et in robur et in firmitatem perpetuam, ego Hugo Dominus de Fifca et ego Beatrix uxor eiusdem paginam praefentem figillorum noftrorum munimine roborauimus, et venditionem et eleemofynam huius modi laudauimus. Et ego Hugo miles et Elifabet uxor mea qui venditionem et eleemofynam huiusmodi laudauimus, et conceffimus fimiliter pro nobis in firmitatem perpetuam figillum nobilis mulieris dominae de Joinville praefentibus apponi fecimus, figilla propria tunc temporis non habentes. Et ego Aianus et ego Galtherus fratres filii Hugonis Maioris domini de Fifca, qui venditionem et eleemofynam praenominatas fimiliter conceffimus et laudauimus, figilla non habentes in robur et firmitatem perpetuam nobilis viri Galtheri domini de Rusnello pro nobis apponi praefentibus fecimus. Actum anno Domini M. CC. XXXIII. menfe Junio.

    p. 412. Ego Pontius de monte Sancti Johannis Dominus Charnei omnibus notum facio, quod ad laudem fibillae vxoris meae et Hugonis filii mei, dedi et conceffi in perpetuum Ecclefiae fancti Hypoliti de Cobertau, pro anima mea quadraginta folidos Diuionenfium monetae, ad dominicam Bordarum Singulis annis, in collecta mea de Chames capiendos. Quod ut ratum et stabile sit, praesentes literas sigilli mei munimine confirmavi, Actum anno gratiae M. CC. XXVIII. mense nouembri.

p. 425. Ego Hugo Castellanus Vitriacensis, notum facio omnibus praesentem paginam inspecturis, quod ego, de laude et assensu Haelidis Uxoris meae, et filiorum meorum scilicet Henrici et Roberti et Guilielmi et aliorum liberum meorum, in puram et perpetuam eleemosynam, pro remedio animae meae, concessi Ecclesiae S. Ioh. de Hulmeto, Mariam uxorem Clarembaudi de Heisio Emaurici, cum haeredibus suis tam praesentibus quam futuris quiete et pacifice possidendis. Promisi etiam, quod nichil de caetero, nec per nos, nec per alios, in ipsam, nec in res ipsius reclamabimus nec faciemus reclamari, Testes sunt dominus Aubertus de Posseio Bailliuus, Iohannes Praepositus de Sarmasia. In huius rei testimonium, praesenti cartae sigillum meum feci apponi. Datum anno Domini M. CC. XXXIII.

p. 423. Nouerint uniuersi praesentes et futuri, quod ego Richardus filius Domini Guidonis Militis de Loya et ego Stephanus Clericus et ego Wuillelmus Fratres dicti Richardi, terram quam domina Grassa soror Patris nostri praedicti Guidonis militis, scilicet quatuor jugera ad Ulmum S. Mariae, et duo in Fossegirard Deo et monachis S. Benigni Divionensis apud Loyam commorantibus dederat in eleemosynam: dictam eleemosynam laudamus et confirmamus prodictis monachis quiete et pacifice et ab usque ulla contradictione possidendam, et nos et haeredes nostri praedictam terram saepedictis monachis deffendere tenemur et confirmare: Et, vt hoc ratum sit et firmum, quia sigillum non habemus, sigillo Hugonis de Sedeloco Bailliui comitatus Burgundiae praesentem paginam fecimus roborari. Actum apud Loyam an. Domini M. CC. XXXI. mense Decembri.

Tenzel Supplem. Sagitt. Hist. Goth. p. 532.
Hund Metrop. Salisburg. p. 28.
Butkens Trophées de Brab. p. 44. 221. 229. 210. 209.
Meibom. Script. rer. Germ. Tom. I. p. 413. 469.
Sagittar. Hist. Goth. p. 64, 83.

Perard Recueil à l'hist. de Bourg. p. 91. Notum sit omnibus tam futuris quam praesentibus, quod dominus Seuericus de Verziaco, dominus Cabilonensis Comes, et uxor eius Elizabeth et Symon filius suus et filia Ayglentina de Puliaco, Sancto Stephano Diuionensi et ejus Canonicis, pro remedio animarum suarum suorumque antecessorum, villam quae vocatur Franceis, — dederunt et concesserunt in perpetuum.

1120.

p. 188. — quod ego praedictus Robertus, aequiuoci Roberti Regis Francorum filius, Dei inspiratione tactus, consilio quoque coniugis propriae atque optimatum meorum animatus, saluamenta trium villarum, scilicet Anguliaci, Cromay atque sullei quae pertinent ad parochiam Sancti Apollinatis, beato Benigno Diuionensis monasterii patrono, in integrum offero, dono, trado ac de meo iure praefati sancti loci Rectoribus, fratribusque inibi Deo seruientibus proprietaria lege transfundo perpetuo cum laudatione et volo, Heliae uxoris meae huius facti consiliatricis et auctricis, seu filiorum nostrorum Hugonis videlicet atque Heinrici, una nobiscum laudatorum, et per seipsos datorum. Illustris quoque miles nomine Vuido, cum filio suo Vicecomite Vualterio, et compare sua, caeteraque prole, licet non parua, illectus immo compulsus, pecuniae quantitate, quantum in se erat huic laudationi consensit, et dominationem quam eatenus in his tribus salvamentis exercuerat, perpetualiter guerpiuit haeredesque suos alienauit. —— —— Et ut nostrae traditionis donatio stabilis et inconvulsa perduret, hanc oblationis cartam, quam ego ipse legali concessione, per festucam, per culellam, per vauntonem, per vuasonem super sanctum altare posui, manu propria subter firmavi, sieque compluribus tradidi roborandam testibus. Signum — Ao. 1043.

p. 499. Ego Galterus dominus Vuangionis Riui notum facio universis praesentibus et futuris quod ego —— —— animae meae praedecessorumque meorum providere desiderans remedio et saluti spontaneus, —— Isabellis uxoris meae et domicellae Iohannae filiae meae singulis annis in dicto prioratu faciendo, de ipsarum voluntate laude et consensu ac ad earum requisitionem et preces infinitas Deo beatissimae matri ejus S. Benigno S. Stephano de Vuagionis Riuo Priori et fratribus in dicto prioratu, tam nunc quam in posterum morantibus in perpetuam eleemosynam contuli ac concessi, usuarium suum in omnibus nemoribus meis. —— Nos autem Isabellis domina Vuangionis Riui, et domicella Iohanna praedicta consensum nostrum et voluntatem nostram spontanée praebuimus in omnibus supradictis. —— Actum anno Domini M. CC. LXI. mense Maji.

Ordericus Vitalis Mon. Vtic. L. 3. hist. Eccl. Inter haec audiens quidam miles bonus de Drocis, Uvadae nomine condonauit Ecclesiam Sancti Michaelis sitam super arua in pago Ebroicensi, consentientibus Dominis suis et filiis, et parentibus et amicis.

Du Chesne Hist. de Montmorenci l. 2. c. 6.

Estors Kl. Schrift. III. B. S. 45. Ungedruckte Nachrichten die Herrschaft Jtter betreffend. N. 6. —— nouerint presentes, et discant posteri, quod ego Regenhardus cum coniuge mea Domina Alheida de consensu liberorum meorum et coheredum agros quosdam ——

in Monasterio - apud Botzenbach — contulimus. Ao. 1252.

N. 7. — Nouerint igitur universi, quod ego R. de Ittere, — bona Capelle in Ittere — de consensu coniugis mee, aliorumque coheredum meorum — contuli ecclesie b. Marie virginis — 1267.

N. 8. Regenhardus Nobilis vir de Ittere, — ad notitiam omnium volumus peruenire, quod de communi consensu coniugis et liberorum meorum puerorum C. et R. et filie mee M. curiam illam in Boczenbach, — iterato prefate ecclesie perpetualiter possidendam contuli. 1252.

Mon. B. Vol. III. p. 175. N. 13. a. 1289. Raitenhaſ. Wir Fridrich, Ulrich, Hainrich und Chunrat von Gallerpruf verießen, und thun chunt allen dem die diesen Brief lesent, oder hörent lesen, daz wir den Hof daz Prinhausen — haben verchaufft — — mit gutem Willen aller unser Kinder, wan besunderlich iglicher seinen Leichauf hat empfangen, umb die Verzeichung: und ze dem ersten den meinen Friderichs chint Chunrad, Ulrich, Fridrich Ludweich, und auch mein Ulrichs chint Chunrad, Ulrich Gebhard, Wernher Dietmut und Chunegunt, und auch meinen Chunrats, Ulrich und Chunegund.

p. 437. N. 75. c. a. 1150. Reichersberg. Sciant omnes Christi fideles, quod quidam fidelis Homo de familia Richerspergensis Ecclesiae Fridericus nomine cum vxore sua Heloa nomine cum haberet prediolum scilicet tria iugera *per tres Campos distributa* compulsus inedia vendere cogitauit: habens vero paruulos, qui nondum annos discretionis attigerant emtorem non inuenit. Huius negotii qualitas coram eiusdem loci preposito nomine Gerhocho ventilata iustitia dictante, sententia promulgatur: Hominem ad suorum sustentationem paruulorum possessiunculam posse vendere, nec eosdem paruulos adultos vel profectos factum Patris caſſare debere.

Vol. VI. N. 2. p. 39. Tegernſe. — tradidit partem ſuam patrimonii in vico Holza dicto, id eſt *aream cum tribus iugeribus agrorum in ſingulis campis* et tria iugera pratorum.

In nomine dni omen. Iohannes dei gratia et Adolphus ejus filius, Comites Holſatiae et ſtormariae, omnibus ad quos perveniet praeſens ſcriptum ſalutem in domino ſempiternam. Sagax plurimum docuit experimentum acta hominum propter oblivionem et lapſum temporis ſcripturae ac fide dignorum teſtimonio perhennari. Igitur notum eſſe volumus tam praeſentibus quam futuris quod conſtituti coram nobis fideles noſtri, Otto de Wenſine, Bartoldus Detlevus et Eghardus fratres, primum dicti Ottonis etiam dicti de Wenſine Armigeri. De noſtro et proximorum ſuorum heredum nec non omnium quorum intererat, bene placito et conſenſu rite et rationabiliter vendiderunt et dimiſerunt diſcreto viro Thymoni de Segeberge civi Lubecenſi pro quingentis minus vigenti quinque marcis Lubecenſ. dur. eisdem ut coram nobis confeſſi ſunt integraliter perſolutis et in uſus ipſorum neceſſarios expoſitis et converſis integram villam dictam Zulene cum eius molendino ſitam in Parochia Odeslo, cum ſuis adiacentiis omnibus utpote agris cultis et incultis, pratis paſcuis paludibus manſis, campis, lignis omnibus maioribus et minoribus, rubetis et nemoribus, acquis piſcationibus rivis acquarumque decurſibus liberis acquarum inſtagnationibus novorum venti et acquae molendinorum inſtaurationibus, viis et inviis, terminis et terminorum diſtinctionibus ſicuti dicta bona iacent, et cum omni iure iudicato ſupremo et infimo, colli videlicet et manus et omnibus iudiciis intermediis necnon com omnibus reditibus fructibus emolumentis et derivationibus cum ecclesiastica et seculari libertate commoditate et perpetua proprietate. Quibus quidem bonis praefatus Thymo sui heredes et sequaces perpetuis temporibus uti debent libere pacifice et quiete liberantes etiam specialiter bona supra dicta ab omni omagio et Vassalatu ita quod nec ipse Thymo sui heredes seu sequaces, nec dictorum bonorum coloni debent nobis nostris heredibus vel sequacibus ad aliquas exactiones, praestationes prout dicuntur vulgariter Grevenschat et ad Bruggewerck seu ad Borgwerck vel ad güerrarum expeditionem, nisi ingruente necessitate hostili quando populus communiter ad defensionem terrae vocatus fuerit, nec ad vectigalium onera seu ad aliqua gravamina cuiusmodi etiam nomine nominentur, aliquatenus obligari. Sed ex omnibus praemissis erunt emancipati liberi et exempti. Praedicta egitur bona supradicti nostri fideles. Otto Bartoldus Detlevus et Eghardus de Wensine coram nobis legitime resignaverunt una cum omnibus proximis et haeredibus suis, quorum intersit vel interesse poterit in futurum praefatis Thymoni de Segeberge suis heredibus et sequacibus nihil scilicet reservantes in praemissis, renunciantes omni suo iuri proprietati et fructui habitis et habendis pro eosdem suos heredes vel sequace in bonis supra dictis et omni actioni exceptioni doli mali et omni auxilio iuris aut facti quo praemissus contractus quomodolibet possit impediri promittentes bona fide quod praefacta bona velint ac debeant praedicto Thymoni suis heredibus et sequacibus a cuiuslibet hominis iuri parere volentis et ab universitatis impetitione iure defendere et disbrigare et eisdem veram facere Warandiam atque iustam et habere omnia premissa et quodvis praemissorum gratum atque firmum nec contra facere vel venire de iure vel de facto publice vel occulte. Nos igitur de consilio et consensu fidelium nostrorum praemissa omnia et singula et quoduis eorum gratum et firmum habentes, renunciamus cum nostro iuri dominio et proprietati nobis in dictis bonis competentibus vel in futurum nobis vel nostris haeredibus aut successoribus competere volentibus praefata bona cum omni iure praefatis Thymoni et suis veris haeredibus seu successoribus principaliter assignamus et dimittimus ea tenendi, possidendi et habendi plena auctoritate ea vendendi, donandi alienandi et transferendi in personas quascunque ecclesiasticas vel seculares, vel instaurandi inde beneficium vel beneficia ecclesiastica et ordinandi modo quocunque prout eis et eorum successoribus videbitur expedire. Si etiam dictos Thymonem suos haeredes, vel sequaces aut eorum aliquem, quod absit, pro delicto aliquo levi vel enormi, a quocunque potente vel humili iudice ecclesiastico vel seculari banniri excommunicari proscribi aut relegari contingeret, aut si inhibitio fieret in terra nostra generalis vel specialis de annona vel aliis rebus educendis his et aliis impedimentis inhibitionibus et mandatis quibuscunque non obstantibus dictis bonis uti debent libere pacifice et quiete suosque prouentus salvo, tamen thelonio nostro in terra nostra vel extra terram nostram via aquatica vel terrestri duci facient ubicunque et quandocunque eorum placuerit voluntati. Ut autem praemissa omnia et singula robur obtineant perpetuae firmitatis praesens scriptum nostris sigillis mandauimus firmiter communiri. Testes sunt nobilis patruus noster dnus Henricus Comes Holzatiae et Stormarie nec non fideles Henricus de Reventlo miles, Thymo Marute famulus et Albertus nostri Adolphi supradicti Cancellarius et alii complures fide digni. Dat. anno dni millesimo trecentesimo quinquagesimo octauo dominica die qua cantatur iudica me Deus.

Sciant omnes ad quos pervenerit praesens scriptum, quod nos Otto Bartholdus eius patruus Detleuus et Eghardus fratres eiusdem Bartoldi famuli dicti de Wensine accedente voluntate et consensu nostrorum heredum proximorum et omnium quorum intererat, rite et rationabiliter vendidimus dimisimus et cessimus discreto viro Thymoni dicto de Segeberge ciui lubecens. suisque veris heredibus pro quingentis minus viginti quinque Mr. lubecens. dur. nobis integraliter persolutis et in usus nostros necessarios expositis et insuper integram villam dictam zulene cum molendino sitam in parochia Oldeslo cum omnibus suis attinentiis, mansis campis, agris cultis et incultis, pratis pascuis paludibus silvis, rubetis lignis omnibus maioribus et minoribus, aquis aquarumque decursibus, liberis aquarum instagnationibus, nouorum aque et venti molendinorum instaurationibus, piscariis terminorum distinctionibus, ut nunc ipsa villa iacet, viis et inviis, exitibus et regressibus cum omni iure iudicato supremo et infimo manus et colli et omnibus iudiciis aliis nec non cum omnibus redditibus fructibus et Emolumentis ac libertate commoditate et proprietate perpetua, non obstantibus cuiuscunque Ecclesiastici aut secularis iudicis seu principis vel domini sententiis inhibitionibus mandatis aut iuris vel facti exceptionibus aliis, pacifice et libere perfruendam et possidencam. Per ipsum Thymonem et suos heredes et sequaces et licite et libere ducendi thelonio suo terrarum domiuis tamen saluo. Quidque eis de villa et bonis praedictis deriuabitur per aquam vel terram, ad ciuitatem lubicens aut alibi ubicunque eorum placuerit voluntati nec inde debent alicui praedicti scilicet Thymo et sui heredes et sequaces ac coloni eorundem ad praecariarum exactionum et praestationum omnia, nec ad vectigalium vel aliorum servitiorum gravamina aliquatenus obligari. Que quidem bona cum omnibus libertatibus prescriptis et conditionibus omni iure nostro, quod nobis et nostris heredibus in eisdem bonis hactenus competebat aut in futurum competere valebit. Dantes insuper eis plenam autoritatem ut dicta bona possint vendere, donare impignorare et quacunque alienatione decreuerint transferre in quascunque personas ecclesiasticas vel seculares et beneficia vel beneficium ecclesiasticum vel ecclesiastica instaurandi, prout sibi expedire viderint praeter voluntatem et consensum nostrum nostrorum heredum vel hominis cuiuscunque. Preterea promittimus et una nobiscum in solidum data fide promiserunt nostri compromissores infra scripti, quod si dicti Thymo et sui heredes et sequaces processu temporis in dictis bonis et in praemissis aut premissorum aliquo questionem litem vel impetitionem sustinuerint a quocunque via iuris, nos pro eo respondere ac ipsis id iure expedire destituere et disbrigare et warandiam iustam facere tenebimur, vel Lubeke infra quindenam quam requiremur ad iniaciendum intrabimus, non exituri donec litibus quibuscunque sopitis ea omnia que peracta sunt penitus sint servata et si de infra notatis nostris compromissoribus aliquem mori contingatt, loco illius nos aut alter nostrum infra quindenam qui fuimus requisiti statuere sub fide nostra prestita tenebimur virum alium eque dignum. Nosque Johannes Steen, Thymo Marute Volradus Slamersdorp, Otto Mugele, Marquardus de Haghene, etc. a. 1358. Dom. Iudica me Deus.

C. VIII. X. de in integr. restit. Gregor. IX. (Papa 1228.) Constitutus in nostra praesentia Magister Guil. pro se ac fratre suo Io. Canonico Paronens. exhibita nobis petitione monstrauit, quod eis in minori constitutis aetate, ac eorum matre (cuius successores existunt) rebus humanis exempta, quondam G. pater ipsorum quasdam possessiones vtrique communes quibusdam vendidit pro quadam pecuniae quantitate, ac, (vt huiusmodi venditio robus firmitatis haberet) emancipauit eosdem, et fecit eos contractui consentire. Quare supplicauit vt vel venditionem eandem mandaremus nunciari nullam, vel cum adhuc existant intra tempus ad obtinendum beneficium in integrum restitutionis indultum, et intra annum et diem a tempore contractus ipsis tanquam proximioribus competeret super illa portione ius offerendi emptoribus pretium: juxta municipii parosinen. consuetudinem adprobatam, quod hactenus omiserunt, dignaremur eis super utroque (cum in hoc non modicum lesi noscantur, et emptoribus portionis eiusdem, vel eorum successoribus pretium sint offerre parati) per idem beneficium subuenire. Quocirca mandamus, quatenus si praemissa inueniretis veritate subnixa, vel venditionem praedictam, quo ad partem ex successione materna, ipsos contingentem nullam nunciare curetis, si in ea debita iuris solennitas est omissa: vel si forsitan interuenerit, et eos laesos esse constiterit, tam super ea, quam super residua portione dum tamen quod offerunt duxerint faciendum, auctoritate nostra in integrum restituere studiatis.

VIII.
Ausschließende Erbfolge der Kinder erster Ehe gegen die Kinder von der zwoten und den weitern Ehen.

Traicté du Chancellier de Bourgogne sur les pretentions et differents, qui sont entre les maisons de France et d'Autriche 1479. *in Leibnitii Mantissa Cod. dipl. Iur. Gent. P. I. p. 12. §. 16.* Item que des dicts Louis Huttin Roy de Navarre aisné filz etc. et de Madame Marguerite de Bourgongne sa femme issit une fille nommée Jeanne et nuls filz. §. 17. Item que depuis le trespas de la dicte Dame Marguerite de Bourgongne en l'an trois cens scize le dict Louis Hutin lors et de nouveau succedé à la Couronne de France se maria pour la seconde fois a Made. Clemence fille du Roy d'Arragon et estant au deuxieame an de son reigne alla de vie à trespas, delaissée la dicte Dame Clemence enceincte et grosse d'enfant. §. 18. Item apres lequel trespas pource qu'il estoit incertain, dequel hoir la dicte Dame Clemence de livreroit filz ou fille, Philippes Comte de Poictiers second filz de Philippes le Bel et frere du Roy Louis Hutin print le gouvernement et regence des deux Royaumes de France et de Navarre. Item luy ayant le gouvernement et regence des dictz deux Royaumes, luy et le Duc Eudes de Bourgongne pour et entant, qu'il touchoit Madame Jeanne de France leur niepce fille du premier mariage du dict Roy Louis Hutin et de Made. Marguerite de Bourgongne, soeur d'icelluy Duc Eudes, traicterent et accorderent ensemble, que si Made. Clemence delivroit d'une fille, *en ce cas Made. Jeanne fille du premier mariage succederoit ez Royaume de Navarre et Comtez de Champagne et Brie* et quant au Royaume de France le dict Philippes de Poictiers en demeureroit regent et Gouverneur jusques à ce que la dicte Dame Jeanne auroit son age, *et elle venuë en aage seroit entiere en son Droit*, du quel traicté se trouveront lettres scellées du petit scel du dict Duc Eudes.

Gud. Cod. dipl. Mogunt. T. I. Goett. 1743. p. 895. n. 323. pacta dot. Henr. de Hattstein — recognoscimus — quod communicata manu — omnia bona nostra, mobilia et immob. que a tempore, quo matrimonium contraximus vsque ad presens tempus comparauimus et adepti sumus et que comparare et adipisci possumus in futurum; Liberis nostris quos ipso temp. contractus matrimonii habuimus, videlicet mei Henrici quatuor liberos et mee Agretis tribus pueris tradimus donamus ei assignamus, vt ipsa bona omnia et singula post mortem nostram equaliter diuidant et possideant *tanquam veri fratres et sorores et legitimi cohaeredes;* nisi alios pueros Deo volente procreauimus, qui maiori et pociori iure ipsis bonis succedent, quibus nolumus aliquod praeiudicium generari.

— promittimus fide praestita manuali loco juramenti — quod quicunque Nostrum — primo emigrauerit ab hac vita, superstes ad alias nuptias nullatenus euolabit; sed si secus fuerit — omnia bona mobilia et immobilia, vna cum omnibus bonis que possidet et quibus successit ex morte progenitorum suorum predecessorum, et qualicunque modo ad eum sint deuoluta, tanquam ex morte ipsius dinoscerentur vacare, et libera, ad prefatos liberos nostros libere deuoluentur. Sed si superstes permanet sine contractu aliarum nuptiarum, huiusmodi bona omnia et singula ad tempora vite sue quiete et pacifice possidebit, et deinde post obitum ipsi superstitis ad pred. nostros liberos deuoluentur et ab eisdem, vt est predictum equaliter diuidantur, hoc tamen saluo permanente, quod bona quibus quilibet nostrum ex morte suorum progenitorum predecessorum succeſſit; vel qualiter ad eum ſint deuoluta, poſt mortem uniuscumque Noſtrum ad ſuos heredes vt iuſtum et conſuetum fuerit, reuertentur. Zu Frankfurt.

Spruchbrief des K. K. Adolfs von 1296. in *Kuchenbeckeri Anal. Haſſ. Coll. VIII. p. 374.* Auch wart vor vns irtheilet von wilchen ſachen daz teil, daz Otten des jungen Lantgreven Heinrichs Bruder werden ſolde lebig würde. Daz daz zu beſſerme rechte werden ſolde, vnde gevalten uffe Heinrichen den vorgeſprochenen jungen Lantgreven ſinen Bruder den anders uf nemanden, want iz ein ſament gut iſt, daz ſelbe ſal geſchehen den leſten Kindern mit der teile zu Heſſen.

Rheingräfl. Heirathsberedung von 1459. in der Kurzgefaßten Geſchichte der Rheingrafen Th. I. §. 42. Wer iz auch ſache, daz wir Graff Jacob von Todez wegen ane Libeserben abegingen, ſo ſol der Erbfall vnſers vetterlichen mütterlichen vnd Bruder erbes vnd guts mit aller Zugehörde fallen vnd erben vff die vorgenant Johannet oder ſy nit enwer vff ir Libeserben. Es ſol auch von vns Graf Jacob vnd Johannetten vnſer Schweſter durch die Lehenherrn mit verſchribongen nach Notdurfft verſorget werden, ob ſy ſich alſo zu eime andern Manne verhinlichen wulde oder verhinlicht hette, ſo der Fall geſchee, daz dan ſy oder nymands zu dem Erbfalle der genannten Graffſchaft gelaſſen werde die obgenant Kinde ſy mit dem obgenant Graff Johann hette, oder ir Libeserben weren dan zuvor nnd ee verſichert, daz ſy nach derſelben Johannetten Dode zu dem genannten Erpfalle vnd Anfalle als die albeſten zu in Gerechtigkeit ane Indrag vnd ſonder Hinderniſſe gan vnd komnen mochten.

Dieſe Urkunde iſt von Bremern a. a. O. Th. II. S. 252. §. 51. unrecht verſtanden und erklärt geworden.

K. Sigmunds Verſchreibung an ſeinen Eidam H. Albrecht V. von Oeſterreich über Niederbaiern von 1426. im Urkundenb. zur Zweybrück. Vorlegung der Fideicommißarl. Rechte n. 51. S. 183. Were auch, daz Herzog Albrecht vorgenannt andere Erben mit einem andern Weib gewünne, die sollen mit unserer vorgenannten lieben tochter Erben vnd Erbes erben an den egenannten Landen Niederbayern nicht miterben, sunder dieweil dieselben Erben vnd Erbeserben die Sone weren, sein und leben, dieweil sollen Sy Herren des egenannt Landes seyn. Es were dann, daß sy alle abgiengen, so sollen vnd mogen erst des egenannten Herzog Albrechts erben, die er mit einem andern Weib gewünne, das egenannt Land erben, haben vnd besizen.

Uraltes Oesterreich. Landrecht §. 15. nach der Harrach. Handschrift bei Senkenberg *in Vison. Leg. German. Adp. II. Mon. 1. p. 223.* Wer ain Kän nimpt und Kind bey der gewinnt, was der bei derselben Frawen hat oder gewinnet, das ist der Kind, so der Vater nicht einst. Ist aber, das die Muter tod gelelt und der Vater ain ander chan nimpt vnd bei der Kind gewinnet, dieselben Kind sollen nicht erben auf das Gut, das er ee gewunnen hat, das der vordern Kind ist, es sei eigen oder lechen, er mach es dann den andern Kindern. Was er auch guts gewinnet bey der andern Frawen das sol erben auf derselben Frawen Kind, es sei aigen oder Lehen, vnd nicht auf die vordern Kind, er mach es dann den andern Kindern. Welch tail aber der vnder der zwai hande Kinder absturbe, dieweil ir Vater lebte, so ist das recht, was der Vater darauf hat aigen oder lehen, das das auf die Kind erbe, die da lebent. (Codex Ludewig) Vnd ist, das er da stirbet an Gescheft, was er von deß Guets hat, das soll nuemanndt khain Recht zu haben, wenn sein Haußfrau.

Alemannisches Landrecht *in Senckenb. Corp. Iur. Germ. T. II. p. 342.* Der mann — giebt sein erbe, das er bei der ersten frawen het, seynen ersten Kinden.

Ge. Chrift. Crollius Vorlefung von dem zweiten Geschlechte der Grafen zu Veldenz aus dem Haufe der Herren von Geroldseck in der Ortenau §. 7. *in T. IV. Comment. Acad. Theod. Pal. p. 296.* Diese Ansprache auf die Herrschaft Veldenz kann nicht auf die Grafschaft Veldenz selbst, sondern auf die Veldenzische Herrschaft in Geroldseckischen Ländern oder deren Veldenzischen Mitbesiz gedeutet werden da Walthers Vatter Herrmann nach vorangeführten Gründen kein Sohn der Veldenzischen Erbin sondern aus erster Ehe des Grafen Heinrichs war, die Kinder erster Ehe aber auch nach dem Allemannischen Landrecht wie am Rheine in ihres Vaters Erbe, so er in erster Ehe gehabt, allein zu folgen pflegten.

Heßische Chronick bei Hert. und bei Gerftenberger, Schmincks *Mon. Haff. P. II. p. 452.* Dieser Landgrav Otto regieret wohl, bate seine Söhne sie wolten — das Land nicht theilen, und wann er dann seinen Witwenstand nicht keusch halten könnte, so wollte er auch — keines Fürsten, Herrn noch Graven Tochter nehmen, damit durch zweyerley Kinder das Land nicht zertheilet würde, sondern wolte eine fromme Jungfrau von Adel zur Ehe, und die Kinder mit Gelt und Lehenschaft und andern Gütern wohl versorgen, daß das Fürstenthum bey einander bleiben sollte. ad a. 1311.

Lex Baiuvar. ex Cod. MS. Benedictobur. Saec. XI. c. 8: Vt fratres hereditatem patris equaliter diuidant. Siue multas mulieres habuiffet. et tote libere fuiffent de genealogia fua, aut que non equaliter diuites. vnusquisque hereditatem matris fue poffideat, res autem paternas equaliter diuidant.

Ludov. Imp. dipl. de 1324. **in meiner Geschichte des Vertrags von Pavia** n. 26. Nos Ludouicus Dei gratia Romanorum Rex femper Augustus publice recognofcimus in his fcriptis, nos velle et fic ordinaffe et statuisse, vt liberi nostri, quos — ex inclita Margharetha Conthoralis nostra — procreabimus, equaliter cum aliis liberis nostris, quos prius habuimus, in omnibus bonis nostris nobis succedere teneantur, et parem cum eisdem in nunc habitis et in futurum habendis per omnia recipere portionem.

Leges Burgorum Scotiae c. 26. Si burgensis duas vel plures vxores et plures terras acquisierit, pueros quoque de vtraque vxore genuerit, omnes terrae, quas habet die, quo fuit viuus et mortuus tam de haereditate quam de conquaestu, quae acquisitae fuerunt tempore primae vxoris, reuertentur ad puerum haeredem primae vxoris.

Ant. Consuet. Ducatus Burgundiae art. 26. Marito mortuo relicto vno filio ex vna vxore et duobus vel pluribus ex altera, tantum percipit ille solus quantum omnes alii faciunt.

Leges prov. terrae scaniae L. I. c. 12. De iniqua differentia tollenda anteriorum et posteriorum in successione matris. Iniqua differentia sublata anteriorum et posteriorum: ad defunctae matris haereditatem in omnibus tam mobilibus quam immobilibus diuidendam, aeque admittantur filii priores ex maritis prioribus, vt posteriores ex marito nouissimo suscitati.

IV. Feud. 103. Mulier, quae feudum secundi viri contemplatione acquisierit, si ex vtroque matrimonio superstitibus liberis decesserit, solos ex secundo viro susceptos filios ad feudi successionem admitti, vsu curiarum obtentum est.

Andr. Tiraquell. de vtroque retractu §. 14. gl. 2. inter opp. Tom. IV. pag. 264. Si cum illis sint alii ex vtroque hi quidem alios ex vno tantum repellunt in quibuscunque bonis, vt non obscure voluerunt gl. et Doct. — Sed et si Statuto cautum sit, vt decedenti succederent ab intestato proximiores ex linea paterna, tamen coniuncti ex vtroque latere nihilominus caeteris patruelibus ex linea paterna tantum praeferrentur.

Nach den Stat. *Edwardi de 1285.* in den *Statutes at Large. London 1769. Vol. I. p. 78.* Muß ein Gut, daß einem für sich und seines Weibs Kindern gegeben worden, nach der kinderlos getrennten ersten Ehe zurückfallen.

Ren. Choppin. de civ. Parif. mor. L. 2. tit. 5. §. 28. p. 343. Multiplicis demum coniugii liberis varie separatimque obuenit communis parentis haereditas in quibusdam Galliae prouinciolis: nec viritim illis per capita, fed confertim per fingulas parentis nuptias bona difcrete tribuuntur. — Sic apud Carnutas (*C. 9. fam. ercifc. art. 3.*) patrimoniales clientelae fundi (propres feodaux) liberis prioris matrimonii: pofterioribus. vero, quaeftus clientelarium rerum §. 97. patriimoris. — Idem Burdigalae Vibifcorum a coniugibus parta lege redeunt ad eos coniunctim filios duntaxat qui ex eo connubio editi fint, quo manente res illas parens compararit. *Art. 70. Burdigal. Confuet. et Boerii Decis Burd. 203.* Vergl. *Chopp. cit. l. §. 6. p. 312.*

Urthel in Abr. Saurs güldenem Fluß von Erbschaften S. 203. Ist ein Weib verstorben, und hat mit ihrem ersten Ehemann drey Kinder so noch am Leben erzeuget, an einem, und von dem andern Ehemanne zwey Söhne anderntheils, und darneben etliche weibliche Lehen und ander Güter nach sich gelassen, So haben die ersten Kinder den Vorzugk solche Lehengüter zu erben billich, sonderlich wo mit dem Gedinge der ander Mann genommen, oder aber deß Orts, da sich der Fall zugetragen, eine solche Gewohnheit were, daß die Kinder erster Ehe zugelassen, die Kinder anber Ehe außgeschlossen werden von Rechtswegen.

Anc. cout. de Bourgogne art. 231. oben unter n. 4.

Landrecht von Rüremondischen Oberquartier in Geldern Tit. II. §. 3. art. 11. §. 4. art. 5. 8. ebendas.

Lex Wisigothor. L. IV. tit. 5. c. 4. Si ex vno patre et diuersis matribus filii nati fuerint, facultares, quae de patre venerint, illi tantum inter aequaliter erunt diuisuri, qui ex vno patre fuerint procreati. Item et si de vna matre et diuersis patribus filii nati sint.

Dipl. Ludov. Com. Palat. Rheni de 1288. in meiner Geschichte des Vertrags von Pavia B. II. der Kl. Schriften n. 2. S. 519. Specialiter renunciamus illi consuetudini siue iuri, si quod vel si qua foret circa Rhenum, quod vel quae liberos secundi matrimonii in bonis, quae pater vel mater possidebant, vel vterque proprietatis vel feudi titulo, succedere prohiberet, et generaliter omni juris auxilio Canonici vel ciuilis vel consuetudinarii, per quod aequalis inter nos facienda diuisio siue in bonis quae jure proprietatis, siue in bonis, quae jure feudi ipse pater et nostra, vel eorum alter possidebant, siue quae idem pater vel ipsa mater nostra praelibati Dom. nostri R. Rom. filia vel ambo conquisiuerunt vel conquisierint in futurum, posset in aliquo impediri.

Urk. Bischof Simons von Worms 1288. a. a. O. n. 3. S. 522. Und so sy todts abgee, das alsdann solch Lehen fallen soll auf ermelts Pfalzgraf Ludwigs Erben, der Ersten und andern Ehe solliches gleich nach Anzahl der Personen ze thaillen, wo sie aber vor Im sterben, so solt auf vermelter Fürsten und sein Erben fallen.

Dipl. Henr. AEp. Mogunt. de 1288. ap. Oefel. Script. rer. Bav. T. II. p. 109. et postmodum ad haeredes nostros primi matrimonii et secundi aequaliter diuidenda secundum numerum liberorum sine difficultate qualibet reditura.

Adlzreitter Ann. Boicae gentis P. III. L. 25. col. 658.
Brunner Ann. Boic. P. IV. l. 5. §. 2. col. 214.

IX.

Vorzügliches Erbrecht der Kinder für den Enkeln, und der Geschwister für den Geschwisterkindern.

Testament. *Caroli II. Siciliae Regis de 1308. in Leibn. Cod. Iur. Gent. dipl. n. 31. p. 52.* In quibus Comitatibus (Prouinciae Forcalquerii et Pedemontis) ac praedictis aliis terris, Substituimus Philippum filium nostrum Tarenti et Achajae Principem si tunc superesset; er si tunc non viueret, substituimus in dictis Comitatibus et praetactis terris quesitis et querendis dicto casu unum de aliis filiis nostris masculis post eundem Philippum natis et nascituris primogenitum; *et si nullus de hujusmodi filiis nostris post eundem Philippum natis aut nascituris tunc superesset, substituimus unum de nepotibus nostris* masculis natis aut nascituris descendentibus scilicet ex viuentibus tunc filiis nostris masculis, eum quidem qui ex nostro majore natu filio primogenitus esset; et si e majore natu non superesset masculus substituimus in eodem casu in supra tactis Comitatibus et terris primogenitum ex alio filio nostro sequenti et super ordinem de sequentibus filiis nostris, si de priore non superesset masculus, seruato ordine, quo supra in casu ipso nepos ex majore natu filio nostro tunc superstes aliis nepotibus ex sequentibus nostris filiis praeferatur. §. 20. p. 57. Item si contingat illum qui secundum modum et ordinationem succedet praedictum in praedictis comitatibus Prouinciae et Forcalquerii ac Pedemontis absque liberis decedere et relinquat fratrem vel fratres aut sorores vel vtrosque, in casu ipso substituimus in ipsis Comitatibus fratrem suum primogenitum, et si fratrem aliquem non haberet substituimus nepotem masculum primogenitum, qui superesset ex fratre majore natu, et ita per ordinem de nepotibus descendentibus ex aliis fratribus, habendo respectum, quod nepos primogenitus ex fratre primo natu aliis nepotibus praeferatur; et in defectu nepotum eodem modo substituimus pronepotes ex fratrum masculorum linea descendentes.

Traicté du Chancelier de Bourgongne etc. in Leibnit. Mantiſſa Cod. dipl. Iur. Gent. p. 21. §. 36. Item est qui plus est sur le plaid et different, qui fut touchant la dicte succession entre la dicte Dame Mahault et Meſsire Robert d'Artois nepueu en ligne directe du dict Robert Comte d'Artois, la dicte Comté fut par les Rois Philippes le long et depuis par Philippes de Valois declarée competer et appartenir au droict et proffit de Me. Mahault comme le sera plus à plein allegué au faict d'Artois.

Struuii Corp. Hiſt. Tom. I. p. 639. §. 31. In iisdem Comitiis Francofurti (1276) celebratis controuerſia decidebatur de succeſſione in Electoratum Saxoniae. Mortuo enim a. 1370. ſine liberis Rudolpho II. Electore, controuerſia oriebatur ab eo, an Ottonis fratris secundogeniti filius Albertus, an vero frater tertiogenitus Wenceslaus in ſucceſſione ſit praeferendus, ipsumque (Wenceslaum) in Electoratu — confirmat. *Dipl. de 1376. ap. Du Mont. Corps diplom. Tome II. P. I. p. 110.*

Traicté du Chancelier de Bourgogne cit. l. p. 25. §. 50. Item et ou les gens du Roy disent, que si le dict Duché de Bourgongne euſt peu succeder sur fille il fuſt succedé à Me. Yoland Comteſſe de Nevers fille Eudes de Bourgogne ſilz de Hugues de Bourgongne, la responſe y eſt claire que le dict Eudes mourut avant le dict Hugues; pourquoy Robert ſecond filz du dict Hugues de droict commun fut preferé à ſa niepce ex filio, et hanc quaestionem in terminis ponit et decidit Bar. in au. poſt fratres C. de legibus et haeredibus de regno Ap. Secus eſſet in feudo de ſua natura diuiſibili in patria, in qua repraesentatio habet locum, quia tunc nepos vel neptis filii praemortui succedent cum patruo superstite, facit etiam dictum singulare Bal. quod in principatibus non habet locum repraesentatio in L. m. s. eo. ff. de leg. tert.

K. Karls V. Privilegium für Herzog Wilhelm III. von Jülich, Cleve und Bergen von 1546. *in Du Mont Corps dipl. Tome IV. P. II. p. 313.* — als wann es sich fügen würde, daß geb. H. Wilhelm mit obged. S. L. Gemahlin unserer Muhmen keinen Männlichen Ehelichen Leibserben überkäme, oder gleichwohl Männliche Leibserben mit J. L. erwürben. Die aber nachgehendes über kurz oder lang ohne eheliche Leibserben abgiengen, daß alsdann, so kein männlich eheleiblicher Erbe von S. H. Wilhelm L. Erben vorhanden ist, obangeregte S. L. Fürstenthumb Land und Leute, die von Uns als R. K. und dem h. Reiche zu Lehen rühren, auf Sein H. Wilhelms eheliche Töchtern mit unserer lieben Muhmen Ehelich erworben, oder wo derselben keine dazumahl am Leben wäre, und aber von einer oder mehr Ehelich gebohrne Leibes Erben vorhanden wären, alsdann auf dieselben S. L. Töchtern nachgelassene Eheliche Männliche Leiben Erben, so derselben Zeit im Leben seyn, kommen, oder ihnen folgen und zustehen sollen, und in solchem Fall Ihnen und Ihren Ehelichen männlichen Leibeserben, da sie deren einige hinter Ihnen verlassen, von Uns oder Unsern Nachkommen am Reich gnädiglich verliehen werden sollen.

K. Maximilians II. Confirmationsbrief wegen der Lehenfolge der Jülich: Töchter von 1566. *in Lünigs Reichsarchiv. P. Sp. Cont. II. Abth. IV. p. 417.* daß alsdann, so kein ehelicher männlicher Leibserb von sein H. Wilhelms Lieb geborn mehr vorhanden ist, S. L. Fürstenthumb Land und Leuth, so von J. M. als damals Römischer Keyser vnd dem heyligen Reich zu Lehen rühren, auf sein H. Wilhelms eheliche Töchtern mit — Maria seiner lieb Gemahl ehelichen erworben, oder wo derselben keine dazumahl im Leben, vnnd aber von einer oder mehr ehelich gebohrne Leibeserben vorhanden weren, alsdann auf derselben S. L. Töchtern nachgelassene eheliche Männliche Leibserben, so derselben zeit im Leben seyn, fallen, kommen vnnd ihnen folgen vnd zustehen sollen.

Literae Ciuitatum Marchionatus Morauiae de 1356. in Schminckii supplem. act. publ. ad Goldasti Comment. de Regno Bohemiae T. I. col. 315. n. 45. Adiecit etiam D. Imperator et Rex Bohemiae — et similiter extra articulum contentum in literis infeudationis praedictae, ad abundantioris cautelae praesidium rite decreuit, quod in supradictis principatibus videlicet regno Bohemiae et Marchionatu Morauiae Primogenitus in regem siue marchionem assumi debeat, aut eo nonexstante, secundo genitus, vel in defectu secundo geniti — Tertiogenitus vel Quartogenitus vel Quintogenitus quoquot fuerint et sicut se casus obtulerit vitae siue mortis eorum, sic quod dignitas regni et Coronae Bohemiae et Marchionatus similiter penes illum remaneat, qui paterno stipiti regis vel Marchionis conspicietur in procedente linea fore propinquior, ea conditione, quod si primogenitus, secundogenitus, tertiogenitus, quartogenitus seu quintogenitus, quotquot etiam fuerint ante obitum patris decederint, et quilibet eorum masculinos heredes filios post se dimitteret, tunc regnum praed. Bohemia ad filium primogeniti regis, et Marchionatus ad filium primogeniti Marchionis sine difficultate qualibet deuoluentur, cum quilibet eorum paterno stipiti propinquior videatur. Si vero primogenitus non quidem filium, sed nepotem et secundogenitus filium post se dimitterent, tunc principatus huiusmodi ad filium secundogeniti, non ad Nepotem primogeniti deuoluentur, et hoc idem est de filiis et nepotibus Tertiogeniti, Quartogeniti, Quintogeniti et sic de singulis perpetuo sentiendum. Cum vbique filius secundogenitus paterno stipiti vicinior, quam vtique pronepos primogeniti videatur.

Discussion des differendz entre les Roys de France et d'Angleterre in Leibnitii P. I. Mantissae Cod. dipl. Iur. Gent. p. 73. §. 56. Et pour descendre au cas particulier il est vray, que eu Angleterre en toutes successions qui shéent en taille, les filles ne succedent point, pour tant qu'il y ait aucun hoir masle descendant de la lignée: et se pratique chaqu'un jour au dict Royaume, c'est assavoir, que s'il y a homme, qui ait deux filles et ses heritages sont en taille pour venir à hoir masle, et l'aisné à qui selon la coustume du pays la succession doibt apertenir va de vie à trespas et delaisse une fille, la quelle fille ayt un filz; et le pere de deux filz, voyse de vie à trespas, suposé que au dict Royaume d'Angleterre il y ait representation par coustume ou par convennance specialle; si ne succedera point le filz de la fille au prejudice du second filz, au quel est toute la succession: et est la raison, pource que la fille ne peut succeder et par consequent ne peut transporter son droict à aultruy et par son moyen le filz ne peut venir à l'heritage.

Sententia Parlamenti de 1322. in Leibn. P. I. Mant. Cod. I. G. Dipl. n. 52. p. 107. Notum facimus, quod cum Robertus de Flandria miles filius quondam Roberti Comitis Flandriae tanquam proximus et unicus superstes eius filius, vt dicebat, dicens se esse saisitum per consuetudinem patriae notoriam, qua dicitur, quod mortuus saisit viuum, de Comitatu et Paria Flandriae, et aliis, que d. deffunctus tempore, quo ipse vivebat, tenebat in Regno Franciae, et de quibus ipse decessit saisitus, petens se ad fidem et homagium nostrum recipi de praedictis, offerens os et manus, feruitium et deueria alia, quae dictum feudum requirit ex una parte: — — Nec non et Ludouicus Comes Niuernenfis filius primogeniti d. Domini deffuncti Comitis Flandriae, dicens fe ius habere in praedictis et fe effe in poffeffione de eisdem et proximiorem in fucceffione praed. virtute cuiusdam prouifionis et ordinationis factae per d. Robertum tunc Comitem Flandriae; de af. fenfu et voluntate Ludouici tunc Comitis Niuern. primogeniti filii fui et d. Roberti fratris et Ioannae Dominae de S. Vrbino Sororis d. Domini Ludouici primogeniti; per quas ordinationes et prouifiones actum extitit, quod d. Ludouicus filius fuus nunc Comes Niuernenfis in Comitatu et Paria praedictis d. auo fuo fuccederet, et quod in eum cafum d. Robertus et Ioanna omni iuri fucceffionis d. Comitatus et Pariae et aliorum, quae habebat in Regno Franciae, ad opus Ludouici praed. per fua iuramenta renunciauerant, totum ius, quod in d. fucceffione habebant et habere poterant in ipfum Ludouicum transportantes; quae omnia et fingula — Philippus quondam Rex Franciae et Nauarrae ad requifitionem d. Comitis Flandriae deffuncti et dictarum partium auctoritate Regia et certa fcientia approbauerat et confirmaverat, cum interpofitione decreti fui et pronunciatione facta, praemiffa fic poffe fieri et valida effe; tollendo confuetudines contrarias, fi quae effent, et fupplendo de plenitudine poteftatis omnem defectum, fi quis forfitan effet.

Bulla Clement. VII. pro regno Adriae de 1382. in Leibn. Mant. Cod. I. G. dipl. P. I. p. 240. n. 106. Quod fi nepotem ex filio primogenito praemortuo cum filio vel neptem ex filia primogenita praemortua cum filia ad fucceffionem huiusmodi concurrere forte contingat, nepotem patruo et neptem amitae volumus anteferri. Si vero nepos cum amita vel neptis cum pamuo forſan ad huiusmodi ſucceſſionem concurrerint, marem foeminae volumus anteferri.

Nicol. Burgundi Hiſt. Bavariae L. II. p. 123. Rupertus et Rudolphus praeterea petierant, vt Rupertus junior Adolphi filius paulo ante extincti a ſucceſſione remoueretur. Quod iniquum eſſe reſpondit Caeſar; oportere enim nepotes paternum locum iugredi et coheredibus partem auferre.

Littera Eudonis Ep. Tull. et Vaſall. Lothar. de 1306. ap. Dumont. Tome I. P. I. n. 597. p. 342. — Ius eſſe et conſuetudinem in Ducatu Lotharingiae a tempore, cuius non extat memoria, hactenus obſeruatum, ut quoties filium primogenitum Ducis Lotharingiae, qui pro tempore fuerit, mori contigerit ante patrem, relictis liberis, legitimis maſculis vel foeminis, vno vel pluribus, illae vel illi in Ducatu Lotharingiae prae omnibus aliis ipſius Ducis haeredibus debeant ſuccedere loco patris. Es ist bei dieſer Urkunde zu bemerken, daß über die Erbfolgsrechte in Lothringen Zweifel entſtanden war, und daher der Herzog ſie durch ſeine Landſtände unterſuchen ließ, die dann obigen Ausſpruch thaten, woraus man erſieht, daß die lothringiſchen Gewohnheiten im Punkte vom Vertretungsrechte von dem übrigen Germaniſchen Recht einen Abfall gemacht haben. Siehe *Gebhardi Geſchichte der erblichen Reichsſtände in Teutſchland Th. I. S. 453. Baleicourt ſur l'origine de la Maiſon de Lorraine. p. 106.* Man vergl. hierunten die Normanniſchen Geſeze C. 26. §. 6.

K. Maximilians I. Privilegium für Maria die älteſte Prinzeſſin Tochter H. Wilhelm von Jülich Cleve und Bergen von (1496.) 1508. in *Lünigs Reichsarchiv. P. Sp. Cont. II. Abth. V. u. VI. in den Supplementen p. 98.* — haben wir — damit die berührten Herzogthum (Gülich und Berg) und Grafſchaft Ravensberg nach ſeinem Abgang beſonder bieweil etliche Güter der benannten 2. Herzogthumb an ander Ende fallen möchten, nicht zertrennt noch uns noch dem h. Reich des halben also nützlich und wohl gedienet würde, und darauf mit gutem Rath — ihme die Freyheit und Gnad gethan und seine Eheliche Tochter mit Nahmen Maria, oder ob dieselbe mit Todt abgienge, und der genante Herzog von Gülich ein ander Tochter überkommen würde, auch dieselbe und jedweder Eheliche Männliche Leibes Erben der gedachter 2. Herzogthumb und Graffschaft mit ihren Zugehörungen nach seinem Abgang lehenwürdig vehig und empfänglich gemacht; Thun geben und machen sie also der berührten Lehen würdig vehig und empfänglich von R. K. Machtvollkommenheit— meynen und wollen wann und so bald der ehegenannte — H. Wilhelm zu Gülich ihr Vater nun hinführo über kurz oder lange Zeit mit todt abgehen würde — daß alsdann vorgemelte zwey Herzogthumb und Graffschafft mit allen ihren zugehörigen allein auf die obbemelte Maria seine gelassene tochter, oder ob die mit todt abgienge, und S. L. eine ander tochter überkommen würde, auf dieselbe und jedwedere Eheliche Männliche Leibserben fallen und sie darbey bleiben, wir und unsere Nachkommen am Reich ihnen die zu Lehen verleihen und darüber Lehenbrief fertigen und geben, auch dieselben alsdann von uns und dem h. Reich zu Lehen inne haben, nützen und niessen sollen und mögen von Allermänniglich unverhindert.

Wernh. Teschenmacheri Ann. Cliv. Iul. etc. p. 398. Sed ex iis (Wilh. Filiis) Gerhardum primogenitum Montium Comitem a. 1360. amisit, cui (Patri) idcirca a, 1361. mortuo Wilhelmus Secundogenitus successit. et pag. 401. ex *Streithagenio.*

 Fratre prius rapto per tristia fata priore
  Obtinuit populi jura suprema suis.

 Conf. Tab. XII. Geneal. p. 448. *Rousset Histoire de la succession de Cleves etc. Tome I. page 2.* Il semble, qu'on avoit fait une injustice à Guillaume I. Duc de Berg, en donnant le Duché de Iuliers à son oncle Guillaume, à son prejudice, puisqu'il etoit fils de l'ainé.

Io. Meier Compend. I. Cimbr. ap. Westphalen Monum. inedit. T. IV. p. 1715. L. I. c. 5. Hinc collige immo succedere fratres et sorores solos, et non vna cum illis fratrum filios, vti jure ciuili, vt ita in linea collaterali Iuri Represtentationis plane locus non sit Iure Danico.

Choppin. de civ. Paris. mor. L. 2. p. 308. Testatur enim albus Codex Antiquitatum Lutetiani fori, (Le Livre blanc doux sire de la Chambre du Procureur du Roy au Chastellet de Paris.) nepotes paternum gradum minime expressisse antea in bonis auitis. Nisi auus connubiali pacto filii nepotes itidem vocasset in iura futurae suae hereditatis.

Bambergisches Stadtrecht von 1489. in D. Joh. Heinrich Bocris Beweis daß die Suitas *haeredis* **in Teutschland keinen Nuzen zeige. Altorf 1744. S. 44.** Item das ein Mann ein Sohn hett, und der Sohn Wirtin und Kind hat, und stirbt der Sohn, dieweil sein Vatter und Mutter mit gesambter Hand leben, so ist des Sohns Wirttin und ihre Kinder von allen Erb, Eygen, Gutt und Hab, die des Sohns Vatter und Mutter haben, weder Wart noch Recht daran. Aber der Anherr und Anfraw mit gesambter Handt mögen ihre Töchter mit demselben Erbtheil, davon sie gevallen seyn, wohl wider begnaden, und in den widergeben und vermachen mit der Statt Brief und Insiegel, ob sie wollen, und darein haben die andern Kindt nit zu reden noch zu sprechen. Aber lebt des Sohns sein Wirttin dieselben Weillund, sein Vatter und Mutter mit gesambter Hand leben, und ob sie ihme Kindt leßt, so seindt die Kindt aber von ires Anherrn und irer Anfrawenn Gut ab, und hat der Sohn allein Wart darauff, alß ob er lang lebt bis sein Vatter oder sein Mutter ir eins gestirbt und das beſambter Handt zubricht, ſo iſt der Fall des Sohns allein; und were er dennoch Wittiber und ſtürb hinnach in Wittiber Weis, wenn ime die Wirttin alſo gefiel, ſo hetten des Sohns von ſeiner wegen, und an ſeiner Statt erſt wart uff ihren Anherrn und uff ihre Anfrawen, welches dennoch lebt und haben die Kindt ſonſt Schadens genug, daß ſie Vatter und Mutter dann beide verloren haben.

Cod. Legum Normann. C. XXVI. §. 6. Licet autem huic conſuetudini, (Das Primogeniturrecht in den Linien fortlaufend) que in Normannia ſolet antiquitus generaliter obſeruari, opponant ſe plurimi et repugnent. In ſucceſſione patris tantummodo ad Profilium aſſerentes, quod Profilius auo ſuo non debet ſuccedere, licet primogeniti fuerit filius, qui aui ſui tempore jam deceſſit. Sed ipſi auo non debet ſuccedere filius eius, dum tamen aliquis filiorum ſuperſtiterit. Nec debet habere filius eius vocem ad ſucceſſionem dum filiorum aliquis hoc requirat, nec eciam ad aliquam porcionem obtinendam, vt affirmauit, quod inhumanum eſt, et contra ius quodlibet introductum, et ſic Normannie in hoc caſu conſuetudinem peruerterunt.

Regiam Majeſtatem L. II. c. 25. Heredum alii proximi alii remotiores ſunt. §. 2. proximi heredes alicuius ſunt, quos ex ſua corpore aliquis procreauit, vt filius et filia. §. 3. quibus deficientibus vocantur heredes remotiores, vt nepos et neptis ex filio et filia recta linea deſcendens et ita in infinitum. c. 32. Si quis autem moritur ſine herede filio vel filia, et habuerit nepotes vel neptes ex filio vel filia, tunc quidem indubitanter omnes ſuccedunt illi. *Glanvilla L. VII. c. 3.*

Culmiſches Recht B. III. Tit. 9. c. 11. Stirbet einer und läſt Brüder oder Schweſtern von voller Geburt und ſeines Bruders Kind, ſo ſind die Brüder oder Schweſtern näher das Erbe zu nehmen, denn des verſtorbenen Bruders Kind.

Erster Theil.

Coutume de Boulenois Art. 48. La Coutume de ladite Comté de Boulenois eſt telle, que s'aucun va de vie à trépas ſans hoirs legitimes de ſa chair, delaiſſée une ſienne ſoeur legitime et aucuns de ſes neveux ou nieces enfans de ſes freres ni ſoeurs trépaſſés; ladite ſoeur ſuccede entierement en toute la ſucceſſion du dit trépaſſé ſon frere audevant de tous lesdits neveux ou nieces en ligne collaterale, parceque par ladite Coutume droit de repreſentation n'a point de Lieu.

Rebkows Sächſ. Landrecht. B. I. art. 5. Nimpt der Son ein Weib bei des Vaters leben, die im ebenbürtig iſt, und gewinnt er Söne bei ir, und ſtirbt er darnach, ehe ſein Vater in teilet von dem Erbe, die Söne nemen Teil an ires Eltervaters Erbe gleich iren Vetern an ires Vaters ſtat. alle nemen ſie aber eines Mannes Teil. Vergl. die Stellen des Schwäbiſchen Land- und Lehenrechts in meinem **Verſuche einer Geſchichte der teutſchen Erbfolge B. I. S. 146. 147. Noten yy) yyy)**

K. Max. I. Privil. für die Stadt Nördlingen von 1496. in Müllers Reichstagstheater. Vorſt. 4. S. 453. — Wie von Alter her derſelben Statt Nördlingen Recht und Gebrauch geweſen, daß die Enickel auch Geſchwiſtergit Kind mit ihr Vater oder Mutter Geſchwiſterigt in gleichem Theil ihres väterlichen oder mütterlichen Erbs mit denſelben Geſchwiſtergiten zu erben nit zugelaſſen.

Ebendeſ. Beſtättigung des Halliſchen Statuts von 1498. a. a. O. S. 454. — Wie über aller Menſchen Gedechtnus bisher bei ihnen daſelbſt zu Halle Stattrecht, Herkommen Gewohnheit und Gebrauch geweſen, und auch in widerſprochener Rechtfertigung zu Recht erkannt worden, daß Enigklein zu ihren Anherrn und Anfrauen, desgleichen Bruder — und Schweſterkinder, nach Abſterben ihrer Väter und Mütter, zu derselben ihrer Vätter und Mütter Geschwisterigten derselben ihrer Anherren und Anfrawen, auch Vettern und Muhmen nicht zugelassen, sondern in derselben Fällen gänzlich hindan gesetzt und ausgeschlossen.

Lud. March. Brand. dipl. de privil. civ. in Ierichowe a. 1336. ap. Ludewig Reliqu. MSS. Tom. 7. p. 30. antiquam et reprobatam terre consuetudinem, quam presentibus cassamus, — pro eo quod proles mortui patruelis hereditate aui, viuente patruo vel matertera sint exhereditandi, quod *Iure Imperiali* (Kaiserrecht Konr. II. Th. II. §. 14. 34. 71.) et Priuilegio Saxonico contrarium, et etiam inualidum dicimus et censemus.

X.

Ehliche Ausstattung sowol der Söhne als der Töchter.

Corpus Tradit. Fuldenf. n. 182. p. 86. — Ego Waldmann et Coniux mea Wihmut — donamus atque tradimus — quiquid Wolfmunt filiae fuae Wiuchmutu conjugi meae in Pago Paringe in villa Oftheim haereditaverat, et quicquid mihi Pater meus Eizo et Mater mea Theotlind. de agricultura terra — hereditauerunt. a. 804.

Charta Aymonis Dom. de Faucigny de 1251. **in Lünigs Reichsarchiv** *P. Spec. Cont. II.* **Abth.** *IV. p. 8.* Concedimus — Petro de Sabaudia Marito Agnetis Chariffimae filiae noftrae pro ipfa Agnete omnia caftra noftra, omnes terras noftras — Deueftimus autem nos de praedictis caftris terris, poffeffionibus — ipfum Dom. Petrum ex caufa dotis inueftientes plenarie de eisdem. — — Si vero haeredem mafculum ab vxore legitima nos contingeret habere in futurum, conceffit Dom. Petrus, quod ipfe fit haeres nofter. Ita tamen quod dicto Dom. Petro et Dom. Agneti affignetur de caftris noftris et bonis Dos et congrua portio, prout duo vel tres amici communes fuerint arbitrati.

Graf Günthers von Schwarzburg Hofgerichts Urthel von 1415. in Senckenbergs *Methodo Iurisprud. p. 149.* **und klagt hinz — Johansen Burggraue zu Maidtburg und Graue zu Hardeck nach der Herrschafft zu Kirchberg, die seye Ir väterlich und Mütterlich Erbe, wann dieselbe Herrschafft Jrem Vater gegeben were, von seinem Schweher Graff Ulrichen von Mätsch zu Frawen Utelhiten seiner ehlichen Hußfrawen, als sy des Guts Brief haben.**

Du Mont Corps dipl. Tome I. P. I. p. 136. Henricus Dux Lotharingiae et Otto Comes Gerlriae conuenerunt super matrimonio contrahendo inter Gerardum filium Comitis et Margaretam filiam Ducis. Quod cum Margareta ad tempus nubile peruenerit et Gerardus filius Comitis eam carnaliter cognouerit, Dux de bonis suis assignabit prout suum decet honorem: Comes dabit filio suo terram a Calde Kirchen Superius et Allodium de Rothe. — a. 1106.

Litt. infeud. Eglolfi de Steuslingen de 1270. in **Sattlers Geschichte des Herzogthums Würtenberg unter den Graven B. II. Beil. N. 3. S. 5.** Dedimus insuper eidem auctoritatem dotandi filios et filias de iisdem bonis secundum quod sibi videbitur sibi expedire.

Urtheilbrief von 1441. *in Vol. III. monum. Boic. p. 297. n. 111.* — Ihm hiet auch sein Vater seel. auf das benant Leibgeding zu Stainberg verhenrath, und dasselb Leibgeding zu Henrathgut geben, dazue hiet ihm auch sein Schweher der Steigenstein das jeztgenant Leibgeding widerlegt mit etwevil Guts.

Io. Ol. Siernhöök de iure Sueon. et Goth. vet. p. 155. De iure Gothico dos-requisita fuit — tam ducenti vxorem filio quam nubenti filiae: Hoc Omynbh vel Hemsölgd, illud Uhrgiäff vel Hemgiäff dictum: illud, vt dixi, filiae, hoc filio familias dabatur.

Ragueau Gloss. du Droit François Tome I. p. 370. Par la coutume de Lorraine Titre 3. art. 12. en quelques lieux le mari prend douaire sur les biens de sa femme.

Dipl. de 1200. in Vol. 3. Mon. Boic. p. 298. delegauit — tale predium, quale habebat in Stage, quod ipsa (Perchta Nobilis femina) eidem viro suo tradiderat in donationem propter nuptias poteſtatiua manu preſentibus fratribus prefate vxoris ſue Alberto et Wicharto de Purchſtetten.

Pufendorff de tut. fruct. obſervat. ad Ius hod. Luneburg. §. *31.* Quod de filiarum dotatione dictum eſt, id ad filios quoque, qui primogenitum ſequuntur, dicendum eſt, quippe qui in colonariis bonis in Ducatu Luneburgico filiarum inſtar dote accepta a praedio ruſtico ſeparantur, et quod eius cauſa datur dos vel noſtro Germanorum Sermone Brautſchaz ad pellatur.

XI.
Heirathgüter der Töchter in den Grundstücken.

Tract. matr. inter Henr. I. Com. Lucemb. et Margar. Barrenſ. de 1231. Du Mont. T. I. P. I. p. 170. n. 322. Henricus Dominus de Lucembourg — ducere debet in vxorem Margaretam filiam D. Henrici Comitis Barrenſis: et idem Comes dedit filio meo praedicto in maritagio Lineyum et Caſtellaniam cum dependitiis hominibus et domeniis. — Si vero Margaretam filiam Comitis ſine herede corporis ſui — mori contingeret, terra praedicta ad Comitem et haeredes ſuos rediret.

Schreiben Burggraf Johanns von Hammerſtein an den Röm. König Albrecht I. *in Guden. Cod. dipl. T. II. p. 990.* Un tun zu kunt, daß ich min Tochter han gegeben Gerhart von Landeskrone, und han die beſtattet mit Gute, das ich von uwren Gnaden han ze lehen. — Des bitt ich up Herre Renier durch minen Dinſt das Jr das lihent Gerhart miner tochter Man, wan ich ime mine tochter han gegeben mit diſem Gute.

Lit. inveſt. Alberti I. de 1307. in Oetters Verſuch einer gegründeten Nachricht von den Miniſt. Imp. Vorber. ad vniuerſ. Notitiam volumus peruenire quod cum Stren. Vir Ioh. Burchgravius de Hamerſtein Beatricem filiam ſuam Stren. viro Gerhardo Burchgravio de Landtskrone legitime copularit et ob hoc eidem — — que omnia a Nobis et Imperio tenuit in feudum aſſignarit in Dotem.

Regiam Majeſtatem L. II. c. 16. Dos duobus modis dicitur: dicitur autem dos vulgariter id, quod liber homo dat ſponſae ſuae ad oſtium Eccleſiae tempore deſponſationis.

C. 18. In alia ſignificatione accipitur dos ſecundum Leges Romanas. ſecundum quas proprie appellatur dos id, quod cum muliere datur viro, quod vulgariter dicitur maritagium. §. 2. Poteſt itaque quilibet liber homo terram habens quandam partem terrae ſuae dare cum filia ſua et cum qualibet alia muliere in maritagium, ſiue haeredem habeat ſiue non. Conf. *Glymilla L. VI. c. 1. L. VII. c. 1.*

Inſtrum. ſuper. pact. ſucceſſ. c. a. 1303. in Monum. Boic. Vol. I. pag. 84. Ott. et Steph. C. P. Rheni et D. Bav. fratribus — auctoritatem commiſſimus — matrimonium contrahendi — ita duntaxat, quod idem Polcko in proprietatibus omnibus ac ſingulis — — infeodatorum omnium ac ſingulorum, qui eſſe debent — noſtre filie (Eliſabeth Markgraf Friederichs Tute von Meiſſen und Landsberg Tochter) paterna ex ſucceſſione — pro donatiuis *nomine dotis* dandis ſeu ſponſalibus ſit contentus.

Urk. Diederichs von Iſenburg von 1328. in Fiſchers Geſchlechtsregiſter der Häuſer Iſenburg, Wied u. Runkel n. 98. p. 112. Diß vorgenannte Guth han wir gebenn vnd verſezt als is davor geſchrybenn iſt, zu einer Middegabenn, Herrn Herrmann von Helffenſteynn vnßerem Eydomb vnd vnſerer Enkelinn vor 200. Marck gubbe Pennigh.

Dipl. Wilh. Com. de Cazenelnb. de 1305. cit. l. n. 110. p. 133. — de conſenſu — Lutteri Sororii noſtri dil. de Yſenburch, Brunonem de Brunsberch Generum noſtrum praedil. et Heylewigam filiam noſtram Collateralem ipſius ſuper bonis noſtris in Wiſſenbach — dotauimus et dotamus.

Henr. Breul. de renunciandi recepto more. Cauſ. I. c 3. §. 466. Patres enim, ſi quando filias nuptui voluerunt elocare, nec ſufficeret vnde dos ſatis ampla et ſplendida ſponſo numerari poſſet, a matribus et filiabus perſuaſi, feudum inſcio ſaepiſſime Domino multoque minus conſentiente dotis loco dedere.

XII.

Die Abfertigung der Tochter war ihr Erbtheil.

Hanauische Hausordnung von 1375. *in Du Mont. T. II. P. I. p. 108.* Wer es auch Sache, daz wir Ulrich Herre zu Hanauwe vorgenant, oder wer der Herrschafft zu Hanauwe nach unserm Dode innehat, dochter hette, oder gewonne, eine oder me, wulde he dye in die Werut beraden, dye sol he ußrichten mit gereyden Gelde oder mit Pfandgute, als dye Herrschafft dann vermagck vur Erbetheil zu nemen, und daz sal auch ümmer ewiclich also gehalten werden an alles Geverde.

Extract privil. Truchseß. dé 1487. In L'Estocq Grundlegung der Historie des Preuß. Rechts S. 353. Zum drittenmal ist vorahmet, und zugelassen, in welchem Lehngut zu Magdeburgischen Rechten, und beyden Kindern verschrieben, ein Mann stirbet, und einen oder mehr Söhne und eine Tochter oder mehr hinter ihm läßet, die Söhne sollen das Lehngut erben, und die Schwestern ausgeben und versorgen, so aber die Söhne ohne alle Leibes-Erben verstürben, so sie zu ihren mündigen Jahren, daß ist ein und zwanzig Jahr alt wären, kommen seyn, alsden soll das Lehngut an die Herrschaft gefallen, und den ausgegebenen Schwestern soll ihre Mitgift erhöhet werden, nach Erkenntniß der Herrschaft, ihrer nähesten Freunde und guter Leute, und nach Würden der Gütere, und die Herrschaft soll sich der Güter nicht unterwinden, ehe und zuvor solche Erkenntniß gesetzet und geschehen ist; und sodann die Herrschaft samt andern guten Leuten solche Erkenntniß thun, und machen wollen, da sollen sich die Freunde und Schwestern in keinem Wege wegern, noch widersetzen. Stürben aber die Brudere oder der Bruder ehe, und zuvor sie kommen wären zu mündigen Jahren, wie oben angezeiget, so soll der

Schwestern eine wieder in das Gut kommen, und den andern Schwestern ihre Mitgift erhöhen, wie berühret ist.

Statut. Mediolan. c. 278. In successionibus ascendentium ex linea Masculina decedentium ab intestato masculi descendentes praeferantur foeminis, — — Teneantur tamen eo casu ipsi masculi dotare temporaliter vel spiritualiter decenter secundum qualitatem personarum et vires patrimonij — eas foeminas ex linea masculina descendentes exclusas — intra XVIII. annum suae aetatis completum ad minus, si dotatae non fecerint. Et interim teneantur eas condecenter alimentare. Et si praed. mulieres non fuerint dotatae infra tempus praed. vt supra, admittantur ad petendum vsque ad 3. partem eius, quod hauiturae essent de iure communi. — —

Couftumes du pays de Normandie. art. 249. Les filles ne peuvent demander ne prendre aucune partie en l'heritage de leur pere et mere contre leurs freres ne contre leurs hoirs; mais elles leurs peuvent demander mariage advenant.

Constitut. et Stat. Regni Poloniae Casimiri I. de 1423. L. I. c. 106. Statuimus quod cum aliqua domicella maritatur aut nuptui alicui traditur dos seu donatio in pecunia parata sufficiat, quae in praesentia amicorum assignetur. bona vero hereditaria coram Regia magestate debeant assignari. Etiam statuimus, quod si quis militum aut nobilium de hoc seculo migrauerit habens filios vel filias tunc filie per fratres maritis tradantur dote tamen eis more consueto assignata. Si autem filios non habuerit, sed filias, tunc filiabus omnes possessiones cadant paternae. Et si fratres patrueles huiusmodi hereditates optinere voluerint, tunc milites secundum ipsorum conscientiam praedictas hereditates taxabunt. Et a die huiusmodi taxationis huiusmodi dicti fratres patrueles fororibus infra annum parata pecunia fecundum quod fuerint taxate hereditates perfoluere tenebuntur. Et fi in tempore vnius anni neglexerint foluere tunc filie hereditates perpetue poffidebunt.

Ibid. L. 2. c. 7. Vt viam dubiis precludamus interdum contingit filias poft obitum patris carentes fratribus germanis in bonis hereditariis remanere, quas folent patrui vel amici proximiores nomine tutorio obfervare in hunc finem, vt ipfas quibuscunque conditionibus fiue pactis de hereditatibus excludant, volentes ipfis pecuniam cum maritantur affignare; eisdem igitur de noftra clementia proinde recupientes ftatuimus deinceps quod fi mariti earum taliter pecuniis a patruis vel amicis aut tutoribus receptis ex pacto de non receptione bonorum ipfas concernentium aftrinxerit, qualitercunque fiue per fide juffioria cautione vel alio quocunque modo tale pactum interuenerit aut aliquis fuerit adftrictum, illud decernimus irritum fore et inane vt prefate filie redeant ad earum hereditarias porciones non obftantibus pactis aut cautionibus quibuscunque et fponte prefate filie bona fua hereditaria fi ipfis placet vendendi vt antea habeant facultatem et omnimodam poteftatem.

Cod. Legum Normann. L. II. c. 27. n. 18. Quod forores in hereditate nullam debeant portionem reclamare verfus fratres vel eorum heredes, fed maritagium poffint requirere.

Cit. Conft. et Stat. Caf. I. L. I. c, 106. Si vero patre mortuo filia vel filius remanferint folute neque per patrem dotate. Si filia fuerit Palatini et poffeffiones fuerint multe, eidem C. marce pro dote per fratres aſſignentur, vbi vero poſſeſſiones pauce et filie multe vel vna hereditas, fiat eſtimatio in valore. Et pars contingens cuilibet ſorori per fratrem nomine dotis pecunia perſoluatur. Et idem ſentimus de filiabus inferiorum nobilium a pallatino.

Gudeni Cod. Dipl, Anecd. T. III. p. 87. Nos Arroſius D. de Bruberg et D. Giſela Coniuges legitimi tenore preſencium recognoſcimus publice profitendo, quod nob. vir Philippus de Falckenſtein D. in Minzenberg iunior mei Giſele frater de pecunia michi Giſele predicte ad Nobilem virum quondam Reymboldum C. de Solmſe Dotis nomine promiſſa, ſuper cuius pecuaie parte inter nos diſſenſio et impeticio fuerat aliqualis, complete et integre nos pagauit et pleniſſime ſoluit. Et propter hoc renunciavimus et renunciamus libere et expreſſe ſuper omnia bona patrimonialia, proprietaria hereditaria ac eciam mobilia quecunque, que dictus Philippus poſſidet hactenus et poſſedit. Ita quod nobis et noſtris liberis a predicto Reymboldo et mecum Giſela genitis contra pred. Philippum et ſuos heredes pro dictis bonis patrimonialibus, quocunque nomine cenſeantur, nulla actio vel impeticio unquam competit vel competere debebit. 1313.

Ren. Choppin. de civ. Pariſ. mor. L. 2. §. 15. p. 328. Sigillatim vero inſignes hoc genus ditiones indiuiduas ſanxit mos Burdigalenſis: ſalua filiabus legitima pecuniaria. §. 76. *Mos Turonum* §. 294. *Iuliodun.* c. 28. art. 1. *Peron. Veromand.* art. 174. *Barroducana* §. 2. *Baſſignya* Loth. Tit. de feud. et B. *Michaelis Ambarr.* De haeredit. art. 3.

Jus terreſtre Nobil. Pruſſiae Tit. I. §. 2. Exiſtentibus autem filiis filiae dotem per parentes — in ſcriptione vel exemplo alterius filiae aſſignatam habebunt.

Quae nisi a parentibus assignata fuerit, per fratres et duos proximos ex parte Patris et duos ex parte matris duosque scabinos terrestres illius Districtus, in quo habitabunt, per Iudicium terrestre electos intra annum et sex menses assignari et constitui debebit. Interim quoad elocentur pro conditione sua honeste a fratribus educentur et exhibeantur. §. 3. Quod si intra annum et sex menses — Dos assignata illis non fuerit, portiones suas vna cum fratribus aequo jure tam in paternis quam maternis bonis habebunt. Conf. *Constit. Regni Polon. de 1588. fol. 461.*

XIII.

Vollständiges Erbrecht der Schwestern neben den Brüdern.

Cod. Tradit. Tegernseens. in Vol. VIII. Monum. Boicor. p. 133. Notum sit -- quod Nobilis Vir Albero de Hohenburch — tradiderit potestatiua manu S. Quir. Mart. omnia predia sua culta et inculta — Igitur post mortem — Alberonis soror eius Richkardis de Nuzdorf adiit curiam Ducis Ottonis ferens coram eo querimoniam, quod a predio, quod ei hereditario iure attinebat, a fratre suo nunquam decisa fuisset. — Vbi dictante principum sententia predium cum familia et supellectili in vniuersum obtinuit, et secundum Bauaricam legem cum iudicibus et legatis prefati Ducis dicioni sue subegit.

Cod. Tradit. Weihensteph. circa a. 1138. cit. loco Vol. IX. p. 380. Notum sit — qualiter — Purchardus nomine de Wolfershouen delegauit hereditatem suam in manus Adelberonis de Tuonenprunnen sibi seruandum et filiis suis, quo Purchardo rebus excedente humanis et liberis eius diuidentibus sibi hereditatem patris predium de Tazzenwange deuenit in partem Hachache et Herburgis filiarum eiusdem Purchardi, que ambe seculo renunciare — gestientes, rogauerunt predictum Alberonem, vt suam soluendo fidem, hereditatem, que eis inter fratres suos obuenerat, delegaret.

Sammlung der Beilagen zu Aettenhovers (Johann Euchar Baron von Obermayrs) Kurzgefaßter Geschichte der Herzoge von Baiern n. 27. „Aber von Ihr Seiner Gemahl Heurathgutt be„schicht nit ander Meldung, als das Sy neben ihrem „Bruder Theowaldo (Herzogen von Lothringen) in anfal„lent Vätter — und Mietterliche Erb, wie sich deren

„aines thails begibt, Ihr zur Gebührnus und Antritt
„vngeirret sein solle, Dat. des Brieffs Pfingstag nach
„Catharina a. 1281. zu Lautern." Die Acte selbst
(Actum et datum Loutrec a. D. MCC. octuagesimo
primo, proxima quinta feria post Katherinae) ist von
P. Calmet *Hist. Eccl. et Civile de Lorraine* Tome II.
col. 515. dans les preuves aus dem Archive zu Bar ebirt.
Eine andere Archivalabschrift davon sah ich in der Sammlung aller baierischen Heiratsbriefe und Verzichtsurkunden beim Geheimenrath von Obermayr zu München. Die hieher gehörigen Worte sind diese: Econtra
praefatus D. Dux Lothoringiae promisit pro se et ill.
D. Margareta vxore sua quod — cum ea (Elisabeth filia sua) si quid ad eam ex bonis paternis et maternis,
eis decedentibus, iure successionis debuerint prouenire,
siue bona illa censualia fuerint, siue empta, siue ad eos
iure haereditatis seu successionis processu temporis et
aliis deuolui contigerit, siue eos iure proprietatis respiciant, siue feodi, et alia omnia bona ex quibus praemissis secundum ius et consuetudinem locorum et terrarum, in quibus sita fuerint bona illa, habere dicariam debuerit percipere portionem ita quod ipsa vel
haeredes eius in bonis alterius eorum — penitus succedant, et postmodum in bonis alterius postea decedentis, de quo et corporaliter praestitum iuramentum.
Praeterea ill. D. Theobaldus Filius suus iurabit et super
ea literas suas dabit, quod quando ad hoc deuenerit,
eis ambobus vel eorum altero extante, non debeat eam
vel haeredes eius in portione huiusmodi impedire, quin
ipsum in bonis paternis et maternis et de iure contigerit antedictis et ad procurandum per eundem filium
suum huiusmodi iuramentum, ipse per suum tenebitur, quod praestitit, iuramentum.

Supercessio lege salica. Si olim homo decesserit, et
reliquerit filium et filiam, aequaliter succedant. Et si

reliquerit filium et filiam et neptum filium de fuo filio, aequaliter fuccedant. *in Murat. Tom. I. P. II. Script. Ital. p. 163.*

Wurſter Landrecht *Art. 9. §. 1.* Schweſter und Brüder erben in allen Fällen gleich.

Ruſtringer Landrecht *art. 12. p. 83.* Dith is od freſche Recht, dath de ſuſtern nevenſt den Brodern ſo Depe taſten. — —

Teſtam. Irminae filiae Regis Pipini de 698. dans les preuves de l' hiſt. Eccl. et Civ. de Lorraine col, 261. — donatumque eſſe volo, hoc eſt in ipſa villa Epterna-cum, quantumcunque ibidem ex ſucceſſione paterna vel materna mihi obuenit ad integrum etc. etc.

Fundatio Mon. Kayſersheim. de a. 1119. ap. Lunig in Spicil. Secul. P. III. pag. 326. Benno et Richouius fratres hoc caſtrnm conſentiente Berthilde (ſorore) olim latronum ſpeluncam in domum precationis ſtatuerant.

Statut. prouinc. §. **Wilhelms von Jülich** *1555.* Bl. 92. tit. **von Erbſchaft.** Daß unter denen, ſo von der Ritterſchaft ſeynd, denen Söhnen nur das Hauß zum Voraus gebühret; im übrigen aber die **unverziehene Töchter oder Schweſtern gleich,** und wenn keine Brüder vorhanden die Töchter alles alleine erben. *De Lynker Reſp. 140. n. 33. Lunig Corp. I. F. Tom. I. p. 1471.*

Compoſitio inter Eberhardum Comitem de Wirtenberg eiusque Coniugem ex una et Heſſonis Marchionis Badenſis haeredes ex altera parte ſuper haereditate Marchionis Rudolphi et dote promiſſa d. 1297. Acceptamus enim quod caſtrum Richenberc cum omnibus iuribus, iurisdictionibus poſſeſſionibusque uniuerſis quocumque nomine cenſeantur, nobis et noſtris ſucceſſoribus pro Mille Marcis, que pertinent nobis prefate Irmengardi in recompenſam hereditatis ac dotis pro rata bonorum tantum heredum ſuperſcripti quondam Heſſonis fraterculi noſtri — — Nunc denium duximus ſubiungendum, quod litere et proceſſus iudiciales habiti huc usque in ipſo negotio in antea Illuſtri matrone pluries dicte Relicte Heſſonis Marchionis eiusque heredibus non debent eſſe aliquatenus praeiudiciales, niſi forte, quod non ſperamus ipſam Rdlicta, ſi quid iuris habet in dicto caſtro nobis recuſauerit libere reſignare et niſi ipſi heredes cum legitimam maioritatis devenerunt ad statem, omnia premiſſa ratificare noluerint, tunc omnis ſupra narrata ordinatio tanquam non facta et proceſſus et littere iudiciales tamdiu pro non caſſatis habeantur, quamdiu ipſa Relicta iuri ſuo in dicto caſtro non renuntiauit et ipſi heredes in etate legitima conſtituti omnia ſupradicta renuerint ratificare. Sattlers Geſchichte des Herzogthums Würtemberg unter den Graven. B. II. Beil. N. 22. S. 49.

Formulae Marculphi L. II. n. 12. Dulciſſima filia mea, ego ille. *Diuturna ſed impia inter nos conſuetudo tenetur, vt de terra paterna ſorores cum fratribus portionem non habeant.* Sed ego perpendens hanc impietatem, *ſicut mihi a Deo aequaliter donati eſtis filii, ita et a me ſitis aequaliter diligendi* et de res meas poſt meum diſceſſum aequaliter gratuletis. Ideoque per hanc epiſtolam te, dulciſſima filia mea, contra germanos tuos, filios meos illos, in omni haereditate mea *aequalem et legitimam eſſe conſtituo haeredem*, vt tam de alode paterna quam de comparatum vel mancipia aut praeſidium noſtrum vel quodcunque moriens reliquero aequale lance cum filiis meis germanis tuis diuidere, vel exaequare debeas, et in nullo penitus portionem minorem quam ipſi non accipias, et in ullo penitus portionem minorem quam ipſi non accipias; ſed omnia vel ex omnibus inter vos diuidere et exaequare debeatis.

Appendix Form. Marculphi. n. 49. — Ego enim vir *Magnificus* ille. Omnibus vero habetur incognitum, *quod sicut Lex Salica continet, de res meas, quod mihi ex alode parentum meorum obuenit, apud Germanos tuos filios meos minime in hereditate succedere poteras.* Propterea mihi perpetuit plenissima et integra voluntas, vt hanc epistolam heredetoriam in te fieri et adfirmari rogaui, vt si mihi in hoc saeculo superstis apparueris, in omnes res meas tam ex alode parentum meorum, quam ex meo contractu mihi obuenit in pago illo, in loco, qui dicitur ille, — — in hereditate apud germanos tuos filios meos succedas et aequalentia inter vos exinde diuidere et exaequare faciatis. —

Wiguley Hund im baierischen Stammbaum Th. I. S. 134. Wenig Jar hernach hat er Graf Ott sambt seines Bruders Graf Eckhart deß andern Sünen Ott, Bernhart vnnd Eckhart, Item mit Fraw Beatrix Graf Arnolph von Dachau Gemahel vnnd iren beiden Sünen Conrat vnnd Ott, welliche alle Theil am Schloß Scheyrn hetten.

Sattlers Hist. Beschreib. des H. W. S. 113. Et insuper donauit (Henr.) ei (Vlrico) dimidian partem omnium quae habet inter Climen qui vulgariter vocatur Slatersteige et castrum Vrach et Comitiam, quam habet ex haereditate materna, dimidiam dedit ei.

S. 179. §. 3. Die Stadt Brackenheim fiel also von Denen Hl. von Magenheim erblich auf die Grafen von Hehenberg, welche darum zu merken ist, weil man daraus sihet, daß auch daraus die Rslehen auf die töchter vererbt werden können, und solchem nach keine feuda propria sondern Erblichen gewesen.

S. 236. inmassen Pfgr. Wilh. de Aelt. a. 1385. Gr. Wilh. von Eberst. Witt. Margrethen im Namen ihrer unmündigen Söhne als ein Trägerin damit belehnete, welches als ein in lehenrechten sehr seltsames beispil anzusehen ist, nach welchen eine Weibs Persone kein Lehentragerin sein kan, sondern selbst ein Träger vonöten hat,

Struv. de allod. Imp. p. 593. Wir Albrecht — Herzog ze Oesterreich — und Wir Beatrix des — Purggraf Friederichs, von Nurenberg tochter — bechennen — daß wir für uns und vnser Erben vnd Nachkhomen Vns verzigen haben vnd verzeihen Vns auch wissentlich mit Kraft diß Briefes, aller der Vorderung und Ansprache, die Vns wegen Beatricen angehöret oder angefallend würde von Vetterlicher oder Mütterlicher Erbschafft wegen zu allen ihren Landen Herrschaften — Lehenen oder Aygen, wa die gelegen oder wie die genannt sein. — Es were dann, ob der Hochgebohrne Vnser lieber Vetter vnd Schweher Purggraf Fridrich von Nürnberg und sein Söhne abgiengen an Süne, so sullen wir obiger Beatrix vnd Vnser Erben geleiche Erbtail nemen und einpfahen, an allen Landen, Herrschafften und Gütern, als ander sein Töchter und seiner Suntöchter nach des Landes Recht und Gewohnheit zu Franken, an alles Geverde. 1374.

S. 594. Der Verzichtbrief der andern Schwester Margaretha Gem. Landgr. Herrm. von Hessen 1383. ist denn ganz conform.

Preuschen Succeß. Ordn. S. 237. Wir Otte von Eberstein versehen — Daß wir vnser Schwester Mann Rudolphe dem Marggraven von Baden und vnser Schwester Cunigunde seiner Würthin für seine Ansprache, als vnser vorgenannte Schwester an Vnß hette oder haben möchte umb solch Guth, das vns anerbete von Vatter vnd von Mutter, den Theil der Bürge des alten Ebersteins den vnser Vetter Simon von Zweybrücken enhatte, — gegeben han, on alle Gesehrde. 1283.

S. 286. Urk. von 1452. Doch also daß wir Grafe Joh. oder vnser Erben, das zu Unsern Handen und Uns selbs behalten, und nymand zu Vns darin sezen noch kommen lassen zum teil oder in Gemeinschaft.

Dipl. Conr. Ep. Hildes. de 1248. ap. Boehmer de iur. et oblig. feud. obtat. p. 27. Quo in Christo defuncto sorores sue scil. filie predicti Stepponis, succedent fratri in bonis superius memoratis omni questione sublata.

Urk. zum II. Satz. b. Erbachl. Geschichte vom Superindentent Schneider. S. 38. 44. 48. 84. 86. 88. 128. 134. 136. 210. 300. 334. 352. 574. 34. Geschichte. S. 3.

Privil. Civ. Plawe de 1235. ap. Westphalen Tom. I. Monum. rer. Cimbr. et Megapol. col. 2100. Item aequam partem habere debent filiae cum filiis in omnibus bonis, tam feudis quam aliis, et si non sunt filii, praestari debent filiabus bona patris.

Ant. Leges Civ. Goslar. art. 2. De neyste nymbt dat Erve. *Art. 3.* Sone vnde Dochter sint life na erve to nemende.

Ius Ciuile vrbis Brisacensis de 1275. ap. Schoepflin in Hist. Zar. Bad. Vol. V. p. 259. Quicunque praedictum Burgum inhabitant viri et foeminae tanquam eiusdem conditionis matrimonium contrahent, et foeminae sicut viri in haereditatem succedunt parentum.

Augspurgisches Stadtrecht von 1276. bei Walch in den vermischten Beyträgen. B. I. S. 249. Das Erbgut, — das sollen erben Sün vnd Töchter, die von Vater vnd von Mutter rechte Geschwistergit seyn.

Wichische Statuten a. a. O. B. III. S. 54. Daß alle schoßbare Güther erben, also wol und also, wieder auf die Töchter, so auf die Soene und auf alle Erben.

Consuet. Regni Hungariae P. 3. tit. 29. Iam si rusticus filium genuerit, filiam quoque nondum emaritatam habens tunc vterque in rebus paternis tam mobilibus quam immobilibus aequali iure succedit, si tamen de rebus mobilibus filia emaritata fuerit, tunc aduertendum eſt, quia illae res aut auitae aut paternae fuerunt. Si auitae, fraus nulla in emaritatione ſequi poteſt, quoniam filia aequalem portionem ſortiri debeat.

Lex Wiſigoth. Tit. II. c. 1. Si pater vel mater inteſtati diſceſſerint, tunc ſorores cum fratribus in omni parentum facultate aequali diuiſione ſuccedant.

Ius prouinc. Alemann. c. 285. in Corp. Iur. Germ, Vol. II. T. I p. 337. „Und ſtirbet ein Man, und leſt Sün und Töchteren hinder im, und leſſet Eygen hinder im, do er nicht mit geſchaffet hatt. Die Kind ſeien ausgeſteuret oder nicht, ſy ſollendt das Eygen mit einander teylen." Hievon weicht das Sachſenrecht B. I. art. 17.

Kaiſerrecht Th. *II. c. 13.* am a. O. Vol. I. P. I. p. 27. Der Keyſer hot dy Kint med deʒ Vater Gute geerbit, und hat ſy damitte gewaret.

Etabliſſemens de St. Louis de 1270. ch. 132. Quant lions couſtumier a enfans, autant a li uns comme li autres en la terre au pere et à la mere par droit, ſoit fils ou fille, et tout autant es muebles et achats et es conquez par lois à vilain, ſi eſt patrimoines ſelonc l'uſage de la court laie.

Blackſtone commentaries on Laws of England. B. II. p. 213. For tough our Britiſh anceſtors, the Welſh appear to have given a preference to males, (Stat. Wall. 12. Edw. I.) yet our ſubſequent Daniſh predeceſſors ſeem to have made no diſtinction of ſexes, but to have admitted all the children at once to the inheritance. (Leges Canuti c. 68.)

Lex Guil. I. R. Angliae 36. ap. Lambard. pag. 167. De inteſtatorum bonis. Si home mort ſans deviſe, ſi departent les enfans l'erite entre ſei uwel. Si quis inteſtatus obierit liberi eius haereditatem aequaliter diuidant.

Dipl. Henr. III. Imp. de 1053. in Cod. dipl. Palat. n. 30. Ehrenfridus — Comes Palatinus vna cum coniuge fua Domina Mathilde Abbatiam in loco, qui vocatur Bruwillre conftruxerunt, quam — fub mundiburnio S. Petri Colon.' pofuerunt — — poftea defunctis fupradictis principibus filii eorum Hermannus feil. — Colon. — AEp. nec non forores eius Dom. Richeza Poloniae quondam Regina ac Theophania Asnyd. monaft. Abbatiffa; Hi inquam Parentum fuorum fucceffores edocti a legis peritis irritari poffe traditionem illam fupradictam, monafterium cum omnibus eo pertinentibus in haereditarium fibi ius legibus poftularunt, quibus loco et tempore conceffis Dom. Hermannus AEp. cum aduocato fuo Rutgero nec non Dom. Richeza cum aduocato fuo Gerardo in paderbrunnen Dom. quoque Theophania in Gofslau in meam venerunt praefentiam, legem de praedicto poftulantes monafterio. Quibus in mea praefentia placito indicto legibus difcuffis filii parentum fuorum haereditatem Principum obtinuere judicio. Conf. alt. *Dipl. ibid. n. 31.*

Henr. Breul. de renunciandi recepto more modoque Caufa I. cap. 3. p. 465. Majores namque noftri ex mera fimplicitate inter liberos indifferenter nec habita fexus ratione vlla aequa lance bona fua diuiferunt non fine fummo praeiudicio detrimentoque prolis mafculeae. Depauperati hoc modo Vafalli exutique propter filias quafi omnibus bonis ingruente bello a Dominis ad praeftanda feruitia ratione feudorum vocati, iisdem pro feudorum exigentia vbertateque fatis vti deceret inftructi comparere non potuerunt. Quo factum eft, vt vnica hac ratione plerique nobilium moti non raro armorum vfui valedicerent, agriculturaque victum quaerere mallent.

𝔓

Conſtit. Richardi Imp. de 1258. ap. Goldaſt. Conſt. Imp. T. II. p. 405. Poſt patris autem obitum, et diuiſione paternae haereditatis facta filio ſine liberis decedenti in feudalibus ſoli fratres conſanguinei; in allodialibus ſorores pariter et fratres conſanguinei, exclaſa matre, ſuccedunt.

Cout. de Bretagne art. 520. Les filles des nobles doivent avoir leur portion competence aux meubles, comme en l'heritage, et payer leur contingente portion des debtes. Conf. art. 547.

XIV.
Die Töchter wurden ursprünglich in der Erbfolge nur von den Brüdern und keineswegs von dem übrigen Mannsstamme ausgeschlossen

Dipl. Erect. Ducatus Brunswic. de 1235. ap. Scheidt in Tom. III. Orig. Quelfic. p. 239. — Ciuitatem de Brunswic, cuius medietatem proptietatis dominii a Marchione de Baden, et reliquam medietatem a Duce Bauarie emerit, pro parte vxorum suarum, quae fuerint quondam filie Henrici de Brunswic Comitis Palatini Rheni, Imperio concessisse.

Urkunde von 1285. in den Beyl. zu Sattlers I. Fortsezung der Würtemberg. Grafengeschichte. n. 9. S. 9. Ist aber, daß Graue Eberhard dirre Dinge nüt enleistet, als hie geschrieben ist; so sol sin Swester alle bu recht an ir muter gute vnde ir Erben han, die sie hette, ob sie sig irer muter gutes nie verzigen hette." Man vergleiche die Fortsezung selbst. S. 10.

Oßnabrück. Zeugenaußagen von 1589. bei Pütter Th. II. seines Fürstenrechts S. 315. So viel das Stift Osnabrück, Graffschaft Ravensberg und Herrschaft Vechte anlanget, saget wahr, und sey ihm wohl bewust, daß wo Söhne vorhanden, dieselben die Güter erben; da aber keine Söhne vorhanden, oder die Söhne ohne Leibeserben versterben, so falle die Erbschaft an die Töchter, solches sey bey Zeugen Gedenken gebräuchlich gewesen, wie auch noch). — Ebendas. S. 316. Es gehören aber die Seitenfälle sowol auf die Töchter als auf die Söhne. Von undenklicher Zeit wisse er nicht zu sagen, als daß er gehört, daß es also gehalten. — Die Töchter aber seyen von den Eltern oder ihren Brüdern mit — einem Stück Erbguts an statt des Brautschazes, wie man sich dessen vergleichen können ausgesteuert worden. — S. 317. Er habe auch niemals gehört, daß einer vom Adel in Stift Osnabrück, Münster Herrschaft Ravensberg mit seinen Schwestern die Güter gestracks oder gleich getheilet. — S. 318. Er habe niemals anders gehört, als daß im Stift Münster und Osnabrück und in der Grafschaft Ravensberg von undencklicher Zeit her üblich und gebräuchlich gewesen und noch sey, daß die Söhne ihrer Eltern Güter ererben, und die Töchter mit einem Brautschaz ausgesteuret, und wann sie ihren Brautschaz empfangen, damit von der Eltern Erbschaft, die Beyfälle ausgenommen, gänzlich abgesondert und ausgeschlossen worden.

Urkunde von 1349. *in Sagittarii Historia Gothana p. 135.* Wir Appels und Heinrich Gebrüdere genant von Kuzeleybin, und Margrethe Tochter Herrn Herrmanns Gyres mit allen unsern Miterben Knechten und Töchtern.

Dipl. de 1285. Du Mont T. I. P. I. p. 259. Noux Margarite — Reigne de Sicille faisons savoir à touz, que cum — Hugues jadis Duc de Burgoine nostres chiers aieus heust ordonné en sa deraingne volunté, que nos heussions le tiers sans diuision de quanque *il* avoit és Villes et és lueux cy apres nummez — outroions baillons et delivrons por nos et nos hers por cause de l'eschange au devant dit nostre Oncles (Robert Duc de Bourgogne) et à ses hers à tousiors mais le tiers des Villes dessusdites.

Sententia Parlamenti in Causa Flaudr. de 1322. in Leibn. Mant. Cod. I. G. dipl. P. I. pag. 107. Et Matthaeus de Lotharingia Miles nomine et intentione Mathildis vxoris suae, Dominae de Florimis, filiae defuncti Comitis et ipsa Domina prose; dicentes dictam Dominam esse proximiorem in successione dicti Comitis; et quia d. Robertus frater et Ioanna Domina de S. Vrbano soror ipsius renuncjauerant per iuramenta sua omni iuri successionis d. deffuncti Comitis, arresto, confirmatione et decreto Regiis interuenientibus; prout in litteris Regiis super his confectis plenius continere dicebant; — — propter quae ipsi dicebant d. Dominam esse proximiorem in dicta successione, et *sic ipsam esse saisitam ipsa successione per consuetudinem praed. qua dicitur, quod mortuus saisit viuum;* et ob hoc peterent ipsam Dominam per nos admitti ad fidem et homagium de praedictis, offerentes os, manus et alia deueria, quae dictum feudum requirit. — Reseruauit insuper d. Curia nostra praed. Dominae de Florimis jus, quod ipsa habet seu habere potest suo partagio seu appanamento in successione dicti Comitis Flandriae.

Bulla Clement. VII. pro regno Adriae cit. l. n. 106. p. 240. §. 5. Descendentes autem ex te et tuis heredibus Scil. Regibus, mares et foeminae in eodem regno succedant, sic tamen, quod de liberis pluribus maribus in eodem gradu similiter concurrentibus, masculus omnibus aliis praeferatur.

Dipl. Ottonis IV. Imp. de 1208. in Scheidtii praefat. Tom. III. Orig. Quelfic. p. 35. Insuper concedimus eisdem Curtim Mösringen, quae olim ill. Genitoris nostri extitit — et partem illam, quae contingit filias quondam Philippi Regis. — Dispositum quoque, quod dicte Regis filie nominatam hereditatis sue portionem grato assensu in manus nostras resignabunt.

Narrat. de fundat. Mon. Formbac. c. a. 1040. in Wig. Hundii Metropol. Salisb. Tom. II. p. 333. Duae — sorores Iuota et Himiltrudtam nobiliss. quam etiam ditissimis parentibus ortae, cum possessiones suas amplas inter se diuiderent, contigit vt praenominatus in ista parte, in qua monasterium Formbacense situm est aequaliter inter eas partiretur, videlicet vt uno anno Domina Iuota altero Domina Himilitrud ipso vteretur, ex altera vero parte, in qua subenense Monasterium constructum est, plures comparticipes eiusdem transitus videlicet filios Meginhardi comitis Odalricum et Herrmannum, ac filios Tiemonis Ekkebertum et Henricum et D. Itam habentes definierunt, quatenus primo anno D. Yota, fecundo foror eius D. Himiltrud, tertio Odalricus et frater eius Heinricus ipfius tranfitus vtilitate potirentur. Das ist wol das älteste Beispiel einer Mutschierung! Conf. origines Boicae Domus. Tom. II, L. X. p. 181.

Dipl. de 1326. in Scheidtii Mantiſſa document. zu den Nachrichten vom Hohen und Niedern Adel n. *191.* S. *563*. Nos Ioh. et Arn. fratres famuli dicti de Lo — publice proteſtamur, quod ficut actioni inpeticionis fuper bonis aliquibus ac hominibus — — viua voce et manu renunciauimus et prefentibus renunciamus, ita etiam renunciacionem omnimodam a noſtris fratribus et fororibus, noſtris veris coheredibus, — infra ſpacium vnius anni et fex feptim. fieri ordinabimus.

Teſtament Tancredi March. de 1145. ap. Murator. in Ant. Eſtenſ. P. I. c. 33. p. 332. Tancredus Marchio, Longobardorum lege viuens, volo vt Gota vxor mea habeat in allodium feudum Vgonis Talamaſſi et feudum Balduini et feudum Graſſi de Runcko nomine ſcil. Morgincap. praeterea volo et difpono, vt propingui mei Tulconis filii iure proprietatis habeant, quicquid mihi pertinet in comitatu Rodigii et Gauelli atque Hadriae, faluo Morgincap vxoris meae. Confanguineae quoque meae Azonis filiae habeant quicquid mihi pertinet in Mineruis, faluo Morgincap vxoris meae.

Statuta Moſcouit. C. XVII. §. 2. Quod in patrimoniis antiquis, aut pro feruitiis datis fuccedant patri defuncto virilis fexus liberi; his autem non extantibus filiae. Et fi permiſſione diuina neque iſtae extarent, fuccedant agnati iuxta praerogatiuam gradus propinquitatis. Quodfi defunctus patrimonia a fe emta poſt fe reliquiſſet, cedant eius viduae, cui licitum eſſet de iis ad libitum difponere;

Regiam Majestatem L. II. c. 30. Si vero filium quis habuerit haeredem et praeterea filiam vel filias, filius succedit in totum. §. 2. quia generaliter verum est, quod mulier nunquam cum masculo partem capit in haereditate aliqua. §. 3. Et ita filius ex quacunque siue prima, media vel vltima vxore natus succedet patri in totum prae omnibus sororibus. C. 28. Idem dicendum est de filia vna relicta quod dictum est de vno filio. §. 2. Si autem quis plures habuit filias inter eas diuidetur haereditas siue fuerit Miles, siue Soccomannus, Burgensis siue alius liber homo pater eorum. Conf. *Glanvilla L. XII. c. 3.*

Joannis VIII. P. M. Epist. 139. de Bosonis filiabus, vt eis bona paterna redderentur. Et pro nostro amore ipsas proprietates, quas vos alodes dicitis, reddat.

Tradit. Fuldens. L. II. c. 34. Abbatissa Emmehilt donat: „propriae haereditatis suae terram in diuersis videlicet locis tam de paterno quam et de materno iure ad me pertinentem."

Burgfriede von 1373. bey Jacob Wernher Kyllinger von Ganerben und Burgmännern n. 2. S. 214. Es ist auch zu wissen, als da vnder vns Vieren Einer abging oder mehr ohn rechte Leibserben, was der hinter ihm ließ, daß soll den andern bleiben, vnd ihren Leibserben werden vnd bleiben ohn alle Irrung. Welcher aber vnder vns stürb, vnnd Töchter hinder ihm ließ, die ihr Erben weren, die sollen die andern dannoch da bleiben, vnd ihr Leibserben besorgen vnd betrachten nach iren trewen, vnd nach Rath gemeiner Freund ohne Gefährde.

Landrecht und Gerichtsbuch im Bremischen Amte Hagen von 1581. *in Pufendorfii Observ. I. Vn. Vol. 3. adp. p. 5.* Gericht Neuen Land. Daß in ihrem Gerichte gebräuchlich vnd herkommen, wenn sulle Bruder und Schwester vorhanden, so teillen die Bruder das veterliche und Mutterliche Erbe und beraden die Schwestern darauß, nach freunde Rade, wen aber keine Söne vorhanden, erben die Dochter vor eins. „Ebendas ist im Gerichte Rechtenstett p. 14. Gericht in dem Osterstade neben den Sanstebern p. 19. Zum Ersten ist allhier gebräuchlich und herkomen. Wen Vater und Mutter Söhne und Töchter von einer Gebuert nach ihrem Absterben hinter sich verlassen, so erben die Söne das Gutth, und beraden die Dochtere ihre Schwestern darauß nach Freunde Rade, so aber keine Söhne vorhanden weren, erben die Dochtere zugleich." Ebenso im Gerichte zum Bruche p. 16.

Gebh. Ep. Ratispon. Litt. fund. de 1037. in Zapf Versuche zur Erläut. der Hohenloh. Geschichte n. 2. Quod ego Gebhardus — matris meae Adelheidis petitionibus — in villa Oringove quam ego et ipsa jure propinquitatis a — Sigefrido et Eberhardo atque Hermanno Comitibus — cum aliis eorum possessionibus haereditauimus, Congregat. Canon. institui.

Jus terrestre nobil. Prussiae, Gedani 1736. Tit. I. §. 1. In quaecunque bona tam mobilia quam immobilia, si filii supersint, aequis sortibus filii tantum succedant: masculis deficientibus filiae.

Stat. Vladislai Iagell. de 1423. ap. Herburt. fol. 158. Filiae deficientibus filiis ad haereditatem bonorum immobilium admittuntur.

Lex Henr. I. c. 70. Consuetudo Westsaex. pag. 203. Si quis pater mortuus fuerit et filium vel filiam haereditandam reliquerit, vsque ad XV. aetatis annos nec causam prosequantur, nec judicium subeant, sed sub tutoribus et auctoribus sint in parentum legitima custodia Seisiti, sicut pater eorum fuit in die mortis et vitae suae et nullus haeredi pede suo propinquo vel extraneo periculosa sane custodia eoinmittatur. Si quis sine liberis decesserit, pater aut mater eius in haereditatem succedant vel frater vel soror: Si pater et mater desint, si nec hos habeat, soror patris vel matris et deinceps quintum geniculum. Qui cum propinquiores in parentela fiunt, haereditario iure succedant, et dum virilis sexus extiterit, et haereditas ab inde sit, femina non haereditetur. Primum patris feudum primogenitus filius habeat. Emptiones vero vel deinceps acquisitiones suas det, cui magis velit. Si Bocland habeat, quam ei parentes dederint, non mittat eam extra cognationem suam, sicut praediximus. Si sponsa virum suum superuixerit dotem et maritationem suam cartarum instrumentis vel testium exhibitionibus ei traditam perpetualiter habeat et morgangivam suam et tertiam partem de omni collaborationi sua, praeter vestes et lectum suum, et si quis ex eis in Eleemosinis vel in communi necessitate consumpserit, nihil inde recipiat si mulier absque liberis moriatur parentes eius cum marito suo partem suam diuidant.

Moses B. IV. v. 7. Die Töchter Zelaphehad haben recht geredet, du solt ihnen ein Erbgut unter ihres Vaters Brüdern geben, und solt ihres Vaters Erbe ihnen zuwenden. v. 8. Und sage den Kindern Israel: Wenn jemand stirbt, und hat nicht Söhne, so solt ihr sein Erbe seiner Tochter zuwenden. v. 9. Hat er keine Töchter, solt ihrs seinen Brüdern geben. v. 10. Hat er keine Brüder, solt ihrs seinen Vettern geben.

Thalmudischer Rechtssaz von der Erbschaft der Kinder: der Sohn hat den Vorzug vor der Tochter, und alle, die aus des Sohns Lenden entsprossen sind, haben den Vorzug vor der Tochter.

Luitprandi Hist. L. V. c. 1. Dux Hermannus talibus Regem est aggressus sermonibus: Non clam Domino meo est, tum praediorum latitudine tum pecuniarum immensitate, praediuitem me absque liberis esse, nec est praeter vnam paruulam notam, quae mearum rerum me redeunte, haeres existat. Placeat itaque Domino meo Regi, filium suum paruulum Liuthulphum mihi adoptare filium, quatenus vnicae filiae meae maritali commercio Sociatus, me migrante, mearum fiat hereditate rerum magnificus.

Ap. Monach. Weingart. c. 12. p. 787. inuenimus Welphonem IV. Outam Comitis Palatini de Calue filiam et haeredem duxisse, terrasque soceri allodiales pariter ac beneficia excluso soceri fratrueli possedisse.

Kulmisches Recht. B. III. Tit. 9. c. 19. Ein Mann stirbet und läßt ein Erbgericht, und läßt hinter ihm nach seinem Tode lebendig seines Vaters Bruder voller Geburt, und seiner Schwester Sohn auch voller Geburt; welcher unter diesen hat Recht zum Erbgericht? Hierauf geht das Recht: Erbgericht und was zu dem Erbgericht gehöret, erstirbt es; so fällt es auf die nächsten Freunde und Erben beiderlei Geschlechts nach Rechte.

Const. et Stat. Regni Poloniae Casim. I. de 1423. L. 1. c. 106. Si autem filios non habuerit, sed filias, tunc filiabus omnes possessiones cedant paterne. *L. 2. c. 6.* De eo qui filios habuerit superduxeritque secundam vxorem et filias propagauerit. — Cum vero pueri prime vxoris porcionem suam equalem a patre eis sponte ex diuisione perpetua oblatam obtinuerit, tunc porcio secunde vxoris filiis aut filiabus eiusdem cedere debebit integraliter et ex toto deuolui. *L. 2. c. 6.* Cum vero pueri prime vxoris porcionem suam equalem a patre eis sponte ex diuisione perpetua oblatam obtinuerint tunc porcio secunde vxoris filiis aut filiabus eiusdem cedere debebit integraliter et ex toto deuolui.

Ant. Ius Normann. de 1207. ap. Chopp. de mor. Paris. p. 431. In scaeario Paschae apud Falesiam judicatum est, quod filia Rogerii Vervei habeat saisinam de hoc, vnde pater suus fuit saisitus, quando ivit ad Religionem,

Fischers Geschlechtsregister der Häuser Isenburg, Wied und Runkel §. 814. S. 336. Daß aber seit der Zeit, als die Erbfolgeordnungen in den deutschen Reichsständischen Häusern zu einer gesetzmäßigen Observanz gediehen, in diesem hohen Hause die Erbfolgeordnung bis zur Zeit der Einführung des Rechts der Erstgeburt allezeit diese gewesen, daß die proximiores foeminae oder cognati denen agnatis remotioribus vorgegangen sind, und davon in diesem hohen Hause und allen besselben Linien folgende Fälle vorliegen: 1) Als die Kovernische Linie gegen das Ende des 13ten Jahrhunderts im Mannsstamm mit dem Robino erlosche, und dessen Lande seine Tochter Kunigund, und nicht seine agnati erbten, ob sie schon mit ihm von der ins Haus Isenburg, und zwar an dessen Herrn Urgroßvatter Gerlach II. vermählten Dynastin von Kovern abstammten; 2) Als Gerlach von der Ahrenfelsischen Linie den Mannsstamm beschloß, und dessen beyde Töchter sowohl bey den Compromiß-Richtern als den Lehenhöfen wider desselben Agnaten in der Erbfolge in Lehen und Allodia den Sieg erhielten; 3) Als die Isenburg-Limburgische Linie mit dem Johann im Jahre 1408. im Mannsstamme erloschen ist, und die agnati remotiores gar wohl einsahen, daß ihnen ein Erbfolgerecht vor benen cognatis proximioribus nicht gebühre, und daher diesen den Rechtsstreit wider das Erzstift Trier wie §. 473. mit mehrerem angeführet ist, überlassen haben; 4) Als die ältere Isenburg-Grenzauische Linie gegen die Mitte des 15ten Jahrhunderts mit Philipp in der männlichen Abstammung erlosche, und die cognati proximiores zur Erbfolge gelangten, unerachtet sie dieser Philipp dem agnato remotiori zuweisen wollte; 5) Als in der weiblichen Abstammung dieser ältern Isenbur-Grenzauischen Linie der einzige Sohn der ältern an den Grafen Johann von Nassau-Beilstein vermählten Schwester dieses Philipps von Grenzau, Graf Philipp von Nassau-Beilstein, ohne Kinder starb, und dessen von seiner Frau Mutter auf ihn geerbter Isenburgischer Landesantheil wieder nicht auf seine nächsten Agnaten, sondern auf der zweyten Schwester Kinder, die Herren der Isenburg-Grenzauischen Linie, fiel; 6) Als in der Isenburg-Salentinischen oder jüngern Isenburg-Grenzauischen Linie der Heinrich der Jüngere im Jahre 1554 ohne Kinder starb, und ihm nicht seines Herrn Vatters Bruders Enkel der Johann und Salentin, sondern seine Schwestern Johannetta, vermählte Gräfin zu Sayn und Wittgenstein, Anna, vermählte Freyfrau von Lyer, und Jutta, vermählte Gräfin von Waldeck und deren allerseitige Kinder in den Lehen sowohl als in den Stammgütern gefolget sind; 7) Als die zweyte Schwester Anna starb, und ihr Antheil an den Fuldischen Lehen, womit sie 1561. belehnet worden, nicht denen mit ihr nächstverwandten masculis, nämlich den Grafen von Sayn und Wittgenstein, ihrer ältern Schwester Söhnen, noch weniger aber ihren Isenburgischen Herren Agnaten, sondern ihren beyden Töchtern, der Erica, vermählten Gräfin von Nassau-Winneburg und Beilstein, und der Elisabeth vermählten Gräfin von Kuylenburg zufiel; 8) Als des Heinrichs jüngste Schwester Jutta, vermählte Gräfin von Waldeck, starb; und wieder nicht deren nächstgesippte masculi, die Grafen von Sayn und Wittgenstein, noch auch deren Isenburgischen Agnati, sondern ihre Tochter Magdalena ihren Antheil Fuldischen Lehens erhielt; 9) Als in der Hochgräflich Wiedischen Linie der Johann in den 1450ger Jahren ohne männliche Erben verschied, und dessen Landestheil nicht sein noch im Leben gewesener Bruder Wilhelm, sondern dessen Tochter Anastasia (durch welche der Landestheil der Isenburg-Wiedischen Linie an die Dynasten von Runkel gekommen ist) erbte; 10) Als nachher der erstgedachte Wilhelm und zwar im Jahre 1426 ohne Kinder mit Tod abgieng, dessen nächste Agnati von der Isenburg-

Salentinischen, oder jüngern Isenburg-Grenzauischen Linie, auch in Gemäßheit der bisher gezeigten Observanz, dessen nähern cognatis, den Dynasten von Runkel, das Erbrecht nicht streitig machten, sondern durch ihr damaliges Stillesitzen bekennten, daß der Wilhelm bey der Uebergebung seiner Lande an seine nähere cognatos ganz recht gesaget, daß er solches „nach Lehen Recht, Gewohn-„heit, altem Herkommen und Natur dieser Graf- und „Herrschaft, als die von alters wegen gewesen, gethan ha-„be;" 11) Als Wilhelm im Jahre 1486 ohne Hinterlaßung männlicher Erben das Zeitliche verließ, und dessen besessener Landestheil, insonderheit an den Trierischen und Fuldischen Lehen, nicht seinem damalen noch im Leben gewesenen ältern Bruder Friedrich, sondern seinen Töchtern, Anastasia und Margareth, davon jene an den Grafen Heinrich von Waldeck vermählt war, zugefallen; 12) Als die Johannetta, nach Ableben ihres Herrn Vatters des Friedrichs, mit ihren Herren Brüdern in die Lande zu succediren verlangte; denn ob sie wohl kein Recht hatte, mit gleich nahen masculis zu erben, so zeigt doch ihre Anforderung genugsam, daß die foeminae et cognati proximiores auch in der Hochgräflich Wiedischen Linie, vor Errichtung der neuern Erbverträge, den entfernteren Agnaten in der Erbfolge vorgehen, ansonsten sie nicht einmal einen Schein einer Anforderung gehabt hätte; 13) Als Graf Philipp Ludwig von Wied im Jahre 1638 mit Tod abgieng und keine Leibeserben hinterließ, desselben Schwester Johanna Walpurgis die Lehenfolge verlangte, und durch Beystand des Fürstlich Fuldischen Lehenhofs ihren Vorzugs vor den entfernteren Agnaten durchgesetzet haben würde, wenn sie nicht im unvermählten Stand darüber gestorben wäre. Man vergleiche von den Urkunden n. 36. 56. 46. 73. 113. 114. 115. 120. 125. 126. 158. 159. 161. 200. 202. 223. 225. 226. 228. 258.

XV.

Das Absonderungsrecht ist die Ursache, warum die Töchter zuweilen in der Erbfolge ausgeschlossen worden sind.

Osnabrüggisches Zeugenverhör von 1589. bei Pütter im II. Th. der Beitr. zum t. St. u. Fürstenrecht. S. 294. 18) Wahr, daß gemeldte Goste von dem Bussche mit gedachtem Brautschaze von ihrer Eltern Erbschaft und Gütern abgeschieden und gesondert, auch neben ihrem Hausherrn darauf wiedann auch ihre brüderliche Güter in a. 1472. Dienstags nach Cantate einen gerichtlichen Verzicht gethan haben. — 22) Wahr, daß gemeldte Ripe von dem Bussche dadurch (den Brautschaz von 400. Goldgulden) von ihrer elterlichen Erbschaft nach Ausweisung obbemelten Gebrauchs abgeschieden derowegen auch darauf samt vorgem. ihrem Hausherrn im J. 1485. Dom. prox. post Barth. Tag in Erinnerung vielged. Adelichen Gebrauchs um mehrerer der Brüder Versicherung gerichtlich renuncirt und verziehen haben. — 32) Wahr, daß geb. Gerdrut Staels mit jezigem. Brautschaze von ihren elterlichen Gütern in Macht viel angezogenen Gebrauchs abgeschieden, darauf auch ferner neben berührtem ihrem Hausherrn des nächsten Montags nach Allerheiligen tag gutwillig und im Gerichte einen solchen Verzicht gethan. — 94) Wahr, daß geb. Gerdrut Korf mit solchem Brautschaz vermög angezogenen Adelichen Gebrauchs ihrer elterlichen Erbschaft ausgeschlossen worden, dieselbe auch damit friedig seyn müßen, und gem. Herrmann Korf seine Güter allein seinem Sohne int. verlassen habe. — 19) Daraus erfolgt, daß die klagenden Partheyen daher, daß ihre Mütter von ihren Vätern mit einem Dero Zeit läufigen und gebührlichen Brautschaze an ihres Gleichen ausgesteuert und bestattet worden, vermöge obducirten Gebrauchs unter adelichen Personen zu ihrer Eltern Erbschafft keinen Zutritt haben, sondern sich mit dem empfangenen Brautschaz begnügen und ersättigen lassen müßen, gestalten dann auch dieselben, wann gleich sothane Gewohnheit nicht vorhanden wäre, wie sie doch ungezweifelt ist, dennoch darum, daß sie ihren mitgegebenen Brautschaz zu einer rechten Wiederstattung ihrer elterlichen Güter empfangen und darauf mit gebührenden Eiden verziehen und renuncirt, nunmehro zu ihrer elterlichen Erbschaft kein Recht oder Ansprache haben könnten.

Zeugenaußagen zum *IV*. art. n. *IX*. Es sey eine gemeine Regel, wenn Söhne vorhanden seyn, so behalten dieselben die Erbgüter. Die Töchter aber kriegen nach Gelegenheit der Güter ihren Brautschaz und Aussteuer, und werden die Töchter von der Erbschaft ausgesondert, wenn sie Verzicht gethan. — X. Saget wahr, denn er habe es von seinem sel. Vater und andern nicht anders gehört, als daß die sammtlichen Erb und Güter von undenklichen Jahren bey den Söhnen verbleiben. Die Töchter aber seyn von den Eltern oder ihren Brüdern mit einem sichern Heurathspfennung oder sonsten einem Stück Erbguts anstatt des Brautschazes, wie man sich dessen mit ihnen vergleichen können, ausgesteuert worden; darauf sie Verzicht leisten und sich mit einem Brautschaz er sey klein oder groß gewesen ersättigen laßen müßen. Habe nie gehört, daß die Verzichte in Vorzeiten disputirt worden unangesehen obgleich die eine Tochter einen Grössern die andere einen kleinern Brautschaz erlangt; und halte es Zeuge dafür, daß solche Gewohnheit auch wohl in der Graffschaft Tecklenburg und Lippe und sonst vorhanden. — S. 318. XVI. Er habe niemals anders gehört, als daß im Stift Münster und Osnabrück und in der Graffschaft Ravensberg von undenklicher Zeit her üblich und gebräuchlich gewesen und noch sey, daß die Söhne ihrer Eltern Güter ererben, und die

Töchter mit einem Brautschaze ausgesteuret, und wenn sie ihren Brautschaz empfangen, damit von der Eltern Erbschaft (ausgenommen die Beyfälle) gänzlich abgesondert und ausgeschlossen worden. — S. 320. XXI. Und wenn die Töchter obangedeuteter Gestalt Brautschäzlich ausgesteueret, oder sonst, wie oblaut, genugsam versorget, auch darauf Verzicht geleistet haben, so seyn sie von der Erbschaft abgesondert und ausgeschlossen. — S. 327. XXV. So lange er gedenke und von andern gehört habe, sey es im Stift Osnabrück und Herrschafft Vechte üblich hergebracht, wenn männliche Erben vorhanden, daß bey denselbigen die Erbgüter verblieben, die Töchter aber nach Gelegenheit der Güter mit einem Brautschaz ausgesteuert werden; und wann derselbe erlegt thun die Töchter einen gewöhnlichen Abverzicht, und werden dadurch von der elterlichen Erbschaft ausgeschlossen. — S. 323. XXXII. — und sagt Zeuge, daß er oftmals von Guten von Adel berichtet, wenn sothaner Brautschaz ausgegeben, und die Verzicht dagegen empfangen, seyen die Töchter von der ganzen Erbschaft abgesondert.

Regiam Majestatem L. II. c. 33. §. 8. Potest siquidem filius in vita patris sui forisfamiliari, si pater quandam partem terrae suae sibi assignet; et saisinam faciat. inde sibi in vita sua, ad petitionem et bonam voluntatem ipsius filii, ita quod de tanta parte terrae sit ei satisfactum. §. 9. Tunc non poterit heres ipsius filii de corpore suo genitus aliquid amplius petere contra patruum suum de residua parte hereditatis avi sui, quam partem patris sui.

Wurster Landrecht. *Art. 3. §. 1.* Wann Söhne und Töchter vorhanden, so bestimmt oder gibt der Vater seine Tochter oder auch nach dessen Tode der Sohn seiner Schwester, jedoch mit Vollbort und Gutachten der nächsten Blutsverwandten, aus den sämtlichen Güthern einen gebührlichen Brautschaz, wann solches geschehen, kan die Schwester mit dem Bruder in Vater und Mutter, Schwester und Bruderguth nicht erben, in den übrigen Erbfällen ist der Tochter die Aussteuer unschädlich. Art. 9. Schwester und Brüder erben in allen Fällen gleich, ausbeschieden, wann die Schwester oder Bruder ausgesteuert, so kan dieselbe ausgesteuerte Schwester mit dem Bruder in Vater-Mutter- Schwester-und Bruder- Guth nicht erben.

Stat. Mediolan. t. 280. Nec possint ipsae foeminae — aliquid aliud petere in bonis talis ascendentis. — ex testamento nisi quatenus ipse ascendens in suo testamento vel vltima voluntate eis relinquere voluerit, cum eis foeminis satis sit, eas decenter alimentari et dotari, vt supra. Et intelligantur esse legitime et decenter dotatae, quando in vltima voluntate ab ascendente fuerit certa quantitas eis relicta vel aliud relictum, et per eas postea habita vel habitum.

Cout. d'Auvergne art. 25. Fille mariée par le pere ou par l'ayeul paternel, ou par un tiers, ou d'elle mesme lesdictz pere ou ayeul paternel et mere viuans, douée ou non douée, ait quitté ou non; elle ne ses descendans ne peuvent venir a successions de pere, mere, frere, seur n'autre quelconque directe ou collaterale, tant qu'il y a masle, ou descendant de masle heritant esdictes successions soit le dict descendant masle ou femelle: sinon qu'elle fust mariée en premieres nopces en la maison de desdictz pere et ayeul, ou l'un d'eux sans constitution de dot: ou quel cas n'est forclose des dictes successions.

Art. 31. Iaçoit ce que par cy devant la portion des filles mariées par leurs pere ou ayeul de leur vivant accreust és filles non mariées, comme és masles, et que la dicte fille non mariée fut reputée masle quant à ce. —

Lauriere sur les ordonnances des Rois de France Vol. I. p. 219. Peu de tems après la jurisprudence changea à Paris, et les enfans mariez, comme emancipez ne fuccederent plus avec ceux, qui etoient refte dans la maifon etc. comme nous l'apprennons par *Des-Maris Decif. 236.*

Wienerifches Stadtrecht von 1351. in meinem Verfuch über die Gefchichte der teutfchen Erbfolge. Band II. Th. II. S. 311. Aber die Tochter haben ganczleich jr Recht an allem irem Erbtail, dieweil fie nicht man nement; Nimbt aber ein Junkfraw ein Man vnd vollfürt darnach nicht ir recht, alfo das fy fweigt über das erft Jar, wann fy einen Mann genymbt, di mag fürbas nicht clagen.

Coutumes de Bourbonnois ch. 25. art. 395. Fille mariée et appanée par pere ou par mere, ayeul ou ayeule paternels ou maternels apres les decez de fes pere ou mere — — — ne peut demander legitime, ne fupplement d'icelle, ne auffi venir à fucceffion collaterale dedans les termes de reprefentations tant qu'il y ait masle ou defcendant de masle, fois masle ou femelle heritant es dites fucceffions, combien qu'elle n'y ait expreffement renoncé.

Auszug aus den Formular- und tütfch Rethorica von 1488. Bl. 74. Als vater und muter ein fun ligend gůt zu heimfteur gebent. Ich A. witbe und ich C. myn fun bekennen offenlich mit dem brieff für uns und für. R. unfern fun und bruder. der zu fynen volkomenen ioren und tagen noch nit komen ift. des wir uns hierin mechtigen und fyner erben. unde thůn kunt dz wir mit wolbedachten mut zytigen rat und guter betrachtung. nach unfer nechften fründ rat und underwyfung dem. R. unferm fun und bruder für die C guldin rynifcher gemeyner lands werung. fo ich obgenante anna demfelben mynen fun als er fich zu M. fyner eelichen Hußfrauwen verheyret, verfprochen het und dife nochgefchryben ftuck und gůt ꝛc.

Erster Theil.

Und thun das yetz mit rechtem wissen in krafft diß briefs mit allen do zu gehörenden worten und wercken, ouch in der ußtreglichsten form meynung und recht, wie nach ordnung gemeyner und sunderlicher landlauff und stat rechten, und vor allen und yeglichen leuten und gerichten, geystlichen und weltlichen. Also der genannt unser sun und bruder syn erben und nachkommen, oder wem ihe die obgenannte stuck ingeben alle und yegliche mit aller und yeglicher und ir yeglichs zugehörd nutzung diensten gülten und geniessen fürohin als ir eygen hab und gut inhaben nutzen niessen, und do mit nach irem nutz und notturft was sy verlust und wöllen thunt lassen handeln und wandeln söllen und mögen on myn und der genanten myner sun und unser erben und nachkomen und menglichs von unser wegen irrung inrede und widersprechen. Wann wir uns der vermelten stuck und güte und aller unser rechte und gerechtigkeit so wir ye baran gehebt haben oder gewünnen möchten wie das were, gantz und gar begeben und verzygen haben. Und verzyhen uns yetzo wissentlich in krafft diß brieffs. Also daß wyr an den benanten. R. unsern sun und bruder unde syn erben und nachkomen in dero gewalt die obuermelten stuck und gut gar oder eyns teyls füro komen kein clag recht forderung noch ansproch nymer thun haben noch geneynnen furnemen noch gebruchen sollen noch wöllen kunden noch mögen mit noch vor keynen geystlichen oder auch weltlichen leuten richtern noch gerichten noch on recht sunst noch nichtzit vor nyemant an keiner stat in kein wyse. Doch onverzygen rechter erbschaft, die durch kunftig erbfal einem an das ander rechtlichen möcht begeben, und ouch in dem allem der stat K. steuerhafte fryheit und recht onscheblichen und on engolten getrülich und arglist on geverbe. Die hierin gentzlich ußgescheyden, und vermyten heissen syn sollen in alwege. Zu urkund geben wir dem genanten unserm sun und bruder und synen erben disen brieff.

Jus Consuet. Regni Hungariae P. III. tit. 29. Si autem res paternae extiterint, tunc pater juxta condecentiam ſtatus et honoris ſui poterit eam (filiam) emaritare, et amplius portionem rebus de eisdem non habebit, ſed mortuo patre ad filium deuoluentur, et illo quoque decedente, ad fratres et conſanguineos ſuos ab eodem ſtipite deriuatos condeſcendent.

Conſtit. et Stat. Regni Polon. Caſim. I. de 1423. L. 2. c. 6. De eo, qui filios habuerit ſuperduxeritque ſecundam vxorem et filias genuerit. — Cum vero pueri prime vxoris porcionem ſuam equalem a patre eis ſponte ex diuiſione perpetua oblatam obtinuerit tunc porcio ſecunde vxoris filiis aut filiabus eiusdem cedere debebit integraliter et ex toto deuolui.

Jus terreſtre Nobil. Pruſſiae Tit. I. §. 4. Dote autem ita illis aſſignata nullum vltra eam ſibi jus haereditarium in bonis paternis vel maternis aliorumue aſcendentium, ac etiam per aliquem ex fratribus ſteriliter decedentem, ſi alii ex fratribus ſuperſtites ſint vendicare poterunt, licet nulla eo nomine renunciatio facta ſit. §. 5. Nec vt Dos ratione decedentium fratrum ſibi augeatur a fratribus petere, ſed illae ſortes fratrum ſteriliter decedentium ad fratres ſolos aut fratrum maſculini ſexus liberos, qui ſuperuixerint, pleno jure deuolluentur.

Litt. feud. Phil. AEp. Colon. de 1190. in Fiſchers Geſchlechtsregiſter n. 27. p. 39. Sub hoc pacto contulit, vt idem Comes et vxor ſua feodali jure a nobis, et ſucceſſoribus noſtris receptum poſſideant, et omnes ſucceſſores hereditarii eiusdem comitis vtriusque ſexus firmiter tanquam allodium excepta filia ſua vxore Brunonis de Iſenburch, quam nobis preſentibus ſtatuta et data pecunia ab omni ſucceſſione hereditaria tam mobili quam immobili excluſit.

Supracit. Constit. Casim. I. L. I. c. 126. Statuimus etiam, quod postquam aliquis nostrorum nobilium filiam suam viuens nuptui tradiderit, et dotem sibi assignauerit competentem, ipso tandem defuncto eodem plura a fratribus repetere non poterit. Si vero patre mortuo filia vel filius remanserint solute neque per patrem dotate etc. etc.

Ruſtringer Landrecht. *Art. 14. S. 85.* Dieth is ock freſche Recht, dath de ſuſteren nevenſt den Broderen ſo bepe taſten, ſo verne ſehe averſt nicht ſin vthgedeltt vnd ſytten mytt den Broderen in vnvorbeledem Gude.

XVI.

Weibliche Einwerfung des Vorempfangs und Beleuchtung der Rechtsregel: femina semel exclusa semper manet exclusa.

Statutum Mediolan. c. 286. Si contingat masculum praelatum foeminae in successione adscendentium — decedere ab intestato sine descendente et ascendente masculo legitimo ex linea masculina et sine fratribus paternis legitimis, tunc illa foemina exclusa, si viuit, admittatur in capita ad successionem bonorum ipsius decedentis cum foemina vel foeminis descendentibus ipsius defuncti, qui exclusit, collatis dote eius, quae dotata fuerit, si dotata fuerit, et protestatione bonorum paraphernalium eius, in cuius fauorem facta fuerit dicta protestatio, si facta fuerit. Et hoc, si dos vel bona paraphernalia congrue referendo data fuerint per ascendentem vel excludentem, vel alium seu alios contemplatione ascendentis vel excludentis. Et hoc vsque ad concurrentem quantitatem tantum bonorum relictorum, per dictum ascendentem a cuius successione exclusa fuit.

Lehenurthel in Saurs Buch von Erbschaften. S. 288. Wenn gleich in euwers Weibs Bruders sel. Lehenbrief vnder anderen begriffen, daß er mit bem Ritterguth sich seine Erben beide Männliche und Weibliche Personen beleihen und im reychen lassen, so kan doch euwer Weib, alldieweil ihr Bruder andere Brüdere vnd Brüders Söhne gelassen, keinen Zutritt darzu haben noch gewinnen, wenn sie auch also vnnb auf diese Weise einmal, darvon ausgeschlossen, kan sie barnach nimmer daju kommen, von Rechtswegen.

Cout. d'Auvergne art. 25. oben n. XV. art. 26. Et en default des masles ou descendans de masle, la dicte fille ou ses descendans pourront seulement venir à la

Erster Theil.

succession du dernier mourant et autres successions apres escheans.

Herzogs Notariatsunterrichtung von Testamenten S. 328. Soviel die ausschließende Statuten betrift, ist mit Fleiß auf die Wort zu sehen. Entweder so Mannsstamm vorhanden schleust das Statut die Weiber schlechtlich von der Eltern Erbung aus. Und ist der gemeiner Schluß, daß die Tochter einmal ausgeschlossen, für ewig ausgeschlossen zu halten sey. In welchem Fall genug ist, daß zur Zeit, so die Erbschaft oder das Fideicommiß fällig, männliche Erben erfunden werden, die Töchter ausschließen, obwol hernach solche Mannerben abgehen. Dann die einmal ausgeschlossene Weiber können zu den Gütern, davon sie zu ewigen Tagen ausgeschlossen werden, nicht mehr kommen, sondern dieselbige Güter sollen und müssen auf andere des Mannes-Erben kommen. — — Oder das Statut verlautet, daß die weibliche Erben nicht folgen mögen, solang oder alldieweil männliche Erben vorhanden seind, sodann die männliche Erben verfielen, so fiele das Erb kraft des Statuts auf die Weiber.

Jus terrestre Nobil. Prussiae Tit. I. §. 4. 5. siehe n. XV. §. 6. Quod si fratres omnes steriliter decedant, sorores earumque liberi in stirpes in bonis succedant.

Herzogs Notariatsunterrichtung S. 318. Wann eine Tochter auf väterliche Güter Verzieg thut, oder ist sonst durch ein Statut in Ansehung Mannsstammens davon ausgeschlossen: so sich begebe, daß der Vater stürbe, unnd hinterließe sie zusampt seines hievor verstorbenen Sohns Tochter. In solchem Fall wirdt gemeiniglich folgender Unterscheidt gehalten. Entweder verstirbt der Sohn in Lebzeiten des Vaters, unnd verlaßt ein Tochter; unnd alsdann kan dieselbige in ihres Anherrn Erbschaft die Basen nicht ausschließen. Stirbt aber der Vater vor, unndt der Sohn hernach unnd laßt nach sich seine

Tochter zusampt der Schwester: Alsdann wirdt die Schwester durch die Tochter ausgeschlossen, weil der Sohn die Erbgerechtigkeit einmal erlangt gehabt, dahero die Schwester für ewig ausgeschlossen gehalten wirdt. Vnnd wie in dem Fall wann der Sohn bey Leben des Vaters verstirbt, seine Tochter die Schwester nicht ausschleußt, also auch und hinwieder, wann der Vater verstürbe, vnd einen Sohn vnd seines vorabgegangnen Sohns Tochter hinderließe wurde dieselbig durch den Sohn ihren Vettern ausgeschlossen.

Henr. Breul de renunciandi more Canf. IV. c. 9. p. 558. Quando pactum adiectum in inuestitura diceret, quod foemina non succederet (vti etiam in forma renunciationis) donec masculus superesset, licet foemina per masculum esset exclusa, deficiente tamen filio masculo admitteretur postea filia: Et paulo post eodem loci idem Curtius ait, quod extante statuto, donec masculus superest, foemina non succedat, licet foemina per masculum fuisset exclusa, tamen deficiente masculo, postea foemina admittetur, quae sane ad hanc nostram intentionem satis apposite facere putamus; appellaturque eiusmodi haeres anomala, id est, irregularis.

XVII.

Feyerlichkeit des Verzichts und vorbehaltener Rückgang der Töchter zur vätterlichen Erbschaft.

Cout. d' Auvergne art. 27. Le pere et autres ascendans en mariant en premieres nopces leur fille et autres descendans en droicte ligne peuvent reserver à leur filles et autres descendans en droicte ligne droit successif de pere mere et autres ses dictes parens. *Art. 28.* Et si les Collateraux la marient vivant le pere ou ayeul paternel luy peuvent aussi reserver leur succession seulement en tout ou en partie.

Samson Herzogs Notariatsunterrichtung von Testamenten und lezten Willen. Strasburg 1597. S. 331. Wann ein Weib ihrs Vaters Erbschaft einmal ausschlägt, hat sie kein Zugang mehr darzu, auch in Mangel des Mannsstammens. Damit sie aber in dem Fall einen Regreß zu ihrem Antheil der Erbschaft haben, solle dem Verziegs- oder Cessionsinstrument einverleibt werden; daß sie von ihrer Brüder wegen und in Ansehung des Mannsstammens und der Agnation die Erbschaft fahren lassen, und dem Mannsstamm übergeben und geschenckt habe. Dann solche Uebergab und Nachlassung hat solange Kraft, als lang die Sach in dem Stand bleibt, und wann die Mannlich Linie zumal abgangen, gebührt ihr oder ihren Erben wieder der Sie möcht aber denselben auch wol ausdrücklich vorbehalten, daß zu was Zeiten immer der Mannsstamm vergehen und aufhören würde, die Uebergebung und Verzieg, als nit geschehen, gehalten sollen werden, und daß ihr oder ihren Erben nachmals ihr Recht ungeschwächt und unbenommen bevorstehen; auch zu ihrem Spruch und Forderung, so sie ihren Brüdern nachgegeben, wiederum einen freyen Zugang haben solle; sintemal durch ein Pakt die gebührend Succession und Erbgerechtigkeit vorbehalten kan werden. (Diß ist alles aus der Gloſſe und den erſten Rechtsgelehrten beſtättigt.)

Sentence arbitrale touchant le different, qui eſtoit pour la ſucceſſion du Duché de Lorraine entre Iſabel de Lorraine Reine de Sicile, fille de Charles I. Duc de Lorraine et ſon Couſin Germain Antoine de Lorraine Comte de Vaudemont. 1440. *in Leibnitii Cod. Iur. Gent. dipl. P. I. n. 167. p. 373. §. 8.* Item et moyenant ce que dict eſt, et pour ſi grand bien de paix, le dict Monſeigneur le Comte promettra de renoncer pour luy et ſes hoirs à tout droict, action et querelle, qu'il dict et pretend avoir de faict et de droict et de conſtume en la proprieté de la dicte Seigneurie des Duche et Marchiſié de Lorraine et ſes appartenances. *§. 22. p. 375.* Item pour mieux faire et reſerver à un chacun le droict et action qui de droict legitimement luy peut advenir; eſt à entendre, que non obſtant la dicte renonciation à la Duché de Lorraine, qui ainſy ſoit faicte par le dict Comte, que s'il aduenoit, que Dieu ne veille, que la Royne de Sicile et ſes hoirs masles et femelles allaſſent de vie à trespaſſement ſans hoirs iſſants et deſcendants de leurs corps, en ce cas mon dict ſeigneur le Comte, comme legitime et habile à ſucceder par voye de Juſtice et aultrement deuement rendra à tel droict, qu'il y debura et pourra avoir.

Graf Heinrichs von Mümpelgart Verzicht auf dem Hofgericht zu Rothweil v. 1473. Mſpt. So hat auch Hr. Heinrich Graue zu Wirtemberg — ſich hierüber für ſich und ſein erben gegen — Hrn. Ulrichen Hrn. Eberharten dem Eltern vnd Hrn. Eberharten dem Jungen Grauen zu Wirtemberg vnd Jren gemelten Erben der vorgedachten Grauffſchafften Herrſchafften — vnd andern, das dann ſin vätterlich müterlich Brüderlich Schweſterlich vnd vetterlich Gut heiſſet vnd ſin möcht vnd aller ander Anfäll Innhalt des Uebertrags verzigen —

Erster Theil. 251

Doch so hat der vorgenant Hr. Heinrich Graue zu Wirtennberg Jn selbs hierinne vßgenommen vnd vorbehalten die Anfall; so Jm oder seinen erben geschehen möchten der gemelten Graufschafften vnd Herrschafften Mümppelgart vnd Harburg mit ihren Zugehörden auch die Anfäll des lands Wirtennberg, also ob alle die obgenanten Hr. Ulrich Hr. Eberhart der Ellter vnd Hr. Eberhart der Jünger Grauen zu Würtemberg on manlich elich lybs erbenn mit Tod abgeen würden, ouch die Zufäll wie Jm oder sinen erben, die in dem obgemeltenn Vbertrag zugelaßen sind als obstet.

Bayerischer Theilbrief von 1349. in der Zweybrück. Vorlegung n. 23. S. 60. Und Wir ludwig Marggraf von Brandenburg, Herzog ludwig der Römer und Ott der Jünger verzeihen uns der land und leut, und der Herrschafft, die unser lieber Bruder Herzog Stephan, Wilhelm und Albrecht zu irem Anteil angefallen sind, als vorgeschrieben, daran nimmer kein Anspruch und Forderung sullen haben. Es wer dann, daß Unser egenannt Bruder all on Erben erstürben — Geschäh das, so sollen all die vorgenannten land und leut mit allen iren Zugehören, die zu ihrm Tail an sy gefallen sind oder mugen, mugen Wir an Uns Unser vorgenant Brüder und an Unser Erben lediglich gevallen.

Verzicht Markgraf Ludwig des Römers von Brandenburg auf Hollande ꝛc. v. 1358. Mspt. Wie verzeihen auch für vns vnd aller Vnser Erben und Nachkomen auf dieselben Herrschafft vnd land vnd was darzu gehört. —— Wär auch das Vnser egenanter Bruder Herzog Albrecht sunder leibserben abging, so soll es mit den lannden Henigaw Hollant, Selant vnd Frießland aber beleiben vnd besten bei der Ordinazion, di — Vnser — Vater selig mit seinen Briefen darüber gemacht — hat.

Dipl. Sigismundi Imp. de 1411. in Marqu. Herrgotti Auſt. dipl. Tom. III. Monum. Boicor. P. I. n. 24. Das wir mit guter Vorbetrachtung nach unſerer Herren und Rete Rate zu überkomen vnd vermeyden künftige ſtöße, Unwillen vnd kriege durch Friede vnd Gemache vnſer ſelbs vnd all vnſer lande vnd lude vns genzlich verziegen vnd verzicht gethan haben gegen den — Herzog Albrechten — vnd gen allen ſein Erben, das Sune ſint, vnd verzyhen vns auch wiſſentlich mit dem Brief in aller der kraft geyſt licher vnd werntlicher Rechten, die in chein Wyſe darzu gehorend, des lands zu Oſterreych mit dem Lande ob der Enns vnd allen andern Zugehörungen nichts vßgenommen als das die Teilbriefe die weilunt die — Herzoge Albrecht und H Lupold — an einander geben haben, eygentlich bewyſen." Ungeachtet dieſes feyerlichen Verzicht haben nachher die Herzoge von Oeſterreich doch einander wechſelſeitig geerbt, wie es der weitere Innhalt dieſes Diploms bezeugt.

Herzogs Notariatsunterrichtung von Teſtamenten S. 318. Für das Dritt, die Verzieg betreffend, iſt ein beſtändiger Schluß, daß die Töchter durch den Verzieg vätterlicher Erbſchaft nicht für ewig, ſondern allein ſolang männliche Erben vorhanden ſeind, ausgeſchloſſen gehalten werden.

Pacta dotalia inter Caſimirum Poloniae regem et Eliſabetham filiam Alberti II. Imp. de 1453. in T. I. Cod. dipl. Regni Poloniae p. 156. Caeterum promittimus — quod Eliſabeth Regina Conſors noſtra — omni iuri, ſorti ad deuolutioni Ducatus et Dominiorum Domus Auſtriae cedet perpetuo, et renuntiabit, nullum ius ad illa habitura, niſi omnibus Ducibus Auſtriae Maſculini ſexus morte - apſumtis. Item omni iuri ſorti et deuolutioni omnium Regnorum, Principatuum, Terrarum et Dominiorum. Item omnibus totalibus clenodiis, gemmis, argentariis et bonis mobilibus — Ladislai fra-

tris sui nunc habitis et acquisitis et in posterum haben-
dis — in eo duntaxat casu, si ipsum Dom. Ladislaum
Regem haeredes ex foemore suo procreatos sexus dun-
taxat masculini, ac eorundem heredum posteros dire-
ctae lineae propagine per sexum masculinum ab eisdem
descendentes relinquere contingat, — cedet et renun-
tiabit. Renuntiatio autem ipsa censeatur inualida, vbi
Dom. Ladislaus Rex aut sui haeredes aliis haeredibus
masculini sexus post se non relictis — decesserit, nec
alicuius sit roboris aut firmitatis. p. 158. n. 8. noch eine
eigene Urkunde worinne K. Kasimir bekennt, daß er an
Oesterreich nach dem Tod des K. Ladislaus von wegen
seiner Gemahlin solang Oesterreichische Prinzen vorhanden
kein Erbrecht habe. p. 159. n. 9. Die förmliche Renun-
ciationscharte der Prinzessin Elisabeth samt dem Vor-
behalt.

*Renonciation d' Isabeau de Lorraine et d' Enquer-
rant de Coucy a. 1385. Du Mont. T. II. P. I. p. 195.* —
avons fait et faisons pleine quittance de tout le droit rai-
son et action, que jamais puent ou doient competer et
appartenir a moy Ysabel de Lorraine — et à mes hoirs
au Duchié, Princée, Baronnie de Lorraine et à touts les
biens immobles et heritages qui appartiennent et appar-
tenront à nostre dit seigneur tant au Royaume de Fran-
ce, comme altre part, en quel maniere que ce soit,
Salf tant pour moy Ysabel de Lorraine — et mes hoirs,
que se mon dit seigneur le Duc ou ses altres Enfans
masles presens ou ad venir trespassoient tuit de cettuy
siecle sans hoirs de son propre corps nez et procreez
en loyal mariage, c'en que Dieu ne veille et pareille-
ment se mon dit seigneur le Duc laixoit une fille ou
plusieurs de son corps. En touts ces cas et chacun d'
iceulx venroyent et tourneroyent les dits Duchié Prin-
cée et Baronnie de Loherenne pour le temps laixeroit
apres le trespassement, en la main de moy Ysabel de

Loherenne ou de mes Hoirs comme vrage Heritiere du dit Duchié de Loherenne et de ſes appertenances.

Compoſitio inter Eberhardum Comitem de Wirtemberg eiusque Coniugem ex una et Heſſonis Marchionis Badenſis haeredes ex altera parte ſuper haereditate Marchionis Rudolphi et dote promiſſa de 1297. in Sattlers Geſchichte des Herzogthums Württemberg unter den Grauen. B. II. Beil. N. 22. S. 49. Per copiam ſub ſigillo Illuſtris matrone relicte quondam inſignis Viri Heſſonis de Baden Marchionis. Nos Eberhardus comes de Wirtenberc et nos Irmengardis eiusdem Comitis collectanea, quondam Illuſtris Rudolphi Marchionis de Baden filia notum fieri volumus omnibus Eccleſie filiis univerſalis, quod cum lites ſecundum legales et Canonicas ſanctiones ſint reſtringende potius, quam laxande, nos mediante admonitione et compoſitione infra ſcripta omnibus Iuribus, actionibus, litibus motis coram quocunque Iudice a nobis aut noſtris ſubſtitutis Illuſtri viro quondam Heſſoni Marchioni de Baden ſuisque heredibus in publica ſtrata regia bona ac libera voluntate coadunata manu viro egregio Conrado Marhſchalko de Beſinkain ad hoc de Relicta prenominati Heſſonis et eius heredibus deputato nomine ipſius Relicte ac heredum reſignauimus et tenore preſentium reſignamus, ita ut quoad bona ipſorum tantum ſuper petitione hereditarie ſucceſſionis ac etiam dotis a prenominato Rudolpho quondam Marchione de Baden nobis non competat actio inantea quoquo modo, niſi forte quod Deus avertat ſepefati Heſſonis heredes ſine ſucceſſoribus penitus demigrauerint.

Dipl. de 1287. Ap. Scheidt in prefat. Origin. Quelficar. Tom. III. p. 71. et quod inter nos vtrinque contracto et conſummato iuramento efficaciter ordinamus et procuremus omnimodo, quod ipſa ſponſa noſtra, poſtquam ſe in terra noſtra et domo receperit, cedat et renunciet omnibus, que possent ad eam ex successione paterna et materna iure hereditario deuenire, nisi forte, quod absit, affinibus nostris karissimis fratribus suis, qui iam sunt vel fuerint, non extantibus et sine liberis defunctis aliquid ad eam iure successionis contingeret deuolui, quo casu cum aliis sororibus eius equam percipiat portionem.

Eheſtiftung zwiſchen Graf Bothen zu Stollberg und Annen Gräfin zu Königſtein v. 1499. in Lünigs Reicharchiv P. II. p. 322. Doch wird es ſich fügen, daß — — ohne eheliche Mannserben abgehen und verſterben würden, ſo ſollen der gedachten unſer Niffteln — — ihr gebührliches Erbrecht und Erbſchaft Vätterliches, Mütterliches und Brüderliches Erbtheils und anderer Nebenfälle unbenommen, ſondern fürbehalten und in dem obgemeldten Verzicht daran unſchädlich und unvergriffen ſeyn und das in ihren Erbrechten ſtehen ohne männiglichs Verhindern.

Herzogs Notariatsunterrichtung von Teſtamenten S. 325. Dieſes dienet für die Töchter, ſo in ihres Vaters Hand auch eidlich Verzieg thun. Darinn gebräuchlich folgende Clauſel zu ſezen: Und ſie verzeihet ſich Vätterlichs, Mütterlichs und alles Erbs bis auf einen ledigen Anfall. Solche Clauſel erhält der Tochter der Agnaten Erbſchaft, daß ſie ihnen allen, ausgenommen der Eltern, ſuccediren mag. Doch hat ſolch Pacte ihme die Erbung vorzubehalten oder zu erhalten, nicht ſtatt, wenn ein Tochter dem Gebrauch, Statut Burgfriden oder Erbeinung (in Kraft deren die Weiber von der Succeſſion ſowol teſtamentsweiſe als außerhalb Teſtaments, ſolang Mannsſtamm in Leben und vorhanden, ausgeſchloſſen wären) Zuwider mit ihrem Vatter oder er mit ihr ohne Bewilligung des Mannsſtamms dergeſtalt überkommen wollte.

*Gudeni Codex Dipl. Mogunt. T. II. P. II. p. 1182.
n. 237.* Noverint vniuerſi — quod A. 1382. — in Caſtro Lantzkrone circa gradus in mei Not. Publ. Imp. auctoritate ſubſcripti et Teſtium — preſentia conſtituta Domicella Yrmswingis habens etatem circa XVIII. annos vt apparuit, ſentiens ſe copulandam cum Henrico Burchgravio de Ryneken praeſenti exiſtenti et conſencienti, — Spontanea voluntate et vultu hilari ſuper vniuerſis et ſingulis bonis rebus et hereditatibus tam mobilibus quam immobilibus quibuscunque ſibi deuolutis et deuoluendis renuntiauit, et effeſtucauit manu et calamo, modo et forma, quibus fieri ſic debuerunt et conſueuerunt prout in litteris memorialibus de ſuper confectis plenius continetur.

p. 1205. n. 260. a. 1399. Ind mir damit uff die Zyt genuichte, und noch hube Dys Daghes genuiget; Ind hain darumb — verzegen vur vil Erbern Luden die dat ſahen ind horten Vnd vartzien nochs hute dys Daghes overnuß diſem Brieff uff all dat Gud ind Erve dat myn Greten — uff mynen Erven vur off na irſterven off irvallen molchte von — myme Herren und Vrowe Hrn. Gerart v. Eynenb ind Jutten — Alſo dat ich — nummerine geworden noch geheiſſen enſolen uff eyncher ſtat. — Doch beheltniſſe were Sache dat Johann von Eynenburg — myn Bruder affgenge an liffs Erven, ſo ſolen ich — han datzu ich geboren bin, Als argeliſte — ußgeſcheiden

p. 1235. n. 285. a. 1414. Ich Bonzette van Saffenberg Cloſter Jomfer zu Thoren byeder Maeſſen dun kunt — — — dat ich umb ſonderliche — Fruntſchaf die mir Gracht van Saffenberg myn liebe Brude gedan hat, mit myme fryen eigenen guden Willen ußgegangen bin, ind verzigen han — — etſlichen und ewicliche up al ſulche Erff, Bruder — Deilunge ind Erſterffniſſe als Gracht mynen Bruder — zu rechtem Erff — angeval-

Erster Theil.

len und erstorffen is van unse Vader ind Muder, ind van Herrn Johanne Hrn. zu Saffenberg ind Wilhelm Hrn. zu Saffenberg minen beiden Brüdern — Id enwere dan Sache, dat Geacht — sturffe ind affgienge sonder rechte eliche Lyffs Erden ind Geburt. So sal ich Bonzette — steen zu myne Erffdeile, darzu ich geboren bin, und anders nit. Ind han ich Bonjette — dir Verzicht geban mit Halme ind mit Munde in behuf Crachtz myns Bruders — up alle den Enden und steden da sich dat ban Rechte gebürde.

p. 970. n. 38. a. 1285. Das älteste teutsche Instr. Anegainde sprechin wir, dat Her Gerart havin sal die Burch zu Landiscrone bid Ludin inde bid Gude dat zu dis Husis Gude gehort, all id sin Vader hatte van me Riche ind Otte nit. Andirwerve sagen wir dat Her Gerart ind obe teilin solin bescheidinliche al sullch Erve als ir Vadir ind ir Mudir hattin, so wa id si gelegin. Dritewerve sagin wir, ove Her Gerart ind Otte Zueinde wurden umb ir Erve dat Her Gerard spreche id horte zume Riche ind Otte spreche id horte zu irme Erve, dat sal ervarin Her Heinrich der alte bid Ware heide ove bid Rechte.

Diuis. Comit. Sponh. et Sayn facta 1264. aus der beb. Nachricht rechtmäßiger befugnis zu den Sainischen Landen beider Erbtöchter Ernestina und Johanna. 1712. Beyl. C. Godefridus Comes Saynensis. — ordinamus, quod praedictus Henricus frater noster obtineat Comitiam de sponheim. — Preterea omnia bona allodii que nos et fratrem nostrum — simul attingunt per mortem Domine Alheidis — solus possideat et iis omnibus renuntiamus, et manu et calamo effectucamus. — Nobis vero reservamus Comitiam de Sayne. — Volumus etiam quod tam pueri nostri quam Henrici legitimi, si quos ipsum habere contigerit, vtriusque sexus sine aliqua ad inuicem molestatione gaudeant dictis bonis.

Grundl. Ded. von den H. Philippthal. Succeßions-
befugnissen n. 5. Transact. de divis Comit. Saynensis.
a. 1294. talis inter nos transactio siue compositio inter-
uenit, quos nos (Ioh.) nostro et heredum nostrorum
nomine ipsi Engelberto et suis hæredibus iure feodi
contulimus et conferimus in his scriptis bona inferius
annotata. —

Post obitum vero matris nostre medietatem castri
nostri Hoymburg cum medietate omnium reddituum
sicut mater nostra cum ipso Engelberto ac suis heredi-
bus eque diuidemus; *excepta proprietate Bonorum* *);
quam scil, proprietatem inter nos equaliter diuidemus:
secundum quod more patrie est innatum. — — Hec
omnia bona predicta idem Engelbertus et sui heredes
gusto feodati tittulo a nobis et nostris heredibus perpe-
tuo possidebunt.

N. 6. Engelb. litt. revers. de 1294. Die obige
Stellen sind hier parallel.

Promittimus etiam ipsi fratri nostro Comiti Ioh. —
fide data, quod hac translatione siue collatione feodali
memorata, in omnibus ac per omnia contenti erimus,
et quod de omni iure, quod nobis competit — in pa-
terna ac hereditaria portione seu in totali Comitia Say-
nensi — plenam facimus renunciationem. — —

Kurz und Gründl. Nachricht G. Litt. feud. Lud. Pal.
pro Com. Gottfr. Sayn. — Comitiam Saynensem —
de nostra gratia liberaliter contulimus titulo feodali.

K. 1. Urk. v. 1351. Darinn Joh. Gr. von Sayn
verspricht seinen Antheil an Sayn bey einem Verkauf dem
Vetter Gottfried zur Lehung anzubieten.

K. 2. Ebendis. geschieht 1357. wieder gegen Salen-
tin von Sayn.

*) Dieses wird in der Ded. vorbehältlich des Eigen-
thums der Güter, übersetzt da es doch Alloden be-
deutet.

Erster Theil. 259

§. Lehenbrif gegen Kurpfalz von 1398. worinn die Graffschaft Sayn zu Mannlehen empfangen wird.

N. 9. Aelterer Brief vom neml. dato 1437. in der Ded. von Philippsthal. Succeßionsbefugniß. Wir Diederich, Grafe zu Sain don kond — umb solchs anersterbende Erbe, so da dem Gerhardten Grafen zu sayn Dekant und Proist zu Achem unserm leven Broeder und uns — van väterl. und Müterl. Erbe und lehn und sust uff erstorben und angefallen seyn; darzo denn unser vorgewandte Broeder an Uns Forderinge meynte zu haben; also han Wyr Uns des mit Ihme darum guetl. gesüinet und übertragen also daß er darauf einen Verzugk gethain hat nach lude seines Verzeichnisbrieff — darumb Wir Ihne dann syn Lebetag lang das Schloß Verdewald, mit seinen zugehörungen, — vnd darzo Vier Hundert Gulden Gels Frankfurter Wehrung jährlichs auf unsern Kelnereyen zu — — verschrieben und verwiesen.

Were es auch Sach, daß Wir Diedrich nit eheliche Libserben, en liessen oder hätten, worzu dann unser Broeder geboren ist, darzu soll er kommen, und das niet übergeben hain.

N. 10. de 1465. So en sall allzyt niet me dan eyn Grave zu Sayn sin, dem man Gehorsamheit thun sall, und das sall der Eltiste syn, oder durch Eehaftige noit der bequemste.

N. 12. Ehebr. v. 1515. Und sollen Wir Otto Graff zum Rettberg ꝛc. auch Fräul Anna geb. Gräfinne von Seyne unser zukünfftig Gemahl und unseren beyder Libes Erben, darmit ganz ußgesezt und außgescheiden seyn, uß allen und jeden — Gerhard etwa Graffen zu Seyne — und Grafen Joh. zu Seyne — unsern lieben Schweher Vatters, Schwagers und Vetters und Ihr Libden Libeserben Landgraffschafften und Herrschafften Seyne Hoenburg und Freußburg ꝛc. allen ihren In- und zugehörungen und allen andern Ihr Libden Herrschafften und Schlösser Städte Erbschafften Pfandtschafften, Landen, Lüden Gütern beweg- und unbeweglichen liegend und fahrendes wie die Nahmen haben, oder wo die gelegen sind; die Sie jezund hant, oder hernach über kurz oder lang gewinnen und krygen anfallen mögen und besizen werden; gar nichts davon ab- oder ußgeschieden: und willen mit den 6000 Fl. Haubtgelds oder 300. Fl. nach lude der uffgerichten Verträge, billiges Gut Ehesteuer innen ganzein Gude genehm haben.

Hierauf kommt das sie Verzicht thun welches dann auch sehr weitläuftig und umständlich geschieht.

N. 13. de 1555. Erbtheil. zwischen den Gebr. Joh. und Sebast.

1) Bekömmt der Joh. Hachenburg Altenkirchen Mockular 2c. 2c.

2) Sebast. Freußburg Hemburg Friedewald 2c

3) Weiter haben wir uns des Schloßes Sayn halben verglichen also auch dieweil das unser beyder Gebrüder Stammhaus sollen wir und unsere Erben daßelbige mit allem — in Recht Gemeinschafft mit Nahmen ein jegliches das halbe theil daran haben.

4) Ferner zu Entsahung Reichs- und anber Chur- und Fürsten lehen — haben wir uns — verglichen und vereiniget, daß wir Graf Joh. als der älteste, all solche Lehen — im Namen und von wegen unser und unsers Bruders ingemein Kosten entsahen, vermannen und verdienen; darzu auch alle unsere Mannschafften und Lehenleut der Graffschafft Sayn zugethan, sollen wir auch jeberzeit als dieser Zeit der älteste im Namen unser und unsers Bruders verleihen.

N. 14. Vertglich Gr Joh. VI. mit seinen Söhnen Ad. Heinr. und Hermann. 1560.

2) Daß beyde meine Söhne Grafe Heinrich und Grafe Hermann der Graffschaft Sayn zum besten auch meinem ältisten Sohn Grafe Adolphen ihrem Bruder zu gutem

Erster Theil.

und aus brüderlicher Liebe die Verwaltung und Regierung der Grafeschaft Sayn gutwillig verlaſſen, ſich derſelben begeben, und alſo jetzt geb. ihrem Bruder hierin weichen und hiemit gewichen haben wollen.

N. 16. Vertrag zwiſchen Heinrich und Hermann daß die Grafſchafft beym Mannsſtamm bleiben ſolle. 1581.

Wahrhaffter Gegenbericht in Sachen Kurpfalz contra Sayn G. Ehebered. Gerh. von Sayn von 1461. Gieng der fürgen. Gerhart unſer Sohn von Todes wegen abe ehe dann die — Eliſabeth ſyne zukünfftige Hausfrau — daß dann dieſelbe — der fürbenambten Witthume ganzlich und zumahle mit der Morgengabe — ihr Lebtag lang haben nuzen genieſſen und gebrauchen ſolle, als Witthumsrecht und gewöhnlich iſt ungefehrlich.

Wer es aber, daß die — Eliſabeth von Todeswegen abglenge, ehe dann — Gerhart und nit übeseben lieſſe, daß Gott verhüte der fürgeſchrieben 4000. Fl. hieligs Gelts ſin Lebetag lanck genieſſen, alsdann ſolches Witthumsrecht und Gewohnheit iſt ohngefehrlich.

Auch iſt beredt in dieſer hieligs Vorworten, daß die obgen. Eliſabeth von Rodemachern der Schuldt, die Wir Gerhart Grave zu Sayn oder Gerhard unſer älteſte Sohn und unſer Erben iezunder ſchuldig ſind, oder hernachmals ſchuldig würdent nit zu ſchaffen ſollen han, zu bezahlen und der ohn allen Schaden ledigſtain, und blieſen.

Auch iſt geuurwort und beredt daß die — Eliſabeth von Rodemachern, ſo fern wir Gerhard Hl. zu Rodemacher, Hl. Söhne hinter uns lebendig laiſſen, als der hieligs Brief hieruff gemacht, innehelt mit dem — hieligs Gelt der 8000. Fl. ußbeſtatt, von allen Schloßen, Herrſchafften und allen andern Väterlichen und Mutterlichen Erben und Güttern abgeſchieden und ein verziegen Kind iſt und ſyn ſol, ußgeſchieden oben hernachmahls einiger Beyfall geſchehe, ſo ſolte ihr ihre Rechte daran behalten und unverzügen syn und kommen zu alle denen darzu, daß sie gebohren ware.

Ded. der Philippsthal. Succeßbefugnisse. n. 19. Eheber. von 1591. Doch alles mit dieser austrücklichen Maß und Vorbehaltung obs Sach wäre das über kurz oder lang der Mannl. Stamm der Grafen zu Sayn — abgienge, daß dann (Sie) Freulein Anna Elisabeth als eine Tochter zu Sayn zu jrem gebührenden Erbtheil, neben und mit andern töchtern der Graffschofft Sayn ahn allen eigenthumb, Gütern und Verlassenschafft, auch der Erblehen das sey liegend oder fahrend, beweglich oder unbeweglich was weiblich Geschlecht dessen vehig seyn mag wiederumb einen freyen Zugang haben, vnd bemelder Verzieg sie oder ihre ehelichen Erben darahn nicht hindern, oder schädlich seyn soll vermuege besunderer Briefflicher Urkund welche Jrer ld. derowegen zugestellt werden sollen.

Wo sich aber irer eins, nach des andern tödtlichen Abgang wiederumb in die zweite Ehe verendern würde, vnd Kinder jre Vätterl. und Mütterl. Erbschafft vnd Güter erben, wie solches die Recht vnd gewöhnlichen Landesgebräuche vermuegen vnd mit sich pringen.

XVIII.

Erbrecht einer unverziehenen Person in Lehen- und Stammgüthern.

Vertrag zwischen Herzog Albrecht zu München und H. Ludwig zu Landshut v. 1450. über den Ingolstädtischen Erbtheil in Oefel. Tom. II. Script. Boicor. p. 356. ausgenommen und hindangesezt, ob baider Seit zu künftigen Zeiten zwischen unser und unser baiden nechsten eelichen Manns-Erben, — rechte Erbschaft icht begäb, das es dann in derselben Erbschaft beleiben, und das es ain Tail gen den andern unverzigen seyn soll, alles nach Herkomen und Gewonhait des Hauses ze Bairn.

Herzog Ludwigs des Reichen von Landshut Verzichtsbrief v. 1450. a. a. O. p. 357. ausgenommen und hindangesezt, ob fürern zu künftigen Zeiten sich zwischen uns und des benannten unsers lieben Vettern H. Albrechten und unser baiden rechsten leiplichen eelichen Mannserben icht rechter Erbschaft begebe, — so sol es hinfür in derselben Erbschaft alzeit beleiben und der ain Tail gegen den andern unverzigen seyn nach Herkomen und Gewonhait des Haws von Bairn.

Urk. H. Heinrichs von Landshut von 1428. in der *Defensæ en revers.* p. S. 10. Unverzügen rechter Erbschaft, die sich mit Todten verlaufen möchte.

Obersteinische Nachrede von 1414. in der Kurzgefaßten Geschichte der Rheingrafen Th. I. S. 72. §. 38. Vnd abe ez wol also were, des doch nit en yst, so gebürt yme vnd siner Hussfrawen von der Gemeinschaft doch nit me denn ein dritteil, vnd die anderzwey teil geburten vnsern zweien Nysteln siner Husfrawen Sustern, die unverzigen Kinder.

Urtheilsbrief des Basler Hofgerichts über die Brandenburg. Ansprüche an Straubingen von 1434. im II.Th. des zusammentrags der Urk. zur Baier. Erbfolgs Sache S. 207. Frau Elisabeth v. G. G. Marggrauin von Brandenburg — redt durch Irn Fürsprecher — Herr Heinrich P. b. R. u. H. in Bairn Ir lieber Bruder — der hett innen Ir vätterliche mutterliche vnd schwesterlich Erb und auch irs Vettern Herzog Johannsen zu Hollant ꝛc. — Erbe, das auch auf Sy erstorben vnd gefallen were, vnd des sy sich auch nye verzigen vnd aufgeben hab.

Bayer. Theilbrief von 1353. im Urkundenb. zur Zweybrück. Vorl. S. 65. und verzeihen Uns desselben Teils für Uns vnd Unser Erben, daß Wür keinerley Anspruch immer darauf haben, an als viel, ob Unser Bruder Herzog Albrecht und Herzog Wilhelm nicht en-wären und on Erben verschieden — was Uns dann ir Tail und Herrschaft zu rechter Erbschaft und Erb angeuallen mechten, derselben Erbfahl verzeichen Wür uns nicht.

Osnabrück. Zeugenaußagen von 1589. bei Möser: Und wann die Töchter ausgesteuert seyen, so müssen sie nach Landesgebrauch Verzicht thun, und seinen Eventheuer stehen; immaaßen er belebt, daß die sel. Walkesche zum Venhause ihrem Bruder sel. Caspar Schelen keinen Verzicht geleistet, deswegen er ihr seiner Schwester über den empfangenen Brautschaz noch etliche hundert Thaler zusezen müssen, damit er den Verzicht erlanget. — — Doch werde insgemein den Verzichten die Clausel einverleibt, womit sie Gott und die H. Kirche künftiglich würde beerben, dessen zu geniessen; **oder davon unverziehen zu seyn.**

Heirathsbrief von 1509. *in Vol. X. Monum. Boicor. p. 212.* Darzue wir im je geben verſprochen haben zu rechtem Heuratguett 340. Fl. Rheiniſch an aygen Erbſtuckhen vnd liegender Hab, vnd ſy — als ains Edelmanns Tochter ausgeſtattet haben, ſo wir thuen, vnd ſoll vnverzigen ſeyn nach vnſerm Tod. —
— Es ſoll auch der egenant Heuratt umb das obgeſchrieben alles auch mit Todtfällen, Erbſchafften vnd allen andern Sachen — allzeit zwiſchen Jer beſteen vnd gehalben werden, nach dem Landsrecht in Baiern, und wie Edelmanns Heurath im Land der prauch vnd recht iſt, alles treulich an Geſard.

Urthelsbrief des Kaiſerl. Kammergerichts von 1494. *in Senckenbergi adjnncto XXIII. ad Obſ. de Iud. Cam. hod. p. 164.* Dan es were im Swabenn, Bairn vnd Franken vnder Fürſten vnd Herren gar gew. blich, wann ainer ain Tochter verheiratt, das ſich die bekennen mueſt, das ſy irer Eſtewer bezallt were, vnd verzig ſich darauf mit ainen ſonderlichen brief umb ir Eſtewr fürgeſechenn.

Sententia Parlamenti in Cauſa Flandr. de 1322. in Leibn. P. I. Mant. Cod. I. G. Dipl. p. 108. Petens inſuper jam dicta Domina de S. Vrbano, quod in caſu, in quo requeſta d. Ludouici fieret pro Comitatu et Paria Flandriae ſe admitti tanquam filiam et heredem d. defuncti Comitis ad fidem et homagium de terra de Voiſe, cum ſit feudum ſeparatum et diuiſum à Comitatu et Paria Flandria, *cuius terrae ſucceſſioni ipſa nunquam renunciauerat,* vt dicebat. — — Et quantum ad ea, quae petebat d. Domina de S. Vrbano ratione terrae de Voyſe, partes ſuper hoc audientur, et fiet eis juſtitiae complementum.

Stat. prov. **H. Wilhelms zu Jülich 1555. Blatt 92.** Daß unter denen ſo von der Ritterſchafft

seynd, denen Söhnen nur das Hauß zum Voraus gebüh-
ret; im übrigen aber die unverziehene Töchter oder Schwe-
stern gleich — erben.

**Saynischer Theilbrief von 1437. in der De-
duction von den Hessen Philippsthalischen
Successionsbefugnissen. n. 8.** Mit solchem Under-
scheide, wers Sache, daß Wir Dieterich Grafe zu Sayn
— von Doitswegen abgiengen ohne ehelich Leibserben —
worzu denn unse liebe Bruder (Gerhard III.) geboren we-
re, darzu soll he kommen, unb darauf niet verziegen han,
obe he das erlebt.

Ich Hannes Brüswin die Zeyd vogd zcum Arns-
houge bekenne an disseme offin briue vnd thu kund allen
den die yn sehin aber horen lessen. Als die Erbar
Frouwe Margrethe von Obernicze gesessin zcu Molle-
wicz ein teils mynre gnebigin Herrn burgere zcur Nu-
wenstab mit namen Hanse aldenberge Clawse vom
Hain, Hanse Follembusse Nickele von Lomen Hanse
Krumpholcze vnd Frouwen Agnissen billingstorffs ange-
langet vnd bethedinget hab umb etzliche ackere vnd we-
sen die sie vor geczten zcu Nickele von Obernicz irem
junckern seligis gedechtenisse gekoufft hatten darumb das
sie mit denselbigen ackern vnd wesen zcu Lipgedinge von
unsserm gnebigin Herrn Marcgraven Wilhelm seligen
belehnit ist vnd ouch darumb das sie meynte das sie keine
Vorczicht mit Günthern von gresindorff irem gegebin
Vormunden als recht ist getan hatte. Als habe ich ge-
nanter Hanns Brüswin mit etzlichen mynre gnebign
Herren mannen vnd burgern darczwischen gethedinget
Also das dieselbigen burger den genanten Frouwen von
Obernicz, hirnach, gegebin haben Sechzen Rynische
Gulden darumb das sie vorder von yr iren Kindern vnd
erbin vnbethedinget solden ewicklichen bliben vnd das sie
ouch eine rechte vorzicht vor Gerichte vnd geheigtter bank

Erster Theil.

mls solde vnd habe den Ersamen Sidemann mogklnhain mynen vettern gebeten das der ein landgerichte von myner gnedigin Herren wegin siczezen solde wenn ich des vff das mal vor myner Herren noblichen geschefften nicht gesiczen konde vnd ich Sidemann mogkinhain vff das mal richter Haus wolfstorff Mertin van Gera Nickel Zeschune Conrad van Kaschewicz Nickel vam Saher Nickel Gocze Hans Krumpholcz Nickel van der ploten Nickel rossthumpfil Schepphen vnd Hencze Urbach Frone bekennen eintrechticlich an dissem brive das die Erbar Frouwe Margarethe van Obernicz Gunther van Greffindorff yr gegebin vormunde Jorge vnd Hanns ire sone die sich ouch ludoldis ires bruders gemechtiget haben, komen sind vor vnsser gnedigin Herren landgerichte zcur Nuwenstad vnd haben da solche thebinge als zcwisschen yn gethebinget ist geluttert vnd bekand in gericht vnd geheigtte bangk vnd haben da eine rechte vorzicht getan vor sich vnd alle ire erbin mit hand vnd munde solche gud als der Kouffbriff den sie darobir gegebin haben, vzwiseb nymmer mer anzculangen nach zcufordern wider geistlich nach wertlich nach nymand van iren wegen Sundern sie vnd ire erben ewiclich darumb vnbethedinget zculassen ane alle hulffrede ane geverde des zcu Orkunde vnd merer sicherheid habe ich Hanns Brusswin myn Insigel von gerichtis wegen an dissen offin briff lassen hengen des ich Sideman mogkenhain vff das mal Richter wir vorgeschrebenen Schepphen vnd Frone mete gebruchen der gegeben ist nach Christs geburt vierczehundert Jar vnd darnach in dem acht vnd zcwenczigsten Jare am Montage nach Cantate.

Samson Herzogs Notariatsunterrichtung von Testamenten und lezten Willen. Tit. 13. §. 18. S. 314. Also da ein Tochter mit dem Pakt ausgesezt würde, daß sie mit ihrer Zugift benügig nit erben noch etwas weiters fordern solt: mag sie nichts destoweniger ir väterlich Erbtheil fordern, so fern sie den Eid nicht leiblich geleistet hat. Fichard. Conf. 82. Ger. n. 6. Es bindet auch des Manns Verzieg im Namen seiner Hausfrawen beschehen, sie gar nicht, da ihr Bruder untestirt verstürbe, weil sie selbst niemals verziegen hat.

XIX.

Wenn schon die Töchter von der väterlichen Erbschaft ausgeschlossen sind, so behalten sie doch die Erbfolge in den mütterlichen Gütern, und den stammsvetterlichen Anfall.

Coutume d'Auvergne art. 33. Et si la dicte fille est mariée par les dictz pere ou ayeul paternel, ou autre ou de soy mesme apres les trespas de sa femme (ihrer Mutter) elle peult venir à la succession de sa dicte mere et autres ses parens du dict costé et estoc maternel. *Art. 34.* Mais quant à la succession de ses dictz pere et ayeul et autres parens lignagers du costé paternel, elle en est forclose, comme dict est.

Herzogs Notariatsunterrichtung S. 316. Zum andern wann die Tochter, so den Verzieg thut, mit gebührender Aussteuer, welche der Vater von seinem Gut zu bestellen schuldig, nicht versehen wäre. Derowegen der Verzieg da sie allein von mütterlichen Gütern, ihr zugift empfangen, kraftlos ist. Und hindert nicht, daß sie auf mütterlich und vätterlich Erb verziegen hat. Es solle aber die Ehesteuer ziemlich und gebührlich seyn, daß sie sich dem Pflichttheil vergleichen möge.

Ebendas. S. 325. Ein Verzieg kan nach der Rechtsgelehrten gemeinem Beschluß mehr nit demjenigen, so denselben gethan hat, benehmen, dann so viel der Buchstab mit sich bringt und inhalt, also da ein Tochter allein auf vätterliche und mütterliche Erbschaft verziegen hat, daß derselbig Verzieg auf andere, als anherrliche, Anfräuliche, brüderliche und schwesterliche Erbfälle nicht solle noch mag erstreckt werden.

Const. et Stat. R. Casim. I. Pol. de 1423. L. 2. c. 6. Sed filii siue filius prime vxoris superstites sorores suas juxta consuetudinem terre maritabunt assignata ipsis in pecuniis dote competente; bonis maternis duntaxat exceptis, si que ipse predicte sorores habuerint, que pro ipsis debent remanere.

Landrecht und Gerichtsbuch im Bremischen Amte Hagen von 1581. bey Pufendorf. *Vol. III. Obs. pag. 20.* Zum Vierten Schwester und Bruder erben die zugestorbene Erbe (Anfall, Escaeta), und Güter, so ferne Theilguth vorhanden geleich, zum Fünften Schwerdt und Spille erben geleich zu zugestorbenen Güthern.

Jus terrestre Nobil. Prussiae Tit. I. §. 6. Sororibus itidem amitis, Materteris, auunculis, aliisque cognatis non tamen patruis vel patruelibus aliisue agnatis vna cum fratribus sorores earumque successores in stirpes itidem succedunt.

Verzicht Graf Heinrichs von Mömpelgard von 1473. Mspt. oben n. 17.

Estors bürgerl. Rechtsgelehrtheit. B. 3. §. 3175. Die Verzicht überhaupt auf das Väterliche begreifet nach der Meinung der Practiker nicht das Mütterliche noch Brüderliche, weil die Verzichte im engen Verstande zu nehmen wären.

Urkundenbuch.

Zweeter Theil.

Ungedruckte Beweisthümer.

Innhalt.

I. Kaiser Ludwigs IV. Theidigung zwischen den Niederbaierischen Herzogen. 1331.

II. Der Herzogin Richart von Niederbaiern Auftragung ihrer Länder an Kaiser Ludwig IV.

III. a) Der verwittweten Kaiserin Margaretha Theilungsvergleich zwischen ihren Söhnen. 1349.

III. b) Markgraf Ludwigs des Aeltern von Brandenburg und Herzog Stephans von Baiern Anlaßbrief auf Pfalzgraf Ruprecht am Rhein und Burggraf Johann zu Nürnberg. 1350.

IV. Pfalzgraf Ruprechts Vergleich zwischen den Markgrafen Ludwig dem ältern und Ludwig dem Römer von Brandenburg. 1350.

V. Markgraf Ludwigs des Aeltern von Brandenburg Abtretung seiner Länder an seine Brüder Ludwig und Otto. 1351.

VI. Markgraf Ludwigs des Aeltern Vertrag mit seinem Bruder Ludwig dem Römer über die Abtretung der Marken Brandenburg und Lausitz. 1351.

VII. Vertrag auf die Theilung zwischen Herzog Stephan und seiner Erben, und Herzog Albrechts und auch Herzog Wilhelms. 1353.

VIII. Theilbrief zwischen Herzog Stephan, auch Herzog Albrechts und Herzog Wilhelms. 1353.

IX. Wie sich Markgraf Ludwig von Brandenburg der Römer verzigen hat Hollant, Hennigau, Eelant und Frießlant gegen seinen Bruder Herzog Albrecht von Holland. 1358.

X. Ain Buntbrief zwischen Herzog Stephan des eltern auch Stephan Friederichs und Johanns seiner Sün an ainem tail und Herzog Albrecht an dem andern tail, wie es mit erbuallung und tailung irer Land und Leut soll besteen 1363.

XI. Theidigung der Söhne Kaiser Ludwigs IV. unter sich. 1363.

XII. Vertrag zwischen Herzog Albrecht von Baiern Holland und Markgraf Otto von Brandenburg. 1367.

XIII. Herzog Albrechts von Baiern Holland Erbsazung. 1397.

XIV. Theidigung unter den Herzogen von Baiern Münchenischer und Ingolstädtischer Linie. 1398.
XV. Verzicht Herzog Ludwigs im Bart von Ingolstadt auf den Münchenischen Antheil. 1403.
XVI. Kaiser Sigmunds Lehenbrief über Straubingen für Herzog Wilhelm von München. 1426.
XVII. Schreiben der verwittweten Königin Sophia von Boehmen an ihren Bruder Herzog Ernst von München. 1426.
XVIII. Der Straubingischen Landschaft Vidimus über gewisse Baierische Hausurkunden. 1428.
XIX. Kaiser Siegmunds Ladung auf einen endlichen Spruch in der Straubingischen Erbsache. 1428.
XX. Extractus Heyraths Brieffs zwischen Herzog Johann Fridrich zu Sachsen, und Fräulein Eliszabeth Pfalzgräfin bey Rhein. 1558.
XXI. Extractus von Kaiserlicher Majestät bestättigten Testamenti Pfalzgrafens Wolffgangs de anno 1568.
XXII. Graf Heinrichs von Würtemberg feyerlicher Verzicht auf dem Hofgericht zu Rothweil 1473.
XXIII. Schreiben Graf Eberhards des Jüngern von Würtemberg an die Stadt Stuttgart. 1479.
XXIV. Auszug aus einer Handschrift, genannt »Ein nützlich Buch von Nieder Oesterreichischen Landrechten und gebräuchen,« aus der Windhagischen Bibliothek zu Wien.
XXV. Urkunden über das Baierische Erstgeburtsrecht. 1485.
XXVI. Declaratio arboris consanguinitate vulgaris in aliquibus regulis.
XXVII. Extract aus Kaysers Leopoldi allergnädigst ergangenen Lehens Resolution de dato Wien den 18 October a. 1661.
XXVIII. Gutachten des Baierischen Lehenhofs über die Lehenaufsendung. 1674.
XXIX. Extract aus dem letzten und sechsten Theil der oberösterreichischen Landtafel. titulo. 32.
XXX. Auszug aus den Akten des kurbaierischen Lehenhofs zu München.

I.

Kaiſer Ludwigs IV. Theidigung zwiſchen den Niederbaieriſchen Herzogen. 1331.

Fürſtenſachen Bl. 137.

Wir Ludwig von Gottes Genaden Romiſcher Kayſer zu allen Zeiten merer des Reichs Bekennen offenlich andiſem brief, als die Hochgeborn Fürſten Heinrich der Elter Ott, und Heinrich der Junge Pfalzgrauen bey Rhein, und Herzogen in Bayrn Unß und Unſern lieben Schwager Chonig Johanns von Behaim empfolchen und hinder Uns gegangen ſind, Umb ain tailung zwiſchen In und irres lands denn Wür In auch gemacht und getailt haben nach der Brief ſage die Sie von Uns darumben habent, und ob ain tail für dem Andern, An Gullt ybertailt wurde, dz Wür baide das richten ſolden und die tail geleichen zu Nurenberg auf den Tag als Wür In beſchaiden hetten. Nun iſt der Vorgenant Johann Chunig zu Behaim Unſer lieber Schwager gen Nurenberg nicht khomen, Alſo dz er mit ſambt Uns darumb geſprochen hat, Nun habent die egeſchriben Fürſten Ott, und Heinrich ſein Vetter Pfalzgrauen bey Rhein, und Herzogen in Bayrn an Uns geantwurttet, dz Wür In daryber ſprechen als Wür tag gen Nurenberg gegeben hetten, ſprechen und ertailen Wür von Unſern wegen dz Wür wellen das die Tailung und Bunde die Wür und auch der vorgenant Johann kunig zu Behaim zwiſchen In gethann und geſprochen haben, und da ſy Unſer Brieff und Inſigel yberhabent, alſo ganz und ſtat beleiben, und das daryber nimmer nicht ſprechen noch taillen ſull, das den Vodern Brieffen und bund Geſchaben mocht umb den Punct der taillung der ſtat, ob ain Tail für dem andern an gült ſo vaſt ybertailt wurde, das er Beſſerung bedorff, ſprechen und ertailen Wür auch von Unſern wegen, das sie die Tail alle brei die Wür In gemacht haben yberlegen und gleichen sollen nach Irn Salpuechen und nach anner Gulten Kundtschafft und welicher Tail für dem andern an Gult, und an Nuzen so vast ybertailt ist, das er Besserung bedarf, das man dann von dem Tail der da besser an der Gult und an dem Nuzen ist nemen soll, und zu dem tail legen soll, der da ybertailt ist, als vil Unz sy Geleiche werden, an gult, und an den Nuzen. Wür sprechen auch umb der Heuser die Herzog Heinrich der Eltere von sein eines wegen den Grauen Mannturwert hat, und der si sich vormals alle drei miteinander underwunden hetten, das Er die Herzog Otten seinen Bruedern in des tail jr gefallen sind wider antwurtten soll, und was Rechtens dan die Wür ungehinz den vesten haben der sollen si gewartten Hinz dem Herrn allen bennen. Wür sprechen auch das Uns recht dunket, und aller Unser schidbrieff sogend die si von Uns habent, das Herzog Heinrich der Eltere alles das, das er In versezt hat, und besunderlich was er um dem Mauttner von Purckhausen versezt hat, das er das einlösen soll, und antwurtten Herzog otten seinen Brueder oder dem in der Tail das Guett war dassein Geuallen und getailt ist. Ist aber dz in zween icht versezt haben, es sei dem Mauttner oder wenn es sey, die sullen es auch dem dritten lassen in des Tail es gefallen ist, und das es nicht abgen soll von der Geits weegen dz jeder Herr des lanndts genossen hat, unnd des zu Urkhund: geben Wür disem Brief mit Unsern khaiserlichen Insigel versigelten der geben ist zu Nurenberg an dem Pfinztag nach Egidi do man zalt von Christes Geburtt. 1331. jar.

II.

Der Herzogin Richart von Niederbaiern Auftragung ihrer Länder an Kaiser Ludwig IV.

Schubl. 93. n. 5622.

Wir Richart von Gottes Genaden Pfallenzgräfinn bey Rhein, und Herzoginn in Bajern verichen, und thun kund allen den, die disem Brief sehent oder hörend lesen, daß wir unserm lieben genaedigen Herrn dem durchleuchtigen Kaiser Ludwigen von Rom. und allen seinen Erben. all unser Herrschaft und Land ze Bajern Leut und Gut. Staedt, Purg, Marcht und Fest, die wir jezund innhaben, oder noch mit unser Hilf eingewinnen. mit guten willen und Rath. und auch mit verdachten Muth bey unserm lemprigen Leib gebe, und vermacht haben. also swenn wir nicht mehr seyn, und nach unsern Tod, daß dann unser egenanter Herr der Kaiser, und sein Erben. diselben Herrschaft und Land, Leut und Gut. mit allen eren. rechten. diensten und nutzen. die dar zu gehörend Erben besitzen, niezen und inhabe sullen. je geleicher weis als si unserm liben Herrn und wirtt. Herzog Otten dem Got genad. von erbes wegen angefallen, und verschaiden ist, und als wir si bis her ingehabt und genotzen haben, und haben auch stat. all die Gab und gemacht. di unser vorgenannter Herr und Wirt in bey seinem lemprigen Leib, und auch an seinem Tod. dar an gethan hat, uns soll auch unser vorgeschriebener Herr der Kaiser noch sein Erben von der Herrschaft und von dem Land nicht verstozzen. di weil wir leben, es wär dann daz wir willichlichen zu unsern Freunden füren, oder ob wir uns beheiraten wollten. oder unser dinch sust vercherten sür daz wär, daz wir bey der Herrschaft nicht beleiben moechten noch wollten, so soll uns unser Herr der Khaiser oder sein Erben zwainzich tausent Pfund Regenspurger Pfenning geben und verrichten swo hin an oder welchen stat wir die verschaffen, pei unsrem lemprigen Leib des uns genügt, oder nach unsern Tod. aber an alles verzichen. Es soll auch unser Herr der kaiser oder sein Erben all Gelter den unser egenannter Herr und wirt. und auch wir icht gelten sullen verrichten des si genügt. und auch vollfüren unsers vorgenannt Herrn selge rat in aller der weis als er sich des für sich und für sein Erben gen uns mit seinen Briefen verbunden hat. und soll in dann fürbaß di Herrschaft Lant, leut, und Gut von uns lauterlichen ledich seyn. und dar über ze urchund und sicherhait geben wir in disem Brief versiglten mit unserm Insigl. der geben ist ze Wazzenburch an dem Erttag nach dem Ebenweich Tag. do man zalt von Christes Geburt dreyzechen Hundert Jar dar nach in dem fünften und dreyzigisten Jar.

(Apens. Sigil.)

Frau Richart sizet auf Einem Stuhl mit vier Wappen; neben Ihr zur recht oben der Low, unten der Panter, zur lincke oben der Wecken, unten ein Low.

Zweeter Theil.

III. a.
Der verwlttweten Kaiserin Margaretha Theilungsvergleich zwischen ihren Söhnen. 1349.

Fürstensachen. Bl. 132.

Wür Margaretha von Gottes Genaden Römische Kayserin bekhennen und verjechen offenbar mit disem Brief, den Eintrechtigkait als Unnser lieb Son die Hochgeborn Fürsten Ludwig Margraf ze Brandenburg Stepffan Pfalzgraf bei Rein und Herzog in Bayrn, und andere Ir Geschwistriget yberain khomen sind, umb den tail Irer Land und Leut, das das mit Unsern Rat und guten Willen und Gunst geschechen ist, und haben auch gesprochen und gelobt, für Unser lieb Sone Wilhelm Albrecht, und Ott Pfalzgrave ze Rein, und Herzogen in Bayrn das dieselb Tailung Ir Guet Will und Wort sol sein und das Sy das auch also stet sollen halten und Ir Brief daryber heraus sennten sollen, und daran verzichen als Unser vorgenant lieb Sons der Margraue, und Herzog Steffan den tail geschickht, und gemacht habent, dz Sy den also stat halten wollen, und daz die vorgeschriben tabing Unsern vorgenanten Sonen dem Margrauen, und Herzog Steffan stat und unzerbrochen beleiben daryber ze Urkunde geben Wür In disen Brief für Unser vorgenant lieb Son versigelten mit Unsern anhangenden Innsigel, der geben ist München des Pfinztags vor sand Matheus Tag da von Christus Geburt waren 1349: Jar.

III. b.

Markgraf Ludwigs des Aeltern von Brandenburg und Herzog Stephans von Baiern Anlaßbrief auf Pfalzgraf Ruprecht am Rhein und Burggraf Johann zu Nürnberg. 1350.

Schubl. 93. n. 6638.

Wir Ludewig von Gots Gnaden Marggraue zu Brandenburg vnd zu Lusitz des Heiligen Reichs obrister Camerer Pfaltzgraue zu Reyn Hertzog in Beyrn, vnd in Kernten Graue zu Tyrol vnd zu Görtz vnd Vogt der Gotshuser Agley Trient vnd zu Brichsen, vnd Wir Stephan von denselben Gots Gnaden Pfaltzgraue ze Reyn vnd Hertzog zu Beyrn Gebruder. Bekennen Vns offenbar an dysem Brief vnd tun kunt allen den, die yn sehen hören oder lesen, daz Wir vmbe alle Ansprache, Vfflauffe, zweyunge vnd Misshellunge, oder vmbe welicherleye ander sache daz sey, oder wie eynneclich man die vorgenant Ansprache genennen mag, oder genennen wil, darumbe vnser einer dem andern zusprechen wil oder zuzusprechen hat biz vff dysem hautigen tag eynmuticlich vnd mit wolbedachtem mute gentzlich vnd gar gegangen seyn, uff Vnsern lieben Vettern Ruprechten dem Eltern Pfaltzgrauen by Rein vnd Hertzogen zu Beyrn, vnd von Vnsern des vorgenanten Ludwiges wegen vff Vnsern lieben Oheymen Hansen Burggraue zu Nurenberg, vnd von Vnser des vorgenannten Hertzog Stephans wegen an Vnsern lieben Swehern den vorgenanten Hansen Burggrauen ze Nürenberg, vnd wie sy Vns richtent vnd entscheident, daz sollen vnd wollen wir vff beiden seiten stet vnd vest halten an alles Geuerde. Vnd were ez auch, daz keynerley zweyunge oder Vfflauf geschehen weren, oder noch geschehe, zwischen Vnsern Dynern vnd Amptleuten, wie sie daz richtent vnd setzent, daz sie sich gegen eynander fürbaz halten sullen, daz wollen wir auch gerne ſtet halten. Vnd alle dyſe vorgeſchriben ſtuck vnd Artikel vnd ir yeclich beſundern haben wir Ludewig vnd Stephan der vorgenannt Gebrüder gelobet vnd geloben ez auch an diſem Briefe mit guten trewen an eydes Stat ſtet vnd veſt zu halten vnd zu haben in aller der maſſe vnd Wys als hie vorgeſchriben ſtat, an alle Geuerde vn argeliſt. Dez zu Vrkund vnd merer Sicherhait haben wir Vnſer beider Jngeſigel an dyſen Brieff gehangen. Der geben iſt zu Freyſingen, da man zalte noch Criſti Geburt Drutzehen hundert Jar darnoch in dem funfzigiſten Jarn an dem neheſten Mayntag noch Sant Bonifacii tag.

(Appenſum Sigillum.) (Appenſum Sigillum.)

IV.

Pfalzgraf Ruprechts Vergleich zwischen den Markgrafen Ludwig dem Aeltern und Ludwig dem Römer von Brandenburg. 1350.

Fürstensachen. Bl. 144.

Wür Ruprecht von Gottes Gnaden Pfallenzgraue bei Rhein und Herzog in Bayrn bekennen öffenlich und thun kundt allen dem die disen Brief sechent hörent oder lesent, das die Hochgeborn Fürsten Ludwig und Ludwig genant der Römer Marchgrauen ze Brandenburg Unnser lieben Vettern alle Ir sache ze Unns gegangen sind, wie wür sy mit einnander verainen, und sie mit Uns vom gegenwerttigen Brief enden und bestellen ze leben, und all Ire sache gehalten, das sy bz mit guetten trewen an aides stat stet sollen halten und Volfüren on Geuerde. Nun haists wir sy also mit einander leben, dz Unser lieber Vetter Marchgraff Ludwig ze Brandenburg das Fürstenthumb und lannd ze obern Bairn mit allen rechten eren, nuzen Gutter Gewonhait, und mit alle dem das darzue gehoret von sand Martins Tag der negst khomt yber Sechs gannz Jahr die negst nach einander khomen Innen haben soll, niessen, und Pflegen mit guetten treuen ze Irer baider Nuz unnd fromen on Geuerde, Mit der Beschaidennhait, das er In den Fürstentumb und Land nicht verleichen, veraynen, verkhauffen noch dauon empfrembden soll In der vorgenanten Frist on Unsers vorgenanten lieben Vetters Ludwig des Romer Marggrauen ze Brandenburg Wort, Wissen, und gueten Willen, war aber dz Unsern lieben Vettern Marggrafen Ludwig Redlich not angienge, so mag er wol vesten Guet, und Gült verfezen ongeuerd ze widerlosen. Er mag auch alle geistliche Lehen in der frist verleichen die In dem Lannde ze oben Bayrn ledig werden, daryber sy baid die Lehen haben, on Unnsers egenanten lieben Vetters Marggrafen Ludwig des Romer Widersprach, was Er auch in der Frist widerlosen, das von den Fürstentumb nnd Lannd ze obern Bayrn versazen ist und zegekauffen oder dz Fürstentumb und die Lannd gesessen und genaren mag, und auch schulde die sie mit einander gelten sollen, vergelten mag on geuerde daz soll in baiden genwart gebessert gekaufft wider gelest und vergulden sein, wer aber das er Unsers Vettern Marggrafen Ludwig des Romer an der Frist mit Volkh bedurffte, so soll er Im und seinem Volckhe kost geben wenn er zu Im khumet in das Lannd ze obern Bayrn nach seiner bett und forderung, hiet er aber in der Frist annders ichts in den Lannd ze obern Bayrn zeschaffen so mag er ze Unsern Vettern Marggrauen Ludwig in das Lannd ze obern Bayrn chomen, wenn er will als ein Brueder ze dem andern aber Er soll denne sein aigen pfennig zeren. Mer haben wir geredt, und zwischen In geschickt, dz Unser lieber Vetter Ludwig der Romer Marggrafe ze Brandenburg die Lannd der March ze Brandenburg und das Lannd ze Lusiz mit allen rechten eren nuzen und Guetten gewonhait und mit aller Zugehorungkh ynne haben niessen, und pflegen soll von sand Martins Tag der schirst khombt fürbas yber sechs ganz Jar die negst nach einander khomen, und er soll auch in der Frist nicht dauon verleichen veraigen, oder verkhauffen noch empfrembden von dem Lannden on Unnsers egenanten lieben Vetters Marggrauen Ludwig wort wissen und guetten willen, wer aber das im in der Frist redlich not angienge so mag er ze seiner Notdurfft vest Gullt und Guett in den Lannde ze March, ze Brandenburg und ze Lusiz versezen on Geuerde ze widerlosen on Unnsers egenanten lieben Vetters Margrauen Ludwig widersprach auch was Unnser Vetter Marggraue Ludwig der Romer des Fürstenthumbs der Lannd der March ze Brandenburg, und ze Lusiz in der vorgenanten Frist widerlosen, das dauon versezt ist, zegekhauffen oder gesessen, und gemaren mag, und auch Schulde, die sie mit einander gelten sullen vergelten mag dz soll in baiden gemeret gepesfert, gekaufft wider gelossen und vergulten sein, wer auch das Unser Vetter Marggraue Ludwig der Romer Unsers Vetters Ludwigs Marggraffen ze Brandenburg in der Frist mit Volckh beduerffte, und wenn er zu Im chombt in die March ze Brandenburg oder in das Land ze Lusij mit Volckh nach seiner Bet und Vordrung, so soll er Im und seinen Volckh kost geben, hiet er aber annders Rechts in dem Lannden der March ze Brandenburg und ze Lusij zeschaffen, so mag er zu Unsern lieben Vettern Marggrauen Ludwig den Romer khomen als ein Brueder ze dem andern, aber er soll denne in der Frist seinen aigen pfennig zeren. Er soll auch die weil alle geistliche Lehen die in der March ze Brandenburg und in den Lande ze Lusij fürbaß in der egenanten Frist ledig werden die sie mit einander zuuerleichen haben on Unsers egenanten lieben Vetters Marggraue Ludwig ze Brandenburg widersprach verleichen wen er will, Es soll auch besunderlich Unser Egenanter lieber Vetter Marggraue Ludwig ze Brandenburg, dauon, das er der Eldest ist ob ein val beschehe an dem Römischen Reiche allso, das Unser Herr der Romische khonig sturbe, da Gott vor sey, dz er denne die Chur von dem Fürstenthumb, und Lannde der March ze Brandenburg ein Romischen khonig ze kiesen behalten und haben, on Unsers lieben Vettern Marggrauen Ludwigs des Romer widersprach, Es soll auch Unser Vetter Marggraff Ludwig in der March ze Brandenburg und in dem Land ze Lusij nicht verleichen, veraigen, versezen, noch verkhauffen, und in der vorgenanten Frist nicht haben zeschaffen, denne als vor stett geschriben, tat er darüber Jcht, das soll khain chrafft noch macht haben, dz selb soll Unser lieber Vetter Marggraff Ludwig der Römer auch also hinwider halten in dem Lannd ze obern Bairn tat er darüber, dz soll auch dchain khrafft noch macht haben, und ze merer sicherhait geben wir in disen Brieff mit Unnsern Insigel versigelt der geben ist ze Frannkfurt nach Cristes Geburt a. 1350. Jar an Mittwochen an sand Mantins Abent.

V.

Markgraf Ludwigs des Aeltern von Brandenburg Abtretung seiner Länder an seine Brüder Ludwig und Otto. 1351.

Schubl. 106. n. 7148.

Wir Ludwig von Gottes Gnaden Marggrafe zu Brandenburg vnd zu Lusitz, des H. R. Reichs oberstkamerer Pfalzgraue bey Rein vnd Herzoge in Baiern vnd in Kernten, graue zu Tyrol, vnd zu Görtz vnd Voygt der Gotzhuser Agley Trient vnd zu Brixen. Bekennen ofenlich mit dißem Brief, wann wir der elbeste sin vnder vnsern Brüdern vnd die Marggt zu Brandenburg das lant zu Lusitz, vnd das land vber ober vnd die alte Marggt, mit allen iren Wirden Vrißeiten vnd Rechten, die zu den vorgenanten Landen von recht vnd guter alter Gewonheit gehorent, vnsern lieben Bruder Ludwig dem Römerer vnd Otten Marggrafen zu Brandenburg an der Teilunge vnser Fürstenthume vnd Lande, die wir gelan haben nach der vest sag, die wir Beiderseit darüber gegeben haben, angeuallen sind, vnd in beiden zugehörent daz wir vnsern vorgenanten Brudern Marggrauen Ludwigen dem Römer geben haben, vnd geben mit dißem Briefe den Gewalt, daz er vnsers vorgenanten Bruders Marggrauen Otten in allen Sachen Vormünder wesen soll, mit vnsern guten Willen, one alle Widerrede als lange bis er zu sinen Jaren kommen sey, vnd auch selben mundigk werde, darzu globen wir vnsern vorgenanten Bruder Marggrauen Ludwigen dem Römer, vestiglichen vnd bei guten Trewen ob sich daz gefugt, oder zu sulchen sachen queme, daß er an den Landen ze Nider Beiern teil vnd Recht gewüne, daz were von vnsers vnd sines Bruders Herzogen Wilhalms wegen, oder ander vnserer Brüder, die an den vorgenanten Landen zu Nider Baiern Recht vnd Tail haben, oder von welchen sachen daz geschehe, daz wir im darzu genzlichen vnd getrewlichen beholfen sin wollen vnd sullen mit aller vnser Macht, wider alle die im baran zu hindern vnd irren gedenkent vnd meinent, als lang bis er denselben Teil vnd Recht geruiglich in seinen Gewalt bringet, one aller lewte Jrrunge. Des zu gezeugnuße haben wir vnser Jnsigl an dißem Brief gehangen, darüber sint gewest die eblen Manne Grafe Gunther der junge von Swartzburg, vnd Jan von Buech Herre zu Garsedow, vnd die vesten lewte Friederich von Lochen, Wolfhardt Satzenhofer vnser Houemeister Hanß von Husen vnser Kamermeister, Chunrad von Wriberch Peter von Breidow, Becker von der Oest, vnd Marquart Lutterbegk Ritter, Dilpold Katzenstainer vnd ander erberg lewte ville den wol zu glauben ist, dißer Brief ist geben in der Stadt zu Luckow, nach Gottes Geburt tausent Jar, drißunbt Jar darnach in dem einen vnd funfzigisten Jar an des heiligen Crists Abend.

(A. S.)

Sigillum oblongum in cera, Marchio Stans cum vexillo, et Clipeo.

VI.

Markgraf Ludwigs des Aeltern Vertrag mit seinem Bruder Ludwig dem Römer über die Abtretung der Marken Brandenburg und Lausiz. 1351.

Schubl. 108. n. 7148.

Wir Ludwig von Gottes Gnaden Margraf zu Brandenburg und zu Lusiz des heiligen römischen Reichs Oberstkammerer Pfalzgrafe bei Rine Herzog in Bajern und in Karnten Grafe zu Tyrol und zu Gorz und Voygt der gotschich Aptey Trient und zu Brixen, bekennen ofentlich mit disem Briefe, wann wir der älteste sin unter unsere Brüdern, und die Margkt zu Brandenburg, das Land zu Lusiz, das Land über Oeder und die alte Margkt mit allen ihren Würden Freyheiten und Rechten die zu den vorgenanten Landen von recht und guter alter Gewohnheit gehörend unserm lieben Bruder Ludwig dem Römerer und Otten Margrafen zu Brandenburg in der Theilung unser Fürstenthum und Lande die wir gethan haben, nach der Brief Sage die wir Beyderseit darüber gegeben haben angefallen sint und in beiden zugehörend, daz wir unserm vorgenannten Bruder Margrafen Ludwig dem Römer geben haben und geben mit diesem Briefe den Gewald, daz er unsers vorgenanten Bruders Margrafen Otten in allen Sachen Vormunder wesen soll, mit unserm guten Wille ane alle Widerrede als lang bis er zu sinen Jahren kommen sie, und auch selben mundigt werde. Darzu globen wir unserm vorgenannten Bruder Margrafen Ludwigen dem Römer festiglichen und bei guten Treuen, ob sich daz gefiegt oder zu sulchen Sachen gueme, daz er an den Landen zu nidern Bajern Teil und Recht gewinne, daz wäre von unsers und sines Bruders Herzogen Wilhelms wegen, oder ander unser Bruder, die an den vor-

genannten Landen zu nidern Bajern Recht und
Theil haben, oder von welchen Sachen das ge-
schehe, daz wir ihm darzu gänzlichen und ge-
treulichen beholfen seyn wollen und sullen mit
aller unser Macht, wider alle die ihn daran
hindern und irren gedenkend und meynend als
lang bis er denselben Theil und recht geruglich
in sine Gewalt bringet ane aller Liete Irrung.
Des zu Gezeignisse haben wir unser Insigel an disen Brief
gehangen.   Darüber sint gewest die edelen Manne Graf
Günther der junge von Swarzburg und Jan von Buch
Herr zu Garsedow, und die veste Leute Friderich von Lo-
chen, Wolfhard Satzenhofer unser Hofemeister Hans von
Husen unser Kammermeister. Cunrad von Vriberch Pe-
tir von Breidow, Betke von der Oest, und Marquard Lu-
terbegk Ritter.   Dupold Kazensteiner und ander erber
Liete viel, den wohl zu glauben ist. Dieser Brief ist ge-
geben in der Stadt zu Lutkow, nach Gottes Geburt tau-
send Jahr dreyhundert Jahr darnach in deme einen und
funfzigsten Jahre an des heiligen Christs Abend.

(A. S.)

Sigillum illaesum oblongum Marchionis Stantis cum ve-
xillo in dextra et in loca cum plineo aquiligero
Brandaeburgensi.

VII.

Vertrag auf die Tailung zwischen Hertzog Stephan vnd seiner erben vnd Hertzog Albrechts vnd auch Hertzog Wilhalms. Anno 1353.

Schubl. 399. u. 36010.

Wir Ludwig von Gotes Gnaden Markgraue zu Brannburck vnd ze Lusitz des heiligen Romischen Reichs obrister kamerer Pfaltzgraf bei Rein vnd Hertzog in Beiren vnd ze Kernden ꝛc. Graue ze tyrol vnd ze Görtz Vogt der Gotzhäuser Aglay Triendt vnd Brichsen, Wir Ruprecht der Elter von denselben Gnaden Pfaltzgraf bei Rein vnd Herzog In Beiren vnd Wir Johans von Gotes Gnaden Purggrafe ze Nürenberg veriehen offenlich mit disem Brif. Als di Hochgebornen Fürsten Stephan Pfalentzgraf bei Rein vnd Hertzog In Beiren für sich vnd sein Erben vnd Hertzog Albrecht sein Brueder für sich vnd seinen Bruder Hertzog Wilhalmen des vollen Gwalt macht vnd Willen er hat mit seinem offen Brisen vnd Jr baider Erben alle sach ze Bairen ze hanndlen vns vorgenanten drein vollen Gewalt geben habent ein gantz richttigung vnd teylung Jrr Lannd, Läwt vesst Stet Purg Märckt vnd aller Jrr Gut vnd Gült zwischen Jn zemachen vnd ze orden, So machen beschaiden vnd orden Wir zwischen Jn also das Jglicher Herr alle die Lehen leihen sol die in seinem tail vnd Herschafft gelegen sind si sein geistlich oder weltlich, Es sol auch di Herschaft ze Regenspurg vngeteilt beleiben. aber di nutz vnd gült di do sind die sullen valln Jn den ceil vor dem Walde da kamb vnd Lanndaw vmligt, Es ist auch geredt vnd beschaiden das Jglicher Herr Jn seinem teil darzu er geschickt ist Jn seiner Herschaft ledigen sol was darinn versezt ist, wirt er hinnach für icht schulbig, das sol yglicher teil von dem seinen gelten, Swas auch der vorgenanten Herren Jr iglicher

T

dez lannds zu Beiren bisher genoſſen habent bis auf biſen heutigen tag daz ſol auch alles ab ſein vnd ſoll ein teil ober Herr dem andern darumb fürbas nichtz ſchuldig ſein ſwaz auch Herrn Dinſtleutt Ritter knecht veſt Stet Burg edler ober vnedler Jglichen Herrn zu ſeinem teil vnd Herſchaft zugetailt vnd geordnet ſind di ſullen In binen vnd wartten als Jrr rechter Herſchaft vnd ob ſi dem andern teil vnd Herſchaft icht gelübd ober puntniſſ ſchuldig geweſen waren, di ſullen alle ab ſein, Swaz ſie auch pfantſchaft von dem Reich habent di ſullen ſi auch geleich mit einander teilen, ez ſol auch di gült In der Wachaw vnd waz ſi do habend vngeteilt beleiben, waz aber güllt dauon geuellet, das ſol yglicher teil vnd Herſchafft ſeinen teil nemen vnd di gült teilen mit den vaſſen ober ſwie ſi wellen, Es ſullen auch die vorgenanten Herrn Hertzog Stephan In ſeinem teil vnd Herſchaft die Im geuallen iſt, vnd Hertzog Wilhalm vnd Hertzog Albrecht In dem iren teil Jeden man der darinn geſeſſen iſt, beleiben laſſen bey ſeinen rechten eren briſen vnd Hantfeſten vnd Vrkund di ſi von vns vnd vnſer Herſchaft ze Beirn vnd von allen vnſern vodern gehabt haben, Es ſullen auch di brif di yetz von der vorgenannten Hertzog Stephan vnd Hertzog Albrechtz teilung wegen geben ſind den vordern Briſen di Jr vordern dem Lannd gemeinklich geiſtliche vnd wertliche geben habent vnſchedlich ſein, vnd daz diſe vorgeſchriben ſache der teyding vnd Handelung zwiſchen dem obgenanten Fürſten, Stephan Wilhelm vnd Albrecht ſtát vnd vnzebrochen beleiben haben Wir die obgenanten Ludwig Markgraf zu Branndeburgk Ruprecht der Elter Pfaltzgraf bei Rein vnd Hertzog In Beirn vnd Wir Johannes Purckgraf zu Nürnberck vnſer dreir Inſigel gehenckt an diſen Brif dartzu Wir die egenanten Hertzoge Stephan vnd Wir Hertzog Albrecht vnſer beider Inſigel gehenckt haben zu einer Beſtettung der vorgenanten ſach vnd Handlung bez teils das Wir den alſo ze beiderſeitt als oben geschriben ist ståt gantz vnd vnzebrochen behalten sullen vnd wellen vnd haben des baid zu den Heiligen gesworen, Wir Hertzog Stephan für vns vnd vnser erben vnd Wir Hertzog Albrecht für vns vnsern Bruder Hertzog Wilhalm vnd vnser beider erben, Der Brif ist geben ze Regenspurck do man zalt von kristes geburd drewtzehenhundert Jar darnach in dem drey vnd funftzigisten Jar an sannd Erasmus tag.

VIII.

Tailbrief zwischen Hertzog Stephan, auch Hertzog Albrechts vnd Hertzog Wilhalms ꝛc. Ao. 1353.

Schubl. 399. n. 36010.

Wir Ludwig von Gotz Gnaden Marggrafe ze Brandburgk ze Lusitz des heiligen Romischen reichs obrister kamerer Pfaltzgraf bei Rein Hertzog ze Beirn vnd ze kernden Graf ze Tirol vnd ze Görtz vnd Vogtt der Gothewser Aglei Trient vnd Prichsen, Wir Ruprecht von denselben gotz gnaden der elter Pfaltzgraf bei Rein vnd Hertzoge ze Beirn, vnd Wir Johans von denselben gotz gnaden Purggrafe ze Nürnberck veriehen vnd tun kunt allen den di disen Brif ansehent oder horent lesen das vns drein di Hochgeborn fürsten Stephan Pfaltzgraf bey Rein vnd Hertzog ze Beirn vnd Hertzog Albrecht sein Brueder für sich vnd seinen Bruder Hertzog Wilhelm dez vollen gwalt vnd macht er hat mit seinen offen Briefen vmb alle sach behandeln ze Nydern Beirn vollen gwalt vnd macht geben habent vnd hinder vns gegangen sind Ir lannd, Ir Lawtt Burg stet vnd gemeinklich all ir Gült di zu dem Nydern Beirn gehörent wa si di ligent habent ze tailen vnd ein taylung zwischen In ze machen, Nu sein Wir darüber mit guttem rat vnd nach vnsern Beschaiden gesessen vnd haben ein teilung zwischen In gemacht vnd georbent vnd beschaiden, vnd machen den vorbenanten fürsten Hertzog Albrecht vnd Hertzog Wilhelm seinem Bruder den teil vnd teylung an dem Land zu Nydern Beiern, als hernach geschriben steet. Bey dem ersten Scherding di vest mit der Mautt, den Marckt vnd daz gericht vnd waz dartzu gehort vnd das Newhaus mit dem graben vnd Pawmgartten vnd das dartzu gehort, Aber daz gericht ausserhalb des Hauses vnd dez graben vnd Pawmgartten daz gehort gen Griespach, Vilshouen di Stat den Mautt daz

Zweeter Theil.

gericht vnd waz dartzu gehort, Hilkersperg di vesst vnd waz dartzu gehort, Tittling di vesst vnd waz dartzu gehort Henngersperg daz gericht vnd waz dartzu gehort den Vogtey dez klosters ze Nydern Alltaich vnd waz dartzu gehort, Teggndorff di Stat die Mautt das Gerichtt vnd waz dartzu gehort, Naternberg die vesst vnd waz dartzu gehört, Viechtach den Markt vnd daz Gericht vnd di vest daz der Linden vnd waz dartzu gehört, Eschelkamb daz gerichtt vnd furtt vnd Newnkirchen vnd waz dartzu gehort, Chamb die Stat daz gericht Mautt vnd zöll vnd was dartzu gehort, Chosting den Marckt vnd was dartzu gehort, Peilstein di vest vnd waz dartzu gehort, Munchen di Stat vnd daz gericht vnd waz dartzu gehort, Swartzenburg baid vesst vnd Retz den Marckt vnd waz dartzu gehört, Valkenstein den vesst vnd daz gericht vnd waz dartzu gehört, Sawlberck den vest vnd waz dartzu geh... Mittenfels di zwo vesst vnd daz gericht vnd was dartzu gehort, Kogen den Marckt vnd waz dartzu gehört, den Vogtey der kloster ze Obern Altach ze Windberch vnd ze Metenn vnd waz dartzu gehort, Strawbing dew Stat die Mautt vnd daz gericht vnd waz dartzu gehort, Chagers bei Straubing vnd waz dartzu gehort, Haidaw die vesst vnd das gerichtt, vnd waz dartzu gehort, Chelhaim dew vesst vnd dew Stat das gericht vnd waz dartzu gehort, Abbach die vesst den marckt vnd daz geleitt vnd waz dartzu gehort, Arnsperck die vesst vnd daz gericht, vnd waz dartzu gehort, Sulzbürck dew vesst vnd waz dartzu gehort, Dietfurt den marckt vnd waz dartzu gehört, Glenpach das gericht vnd waz dartzu gehört, Geislhering vnd Pfaffenperge di zwen merckt vnd waz dartzu gehort, Chirchperg di vesst vnd was dartzu gehort, Dingolfing di Stat daz gericht Mawtt vnd zol vnd waz dartzu gehort, Lannbaw dew Stat daz gerichtt Mautt vnd zol, vnd was dartzu gehort, Ahausen di vesst vnd waz dartzu gehort, Schonnperg dew vesst das gericht vnd waz dartzu gehort, vnd dartzu all nutz vnd

Gült zu Regensburg In der Stat, vnd was dartzu gehort. Wir obgenant Margraf ludwig von Branndburg Ruprecht der elter Pfaltzgraf bei Rein vnd Johanns Purckgraf zu Nürnberck becheiden vnd machen mit des Hochgeborn Fürsten Hertzog Stephan Willen vnd Wort das vnser Durchlauchtige Frau die keyserynn vnd frow Reickhart die Hertzogynn ze Beyern bei allen Jren vessten, Stetn guten vnd pfanntschaft, di si netz Innhabent beleiben sullen nach Irr Brif sag di si darüber habent, wann aber Ir eine oder si beid nicht mer sind, So sullen dieselben vesst Stet vnd Gut Hertzog Steffan vnd seiner frauen lediklich gefallen an als vil ob si icht geltz darauf hieten nach Ir Brif sag di In vnser liber Herr der durchlewchtig keiser ludwig von Rom seliger darüber gegeben hat. Wir der obgenant Albrecht von gotz gnaden Pfaltzgraf bei Rein vnd Hertzog ze Beirn verjehen für vns vnd vnsern Brueder Hertzog Wilhelm dez vollen gewalt vnd macht Wir haben mit seinen offen brifen vnd für vnser Erben das vns wolbenügt an dem teil den vns der obgenant vnser liber Brueder der Hochgeborn Fürst Marggraf ludwig zu Branndburck vnser liber Vetter der Hochgeborn Fürst Rubrecht der elter Pfalntzgraf bei Rein vnd der Edel Purckraf Johanns ze Nürnberck gemacht genennt vnd geordent habent, als oben ist verschriben, vnd verzeihen vns vnd vnser Erben dez andern teils dez lanndes ze Nydern Beiren swaz des wirt vnd ist den si vnserm brueder Hertzog Stephan zu seinem teil gemacht vnd geordent habent, als si ir brif darüber gegeben habent an als vil ob vnser brueder Hertzog Stephan nicht enwer vnd an Erben verschieden, dez got nicht welt, was vns dann Irs teils vnd Herschaft zu rechter erbschaft vnd erb angeuallen mochtten, derselben Erbschaft verzeihen Wir vns nicht. Vnd Wir der vorbenant Hertzog Stephan veriehen für vns vnd vnser erben, das vns wolbenugt vnd geuellet, das di vorbenannten vnser lieb Brueder Marggraf ludwig zu

Brannbburg vnd Ruprecht der elter Pfaltzgraf bei Rein vnser lieber Vetter vnd der Edel Purckgraf Johanns ze Nürnberck vnser lieber Sweger vnsern lieben Bruedern Hertzog Albrechten vnd Hertzog Wilhalmen vnd Irn Erben den obgeschriben teil bescheiden gemacht vnd geordent haben, vnd verzeihen vns desselben teiles für vns vnd vnser Erben, das Wir dheinerlei anspruch nymmer mer darauf haben sullen an als vil. Ob vnser bruder Hertzog Albrecht vnd Hertzog Wilhelm nicht enwern vnd an Erben verschieden, das Got vor sey. Waz yns dann Ires teils vnd Herschaft zu rechter Erbschaft vnd Erb angeuallen mochten, derselben Erbschaft verzeihen Wir vns nicht. Wir obgenanter Hertzog Steffan verzeihen für vns vnd vnser erben der Lannd Honigaw Hollannd Selannd vnd Friessland vnd der ansprach di Wir auf di grafschaft Graispach, Marchsteten vnd auf di vesst Huntingen, Spilberck Hohentruchenbing Newburck vnd Weissenhorn der Stat Haidenheim vnd ander Stet vesst vnd merckt vnd der pfantschaft vtem Kemppen, die Wir von dez von Weyssen seligen wegen gehabt haben. Dartzu verzeihen Wir vns der Newntzig tausent gulden, bi vnser lieb wirdige Hausfraw frauen Elspeten seligen wegen auf den Steten vnd vesten Werd Höchsteten Lawbing Gundolfing vnd andern vesten vnd gütern verschriben waren für Ir Widerlegung Heimstewr vnd morgengab vnd di Wir voraus gehabt solten haben auf den Herschafften zu Nidern Belren, das Wir fürbaß keinerlai ansprach darauf noch darnach haben sullen. Wir der obgenant Hertzog Steffan verzeihen auch mer, Ob daz wär das Jemant wie der genant wer vnser bruder Hertzog Albrecht vnd Hertzog Wilhelm oder Ir Erben wider recht Irren oder Hinderunge tun welt in der Herschafft an Steten vessten Burgen vnd guten di In zu Irem teil angefallen sind als oben verschriben ist, daz Wir In dann mit Leib vnd mit gut vnd mit aller vnser macht behoiffen sullen sein In dem Lannd ze

Beiren, Als verr Wir mugen, das si daran geirret werden, zu geleicher weis sullen si vns vnd vnsern Erben herwider gebunden vnd geholffen sein. Ob vns an vnserm teil der vns bescheiden ist, auch Jemant an recht Irren oder beswären wolt, vnd das dise vorgeschriben sach der teylung vnd Handlung zwischen den obgenanten Fürsten Stephan Wilhalmen vnd Albrechten stät vnd vnzebrochen beleiben, haben Wir die obengenanten Ludwig Marggraff zu Branndburck Hertzog Ruprecht der Elter vnd Johanns Burckgraf ze Nurenberg vnser Iglicher sein Insigel gehencket an disen brif. Dartzu Wir die egenanten Hertzog Steffan vnd Hertzog Albrecht vnser beider Insigel auch gehencket haben zu einer bestattung der vorgeschriben sach vnd Hannblung dez teiles daz Wir den also zu beiderseitt als oben verschriben ist stät gantz vnd vnzebrochen behalten sullen vnd wellen, vnd haben dez beid Wir Hertzog Steffan für vns vnd vnser Erben vnd Wir Hertzog Albrecht für vns vnsern bruder Hertzog Wilhalm vnd vnser Erben zu den Heiligen gesworen. Mit Orkund ditz gegenburttigen brifs der geben ist ze Regenspurck, do man zalt von kristus geburd drewtzehenhundert Jar darnach in dem dritten vnd fünfzigisten Jare an Sannd Erasmi des Heiligen Marterers tag.

IX.

Wie sich Margraf Ludwig von Brandenburg der Römer verzigen hat Hollant Henigaw Selant vnd Frieslant gegen seinen Bruder H. Albrecht von Holand. Anno 1358.

Schubl. 399. n. 36010.

Wir Ludwig der Romer von gotz gnaden Marggraf zu Brandburg vnd ze Lusitz des heiligen Romischen Reichs obrister kamerer Pfaltzgraf bei Rein vnd Hertzog In Beiren bekennen offenlich mit disem Brif vmb alle recht vodrung vnd anspruch die Wir auf di Herrschaft vnd Lannd Henigaw Holland Selannt vnd Frieslannd vnd waz dartzu gehort als ein erst geborn Sun von der Hochgebornen Fürstynn frawen Margreten Grefynn zu Honigaw ze Hollannd ze Selannd vnd Fraw der Herlichkeit zu Friesland vnser liben mutter seligen der got gnedig sey, vntz her auf disen tag gehabt haben vnd fürbas haben solten oder mochten, das wir darumb mit dem Hochgebornen Fürsten Albrechten Pfaltzgrafen bei Rein vnd Hertzogen In Beiren vnsern lieben Bruder williklichen mit guter Vorbetrachtung vnd mit vnserer frewnd vnd Ratz rat gar vnd gentzlich vbereingetragen vnd fruntlichen berichtet sein mit solcher bescheidenheit, wann der Hochgeborn fürst Wilhelm Graf ze Henigau ze Hollannd vnd ze Selant vnd Herr ze Friesland vnser liber Brueder an Leibes Erben abgieng vnd nicht mer sein solt des got nicht enge das dann der obgenant Hertzog Albrecht vnser liber Bruder vnd sein Erben der obengeschriben Herschaft vnd Land vnd waz dartzu gehort recht erben vnd Herrn wesen sullen, vnd Wir vertzeihen auch für vns vnd aller vnser erben vnd Nachkomen auf biselben Herschaft vnd Lannd vnd waz dartzu gehort vnd auf alle di recht vodrung vnd ansprach di Wir vnd vnser erben vntz auf disen tag darauf gehabt haben oder fürbaß haben solten oder mechten, gentzlich vnd gar mit disem brif also das Wir noch vnser erben oder Nachkumen dheinerlei recht vodrung noch ansprach hintz dem obgenanten Hertzog Albrecht vnserm liben Brueder hintz seinen Erben vmb diselben Herschaft vnd lannd haben noch gewinnen sullen ewigklich In dhein weise, ausgenomen der Herschaft forme vnd der kastellame zu Seland mit allen zugehörn ob der frauen von vorme gebräch di dann vns vnd vnserm bruder Hertzog Otten angefallen sol nach der brif sag di wir von dem obgeschriben Hertzog Wilhalm vnserm bruder darüber haben vns auch zu behalten di vier tausent schilt Jerlicher rendt di wir aus dem Zoll zu Dürchtricht Jerlichen haben sullen aber nach der brif sag di Wir von vnserm vorgenanten Bruder Hertzog Wilhelmen darüber haben. Wär auch das vnser egenanter Bruder Hertzog Albrecht sunder leibserben abging, So sol es mit den Lannden Henigaw Hollannt Selant vnd Friesland aber beleiben vnd besten bei der Ordinazion di der durchleuchtig vnser liber Herr vnd Vatter selig mit seinen brifen darüber gemacht verschriben vnd mit seinem Insigel versigelt hat dabei vnser selbs Insigel auch hanget des zu Vrkund geben Wir disen brif besigelten mit vnserm Insigel das Wir daran gehangen haben der geben Betersheim bei mäheln nach gotes gepurd Drewzehenhundert Jar darnach in dem Acht vnd fünftzigisten Jar an sannd Johanns tag Baptiste.

X

Ain Puntprief zwischen Herzog Stephan deʒ eltern auch Stephan Friderichs vnd Johanns seiner Sün an ainem tail vnd Herzog Albrecht an dem andern tail, wie es mit erbuallung vnd tailung Jrer land vnd leut soll besteen. A. 1363.

Schubl. 399. n. 36010.

Wir Steffan der Elter vnd Wir Stephan Fridrich vnd Johanns gebrüder von goʒ gnaden Pfalzgrafen bei Rein vnd Herzogen in Beyren bekennen vnd tun kunt offenlich mit disem brif daʒ Wir vns zu dem Hochgebornen Fürsten Albrecht von denselben gnaden goteʒ Pfalzgraf bei Rein vnd Herzog in Beiren ꝛc. vnserm lieben Bruder vnd Vettern vnd allen seinen erben verbunden haben vnd verbinden vns auch mit disem brif als hernach geschriben stet. Des ersten das Wir dem vorgenanten vnserm Bruder vnd Vettern getreulich vnd brüderlichen helfen zulegen vnd geraten süllen sein mit aller vnser macht auf vnser selbers kost wider aller meniklich nyemand ausgenomen die In an seiner Herschaft lannden vnd Lewten, di si neʒo habent oder fürbaʒ gewinnent angreiffen vermynnern oder beswären wolten wann vnd als offt In deʒ not beschicht vnd si des vns vnd vnsern Erben ermonnent, Wir verbinden vns auch vnd verjehen mit disem brif ob daʒ beschach das Wir von tods wegen an Erben abgiengen, da got vor sei, das dann alle vnnser Lannd Herschaft Läwtt vnd gut mit allen Jren Zugehören, di Wir Jeʒ haben oder fürbaʒ gewinnen fürbaʒ dem obgenanten Herzog Albrecht vnserm liben Bruder vnd Vettern vnd seinen Erben erblichen beleiben süllen vnd an si erblichen gefallen vnd nyndert anderswo, vnd süllen auch Wir vnser Lannd als vor begriffen ist bei vns lebentigen darzu halten vnd weisen als verr Wir mugen vnd können getrewlich mit gantzem Ernst an alles geuerb, das si darnach vnserm tod, ob Wir an Erben sturben also zugeleicher Weis tun halten vnd volfüren an alles geuerd, als oben geschriben stet vnd dawider nymmer tun noch chomen in chain weiß. Wir verjehen vnd verbinden vns auch mit disem brif vmb die Grafschaft Herschaft Lannd vnd Lautt mit allen Jren zugehörden, ze tyrol In dem gepürg di der Hertzog von Osterreich wider vns vnd den obgenanten vnsern Bruder vnd Vettern Hertzog Albrechten Jetz vnpillichen vnd wider recht eingenomen hat, das Wir demselben vnserm bruder vnd Vettern mit aller vnser macht vnser Lannd ze Beiren trewlich geholffen vnd geraten sullen sein, wie wir des mit einander baiderseitt überain werden vnd Weg finden mugen nach vnserm besten frummen vnd nutz, das wir zu denselben Herschafften Lannden vnd Leutten kommen als bi vnser bruder vnd Vetter Marggraf Ludwig vnd Hertzog Meinhart Sein Sun seligen gehabt, vnd nach Jrem tod gelassen habent, waz auch vnser Vatter Wir vnd vnser Vetter baiderseitt der obgenanten Herschaft Lannd vnd Lewtt fürbaß eingewinnen oder ob derselben Herschaft Lannd vnd Lewtt der obgenant vnser Vatter vnd Wir Jetz icht Jmm haetten, So sol der vorgenant vnser Vetter Hertzog Albrecht vnd sein Erben geleich halben teil daran haben, vnd vnser egertanter Vatter vnd sein Erben den andern halben teil an alles geuárd. Wär auch das vnser egenanter Bruder vnd Vetter Hertzog Albrecht von ehaffter not wegen zu seinen Lannden Honigaw, Hollanndt Selannd vnd Friesslannd mit sein selbs Leib reiten müsst, wenn er dann sein Lannd vnd Lawt hieaussen ze Beiren enpfilhet, der sol an seiner stat vnserm vorgenanten Vater vnd vns mit demselben seinen Lannd vnd Lawtten ze Bairen dartzu geraten vnd geholffen sein, vnd alles das tun vnd volfüren, aber vnsern vorgenanten Vettern vnd Vatter baiderseitt auf einen geleichen teil als ob er selbs engegen vnd ze Land wär, vnd sol Jm das an sei-

nem halben teil der obgenanten Herschaft Lannd vnd Läutt
ze tyrol dhainen schaden bringen. Auch sprechen vnd ge-
haissen wir für vnsern obgenanten Vater vnd für vns, vn-
serm Vettern. Hertzog Albrechten vnd seinen Erben bei vn-
sern trewe In ander weise mit disem brif, Das derselb
vnser Vater noch Wir mit Hertzog Ludwigen dem Römer
vnd mit Hertzog Otten Marggrafen ze Branndburg vn-
serm Vettern vmb daz Oberlannd ze Beiren noch mit dem
Hertzogen von Osterreich vmb di Grasschaft vnd Lannd ze
Tyrol vnd in dem gepirg vnd waz dartzu gehört fürbaß
dheinerlei teidinge noch richtung tun noch haben sullen an
vnsers vorgenannten Vettern Hertzog Albrechtz oder seiner
Erben ob er nicht wär willen vnd gunst, vnd dise vorge-
schriben Puntnisse mit allem Jren stucken artiklen vnd
Punden haben Wir vorgenanter Hertzog Steffan der El-
ter Steffan Fridrich vnd Johans gebrüder bei vnsern
trewn gelobet, vnd zu den Heiligen gesworen, vnserm ege-
nanten Brueder vnd Vettern Hertzog Albrecht vnd seinen
Erben stat zu halden vnd zu uolfüren Ewiklichen an allez
geuerd, vnd bawider nymmer zu tun noch zekomen in
dhein Weiß, vnd Wir Steffan der Elter Steffan vnd
Fridrich gebrüder haben darüber zu einer merern sicherheit
vnd vestnuß vnser Insigel an disen brif gehangen, dar-
under Wir Hertzog Johanns vorgenannt vns mit vnsern
trewn In aides Weis verpinden. wann Wir aigens In-
sigels zu der zeit nicht enheten auch alles daz stat zehalten
vnd zu volfüren das oben an disem brif begriffen vnd ver-
schriben ist. Daz ist geschehen zu Teyspach ze der Zeit do
man zalt von kristi gepurd brewzehenhundert Jar vnd dar-
nach In dem brew vnd sechtzkisten Jar an ainlef tausent
Meide tag.

XI.

Theidigung der Söhne Kaiser Ludwigs IV. unter sich. 1363.

Schubl. 399. n. 36010.

Wir Steffan Fridrich vnd Johanns gebrüder von got gnaden Pfaltzgrauen bei rein vnd Hertzogen In Beiren verjehen vnd tun kunt offenlich mit disem brif, vmb solch vodrung vnd ansprach di der Hochgeborn Fürst Albrecht von denselben gnaden got Pfaltzgraf bei Rein Hertzog in Beiren vnser lieber Vetter vnd sein Erben habent zu dem Hochgebornen fürsten Steffan vnserm lieben Vatter auch von denselben got gnaden Pfaltzgraf bei Rein vnd Hertzog in Beiren von des Obern Lanndes wegen ze Beyren von den toden vnsern lieben Vettern Marggraf Ludwigs von Prannburck vnd Hertzog Meinhartz seines Sons seligen nach Irr Brif sag vnd daz zwischen vnsers vorgenannten Vater vnd Vettern von der obgenanten vodrung wegen dhein Irrung stoß oder anuäll ze disen Zeiten Icht beschehen, haben Wir durch besunder fruntschaft vnd trew vnd durch merern nutz vnd frumen vnsers Vater vnser vnd vnsers liben Vettern Hertzog Albrechtz ein trew fruntlich stattung erfunden vnd gemacht zwischen hinne vntz den Pfingstag der nw schirst kumet vnd darnach über ein gantz Jar von sogetaner anuäll vnd notburfft wegen di vns teglichen beschehent von des Hertzogen wegen von Osterreich der sich vnpillich vnsers Erbes an der Grafschaft ze Tyrol an dem gepirg vnd waz dartzu gehort vnderzeichet vnd vnderwindet vnd darumb geloben vnd gehaissen Wir vnserm obgenannten liben Vettern Hertzog Albrechten vnd seinen erben bei vnsern trewn in aides Weise das vnser lieber Vater Wir vnd vnser liber Vetter Hertzog Albrecht all vnuerscheidenlich nach allem vnsern Vermügen Jederman auf sein selbs kost vnd auf einen geleichen teil der obgenanten Graffschaft ze Tirol des gepirgs vnd waz dartzu gehört beigestendig, vnd aneinander trewlichen geraten vnd geholffen sullen sein wider aller menikflich, das daz in vnser gwalt wider chöm, vnd waz Wir des In vnsern gwalt bringen oder Jetz darjnne haeten, das sol vnser liber Watter vnd vnser obgenannter Vetter Hertzog Albrecht ze geleicher Weiß Bruderlichen mit einander teilen. War aber, daz vnser lieber Vatter oder Wir darjnne sawmig waren In dheinerley geuär, So haben Wir vnsern liben Wettern Hertzog Albrechten trewlich versprochen In aides weis, vnd versprechen auch mit dem gegenwärttigen Brif, das Jm vnser liber Vatter nach dem obgenanten Pfingstag der schirst kumbt vnd darnach über ein gantz Jare, wann er es oder sein erben darnach vorderent der mynen vnd dez rechten gehorsam sol sein vor vnserm Lantgrafen von dem Leuchtenberg dartzu vnser lieber Vater vnd Veter oder Ir baider Erben nemmen sullen trew piderb Läwtt von dem Obern vnd den Nydern Lannd zu Beirn, ob di nach rat vnd nach Jren trewen der mynn nicht überain kommen mochten, So sullen si daz recht darüber sprechen vor dem vorgenanten Lantgrafen trewlich an allez geuerd, Als das von recht vnd von alter gewonheit von vnsern Vorfodern her an vns komen ist, vnd waz si mit der mynn vnd mit dem rechten vnserm liben Vettern sprechen werdent, das sol Jm vnser lieber Vater stät haben vnd gentzlichen Volfüren an allez geuerde. Ez ist auch geredt vnd geteidingt, ob vnsern liben Vater vnd vns vnser Lannd an ainem teil vnd vnsern liben Vettern Hertzog Albrechten vnd seinem Lanude an dem andern teil icht stoff oder krig angingen, damit wir zu baiderseitt vnser notdurfft von der obgenanten grasschaft ze tirol von dez gepirges wegen, vnd waz dartzu gehört nicht gentzlichen beleiben mochten als vorgeschriben stet, So mügen Wir denselben krieg vnd Spruch darfür Wir vnsern liben Vettern versprochen haben von der mynn vnd dez rechten wegen aufschieben mit Ir beider Willen an allez geuer vntz daz Jedem Herrn an seinen lannden sein notdurfft fürkumbt. Wir haben auch zwischen vnsers liben Vater vnd vnsers liben Vettern vorgenant also getadingt, wie Scherding In vnsers lieben Vaters vnd Vetern gewalt kumbt, es sey mit krieg oder mit taidinge. So sol diselb vesst vnd waz dartzu gehört In vnsers lieben Vettern gewalt voraus ledigklichen kumen vnd gefallen, Wär auch daz vnser liber Vetter von seiner Notdurfft wegen zu seinen lannden Honigaw Holland Seland vnd Frießland varen musst oder wolt, So sullent vnserm liben Vater all sein Ambtleut di er zu Nydern Beirn hat trewlichen an allez geuer. Beschäch auch, das vnser obgenanter Vater von tods wegen abging er das vnserm Vettern Hertzog Albrechten vnd seinen Erben alles daz ausgericht vnd volfürt würd das oben an disem brif geschriben stet, So sullen Wir Steffan Fridrich vnd Johanns gebrüder vorgenanten vnserm Vettern Hertzog Hertzog Albrechten vnd seinen Erben aber alles daz haben ausrichten vnd volfüren als oben ist begriffen, vnd als vnser Vater selb solt getan haben, ob er het gelebt an geuerd, vnd bey zu einem Vrkund vnd merern sicherheit der vorgeschriben sach vnd taiding haben wir obgenanter Steffan vnd Fridrich gebrüder vnser Insigel an disen brif gehangen, darunder Wir vns Hertzog Hanns verpinden mit vnserm trewen In aides weise alles daz stat zu halten vnd ze volfüren, das oben verschriben ist, wann wir aigens Insigels nicht enhaben. Das ist geschehen ze Deispach da man zalt von kristi geburd drewzehenhundert Jar vnd darnach in dem drew vnd sechtzkisten Jar an der Anidliff dawsennt Meyde tag.

Zweeter Theil.

XII.
Vertrag zwischen Herzog Albrecht von Baiern Holland und Markgraf Otto von Brandenburg. 1367.

Schubl. 399. n 36010.

Wir Albrecht von gotes gnaden Pfaltzgraf bei Rein vnd Hertzog in Beiren Ruward ze Henegaw ze Holland ze Selannt vnd der Herlichkeit zu Frieslannd bekennen offenlich mit dem Brif, das wir vmb sunder lieb vnd fruntschaft di wir vnd der Hochgeborn Fürst Ott von gotz gnaden Marggraf ze Brannburck vnd zu Lusitz des heiligen Romischen Reichs obrister kamrer Pfaltzgraf bei Rein vnd Hertzog in Beirn vnser liber Bruder zu an ander tragen vnd haben ain fruntschafft vnd ainung mit an ander über ain worden sein, mit der beschaiden, das der vorgenant vnser lieber Bruder vns vnd vnser lieben gemahel vnd allen vnsern Erben alle di recht vnd anspruch wie di genant sind di er gehabt hat oder noch fürbaß mocht gehabt oder gewunen haben an den Lannden Honigaw Hollannd Selannd Frislannd vnd an dem Land ze vorn gar vnd gentzlich übergeben vnd auftragen hat vmb ein Summa geltz der wir In gar vnd gentzlich bezalt haben, vnd vmb der lieb aynung vnd fruntschaft willen di der vorgenant vnser lieber Brueder mit vns vnd zu vns hat, So mainen vnd wellen wir, ob das war, das wir vnd vnser liebe gemahel an Erben versiren vnd aufleibig würden, das got verpieten muß, das dann di vorgenannt Lannd Henigaw Hollannd Selannd Frieslannd vnd vorn vnd alle ander Lannd di dartzu gehdrend auf den egenanten vnsern lieben Bruder vnd auf sein Erben für alle ander vnser Brüder vnd frund kommen vnd Erben sullen, vnd auf nyemand anders sunder meniklichs Irrung vnd hindernuss, aber als lang vnsern Erben ainer oder mer lebent, der oder diselben Sollen di vorgenant Lannd erben ze geleicher Weiß als

U

wir selber sollen geton haben ob wir ze Leib beliben waren, vnd auch alle zeit behalten vnserm lieben Bruder Hertzog Wilhelm sein recht, ob der bei Leib vnd bei gesunt beleiben solt, vnd bitten vnsern lieben Herrn den keiser von Rom den konig von Frankreich den Bischoff von Lüdich, den Bischoff von Vtricht, vnd alle ander do man die obgenanten Lannde von ze Lehen hat vnd auch alle vnder fürsten Herrn Prelaten Ritter vnd knechtt Statt Gemaint vnd alle ander wie si genant sein, di in den vorgenanten Lannden gesessen sin. Ob ez dartzu chom, das si den obgeschriben vnsern liben Bruder vnd sein Erben dabei halten schiren vnd stercken wellen nach der vorgenanten Lannd Recht vnd gewonhaiden vnd nicht gestatten, das In vnd sein Erben nyemant daran krenck oder Beswar In dhein weise, wann das vnser will vnd Wort ist, vnd dez nymant pas günnen dann Im. Mit orkund dez briffs, der besigelt ist mit vnsern anhangenden Insigel, der geben ist zu Chempnat In Henigaw nach kristi gepurd drewzehenhundert Jar vnd darnach in dem siben vnd sechtzigisten Jar an Frichtag nach sannd Jacobs tag.

Zweeter Theil.

XIII.
Herzogs Albrechts von Baiern Holland Erbsazung 1397.

Schubl. 399. n. 36010.

Wir Albrecht von gotz gnaden Pfaltzgraf bei Rein Hertzog in Beirn, vnd graf ze Honigaw ze Hollant ze Selannde vnd Herr von Frieslannd tun kunt allen den, di den brif sehen oder hören lesen, das wir mit gutem willen vnd wolbedachtem mut vnd rat vorterten vnsrem Lannd also samm si von einander ligen vnd gescheiden sein beuolhen haben vnsern kinden vnd Sünen zum Ersten vnser Lannd von Honigaw haben wir beuolhen vnserm liben Sun Herrn Wilhelm graf von ostervant vnd darnach vnser Lannd von Beirn dem Jüngern vnserm Son vnd Albrechten seligen, dem got gnebig sein will, vnd vnser Lannd von Beirn verschriben auf ditzeit mit vnsern rechten Erben vnd kindern, die ons von geburtte vnser Lannden vnd erb nach recht zum Lannt gehorn vnd volgen mögen nicht ausgericht ist worden nach vnser vnd deß Lannds notdurfft vnd haben vnser Lannd von Beirn verschriben bisher fremd lewt müssen tun ausrichten dem wir das beuolhen heten darüber grosser Vnwill vnd zwaiung zwischen vnsern guten Läwten vnd vnderseßen Ritter vnd knechten chumen vnd auferstanden ist In vnserm Lannd verschriben das vns vnd vnserm Lannd verschriben groslicher kegen get vnd wellen dez nicht lennger benngen darüber wir mit rechten fürsatz guten willen wolbedachten mut haben wir nach Rat vnsers ratez beuolhen vnd beuelhen mit disem brif vnserm liben Sun Herrn Johann von Kerrn ide zu der zeit erwelter von Lüttich des Bistumbs vnd graf von Lon, vnnser Lannt Nydern Beiren vorgenannt, So das er daz hanndle vnd ausrichten sol als ein rechter Herr vnd sam wir selb do wären vnd all vnser gült lewt Ritter vnd knecht Stet vnd vnterseßen in vnserm Lannd In Nidern Beirn verschriben

geſeſſen mit allen Jrn Zugehören vnd daz alles nichttiklich
handlen vnd verrichten mag Jn aller der maſz als ein
Herr ſchuldig iſt ze tun vnd als wir ſelb tun ſolten ob wir
gegenburtig drauſſen waren, vnd geben demſelben vnſerm
liben Sun volle gwalt alle ſach Jn vnſerm Lannd verſchri-
ben di vnſer Ritter knechten Stet vnd vnderſeſſen antreffen
das er di richten mag vnd tun richten vnd handlen nach
recht vnd gewonheit vnſers Lannds verſchriben. Er mag
auch geben all geiſtlich pfrundt vnd gotz gab di Wir billi-
chen geben mugen Jn vnſerm Lannd vorſchriben Jn aller
maſz als wir ſelben. Auch haben wir vnſerm liben Sun
vorgenant beuolchen vnd gemechttigt, beuelhen vnd mechti-
gen Jn auch mit kraft dez briffs einzenemen vnd zu em-
pfahen alle gült Mautt zoll Stewr vngelt vnd all ander
gült nichtz hindan geſezt, alſo das er Jm damit behelfen
mug nach ſeiner notdurft vnd frummen, vnd ſol vns da-
uon dhain rechnung tun. So ſol vnd mag auch all Ambt-
leitt Jn dem Lannd verſchriben ſetzen vnd entſezen, als offt
vns als dick als er wil nach ſeinem wolgefallen, vnd wider-
ſagen mit dem brif all pfleg brif vnd ander brif di wir bil-
lichen vnd müglichen widerſagen mügen di wir oder vnſer
liber Sun ſeliger mechten gegeben haben vor zeiten von
Dinſten von Pflegen von gerichten von Sloſſen von gue-
ten vnd ambten Jn vnſerm Lannd Jn nider Beiren ver-
ſchriben vnd geloben vnſerm liben Sun Johan von Beirn
vorgenant bey vnſern Trwen das wir vns der Dinſten Pfle-
gen noch andern dez Lanntz vorſchriben nicht vnderwinden
ſullen vnd wellen do niemant auf noch abſetzen vnd ſullen
denſelben vnſern liben Son laſſen handlen vnd ausrichten
vnſer Lannd Jn Nydern Beirn vorſchriben nach ſeinem
beſſten nutz vnd frumen, vnd ſullen darein Jm geholfen
ſein, vnd ob daz war daz wir vnbedacht gegen diſem ge-
genbürttigen Brif Jemant anders an vnſers Suns vor-
genant wiſſen vnd willen, dinſt pfleg oder ambt Jn vn-
ſerm Lannd vorſchriben verlihen vnd brif darumb gäben,

So wellen wir das diſelben vnſer brif dhain macht noch fürganck haben ſullen, vnd widerſagen die auf diſelben zeit als nu mit diſem gegenbürttigen brif. Auch ſo haben wir beuolhen vnd geinechttigt, beuelhen vnd mechttigen mit dem brif vnſern liben Sun Hern Johan von Beirn vorgenannt nach zu farn vnd zu folgen all anſprach vnd recht hintz wenn wir di haben oder noch gewinnen mügen von gütern lehen vnd Herſchaft wegen wie man das gen vns verſaumet vnd verborcht mag haben das an vns vnd an vnſer vorfodern kummen iſt vnd noch kummen möchtte, daz er diſelben anſprach vodern eyſchen vnd angreiffen mag in aller maſʒ als wir ſelben tun ſolten als vorſchriben iſt. So ſol auch dhain Slos noch vnſers Lantz vorſchriben, nichtz verſetzen noch verkauffen an vnſer wiſſen vnd haiſſen, das ſol werne bis auf vnſer widerruffen, hiebei ſind geweſen vnſer Sun der lieb vnd heimlich rete der Junckherr von Arkel vnſer lieber nef Wilhelm Tumbrobſt zu Vtrecht der Herr von Gumengeitz Her Daniel vor der Varweden vnd Herr von Stain Ritter, mit den wir beʒ alles zu rat worden ſein, vnd deʒ zu einen warn Vrkund geben Hern Johan von Beirn vnſerm lieben Sun vorgenant diſen brif beſigelt mit vnſerm anhangunden Inſigel, Der geben iſt In der Hág In Hollant do man zalt nach kriſti geburtt drewzehenhundert Jate vnd darnach in dem Syben vnd Newnzigiſten Jar an ſand Dionyſentag.

XIV.

Theidigung unter den Herzogen von Baiern Münchenischer und Ingolstädtischer Linie. 1398.

Schubl. 93. n. 5658.

Nota, das sind die Artikel, als di zwischen der Hochgebohrn Fürsten unser gnädigen Herrn Herzog Stephans und Herzog Ludwigs rc. auf einen Theil, und der Hochgebohrn Fürsten und Herrn Herzog Ernsts, und Herzog Wilhalms rc. auf dem andern Theil jetzo hier zu Freysing von uns den Räthen unsers Herrn Herzog Heims aus dem Niderland, und dem von Chnoring unsers Herrn von Oesterreich Rath beret, und geteidingt sind an Freytag vor Oculi Ao. rc. 1398.

Bey dem ersten, daß bed obgeschriben Tail und Herrn um Erbschaft, und um all ihr Stöß, Krieg und Zuespruch, als si di bis her auf den heutigen Tag von ihr selbs, und aller ihr Helfer, und Diener wegen, die mit dem Krieg gewont sind, gen einander gehabt habend, jeder Tail fünf von der Ritterschaft aus dem Oberland, und fünf von den Städten nehmen, und darzu geben sullen. die sullen ganze Macht und Gewald haben sew daraus zu entrichten, mit der Mine mit Wissen, oder mit dem Rechten auf den Ayd nach baider Tail Brief und Wort fürbringen, als sy des bederseit geniessen wellen.

Item es sullen auch bed obgeschriben Tail und Herrn jeder Tail ainen seiner Freund zu den obgenannten zwainzigen bargeben, und bitten, und wenn ain Tail seiner Freund bitt und bargibt, den soll der ander Herr und Tail auch bitten, dieselben zween ihr Freund, die also dazu geben werdent, sullen ain Obmann seye, möchten aber die Herrn ihr Freund dabey nicht gehaben ungefährdlich, so sullen sy sunst eins Obmanns unverzogenlich überain werden, mit ihr beder Willen, möcht des aber nicht geseye, so habend die zwainzig Macht und Gewald ainen Obmann zu nennen, und zu wählen.

Item es sullen auch beb obgeschrieben Tail und Herrn auf dem Suntag Letare schirst künftig jeglicher seiner Räth zwen, oder drey her gen Freysing schicken, die die zehen von jedes Tails wegen nennen, und dargeben, so sullen dann dieselben ihr Bitt auf dieselben zwainzig, di sy dazu genohmen und benennt habend, ains Tags gen München in ein churz zu suchen zu Rat, und überain werden.

Item auf denselben Tag zu München unser obgenannt baid Tail und Herrn boden und besenden sullen, all Städt, Mächt, Land, und Leut, Pfleger, und Amtleut wie di genannt sind gen München in die Stadt.

Item und soll dann unser Herr Herzog Stephan vor den zwainzigen all Städt und Markt, Land, und Leut, Pfleger, und Amtleut, wi di genannt sind, di er innhat, ledig, und lossagen ihr Gelibb, Aib, und Treuen, und sullen auch dann all Städt, Märkt, Pfleger und Amtleut denselben zwainzigen darauf loben, und gehaißen gewärtig zu seyn mit allen Slossen, Herrschäften, Nutzen, Renten, und Gilten, wie die genannt sind, nichts ausgenohmen, nuz daß sy die Sach zwischen beder Tail zu End bringen als oben an geschrieben ist.

Item zu gleicher weis soll unser Herr Herzog Ernst mit dem Slossen, und Gilten, di er innhat auch thun, doch unser Frauen seiner Gemahel unentgolten an ihr Pfandschaft nach solcher Brief laut, und Sag, als sy darüber hat.

Item es sullen auch alle di, di Pfand innhabend von beden ebegenanten Tailen und Herrn den zwainzigen di dazu geben, und benennt sind, auch loben, und verheißen gewärtig zu seyn, mit derselben Pfandschaft, und kainen

Herrn nicht als lang, bis daß die Sach ein End nimet, doch unentgolten ihr Pfandschaft nach der Brief laut, und sag, di sy darüber habend.

Item es sullen auch di zwainzig von den ehegenannten Herrn Land, und Leuten, Städt, und Märkten versichert werden nach ihr Nothdurft, was sy mitsamt den Freunden, und Obleuten di dazue geben werdent, mit Recht auf den Aid, oder mit der Mine mit Wissen, um all Artikel und Zuspruch nach Briefen, Worten, und Erbschaft als des jeder Tail genießen woll, erbinden, daß es dabey beleib, als oben an geschriben ist, und soll auch von den zwainzigen, und dem Obmann nicht kommen, bis daß sy der Sach ihr ganz End machen, unverzogenlich und an Gefährd.

Item wann dann den zwainzigen zu München auf den Tag alls übergeben, und eingeandwurd ist, als oben an geschrieben ist, die sullen dann eins andern Tags zu Rath und überain werden zu den Freunden, und Obmann, di dann dazu geben, und gebothen sind, auch als obenan geschriben ist, darauf die Sach all geendt, und vollbracht werden sullen unverzogentlich.

Item es ist auch beredt, ob der zwainzig ainer oder mehr, oder ein Obmann die von baiden Tailen benennt, und dazu geben werdent, abgiengen, oder dabey nicht gesene möchtn, von welcherlay Sachen wegen, daß wär, ehe daß die Sach ein End nähm, so mag derselb Tail, dem sy abgangen sind, ainen, oder mehr an deßelben, oder derselben statt wohl nehmen, und darzue geben, als lang, bis di Sach doch ein End nähm, als obenan geschriben ist.

Item es ist auch beredt welch obgenannt Herr oder Tail den zwainzigen, und den Freunden die dazu geben werdent zu Obmann, oder zu Obmann geben wird, als obenan geschriben ist, nicht gefolgig, und gehorsam wollt seyn, weder zu Mine, oder zu Recht, auch als obenan geschriben ist, so sullen die zwainzig dem folgenden Herrn, und Tail mit Städten, Märkten, Slossen, Nutzen, und Gilten gewärtig seyn, und dem Ungefolgigen nichts schuldig seyn, als lang, bis er folgend werd die Sach zu enden auch als obenan geschriben ist.

Item so ist der Frid gedingt ben Montag schirst und die Nacht über bis an Frichtag als der Tag aufgeht, und darauf ist beredt, daß unser Herr Herzog Stephan, und Herzog Ludweig ihr ehrbar Botschaft mit ihren ofen Brief, und aufgedruckten Insigel gen Fürstenfelden das Kloster schicken auf den Montag schirst, vor Mittag, und daran verschreiben, ob sy bi Teyding also aufnehmen, und haben wellen, oder nicht, desgleichs sullen unser Herrn Herzog Ernst, und Herzog Wilhalm daselbs hin und auf dieselb Zeit auch ihr ehrbar Botschaft thun, und verschreib.n, ob sy bi Teiding haben wellen, oder nicht, und sullen auch an derselben statt ihr beder Brief übergeben werden, an Widersprechen, sy wellen die Teiding haben, oder nicht von denselben ihren Bothen, also, daß jeden Theil den Herrn des ander Thails Brief werd.

Item ist das, daß die ehegenannten beb Tail unser Herrn die Teiding als obenan geschriben ist, aufnehmend, so ist ein ganzer Frid Suen, und Richtigung zwischen ihr ungefährlich auf die Sprüch, als obenan geschriben ist, versigelt mit unsers Herrn Herzogs Heims Viztumamts aufgedruckten Insigel, und mit meinem Eberharden von Choming aufgedrukten Bettschaft, wann ich di Zeit mein Sigel nicht enhet, zu Zeignis der obgeschriben Teiding, dabey ich von mein Herrn von Oesterreich wegen gewesen bin, so ist von unsers Herrn Herzog Heims wegen der Sach Teiding gewesen, Oswald Torring, Viztum, Wilhalm Massenhauser, Wilhalm Fraunhof, Arnold Fraunberg Räth unsers ehegenannten Herrn Herzog Heinis, und zwey des Raths der Stadt zu Landtshut.

(A. S.)   (A. S.)

Auf Papier geschrieben, und beede Sigil mit Papier belegt, und darauf getrucket.
Was Herzog Henirichs Rat, und des von Oesterreich Rat zu Freysing a. 1398. zwischen den Herrn getaidingt haben. Frytag vor Oculi. schubl. 93. n. 6658.

XV.

Verzicht Herzog Ludwigs im Bart von Ingolstadt auf den Münchenischen Antheil. 1403.

Tom. Priv. XXII. fol. 64.

Wir Ludwig ꝛc. ꝛc. bekennen offenlich mit dem Brief für vns vnd all vnser erben vnd nachkomen vmb den tail den der Hochgeborn Fürst vnser lieber vatter Herzog Steffan Pfalzgrave bei Rein vnd Herzog in Bayrn ꝛc. mit dem Hochgeborn Fürsten vnsern lieben Vettern Herzog Ernstn vnd Herzog Wilhalmen auch Pfalzgrauen bei Rein vnd Herzogen in Bayrn ꝛc. getan hat daz derselb tail ganzlich vnd gar vnser guter will vnd wolgevallen ist ein fürbaß nichz ze vordern noch ze sprechen haben vil noch wenig in dhein weis ausgenomen recht Erbschafft ob daz von todeswegen ze schulden kam vnd schaffen also mit allen iren Rittern vnd knechten Stetten vnd Mercktern Lannden vnd Leitten geistlichen vnd weltlichen vnd auch mit den von München daz ir der obgenanten vnsern lieben vettern vnd irn erben vnd Nachkomen swert vnd hulbigt als ewrn rechten erbherrn vnd wenn Ir daz also getan habt, so sagen wir ew all vnd yeglichen besunder ganzlich ledigend los aller der ayd vnd Gelübdnuß by Ir vns getan habt vnd des an Urkund geben wir in disem brief mit vnser anhangenden Insigel besigelt zu Aichach an Suntag vor sand Jorgentag anno Dni. M. CCCC. tercio.

XVI.

Kaiser Sigmunds Lehenbrief über Straubingen für Herzog Wilhelm von München. 1426.

T. XXII. Priv. fol. 108.

Des Kunigs Lehenbrief vmb das Niederland Bayrn.

Wir Sigmund ꝛc. bekennen vnd tun knnt offenbar mit disem Prief allen den die ihn sehent oder hören lesent das für vns kumen ist. Der Hochgebohrn Wilhelm Pfalzgraf bey Rein vnd Herzog in Beirn vnser lieber Oheim vnd Fürst, vnd hat vns diemüticlich gepeten daß wir dem Hochgebornen Ernsten Pfalzgraven bei Rin vnd Herzogen zu Beirn vnsern lieben Oheim vnd Fürsten, des vollen macht er gehabt vnd vns die prieflich geantwurt hat sein recht daz er an dez Niderland zu Beirn hat oder haben soll zu verleihen vnd zu reichen gnediclichen geruchten. Des haben wir angeseher sollich sein redlich vnd diemutig pete vnd auch betrachtet nuz getrew vnd willig Dienst die vns der vorgenannt Herzog Ernst oft williclich getan hat teglichen tut vnd fürbas tun sol vnd mag darumb mit wolbedachtem Mut guten Rat, vnserer Fürsten vnd getrewen vnd recht wissen haben wir dem vorgenanten Fürsten sein recht daz er zu dem vorgenannten Lannd in Niderbaiern hat oder haben sol genediclich gereichet vnd gelihen. Reichen vnd leihen Im daz von Römischer Kunigclicher Macht in kraft diz briefs so vil wir Im dauon von rechz wegen daran leihen sollen vnd mugen von vns vnd dem Reich mit sambt seinen erben zu Lehen zu haben vnd zue hallten vnd das auch zu geprauchen vnd zue geniessen, als von sollich Lehenrecht ist vnd sunst von allermenniclichen vnverhindert. Doch vns vnd dem Reich an vnsern vnd sunst allermenniclichen an seinen Rechten vnschedlichen vnd hat auch der vorgenant Herzog Wilhelm von des vorgenanten Herzogs Ernsts seines Bruders wegen gewondliche eide vnd gelübdt darauf getan alsdann ainem des Reichs Fürsten von sollichen Lehen pflichtig ist ze tun. Mit vrkunt des Briefs versigelten mit vnserm kuniclichen Maiestät Insigl. Geben zue Wienn an Suntag Letare zu Mitterfasten nach Christi Gepurd vierzehenhundert Jar vnd darnach in dem Sechs vnd zweinzigisten Jare, vnsers Reichs des Hungerischen in dem XXXVIII. des Römischen In dem Sechzehen vnd des Behemischen in dem Sechsten Jare.

XVII.
Schreiben der verwittweten Königin Sophia von Böhmen an ihren Bruder Herzog Ernst von München. 1426.

Heirathssachen. Tom. I. fol. 75.

Sophia von Gottes Gnaden Kuniginn zu Bohem Witteb x. Hochgebohrner Fürst und lieber Bruder! wir lassen euch wissen, daß wir, und unser lieber Bruder Herzog Wilhalm bey datum diz Briefs frisch und gesund gewesen seyn, dasselbig wir auch von euch, euer Gemaheln, und euren Kinden zu allen zeiten gern wissen, und hören wollten, als denn wohl billaich ist, auch sollt ihr wissen, daß wir noch nichts anders vorsten kunen, denn das die Churfürsten zu unsern gnadigen Herrn dem Kunig gen Wien kumen werden, so verschreibt auch der Kunig jetzo aber um euer kunst zu seinen Gnaden, Nu wist ihr wohl, daß er in allen Sachen lanksam und zugig ist, und wir mit samt unserm lieben Bruder Herzog Wilhalm nu um unser Sach mit sein Gnaden angehebt haben zu reden, darin er uns auch wol vorheißen hat, darum bittend wir euer brüderliche Liebe und Treue mit ernsten Fleis, daß ihr euch fügen, und kumen wellt zu uns auf die Zeit alsdenn der Kunig euch jetzo gefordert hat, dann beweist ihr uns sill guts und simbliche brüderliche Treue, wann wir nicht zweifeln, wenn ihr kumt, daß unser Sach, ob Gott will, dester balder zu guten End bracht werden, und wir auch all unser dink nicht anders denn noch euren und unsers lieben Bruders Herzog Wilhelm Rath halden, und handeln wellen, auch sähen wir zumal gern, daß ihr den Hochgebohren Herzog Albrechten euren und unsern lieben Sohn mit euch bracht zu demselben Tag, wann vil Sach dorin seye, daß es gut war, daß ihr ihn jezo mit euch hinab bracht. Geben zu Prespurg am Fritag vor der Leichtmeß. Anno Domini x. xxvj°

Regina. p. se.

Zweeter Theil.

XVIII.
Der Straubingischen Landschaft Vidimus über gewisse baicrische Hausurkunden. 1428.

Schubl. 399. n. 36010.

Von Gottes Genaden wir Niclas Abbten zu Windberg wir Johanns Landgraue zuen Leuchtenberg vnd Graue zue Halls, vnd wir die Stat zue Strawbing bekennen offenlich mit disem brif. Als die Hochgebornen fürsten vnd Herrn Her Ludwig Pfaltzgraue bey Rein Hertzog in Beiren vnd Graue zu Mortanj an einem, vnd Hertzog Wilhelm Pfaltzgraue bey Rein vnd Hertzog in Beirn, von seiner vnd des Hochgebornen fürsten vnd Herrn Hertzogen Ernsts auch Pfaltzgrauen bey Rein vnd Hertzogen in Beirn seines Bruders wegen, mit vollem gewult an dem andern teil an die Lantschaft zue Nidern Beirn komen sein, vnd die zue baiderseitt wilkürlich vnd mit Vleisse gebeten vnd begert haben In Vidimus ettlicher brif aus der Cantzley zue Straubing zue geben vnder vnsern Insigeln versigelt der sie zum rechten notdürftig sein vnd daran sie auch vor dem rechten ein benugen haben sullen vnd wöllen, Also bekennen wir mit disem offen brif vnd Vidimus, das wir sulch zehn brif der abschrift hieuor von wort zue wort eygenlich verschriben ist, vnuermailigt, vnd ylichen vnder den Insigeln die darynn benant sein versigelten vnd wol vertigen gesehen gen seiner abschrift gelesen vnd eygenlich collationiret haben, ausgenomen an dem fünften brif des Puches der von den Hochgebornen fürsten vnd Herrn Herrn Stephanen Fridrichen vnd Johannsen gebrüdern Pfaltzgrauen bey Rein vnd Hertzogen in Beirn seligen, vnserm gnedigen Herrn lautet, vnd mit Hertzogen Stephanen vnd Hertzogen Fridrichen Insigeln versigelt ist, darunder sich Hertzog Johanns verpunden hat, vnd der zue Teispach als man von Christi geburde dreytzehenhundert vnd in dem drey vnd Sechtzigisten Jare zalte, an der Ainleftausent Maide tage ist gegeben worden, daran ist das Pressel an dem ersten Insigel das zuuoran an denselben Brif hannget, gebrechen hesstig vnd villeicht von sewlnuß des Pergamens oder von Mewsen schaben oder anders gewürmes verderbnuß wegen abgeuallen vnd ist nu mit demselben Preßlein wider an dem brif gepunden. Auch ist das Pressel an dem andern Insigel in obgeschribner maß eins teyls auch brechenhesstig, doch so hangt es noch an dem brif, das es nicht herab geuallen ist, doch so sein dieselben Insigl beyde an im selbs, noch in allen sachen gantz gerecht vnd vnuermailigt. Des zue Vrchund haben wir obgenanten Abbte Niclas zue Windberg, wir Johanns lantgraue zum Leuchtenberg rc. Vnd die Stat zue Straubing vnser Insigl an das Puch vnd Vidimus gehangen vns vnsern Nachkomen vnd Erben on schaden. Geben vnd gescheen zue Strawbing, als man zalt nach Christi vnsers lieben Herrn geburde Vierzehenhundert vnd in dem Sieben vnd zweinzigsten Jare an Sand Johanns des Täuffers tag, als er enthaubt ist worden.

   (S. A.) (S. A.) (S. A.)

XIX.

Kaifer Siegmunds Ladung auf einen endlichen Spruch in der Straubingischen Erbsache. 1428.

Wir Sigmund von Gotes Gnaden Romischer kunig zu allen zeiten Merer des Reichs und zu Ungern zu Behem rc. kunig: embite den Hochgebornen Ernsten und Wilhelmen Pfalzgrauen bey Rein und Herzogen in Beyern vnsern lieben Oheimen und Fürsten vnser gnad und alles gut. Hochgebornen liebn Oheimen vnd fürsten nach solichem spruch den die Landschafft in Nydern Bayern an vns getan hat vmb alle jrrung die vmb die Erbschafft doran entsteen mochten, daz das bey vnserm Vrteil beliben sol, vnd daß wir vns ouch verfangen haben, han wir betrachtet, daz solich entscheidung gen den bösen kezern von Behem groß Hilf bringen mag vnd daz vil Mishellung vnd Zwytracht dadurch mogen gestillet werden, vnd darumb meinen wir dieselben Sache mit der Hilfe Gotes für vns zu nemen vnd zu entscheiden vff den Sontag Letare in der nechst künfftigen vasten, dorumb wir ouch ettliche vnsere vnd des Richsfürsten, Edeln vnd getruen zu vns beruffet haben, vnd vns ouch an daß gemerkgen Oesterreich dorumb zufegen meinen: vnd davon begeren vnd vordern wir euch ouch von Romischer kuniglicher macht in Crafft dieß Briefs, daz Ir vff denselben Suntag Letare zu vns kommet, vnd bey denselben sachen gegenwärtig seyt vnd tut dorinne nit anders, desgleichen wir dem Hochgebornen Herzog Ludwigen, Grauen zu Mortany vnserm lieben Oheimen ewerm Vettern, ouch geschriben vnd verkundet haben. Geben zu Anhald versigelt mit vnserm kuniglichen aufgedruckten Insigel nach Cristi Geburt vierzehenhundert Jar vnd dornach in dem acht und zwanzigisten Jare am nechsten Donerstag vor sant Elisabeth tag vnserr Riche des Hungrischen im 62. des Romischen im 19. vnd des behemischen im Newnden Jaren.

ad mandatum Dni Regis
Caspar Sligk.

XX.

Extractus Heyraths Brieffs zwischen Herzog Johann Fridrich zu Sachsen, und Fräulein Elißabeth Pfaltzgräffin bey Rhein de Anno 1558.

Es ist auch hierinn beredt, daß das obbemelte Fräulein Elißabeth gegen empfahung des Heyrathguts, so Wür Pfaltzgrafe Fridrich Jrer Liebden, zur Ehe vorgnugen vor sich und ire Erben uff alle, Jrer Freulein Elißabeth Vetterlich, Mütterlich, Brüderlich, und schwesterlich Erbe, und nach gelaßen Gütter, so von dem Fürstenthumb Pfaltz, und desselbigen angehörigen Graffschafften Herkommen, gnugsamblich, wie sich in Recht gebürt, verziehen, und daran alle ire Gerechtigkait, so sie hett, oder haben möchte, Unßerm freundlichen Lieben Vettern, Brudern und Vattern Pfaltzgrafe Friedrichen, und seinen rechten Erben zustellen, daran nimmermehr keine Anspruch oder Forderunge, in oder aussserhalb rechtens zuhaben oder zu gewinnen. Es were dann daß Wir Pfaltzgrafe Friderich und Unsere freundliche Liebe Söhne ohne Ehliche manns Erben von Unßern Lieben gebohrn mit Thodt abgehen würden, daß der Allmächtige Gott gnediglich verhütten wolle, in welchem Fall ir Fräulein Elißabeth und iren Leibs-Erben, als dan, was ir an **Kleinotern Silber Geschirr, und anderm hinderlaßenen farnuns** vermöge der recht gebüren möchte, volgen, und sie des unverziehen sein solle. ꝛc.

Geben zu Weymar den achten Junij, nach Christi unßers Erlößers und Seeligmachers Geburt im funffzehenhundersten und acht und funffzigisten Jaren. ꝛc.

Obiger Extract ist mit dem Original gleichlautend, welches auf Pergament geschrieben, und mit funf anhangenden Sigillen versehen in allhiesig Churfrtl. Archiv verwahret wird, urkundlich meiner Handtunterschrifft. Manheim den 14ten November 1765.

F. L. Günter.

Churpfältzl. Hofgerichts-Rath u. Archivarius. mpria.

XXI.

Extractus von Kayserlicher Mayestät beståttigten Testamenti Pfaltzgraffens Wolffgangs de Anno 1568.

Zum zwantzigisten, Ist Unßer vettner Will, setzen und ordnen auch, hiemit in Crafft dises Unßers Testaments, daß Unßere geliebte fünff Töchter, und wo Gott der Allmechtig deren noch mehr bescheren wurde, diselbige alle, und deren yede Insonderheit, Wann sie ire Mannbahre Jar erraichen, und die Gelegenheiten darzu verhanbten (Wie dan Unßere Söhn mit sonderen Trewen Vleiß, darnach trachten sollen) fürstlich Ehrlich, und wie es bey dem Hauß der Pfaltz, auch unsern löblichen Vor-Elteren Herkommen, mit Rath beider geordneten Obervormunder, oder wo dieselbigen nit mehr in Leben, anderer Unßerer, und Unßerer geliebten Gemahlin nechstgesipten Frunden verheuratet, und außgesteurt, und ainer yeden zwaintzig Taußendt Gulden zu fünffzehen Patzen gerechnet, Heuratsgut, für die Abfertigung aber, nemlich für Klaider, Klainoten, Geschmuck, Silbergeschir one den Hochzeit Kosten und anders, so zur Abfertigung gehört, Unserer Eltesten Tochter Fraulin Cristina Neun taußendt Gulden, und der anderen yeden acht taußendt Gulden obangerechter werung geraicht werden, und nach dem solche außsteuerung baiden Unsern Eltisten Söhnen, als regierenden Fürsten obliegen wurdt, so sollen sie, so offt sich solcher Fall zutragt, auf Mittel und Weeg bedencken, wie etwann Unsere getreue liebe Unterthanen zu solchen, mitleidentliche Hilff erzaigen, immaßen bey villen anderen Fürstenthumben üblich Herkommen, auch Wir Uns zu ihnen gnediglich versehen, sie werden sich dessen nit beschweren, Dagegen aber sollen offtermelte Unßere Töchter, wie Beym Hauß der Pfaltz, auch anderen Chur- und Fürstlichen Häußern, ye und allwegen gebräuchlich gewesen, und

noch in Bester und Höchster form der Rechten gebüren-
den Verzigk und Renuntiation thun auch alle Vätterliche
Brüderliche, Altmütterliche (welches also zu verstehen,
wann etwas von Altmütterlichen Stammen Erbschafft
weiß herkomme) auch Mütterliche Erbschafften und Anfäll
(ausserhalb dessen, so hieoben Unßerer geliebten Gemahlin
Verlassenschafft halben disponiert) wie solches die Formb
des Verzigks weiter geben würdt, Es soll auch solcher
Verzigk durch einen Leiblichen Ayd, inmaßen bey Chur-
und Fürstlichen Häußeren Herkommen, zuvor und ehe
das Heurathgut erlegt wurdt, bekräfftigt, und beteurt
werden, auch unßere Eltiste Söhn, wann sie sich in einige
Heurats Abred oder Beschluß einlaßen, solches in allweeg
versehen, damit hernacher kein Mißverstandt, oder Wai-
gerung des Verzigks fürfalle, wie sie dann darneben mit
weniger Vleiß ankheren sollen, daß die Widumbs und
Morgengabs Verschreibung, und was verrner in disen
Sachen gebreuchlich, nach Notthurfft bedacht werde,
wann sich aber über Kurz oder Lang zutruge, daß Unße-
rer Töchter aine oder mehr on Ehliche Leibs-Erben mit
Todt abging, und kein sondere Verordnung ires letzten
Willens hinterliße, so soll all ir Verlassenschafft auf baide
Unsere Elteren Söhn, oder derselben Erben und Nach-
kommen Mannlichs Stammens, als die Jhenigen, von
denen sie außgesteuret und abgefertigt, erblich fallen, in
Betrachtung, daß dieselbige in vill Wege nit allein mit
itzt bemelter Außsteuerung und Abfertigung, sondern auch
sonst mit anderen hohen Außgaben, nach Gelegenheit aller
Umstennde, dermaßen beschwert, daß wir nit unzeitlich
bewegt, denselben zukünfftige Anwartungen zuzuweisen,
inmaßen Wir sie dann hiemit in vorbemelter Unßerer
Töchter ainer oder mehr, Wie Gott der Allmächtig die
Fäll schicken würdt, hinderlaßene Erbschafften substituirt,
und zu Nach oder Affter Erben benannt und geordnet ha-
ben wöllen, nit anderst, dann als Wir solches in bester

Zweeter Theil.

Formb der Rechten, mit allen geburenden Solleniteten gethan hetten, zu welchem Wir als ein Vatter der unter seinen Kinderen testiert, von Rechtswegen unverbunden seint, es sollen aber baide Unßere eltiste Söhn, derselben Mannliche Erben nichts desto weniger auf denselben Fall schuldig sein, den anderen Brüdern und ainem yeden etwaß von der verstorbenen Schwester Farnuß Klainotern zu freundlichen Angedencken zuzustellen und mitzutailen, doch daß ain yedes dreyhundert Gulden wohl wert seye. ꝛc.

Zum zwai und zwantzigsten, als Wir auch hiemit zu gemüt und Hertzen fueren, daß offtermalß Gott der Allmächtig die Fälle wunderbarlich ordnet und schickt, und sich demnach über Kurtz oder Lang zutragen möchte, sonderlich bey disen geserlichen Leufften teutscher Nation, daß Unßere geliebte Söhne (welches doch Gott der Allmächtig mit Gnaden verhueten wölle) one eheliche Leibs Erben von dieser Welt abgefordert wurden, damit dan auf ain solchen Fall, Unßern Erben und Nachkommen Unßer Vätterlich Gemüt auch nit gar unbekannt seye, so ist Unser Will und Meynung, daß alsdann Unßers letzten Sohns, so der anderen Todt erleben, und hernach auch one eheliche Leibs Erben absterben wurd, **alle verlassene Farniß,** sie kommen gleich, woher sö wöllen (**Ausserhalb Geschütz,** *Munition, Arta, Artalerey,* **welche zu Verwarung der Häußer, Land und Leut gehörig) auf Unßere noch lebende Töchter, und derselben eheliche Leibs Erben fallen soll,** inmassen Wir dann dieselbige noch überbleibende Töchter allerding substituirt und nachgesetzt haben wollen.

Obiger Extract ist gleichlaubend mit dem Original, welches uff Pergament geschrieben, und in fine mit der Kayserl. Bestättigung, wie auch anhangenden Grösseren Kayserl. Insigl versehen in allhiesig Churfürstl. Archiv verwahret wird, wie hiemit attestiere. Manh. d 14. Nov. A. 1765.

F. L. Ginter.

Churpfältzl. Hofgerichts-Rath u. Archivarius. mpria.

XXII.

Graf Heinrichs von Würtemberg feyerlicher Verzicht auf dem Hofgericht zu Rothweil. 1473.

Aus der Registratur der Stadt Stuttgart.

Graue Heinrichs Verzihen.

Wir Graue Johanns von sulz Hoffrichter vnd des allerburchluchtigisten fürsten vnd Herren Herrn fridrichs Römischen kaysers zu allen Zytten merer des Reichs zu Hungern, Dalmacien Croacien ꝛc. künigs Herczogen zu Oesterrich vnd zu Styr ꝛc. vnnsers aller gnedigisten Herrn Gewalte an siner statt vff sinem Hofe zu Rötwyl, bekennen offenlich vnd thun kunt aller menglichem mit disem brieff das wir zu Gericht gesessen sint vff dem Hofe zu Rötwyl an der offenn fryen kayserlichen Strassen vff disen tag als dirre brieff geben ist vnd stund vor vns vff demselben Hofe der Hochgebohrnn Herr Herr Hainrich Graue zu Wirtemberg vnd stunden by Im die Edlen vnd vesten ludwigk von Graffneck Vogt zu Balingen an Statt vnd In nammen der Hochgebornnen Herrn Herrn Vlrichs vnd Hr. Eberhardz Grauen zu Wirtemberg des genannten Hern Hainrichs Graue zu Wirtemberg Hr. Vatter vnd Bruder vnd Hanns von Bubenhoffen, Lanthoffmaister an statt vnd In namen des Hochgebornnen Hrn Hrn Eberhartz zu Wirtennberg vnd zu Mumppelgart des genanten Hr Hainrichs Graue zu Wirtennberg vetter die baid ludwigk von Graffneck vnd Hanns von Bubenhoffen der mergenanten Hrn Vlrichs Hrn Eberhartz des Eltern vnd Hrn Eberhartz des Jungen Grauen zu Wirtennberg vollenn verschribenn Gewalt Zögten vnd do die baid Gewalt brieff verlesen vnd zu recht gnugsam erkennt wurdenn do stund dar der Egenant Herren Hainrich Graue zu Wirtennberg gesund Libs vernünfftig der Sinne vnd mit wolbedachtem mute vnd sprach also, wie das er mit fryem

willen vngenött, vngebrengt vnd In kainen geuerden hin-
bergangen mit den Egemelten Hrn Vlrichen Hrn Eber-
harten dem Eltern vnd Hrn Eberharten dem Jungen
Grauen zu Wirtenberg Sinen Herrn vatter vetter vnd
Bruder gütlich vnd früntlich überkomen vnd ains wor-
den were vmb des willen das die löblich Herschafft Wir-
tennberg wider zusamen kome füro vngebrent vnd bester-
baß by ainander belyben mögen also das er sich gegen den
mergenannten Hrn Vlrichen Hrn Eberharten dem Eltern
vnd Hrn Eberharten dem Jüngern Grauen zu Wirten-
berg vnd allen Jren Elichen manlichen Lybs erbenn verzi-
hen vnd vffgeben wölte alles sins vätterlichen müterlichen
brüderlichen Schwesterlichen vnd vetterlichen erbs vnd guts
vnd aller ander anfäll die In oder sin erben von der Herr-
schafft Wirtennberg wegen anfallen mögen, es sy an
Grauffschafften Herschefften an Aygenschafften an Lehen-
schafften an Pfandtschafften an Landen an Lütten an Renn-
ten, an Zinsen an Gülten vnd allen andern gut wie das
genannt gehaissenn oder geschaffenn das dann sin vätter-
lich müterlich brüderlich vnd vetterlich erb vnd gut sin oder
werden mög ligennd vnd farend vnd was In von andern
anfällen anfallen oder ererben möcht, wie dann das ge-
nannt oder gehaissenn sin mög nnczit vßgenommen noch
hindanngesäczt alles nach lutt des vbertrags zwüschen Jn
deßhalb gemacht den er dann zu hallten mit vffgehabnen
Fingern vnd gelerten Worten zu Gott vnd den Hailigen
geschworenn hett derselb vbertrag von wortt zu wortt lutet
wie hernach geschribenn stett vnd fachet also an vnd Wir
Hainrich Grauen zu Wirtennberg vnd zu Mümppelgart
Sün gevettern vnd gebrüder bekennen vnd tuen kunt rc.
dann Im darumb vnd darfür von In geben vnd worden
weren, die Graffschaffte vnd Herrschafften Mümppelgart
vnd Harburg mit Ir aller zugehörden mit sampt ettlichen
gülten vnd nachvällen alles nach lutt des Egemelten Vber-
trags des In dann darumb wolbenügt tätt auch söllich

vffgeben vnd verzihen mit vrtail wie recht ist also das diesel-
ben Hrn Vlrich Hrn Eberhart der Elter vnd Hrn Eberhart
der Jünger Grauen zu Wirtennberg vnd Ir vorgemelt er-
ben Nun fürohin by der Herschafft Wirtennberg allen
Graffschafften Herschafften Aigenschafften Lehenschafften
Pfandtschafften Landen Lüten Reunten Zinßen Gülten vnd
allem andern das dann sin vätterlich Müterlich brüderlich
schwesterlich vnd vetterlich Erb vnd gut haissen sin vnd
werden möcht, lygend vnd farendß nütz vß genommen be-
liben die sampt vnd sonnder Innehaben nützen niessen besi-
zen entsezen, Regieren, vnd damit tun vnd lassen söllen
vnd mögen wie vnd was sie wöllen nach irem willen vnd
gefallenn on sin Graue Hainrichs Graue zu Wirtennberg
siner erben vnd menglichs von sinen wegenn Irrung vnd
Intrag vnd Hindernuß Sich hat auch Hrn Hainrichs
Graue zu Wirtennberg vorgenant sich herüber für sich vnd
sin erben gegen den Egenanten Hrn Vlrichen Hrn Eber-
harten dem Eltern vnd Hrn Eberharten dem Jungen Gra-
uen zu Wirtennberg vnd Iren gemelten erben der vorge-
dachtten Graufschafften, Herrschafften, Aygenschafften,
Lehenschafften, Pfandschafften, Landen, Lüden, Renten,
Zinßen, Gülten vnd andern das dann sin vätterlich müter-
lich brüderlich Schwesterlich vnd vetterlich Gut haisset vnd
sin möcht vnd aller ander anfäll Innhalt des vbertrags
verzigen dhain ansprach noch vordrung darzu noch darnach
niemer mer zu haben noch zu gewinnen noch sy darumb
ansprechen anlangen betädingen ansordern noch beküm-
bern, weder mit Gericht Geistlichen noch weltlichen noch
on Gericht noch sunst in dehain wyse vnd damit begeben
vnd verzigen aller Widerforderung aller Hilff alles Schirms
aller Gnad vnd fryhait aller Gericht vnd recht geistlichen
vnd weltlichen vnd mit nammen alles des damit er oder
sin erben wider diß redlich vffgeben vnd verzihen gethun
oder das wenden oder bekrenken möcht auch des das er
noch In sins Hern vnd vatters Hn Vlrichs Graue zu

Zweeter Theil. 329

Wúrtemberg Gewalt vnd vnder zwainzig vnd fünff Jaren alt ſy vnd auch des gemainen rechten das da ſprichet gemaine verzychung verſache Im rechten nit Eſs gang dann ain ſonderbáre E vor doch ſo hat der genannt Hn Hainrich Graue zu Wirtennberg Im ſelbs hier Inne vſsgenommen vnd vorbehalten die Anfall ſo Im oder ſinen erbn geſchehen möchten der gemelten Grauffſchafften vnd Herrſchafften Múmppelgart vnd Harburg mit Iren Zugehörden auch die anſáll des lands wirtennberg alſo ob alle die obgenanten Hrn Vlrich Hrn Eberhart der Elter vnd Hr Eberhart der Júnger Grauen zu Wúrtennberg on manlich Elich lybs erbenn mit tod abgeen würden ouch die zuſáll wie Im oder ſinen erben die In dem obgemeltenn Vbertrag zugelaſsen ſind als obſtett. Es tátt auch Hrn Hainrich Graue zu Wirtennberg vorgenannt diſs vorgeſchriben vffgeben vnd verzihen zu den Zytten da er das wol getun mocht mit Hand vnd mit munde vnd auch mit vnſer Hande In der Egenanten ludwigs von Graffnecks vnd Hanſen von Bubenhoffen Hande anſtatt vnd In nammen der Egenanten Hrn Vlrichs Hrn Eberharten des Eltern vnd Hrn Eberharten des Júngern Grauen zu Wirtemberg Hannden vor vns mit Vrtail wie recht iſt vnd als vff dem Hofe zu Rótwyl ertailt ward, das er beſchenn als recht were vnd als das Jez vnd auch hiennach In kúnfftigen zytten vor allen lůten rechten vnd gerichten geiſtlichen vnd weltlichen an allen ſtetten vnd ennden vnd zu allen tagen gut krafft vnd macht hatt haben ſol vnd mag on menglichs widerſprechenn Irrung Intrág vnd Hindernúſs Hierumb zu offen Vrkund Iſt des Hoffgerichts zu Róttwyl Inſigel mit vrtail offennlich gehenckt an dieſen brieff In lybell wyſs gemacht So bekennen wir Egenannte Hainrich Graue zu Wúrtemberg vnd zu Múmppelgart rc. das wir diſs vffgeben verzihen vnd alle vorgeſchriben ſachen getan vnd volleſurt haben. Darumb ſo haben wir auch vnſre Inſigel offenlich tun hencken an diſem Brieff vns vnd vnſer erben des zu beſagen. Geben an Zinſstag nach Sant Jacobstag appli Nach Criſti Gepurt Vierzehenhundert Sibenzig vnd drú Jare.

XXIII.
Schreiben Graf Eberhards des Jüngern von Würtemberg an die Stadt Stuttgart. 1479.

Aus der Stadtregistratur.

Als min gnediger Herre G. Eberhart der Jünger den von Stuttgart verkündt hat, Handlung halb sins Bruders Graue Hainrichs vnd daß Sie Selbiger gehorsamlich nachkhommen sollen, Sonderlich In denen Stuckhen, darauff Sie gelobt vnd geschwehren.

Eberhart Graue zu Wirtemberg, vnnd zu Mümpelgart der Jünger vnnsern Grus zuvor. Lieben getruwen, üch Ist vnverborgen, das wir mit des Hochgebornnen Fürsten vnsers lieben Hrn vnd Swehers Marggraff Albrechten von Brandenburg Churfürsten ꝛc. Tochter vnser herzlichen Gemahel verhyrat worden sint vnd nu durch dieselb sin lieb souil gearbeit ward, das wir allein ein Erbsonn der loblichen vnd wolherkommen Herrschafft zu Wirtemberg sin, vnd der Hochgebornn vnser lieber Bruder Graue Heinrich geistlich werden solt, des sich auch sin lieb zu tund begabt, vnd wurd souil durch den obgenanten vnsern lieben Hrn vnd Schweher vnd ouch den Hochgebornen vnsern lieben Hrn vnd vatter Wliß angekert vnd erfunden das der obgenannt vnnser lieber Bruder Graff Heinrich von dem Hochwirbigsten Fürsten In Gott Vatter vnd Hrn Hrn Adolffen Erzbischoffen zu Menz ꝛc. loblicher vnnd seliger Gedechtniß zu ainem Coabiutor vffgenommen vnd In das Regiment gesezt vnd Verschribung gegeben ward das er nach sinem abgang wa er sich recht vnd als Im wolgeburt gehalten hett Erzbischoff zu menz worden vnd beliben sin solt, was das vnsern lieben Hrn vnd Vatter vns vnd üch gestanden hatt ist ein merckliche Summ Gelz gewest die dann von siner lieb vnd vns mit grosser beswerde vff gebracht vnd die nach eins teils schuldig syent vnd davon mercklich Gülten vnd Diensten

Zweeter Theil. 331

geben müſſen daruff ſich dann der obgenant vnſer Bruder Graff Heinrich der Herrſchafft zu Wirtemberg vff dem Hoffgericht zu Rottwyl verzigen vnd dem alſo nachzukommen einen Eyde liblich zu Got vnd den Hailigen geſwornn hatt, nach lut des Verzyhungbrieffs den vnſer lieber Herr vnd Vatter In ſeiner lieb Canzly behalten das wir In güttem getrůwn geſcheen laſſen haben, Als nu darnach derſelb vnſer Bruder durch ſin übelhaltung vnd weſen vſſer dem Stifft zu menz geſtoſſen vnd des beroubt ward er darnach gen franckenrych geſchickt. Alda belib er nit lang vnd fügt ſich wider anheimſch. Darnach über ein kurze Zytt wurd er aber hinweg In Burgonn gen Thol geſchickt In meynung wytter zu ſtudieren vnd dem ſo er zugeſagt hatt nachzukommen belib er vnlang alba mit was mercklichen coſten er nu an den beiden enden geweſen ſye, mögen Jr wol abnemen diemil er alſo ein Hr zu Wirtemberg gehalten worden iſt, vnd da er ſich von dannen wider her gen Stutgart füget vnd ettlich zitt allhie by vnſerm lieben Hrn vnd vatter belib, bracht er vnſernthalb Vnnſchuldt zuwegen das Im ſin lieb den obgenannte Verzyhungsbrieff wider zu ſinen Handen gab der von zerbrochen vnd abgeton ward das vns ettwas zu ſwer was Nu darnach über ettwie wenig Jare würd vnſerm Bruder Graff Heinrich obgenannt off ſin flyſſig vnd Ernſtlich bitt vud begerung Mumppelgart vnd Rychenwilr mit Jrer zugehörde von dem Hochgebornen vnſerm lieben Vetter Graue Eberharten In gegeben has ſiner lieb von vnſerm lieben Hrn vnd vatter mit vierzig Tuſent Guldin ſchuld So ſiner lieb vormals vff Mumppelgart verſchriben was nach lut des teilbrieffs deßglichen Wilpperg vnd Bulach mit Jrer Zugehörung vnd andern verglichet nach lut einer Verſchribung die von vns irer Hrn von Wirtemberg verſigelt vnd die zuhalten lyplich and zu Got vnd den Hailigen geſwornn worden die úch auch zugeſchickt vnnd verleſen vnd deßglichen von úch verſigelt vnd ſouil úch dieſelb Verſchribung ſo es zu fallen kommpt bindet, die auch zu halten vnd der alſo nachzukommen liblich ꝫu got vnd den Hailigen geſwornn iſt, vnd ſo nu In derſelben Verſchribung gar clerlich vßwiſet wann vnſer lieber Hr vnd Vatter obgenant vßer diſem Zit ſchaiden würd vnd wir alßdann In leben weren So ſollen wir vnd vnßer manlich eelich libserben, von erben zu erben ſiner lieb verlaſſen land lut vnd gut für menglich erben vnd an vns allein fallen, daſſelbig wir vnd auch vnßer yeztgemelten erben vnſer leben lanng Innhaben vnd Regieren ſollen als Hrn zu Wirtemberg wolgezympt doch ob vnſer Bruder Graff Heinrich zu denſelben Zitten In leben were, oder ob er alßdann mit tod wer abgangen vnd eelich libs erben manßperſon hinder Im verlaſſen hett So ſollen Inen von vns oder vnſern erben Sechstuſent Guldin In dryen Iaren den nechſten nach ſolichem vnſers lieben Hrn vnd Vatters abgang gegeben werden, were aber das alßdann zu Zitten ſolichs vnſers lieben Hrn vnd Vatters abgang wir nit Im leben weren noch auch nit manlich eelich libs erben oder derſelben Eelichen manlich libs erben hinder vns verlieſſen Sonder der genannt vnſer lieber vetter Graff Eberhart oder ſin eelich manlich libs erben oder were ſo ſolicher vnſers lieben Hrn vnd vatters fall vff vns oder vnſer yezgemelten erben geſchee vnd wir vor vnſerin lieben vetter Graue Eberharten oder ſinen erben wie vorſtett on mannlich eelich libs erben mit tod abgangen weren oder werens das wir eelich libs erben mannßperſon hinder vns verließen vnd dieſelben vnſer erben vor vnſerm lieben vetter Graff Eberharten oder ſin erben wie hievorſtett mit tod abgiengen wiewol dann zu ſolicher Zitt vnſer Bruder Graff Heinrich oder ſin eelich manlich libs erben oder derſelben eelichen manlichen libs erben In leben ſin möchten So ſol doch welcher yezgemelter dryer wege einer ſich alſo begebe vnſers lieben Hrn vnd vatters vnd vnſer oder vnſer erben verlaſſen land lüt vnd gut fallen vnd werden vnſerm lieben vetter Graff Eberharten vnd sinen manlichen eelichen libs erben oder derselben Eelichen manlichen libs' erben damit das beide land wider zusammen kommen vnd auch füro destbaß vngetrennt by ainander beliben mögen, die auch er vnd sin eelich manlich libs erben füro von erben zu erben, als regierend Hrn Innhaben nüzen vnd bruchen mögen nach Jrem willen vnd gefallen vnd deßglichen ob vnser Vetter Graff Eberhart vor vns mit tod abgieng vnd deheinen elichen libs erben oder derselben Eelich manlich libs erben hinder Jm verließ vnd dann zumal vnser lieber Hr vnd Vatter nit Jn leben were So sol deßglichen alles vnsers lieben Vetters Graff Eberharz verlassen lant lut vnd gut nichzit vßgenommen ouch fallen vnd werden an vns oder vnser eelich libs erben manßperson vnd sust nyemands anders in deheine Wege das alßdann Jm zu haben wie von vnserm lieben Vetter vnd sinen erben hievor geschriben stett vnd vff das übergeben vnsern Bruder Graff Heinrichen obgenannt Jm mit Mümppelgart vnd Richenwilr bescheen, hat er sich verzigen Vätterlichs Mütterlichs Brüderlichs vnd vetterlichs erbs, ouch aller Gnaden vnd fryhaitten so Jm geistlich vnd weltlich recht oder Gewonheit zu geben, nach lut des Verzihung brieffs vnd ouch des bestettigungsbrieffs von vnserm allergnebigsten Hrn dem Römischen Keyser vff solich Verzihung vnnd Verschribung gescheen, der beider Brieff wir üch hier Jnn abschrifften verslossen zu schicken Ob nu zu Zitten vnser Bruder Graff Heinrich obgenant durch sin hizig Gemüt der obgemelten siner Verzyhung vnd des so er sich verschriben hatt, vergessen vnd ettwas darwider fürnemen wölt oder würde Alßdann vor ettlichen verganngen tagen durch Jn wa wir üch den Artickel des Vertrags wiewol ich der vormals grüntlich verlesen, den Jr versigelt vnd daruff zu halten souil üch der bindet syplich ayd zu Got vnd den Hailigen gesworn hand, vnd kündt nit lassen wollen, vß der Vrsach das vns angelangt hatt das ettlich von vnser Landschafft des Vertrags

nit aigentlich bericht sin möchten, vnd ob yemands vsser
üch wer der were wytter zwivels hett dem oder denselben
wölten wir gloublich Coppyen des Vertrags wie der ge-
scheen besigelt gelobt vnd gesworen ist, geben vnd überant-
wurten lassen vnd darumb ob vnser Bruder oder yemands
von sinen wegen ichzit darwider handeln oder tun wölten
oder würden das Ir vnd ůwer nachkommen dem keinen
Glouben geben noch daran keren wöllen Sonder dem Ver-
trag dem Ir gelobt vnd geswornn hand nach kommen vnd
halten vnd vns vnd vnsern erben nach lutt desselben Ver-
trags Gehorsam vnd gewertig sin wöllen wie Ir dann deß
zu tůnd schuldig vnd pflichtig sind vnd vns auch nit zwi-
uelt Ir tůn werden, Als fromm lůt die Ir lieb vnd gůtt
allwegen zu der loblichen Herrschafft Wirtemberg gesezt
haben vnd In unzwmenlich Hoffnung sin wöllen Ir füro
zu tund geneigt sin werden des wöllen wir vns zu üch ewern
kinden vnd nachkommen genzlich vertrösten vnd das darzu
umb üch vnd sie In sondern Gnaden gnediglich erkennen vnd
beschulden datum Stutgarten vff Donnerstag nach Sant
Jacobstag des Zwölffbotten. Anno ɔıc. cccc. lxxvj^{mo}.

    Unnsern lieben Getruwen Vogt, Gericht
      vnd Gemeind zu Stuttgarten.

XXIV.

Auszug aus einer Handschrift, genannt „Ein nüzlich Buech von Nieder-Oesterreichischen Landrechten und gebräuchen" aus der Windhagischen Bibliothek zu Wien.

Blatt 112. Ein Erb ist dem andern um sein angefallen Tail zu schermen schuldig.

Wann einer umb sein getailt angefallen Erbguet mit recht angesprochen wirdt, so seindt die andern seine miterben schuldig, Ine umb solch sein angefallnen tail zu schermen vnd zu vertreten, es hätten sich dann die Erben in beschehener Austailung aigentlich entschlossen, das sich ain jeder Erb umb seinen tail selb schermen solte.

Bl. 114. b. Was maßen die Lehengueter getailt werden mügen.

Die geschriebnen Lehenrecht geben den Erben zue das sie ein jedes Lehenguet, so auf sie erblich gefallen, Jres gefallens zwischen Jnen tailen, das auch Jr jeder seinen angefallenen tail besonderbar innenhaben vnd nüzen mugen, welches dann der Landsbrauch gleichermassen vermag, doch ist dem Landsbrauch nach ein Lehenherr nit schuldig, einem ieden Erben seinen angefallenen tail insonderheit zu leihen, dann dadurch die Lehenstuck zertrennet vnd zerschmettert werden, sondern die Erben sein in solchem fahl schuldig einen Lehentrager zwischen Jnen zu erkiesen, vnd denselben dem Lehensherrn fürzustellen der das Lehen an aller Jrer stat empfah.

Bl. 119. b. Wie die verzlegnen Töchter — zu erben gelassen werden.

In vorgehenden Capiteln ist angezaigt worden, daß der weiblich Namen neben dem den Mannspersonen zu erben zugelassen werde, welches allein von Bürgern vnd

Pauersleuten zu verstehen, dann was den Adel und Herrenstand belanget bey denselben werden die weibsbild zu erben nit zuegelassen ausgenommen etlich sondere Fahl wie dieselben hernach begriffen sein, nemlich wann ein Vater sinn tochter noch bey seinen leben verheyrat hat, vnd in dem Heuratsbschluß kain Verzicht von Jr begert oder genummen, so wirdt nach seinem tödtlichen abgang wie eine andere Erbtochter neben Jren Brüdern zur Erbschafft zuegelassen also auch wann die Sün nach Absterben Jres Vaters Jre Schwestern verheuraten vnd in dem Heuratsbeschluß kainen Verzicht nit von Jr begert, so seien sie schuldig dieselbe Jr Schwestern neben Jnen erben zu lassen.

Bl. 120. Item wann einer mit todt abgehet vnd ain oder mehr Sün an ainem vnd dem seines zuvor verstorbnen Sons oder Enkels tochter am andern hinder Jm verläst, so werden des verstorbenen Sons oder Enkels töchter neben den Sönen zu erben zuegelassen, doch dergestalt das se nit mehr oder weniger an der Erbschafft nemen, den so viel auf Jren Vatern wo derselb den todtfall erlebt hette rechtlich gefallen wäre.

Wiewol die verziehenen töchter vnd derselben töchter zum väterlichen guet nit zuegelassen werden, jedoch mügen Sie von mueterlichen guet und was sonsten von Jrer mueter stamen herrürt nit ausgeschlossen werden, allein es hat sich ein tochter desselben zuvor austrägelich verzigen dessen sie sich wider Jren Willen zu verzigen nit schuldig.

Bl. 120. b. Wann ain tochter vnverheurat ist, ob sie gleichwol noch kein Verzicht vber sich geben, wie dann auch nit gebreuchig von den Jungfrauen vor Jrer Verheuratung Verzichten zu nemen, so wirdt sie doch gleich so wenig als ob sie verheurat vnd verzigen wär, zu Jrs Vatern erbschafft zuegelassen, die Brueder sein Jr auch vor Jrer Verheuratung ainich heuratguet, aus Jrs vaters Verlaffung zugeben nicht fchuldig fondern fie ift fich an der Unberhaltung bis folang fie verheurat wird fern fettigen zu laffen, welche unberhaltung Jr die Brüder aus Jrem väterlichen guet nach zimlichen Dingen zu raichen vnd zu geben fchulbig.

— fo ift dem Landsbrauch nach der Aid darinnen nit vonnöten.

Vol. XII. Mon. Boic. p. 15. n. 1. Cod. Trad. de 1104.

Adelheit. Aduocata.

p. 23. n. 5. Luitgard Aduocata.

XXV.
Urkunden über das Baierische Erstgeburthsrecht.

Wür Friderich von Gottes Gnaden Röml Kayser zu allen zeitten mehrer des Reichs zu Hungarn, Dalmatien Croatien ꝛc. König Herzog zu osterreich zu Steür, Karnte, und zu Krain, Graf zu Tyrol ꝛc. Bekennen offentlich mit diesen Brief, und thuen Kunt allermönigklich, daſ was der Hochgebohrn albrecht Pfalzgraf bey rhein, und H. in Bayern vnser lieber Oheim und Fürſt, für bringen hat laſſen, wie wohl vnſer vorfahren am Reich, Röml Kayſer und Kunig aus notthurfftiger Bewegnuſſ dem heylligen Reich, auch seinen Fürſtenthumen zu gutt geſezt, und geordnet, daſ die Fürſtendom des heylligen Reichs ungethailt, und vnzertrent bleiben ſollen, und Er das Fürſtendom Bayern, ſo von ſeinen vorforderen auf Jhne und anb ſein gebrüder gefallen iſt mit vnſer als Roml Kayſers Verwilligung Etwa lang zeitt ungetheilt Innen gehabt, und vns Jhme Selbſt, und ſeinen Brudern zu gutt mit uiel mülje der maſſe regiert, daſ Sich das wohl gebeſſert hätte: dannoch nichts deſt münder vermuthe, und vnterſtehe der Hochgebohrn chriſtolh Pfalzgraf bey rhein, und H. in Bayern, vnſer lieber Oheim, und Fürſt ſein Bruder über ſolch vnſer vorfahren ordnung, und geſage, auch das Er der Jahr Jünger, dan Er ſey, das Selb Fürſtenthum zu theillen, und zertrennen und einen vierten theil an Landt und leuten Jhme zu zetheillen, und volgen zelaſſen, daraus wo das beſchehen, und durch vns geſtattet werdten ſollt, vnſer und des Heyll Reichs eygendom in veränderung, und abnemmen, auch Jhme, und ſeinen nachkommen Regierenten Fürſten zu ſchwächung und minderung Jhrer Fürſtl. Stente mörcklich kämme, und hat vns darauf diemutigklich anruffen, und bitten laſſen in ſolchs gnabigklich ze ſehen, und das Selb

Zweeter Theil.

Fürstendom unzertrent zu behalten, und bleiben zu lassen. und so wür nu dem Löbl. Haus Bayern in dem, und anderen zu Ehre aufnemmung, und guten auch zu Hanthabung vnser vorfahren am Reich gesazen, und ordnungen allweegen genaigt gewesen, und noch sein, demnach so gebieten wür dem genanten vnseren lieben Oheim, und Fürsten H. christolhen von Röms. Kays. macht, und rechter wissen, bey verliesung des theils, den Er an dem vorbestimten Fürstenthum hat zu Stunt, so Er hin wieder thete an vns, und das Reiche an mittl alß verwirkt verfallen ze sein, und darzu ainer Pön nemlich hundert mark lödigs golds vns in vnser Kayserl. Cammer vnablöslich zu bezahlen Ernstlich mit diesem Brief, und wollen, das Er on alles verziechen nach genugsammer verkündung dith vnsers gebots Brief sollich sein fürnemmen der Theillung abstelle, und das gemelt Fürstenthum ungetheilt, und bey löbl. Regierung des genanten vnsers lieben oheims, und Fürsten H. albrechts seines Bruders als vor Ihme des älteren bleiben lasse, damit das Selb Fürstendom vnser und des Heyll. Reichs eigendom wieder obberührt gesaze und ordnung vnseter vorfahren am Reich, und sunderlich wieder Kayser Sigmunds vnsers vorfahren aygen recht spruch vns durch glaubliche Schein fürbracht nit in Verenderung gesezt, noch geschmällert, auch vns und dem Heyel. Röml Reich deß Stattlicher dauon gescheen, und gedient werdten müge. als Sich aus Schuldiger Lehens Pflicht zu thuente gebührt: so ferrn der Selb H. Christolh vnser uud des Heylligen Reichs Schwehre ungnabt, und verliesung der vorgeschrieben Pön vermeiden wolle. wo aber der iezt gemelt H. Christolh sollichs nit schuldig ze sein, und einich rechtlich einrede dargegen ze haben vermeint, wollen wür Ihme hiemit vor vns als Röm. Kayser und Lehen Herrn deß genanten Fürstenthums seinen ordentlichen Richter, und Rechten Herrn das Recht vorbehalten, darinnen wür vns dan zu Rechtlichem aus Frage der sachen nach gebührlichkeit halten wöllen. Geben zu Linz mit vnserem Kays. anhangenden Insiegel besiegelt am 13 Dec. nach Christi geburt 1484. vnser Reiche des Röm. im 45. des Kayserthums im 33. und des Hungarischen im 26, Jahren ad mandatum Domini Imper in consilio.

Johannes Porniger Kays. Notarius und Clericus Würzburger Dioeces hat darauf ao. 1485. den lezten merz zu Landts Huth im Haus, do Hans Ettenhofer der zeit wohnunge hat, auf Befolchmus H. albrechts den vorgemelten Mandat-Brief Herzog christolhe Insinuieret — und thäte darauf mein rede und fürbringen also: gnädigo Herr E. G. Bruder mein G. H. Herzog albrecht des gnädl Ich dieser zeit als diener bin vnterworfen, hat mich thuen für E. G. Schicken mit diesen gegenwürtigen offen Mandat, den E. G. zu verkünden, und zu verlesen, des binn Ich als diener und Notarius vnterthönig zu thuen willig, auch Erbietig, so Ich das Mandat E. G. verlesen hab, oder das E. G. für verkündigt, und verlesen gehabt haben, Ihr Collationiert gleichlautente Copien dauon zu antworten, oder ob E. G. den Mandat-Brief Selbst wolte in Ihr Hänt nemmen zu verlesen, Ich den E. G. antwurten, mir als dan den wieder zegeben: also antwurt sein gnade nach genomen bedacht, Sie hielt mein verkündung nit für genugsam mit mehreren langen reden, doch die Kays. mayl. darmit nicht verachtente, sunder Erkennet vnseren aller gösten Herrn den Röm. Kayser für seinen natürlichen ordentlichen Richter und Herrn, und wolt mir des Kays. Mandat-Briefes nit wieder geben, den darume bey seiner gnaden Hanten behalten, zum fürderlichsten Persohnlich Pottschafft zu Kays. mayl. thuen schicken, oder Schreiben den Handel Jrrung, und Sachen zwischen seinen gnaden, und meinen genänten gnädigen Herrn H. albrecht seiner gnaden Bruder Sich Haldente grüntlich berichten, das ist alles beschechen in gegenwart des Edlen Herrn anthonio Herre zu ynon Trynter Bischdoms auch der vesten und weysen Ulrich adelzhouers augspurger, Fridrich Höchstötters Regenspurger, und michel Paysweyls Freysinger.Bischbomen Herzog Christolhs diener.

Wie H. Christolh die Regierung seins Theils Herzog Albrechten seinem Bruder verschrieben hat sein Leb Tag.

Von Gottes Gnaden wůr Christolh Pfalzgraf bey Rhein, Herzog in O. und N. Bayern bekennen, und thuen Kunt gen aller menigklich offenlich mit dem Brief alß Sich zwischen dem Hogebl. Fürsten, vnseren lieben Bruder Herrn Albr. Pfalz grafen bey Rhein, Herzogen in Obern und Niederen Bayern ꝛc. alß einigen Regierenten Fursten, und vns Shönn und Irrung gehalten also das wůr vermeint haben, der Selb vnser lieber Bruder solt vns zum Regiment, oder vnserem vierten theil vnser aller gebrůder Fürsten thums kommen lassen, das aber sein lieb nit schuldig ze sein, und dabei auch spruch und vorderung zu vns ze haben vermeinte, darum wůr baide vns zu Rechtlichen und Entlichen auf Frag, und Entschied, nemlich Regiment, und Theilung halben auf vnseren aller gösten Herrn den Röm. Kayser, und nyn aus vnser baider spruch auf 64 Persohn aus gemeiner vnser Landtschafft von Prelaten Ritterschafft und Stätten hernach benennt veranlaßt und verschrieben hätten: also sindt wůr durch güttlich, und fleisig arbeith, und vnter thaiding der Selben vnser getreuer Landtleüt zwischen vns baiden gethan, und das löbl. gutt beginnen, so der genant vnser lieber Bruder H. Albr. vns allen Gebrůder, auch allen vnseren Landten, und Leuten ze gutt bis her vnuertrossenlich gethan hat, und ob gott will ungezweifelt noch füro thuen wirdet, bewegt, daß wůr dem Selben vnserem lieben Bruder H. Albr. mit wohl bedachten muth, zeittigen Vorrat vnser lieben freünt, Räte, und lieben getreüen vnserem theil alles vnsers Erbs und guts, Landt und Leüt beuolchen ein und übergeben haben.

Beuolchen, und übergeben Jhme das alles yez also dan vnwiederruflich wie dan das am aller bestentigsten, aus träglichisten, und kräfftigsten sein soll, und mag wissentlich in Crafft diß Briefs, also das der genabe vnser lieber Bruder H. albr. nu füro sein, und vnser leb tag lang den Selben vnseren Erb theil allein In haben, Regieren, Nuzen, und Niesen mag, wie seinen Erb theil on alles wiederspreche̅ uns und manigklichs von vnseren weegen, und ob wür den Selben vnsern Erb theil vormahls gemant and verschrieben hätten, oder nach füro verschreiben wurdten, wollen wür, baß die all und yeglich gegen diesen gegenwürtigen Verschreibung ganz unbüntig, und Crafft loos sein sollen und darauf so soll der genant vnser lieber Bruder Herzog albrecht vns dagegen aingeben, und vnser leb tag folgen lassen das Schloß Pael die Statt Weylham Schloß und Statt zu Schongau, auch das Schloß Rauchenlechs Perg, die Selben Schloß uud Stätt wür mit allen und jeglichen Jhren amten, gülten, Nuzungen, ghrten, wildt Pannen und zu gehörungen Jnnhaben, mit besezen, und Entsezen, und sunst damit Handlen mögen nach vnseren Nuz und geuallen, doch das wür der Selben Schloß und Stätt Keines noch Jchts bauon versezen, oder verkauffen sollen, oder wollen in einich weis an des obgenanten vnsers lieben Bruders H. albr. wissen und willen, und waß, und wie viel vns der Selb vnser lieber Bruder H. albr. zu samt den Ränten, und gülten der vorbenante Stätt, und schlösser Jährl. an geldt von der Hant geben solt, des hat vns sein lieb einen sunderen brief geben. Es soll auch seiner lieb alß Regierenten Fürsten an den genanten schlossen, und Stätten, allen Jhren Jnnwohnern, und zu gehorigen geistl. und weltlichen alle oberkait zu stehen, und vorbehalten sein, und Jhm sollen die Richter so wür zu jeder zeitt zu den Selben ghrten auf nem-

Zweeter Theil. 343

men und sezen werdten schwehren, auch den Pan über das Plut zu richten, von Jhm empfangen und alle geding von den gerichten für Jhn, und seiner lieb Hof ghrt beschechen alles on wiedersprechen vns und mönigklichs von vnseren weegen.

Wür sollen, und wöllen auch die vorbenenten Stätt all Jnwohner, und zu gehörig der Selben geistl. und weltlich bey allen Jhren gnaden, Freyheithen Rechten, und allen gutten gewonheithen, des gleichen all maut, zoll, und Glait bey alten Herkommen halten, die Strassen der vorgenanten Herrschafften, und gebieten befrieden, und niemant vergewältigen, sunder einen neben bey gleichen billichen Rechten beleiben lassen, und zu den bemelten schlossen und Stätten von vnser Selbs, oder ander weegen Keinen Krieg anfachen, oder fürnemmen, auch niemant darzu Hausen, Hofen, äzen, oder brencken, daraus Landen und Leüten einicherlei vnraths, oder beschädigung Entstehn, noch des Keinen dem vnseren, oder yemands anderm gestatten zu thuen an Rath, willen und wissen des vorgenanten vnsers lieben Bruders H. albr. und darauf so sollen wür H. christolh an den Selben vnseren lieben Bruder H. albr. vnser lebtag aus ganz nichts mehr zu forderen haben in einich weiß, sunder sein lieb, und alle die, so Jhm bisher angehangen, und verwont gewest, und noch sind, sollen aller vergangen Sachen halb Sich bis auf heünt dato des Briefs verlauffen mit vns gänzlich gericht und vertragen sein, wür wöllen auch füro um Keinerlaj Sachen gegen Jhm in aufruhr, Vehde, oder Vnwillen mehr Kommen, sunder vns mit sammt den vnseren gegen Jhm, und den seinen Halten: wie dan des Halben die bericht vormahls zu Regenspurg zwischen vns baiden aus gangen Clärlich dauon Jnhält und ausweist alles treülich, und vngefahrlich, und vntertrhaidiger dieser vnser über gaab, und verschreibung sinde die würtigen in Gott, Edlen, vesten und weisen, un-

ſer lieb getreu Conradt zu teegernſee, Sebaſtian zu Ebers-
sperg, Narcis zu Bayern, Pauls zu weſſes Prunn, Wei-
chart zu Fürſtenfeldt, Johanns zu Prüfening, Andreas
zum Heylligen Perg, Pangraz zu metten, Ulrich zu Wind-
berg, Caſpar zu Staingaden, Abbt ulrich zu vnterſtorff,
und Johanns zu Polling. Brobſt, Johanns Herr zum
Degen Berg Erbhofm. Sigmundt von Frauenberg Herr
zum Haag, Bernhardin von Stauff Herr zu Ernſels,
Siluester Poſſenhauſer, Sebaſtian von Süberſtorffer
baidt Ritter. Jorg von Eüſen hofen Hofm. Veith von
Egloff Stani, Hanns von Parsperg, Seiz törringen,
Hans von Sattelbogen, Hans von Paul Storff der Elter
Hans Judmann, Caſpar vom Tor, Wilhelm von mach-
ſelrani Waltherr von Gumpenberg, Peter Stanier, oſchaz
Nußberger, Hans zennger, Jorg Nothafft, Chriſtof
Stanier, Hans von Paulſtorff der Jünger, Wilhelm are-
ſinger, Wilhelm Schall dorfer, Sigmundt walten Hofer,
Hans Schweykart, Sebaſtian Adelszhofer, Ulrich Spie-
gel, Chriſtoph Dietrich genant Lung, und Thoman Run-
dolf, Franz Ridler, Chriſtolh Rundolf, andree Stülf,
Wilhelm Tüchtel, Hans Wilbracht, Bartolmee Sprenck,
Heinrich Part, Hans Schluder der Jünger, Sigmundt
Bachner, Pauls meiſt, Caſpar Hundt Pfundt, Laurenz
Weiſenfelder, Gabriel mailerkircher, und Jorg Larcher
von münchen, Erhart Kruler von Landsperg, Jorg Ler-
chenfelder, und andree Gſchirer von Straubing, Sig-
mundt Lounis von Sulzbach, Conradt Staudigl von
Schongau, Cunradt vngnet, und Jorg Tyrmer von Kel-
haim, andree Hofm. und Urban Geppinger von Tegken-
dorf, des zu wahrem Vrkunt haben wür vorgenant H.
Chriſtolh dem obgenanten vnſeren lieben Bruder H. al-
brechten den Brief geben mit vnſerem anhangenden In-
ſiegel beſiegelt, darunter wür vns bey vnſeren Fürſtlichen
Würthen und Ehren verheiten alles das wahr und ſtehe
zu halten, das vergeſchrieben ſtehet gefährdt, und argliſt

Zweeter Theil.

hierin gänzlich aus geschieden und zu mehrerer Befestigung alles vorgeschrieben, so haben wir vorgenant abbt Conradt zu tegernsee, abbt Ulrich zu Windtberg, Hanns Herr zum Degenberg Erbhofm. Sigmund von Frauenberg Herr zum Haag, Sebastian von Seiboltstorff Ritter, Veith von Egloffstain, Hans von Satelpogen, Hans von Parsperg, Hans von Paulstorff der älter vnser eigene Insiegel, darzu die von münchen Ihrer Statt Insiegel für vns, und Sie Selbs, und all und vorgenant auch an den Brief gehangen, vns allen, vnseren Erben, und nachkömmen an schaden geschechen zu münchen am Frey Tag nach St. Veits Tag als man zahlt nach Christi vnsers lieben Herrn geburde 1485. Jahr.

XXVI.

Declaratio Arboris consanguinitate vulgaris in aliquibus regulis. Incipit. feliciter. amen.

(ex Cod. MS. Bibliothecae Vniuersitatis Halensis.)

Ir sul Wißen zum Ersthen das man hab In dem paum eine Zeile do ist nichtts dorynne gescryeben darvon soll man anheben zu rechten allerlei magenschafft auch sal mann Wißenn, das do seyn dreyerlei Linien. Dy ersthe gehet niederwarz anzuheben an der lebigenn Tzelb, alßo son tochter nefe nüß und ßo vorbaß ye und ye niederwarz wie vherne sich das gepurth nach geburlichkeit der sachenn. das heyßt der rechtte pußen, dy rechte Linien, und der rechte stham Niederwartz.

Dy andere Linie gehet auffartz anzuhebenn an der lebigen tzeille da vater und mutter elder vater elder muter und vorbaß, wy sich das gepurth nach geburlichkeit der sachenn und das heist dye rechte Linie auffartz.

Dy britte Linie yehet seythalben dy tzwar ober und Heist linea collateralis, als Bruder und Schwester und dyselbige Linie ist zweierley, dy eyne ist gleich; alßo Bruder Bruder kindt vnd fürbaß gontz auf; dye andere ist vngleich; alßo vetter waße groß vetther ꝛc. Dye synt alltzumhal in vngleicher Linie. Alle die niederwartz stehen. die nehmen der auffwartz erbe vor alle dy, do auf- aber niderwartz dorzu geboren seyn, das sal man alßo vornemen. Dyeweil daß yemant ist in dem ersthen Linien, die do niderwartz gehet, dye weilen nemen dye In den britthen Linienn seythalben kein erbe; durch das, das das erbe gehet billicher niederwartz, wy ßer man das getzelen kann, den aufwartz aber seitwartz, wann das ist der Bußem um dye rechte Linie niederwartz dyeweil das erbe nicht kommenn, dye weil man dye gehaben vonn recht.

Secunda regula.

Alle dye niederwartz sthyn in dem ersthenn grab nemen erbe vor alle dye, dye do niederwartz sthen Im andern und fordern Gradt. Es sei den das yr Vater ungeteillet sei geblyben In dem gemeinen Guth; denn nhemen sye gleich theyl mit yren vettheren in Ires elder vater erbe. Alle nhemen sye aber mit eyns mannes theil von rechte.

Tertia regula.

Wenn dye niederwartz Inn dem ersten Grab alle gestorben synet vnd haben nach ye gelaßen kynder, dyselbigen kinder nehmen denn das erbe ihres elders vaters nach dem Zelben vnd nicht nach denn Wurtzeln li. 1. ar. XVII. das solt ir also vornehmen. Ab ich hattye drey son peter, zwene enkel. Drey Störben dan mein meine sone alle drey vnd etlichne biß sein son nach ym. störbe ich darnach so nemhen meines sone son mein erbe Nach denn zelbgen das yglicher nympt seyn theyl auff sein haupt. Syo man das erbe muß theilen yn sechs theyl ist vnd durffen das nicht theilen nach der wurtzel, das ist nach meinen kindern, der was nümpt drey, wen solt man es teylen nach dem wurtzeln, Szo hat eyniger son so vhil als enkels drey son das sal nicht sein wen wenn auß schwestern vnd Brudern kompt, so nhemenn sye gleich vhyl.

Quarta regula.

Stirbz ymant ane kinder so daß er nymantz niederwartz nach ym lest dann gehet das erb auffwartz dy nhemen den erbe vor alle dy dy do seythalbenn dorzu gehörenn synnth von rechte. doch also daß der ehrste nympth das erbe alleinne.

Quinta regula,

Dyeweil sich ymant niederwartz oder auffwartz in dem rechtten stam ze dem erbe may gesippen dyweil dye dye do seithalben dorzu ge gehorenn synde kein recht dorzu von recht vnd dorumb ist main elder vather vnd auch for der auffart in der rechtenn Liniee naher mein erbe zu nemhen dann meines vaters Bruder Aber auch mein rechter Bruder meines kindes kinde vnd ferder niderwartz Jn der rechten Liniee ist auch naher mein erbe zu nhemen dan mein Bruder wenn das erbe vhil mehr auß dem boseme vnd aus der rechten linie auffwartz ader niderwartz dye weil der ewenbortige Boßenn do ist auch.

Sexta regula.

Jn der dy drytthen liniem senthalbenn dy zwar vber der sich eher zu dem sipp geben gezypenn mögen dye nhemen auch das erbe gleich Sekhschenm rechte l. l. art. III. darum ist mir mein Bruder nher dan meins vatter Bruder vnd meines Bruders Bruder sein mir also nher als meins vaters Bruder dar erkennet mann Eigenklich ym ben baum Aber nach keißer recht ghetheß anders zu auch

Septima regula.

Sweyersthafft vnd nefhatterschafft Hindert Jnn dem ellichen Lebenn aber bringet nichtts frommen zu der selenn

Prima regula.

Nhu merck dye glide in der magenschafft das heist in leyd graby in der rechtenn linien wie vhil der person synd also vhyl synt auch der grab aber gliede am eyne also daß man dye zwu pson, von der sipschafft man frageth, mette zele Beide neistlich vnd wertlich auch

Secunda regula.

Wenn zwu personen schon senthalbenn ym yleicher lineen das ist das eyne also vherne stht von dem Stam als dye ander Jm welchen grabe dawon dye eyne ist mit dem sthame in demselbyhen grab sye vnd eyne andere nach neistlichen rechtenn auch

Tertia regula.

Whenn aber zwu personen senthalben in vngleicher linien das ist das dye ayne fherner stht von dem sthame also fhernne synde sy auch von ein ander nach neistlichenn rechtenn auch

Zweeter Theil.

Quarta regula.

Nach wertlichenn rechthenn wie vhil der person synt mit denn zween von der sypschafft, man frageth es sey in gleicher aber jn vngleicher Linieun also vhil synt der Grade aber nhyt an eine also das man den stam mitte hele auch
Merke was hernach volget.

Mein rechther Bruder vom vholler nepurth ist mir nher dan mein halber Bruder wen der stherbet vm eyne andere nhyt ꝛc.

Item meins vhollen Bruders Bruder vnd mein halber Bruder synt mir nleich nahene li. II. att. ꝛc. ꝛc.

Item meyn retther auch meins vholnen Bruders son ist mein erbe nher dann meins halben Bruders son.

Item mein halber Bruder ist mir neher dann mein shetter aber ahenn aber mhume ꝛc. ꝛc.

Nhu merk mangerley unredlich Spruche.

Etzliche sagenn das der elther vater vnd vaterschwester aber Bruder sullen gleich nahen seyn erbe zu nemhen dy sagenn vnrecht wenn mein alder vater ist neher mein erbe zu nehemen dan meins vaters schwester aber bruder darum dass mein elder vater in rechter lineen stehet darauss man nicht ghen ssall dyeweil sich ymandes elder finde.

Etzliche sagen das ich solle nher seyn meins vaters erbe zu nhemen dan meines Bruders son dy nach ungetheyle sytzenn In yres elder vater nuth dy sagen unrecht dan meins Brudern son der do von mir was nympt gleichen Theyl an meines vaters erbe Unnd sy nehmen mit alle eyns mannes theyl

Stherbet aber mein ander Bruder so bynn ich nher seyn erbe zu nhemen dann meins drytthen Bruders son nach Sechschen rechte ut erat in regula sexta.

Etzliche sagen dass des tobenn halbenn Bruder aber halbe schwester seyn nher erbe zu nhemen dan seyns vhollen Bruders kinder vonn vholler nepurth dy sayenn auch vnrecht nach sechschen rechte wenn meins vollenn Bruders kinder vnd meyn halber Bruder synndt gleich nahnn ut grat etc.

Etzliche sagennn das der elder vater vnd bruder kinder von vholler gepurth sollen yleich nahenn seyn erbe zu nemhen dy sagenn auch vnrecht wem meins vater Halber Bruder ist yleich nhae mit meins vetters schwester kinder vonn vholler yegurth darumb ist das sy sich gleych nhan seyen zu der syppe ut sup. in regula sexta.

Etzliche sagenn daß mein ober elder vater vnd meins ober elder vaters Bruder vonn vholler gepurth sullen yleich nhae seyn mein erbe zu nhemen dy sayenn auch vnrecht wenn mein ober elder vater sthee mit mir in der rechten linien vnd dorumb hat man das erbe darauß nicht nhmen ut sup. in regula quinta.

Etzliche sagenn das mein halbenn Bruder son aber meiner halben schwester son dy sayen auch vnrecht wenn meiner halbenn schwester son aber meinnes Bruders son ist yleich nhae mein erbe zu nhemen mit meins vaters aber schwester son wenn sy sthenn seythalbenn vnd zyhen sich yleich zu der sypp ut erat in regula sexta.

Etzliche sagenn dß meines vaters bruder son sey nher mein erbe zu nhemen dan meiner mutter schwester tochter dye sagenn auch vnrecht wenn sy synt yleich nahe vnd zyhen sich yleich zu der sypenn ut sup. in regula sexta etc.

Etzliche sagenn das mein Bruder von vholler yepurth solle nher seyn mein erbe zu nhemen dan meins sons son dy sagen auch vnrecht darumb das meins son son sthet in rechter liniemn in der warth vnd mein Bruder sthet seythalbenn vnd darum ist meins sons son nher dan mein Bruder.

Das die erben obgeschrybener spruche vnreblichen seyn das synnt man eynentlich auß den regulen oben geschrybenn vnd auch auß dem nachgezeegten Baum darum ein yeglicher nar ebenn merkenn sall dye liniem vnd auch dye nyhet nach solcher vnderscheyde Als obenn sthat geschrybenn ꝛc.

XXVII.

Extract aus Kaysers Leopoldi allergnädigst ergangenen Lehens Resolution de dato Wien den 18. October a. 1661.

Leopoldt Von Gottes Gnaden Erwöhlter Römischer Kayser, Auch zu Hungarn, und Bohaimb ꝛc. König Erzherzog zu Österreich ꝛc.

Hoch, und Wohlgebohrner lieber Gethreuer.

Wür erindern dich gnädigst, was gestalten Wür Unsern Gethrey Gehorsamsten zween öbern Politischen Standten Unsers Erzherzogthumbs Österreich ob der Enz auf ihr Unterthänigistes ansuechen und bitten, die Kays. und Landsfürstl. Gnad gethan, und die Unsern N. österreichischen Standten Jüngsthin bewilligte weitere Erstreckung der Lehens gnad, Allermassen Von Uns dieselbe Undern Wierten Ober. des abgewichenen Sechzechenhundt Acht und Fünfzigisten Jahrs in Vnderschiedenen puncten resolviert worden, auch auf anfangs gedacht zween ober-Politische Stände in berichrten Österreich ob der Enz allergnädigst extendirt Jhnnen solche auch gleichen Jnhalts confirmirt, und bewilliget haben als Nemblichen ꝛc.

Fürs andert haben wür allergnädist bewilliget, dz so lang zwischen Uns als lehen herrn und den lehen trager keine Verendung firgehet keine schuldigteit seye, Aines oder des Andern Mit Jnuestirten sich entzwischen begebenden Todtsfähl anzuzaigen weniger desstwegen dz lehen von neuen zuversuechen, oder zu empfangen. Wan aber ein Weibs Persohn, oder anderer so die lehen durch Ainen bloß für sich selbst nicht Mit Jnuestierten lehentrager empfangen mit Todt abgehet, weillen badurch Aines solchen blossen Mandatoris gehabtes Mandatum exspieriet und derselbe weiter für kheinen Lehentrager gehalten würde, ist billich das sodan die Lehen von einem ersuecht werden, allermassen es auch Aine gleichmessige Schuldigkeit ist wan ein Gerhab allein in Namen seines Puppillens das lehen empfangen und daryber von desselben Puppillens Vogtbahrkeit mit Todt abgehet, das alsdan der andere Neüe Gerhaber das Lehen von Neüen ersuechen ꝛc. Anlangend vors zechente, dz bei dennen landesfürstl. Erbhuldigung der eltiste des Geschlechts in Nammen, und anstatt aller anderer, Umb Verleihung der Stamen lehen sich Anmelden, und ihme dieselbe durch Ordnung nach Verlichen werden, Auch solang diser Lehentrager im Leben, und ob schon ein Jüngerer aus dem Geschlecht absterben wurde, keine weittere Lehens Empfachung vonnetten sein solle, wie nun diser punct zu dem andern gehörrig, woryber wür Uns allbereit hieoben allergnädigst resolviert und bewilliget haben, das wan ainer oder mehr aus dennen simultanee Investitis mit Todt abgehet, als ban die yberlebente des ober der verstorbenen thaill, es wehre dan dz sich mit Uns als Landtsfürsten oder Lehentrager Veränderungen zuetrugen, de novo zu ersuechen nit schuldig sein sollen, Solchemnach Wir es dabei allergnädist bewentten lassen, und wöllen solches auch eben sowohl auf die Stamen lehen als feuda dignitatum darinen ohne dz jederzeit der eltiste von Geschlecht succedirt verstanden haben, hierauf ist Unser gdister befelch, dz du gewislichen darob seyest, auf dz mehrbesagte zween oder Politische Ständte ob der Ens bei solcher ihnnen von Uns gnädist erthailt, und extendirte Lehens Gemas in allen Vorfallenheiten und zwar von obbemelten dato des Vierten November An. Sechzechenhundt Acht und Finffzig anzurechnen ruehig gelassen, geschüzt und handt gehabt werden. An disem beschicht also Unser gnädister will, und Mainung geben in Unser Stadt Wienna, den 18ten tag Monats octobris Im Sechzehen hundt Ain und Sech-

Zweeter Theil.

zigisten Unserer Reiche des Röml. im Vierten des Hungarl. im Sibenten und des Bohaiml. im Sechsten jahr.

Conradt Balthasar Graf und Herr von Strahrnberg Vice-Stadthalter.

Comissio Domini Electi Imperatoris in Consilio.

Joh. Bap. Rustinger Canzler.

Joh. Maximilian von Krau Berch Olterstetter.

Collationirt gegen den bei der Landt Canzley verhaltenen Original und findet sich dieser Extract gleiches Inhalts Act. Linz den 21. Marß a. 1686.

(L.S.) Mich. Anth. Engl. Landtschreiber.

XXVIII.

Gutachten des Baierischen Lehenhofs über die Lehenauffendung. 1674.

Uber Georg Conradin Freyherrn von Lerchenfeldt wegen begebung einer zuegemuethen Lehens-Auffendtung, würdet der Churfrtl. Hofcamer von dem Churfrtl. Lehenhof hiemit dise Nachricht erthailt, dz Cardo Negotii in dems bestehe, Richtig ist es, dz, wan ein Lehennman aintweeders das ganze Lehen: oder seinem Thail, So er daran hat; einen andern aintweeders von todts weegen: oder durch einen Contract inter vivos ybergeben will, dz Er hierzue des Lehenherrn Consens vonnöthen habe, und obwohlen die Rechts Gelehrten zum thail der Meinung, dz nach Ausweisung der gemainen Lehen Recht des Lehenherrn Consens nit vonnöthen, wan dz Lehen in eine solche Persohn von der *famili* des Ersten *acquirenten alienirt* würd, auf welche dz Lehen seiner Zeit *jure successionis* selbsten kommen könnte. So hat doch dise Maynung nach Unseren Landtrechten, und dises Churfrtl. Lehenhofs wissentlichen Herkommen, auf welches alle vasallen ihre Pflicht und Aydt ablegen, nit statt, sondern es mus in allen Veränderungen Sie gesche gleich aus der Freundtschafft in- oder auswerttigen Persohnen des Lehenherrn Consens erfodert, und erworben werden, so gar wan auch ein Vatter Unter seinen Kindern testieren, und einen allein, oder mehrern die Lehen yberlassen, andere aber daruon ausschliessen wolte, es seyen gleich *feuda auita ex pacto, et providentia*, oder *noviter acquisita*, Er des Lehen Herrn Consens auswürken mus. Hoc praesupposito ist weither zu wissen, daß vor disem, wann der *Consens ad alienandum* in Ritterlehen erthailt worden, bey disem löbl. Lehenhof der brauch gewesen, von dem *alienante*

Zweeter Theil. 355

einen Auffendtbrief, dz ist, *libellum refutatorium* zu nehmen, darin Er sich alles Rechts und Zuespruchs zu den Lehen begibt, und solches dem Lehenherrn haimbsendt, also, das dz Lehen *pro parte refutata* in dessen Persohn, der solches an sich bringt, *per novam investituram feudum novum* würd, und *ex regulis feudi novi* zu judiciren ist, obwohlen Man nun bey des Churfrtl. Lehenhofs negsten praeposito von diser der Vernunfft voriger observanz und allen Rechten gemessnen Gewohnheit in etwas abgewichen, und vill Veränderungen ohne nehmung dergleichen Auffendtbrief vorgehen lassen, So hat Man doch anjetzo auf Wahrnehmung des darbey versirenden schwehren praejudicii den alten Modum widerumb renoviert, und gibt keinen den Consens ad alienandum, er thue dann das Lehen für sich, und seins Erben Auffendten, und dz selbe in manus Domini renuntiern: oder refutiern, wie es in allen Beneficiis gewohnlich, da die Renuntiatio a Beneficiato in manus benefacientis, und nit in manus tertii geschehn mues, dz praejudicium aber des Churfrtl. Lehenhofs bestehet in denns; dz bey Unterlassung der Auffendtung dz Lehen in natura feudi antiqui, und Consequenter dem alienatori non renuntiato sein Successions-Recht ex pacto, et providentia offen bleibt, und dem Lehenherrn entzwischen die Lehenfähl und Lehendienst entgehen, damit die sach clarer werde, ist eben dises Lerchenfeldl. Exempl. vor Augen zustöllen, dermahlen ist auf den Sütz Erb der Georg Conrad allein investiert, will Er nun seinen Bruedern Johann Casoar auch zur Belehnung kommen lassen, hat der Churfrtl. Lehenhof kein Bedenkhen, weill er gleiches Recht zu den Lehen hat, aber auf solche Weis bekomt der Lehenherr auch zween Lehen Männer, und weill die Lehendienst in Ritterlehen Servitia personalia seynd, müssen beede, wie ihre pflicht ausweisen, auf erfodern erscheinen, und dz Lehen verdienen, gehet nun einer aus beeden Herrn Brüedern mit Todt ab, hat der Lehenherr sein raichmus, Sterben aber beede, bekomen Ihro Churfrtl. Durchl. souill Lehenleüth, als Sie Sohn hinterlassen deren wohl 5. oder 6. sein werden, die alle auf erfodern dz Lehen zuuerdienen schuldig seynt, und so ainer aus den 5. oder 6. mit Todt abgehet, müessen dessen theil die ybrige Brüeder, oder so Er Kinder hat, dessen Sohn wider empfangen, und ein jeder einen Shieszeüg bezahlen, und so forthan in infinitum, wan hingegen dem Georg Conrad aniezto gratificiert und die hinumblassung des Lehens ohne Auffendtbrief gestattet wurde, entgehet Ihr Churfürstl. Durchl. aniezto ein Lehen Man und Nach seinen Todt souill Lehendienst, und raichmussen der Shieszeüg als obgemelt worden, und dannoch, wan seines Bruedern **Manns Stamen abgehen wurde blibe ihm** *ex pacto, et providentia primi acquirentis* **der Regreß zu den Lehen offen. da** *vice versa,* **wan Er die Auffendtung thuet, dz Lehen in der Hand seines Bruedern** *feudum novum* **wirdt, und nach Abgang des Manns Stamen** *in Compensationem* **der hinterbliebenen Lehendienst, und Raichmussen dem Lehenherrn haimbgehet,** und bey disem were des Lehenhofs Moinung nach allerdings zubestehen, will aber der Herr Georg Conrad seinen Bruedern Herrn Johann Caspern die völlige Nuzung des Lehens yberlassen, kan ers wohl thun, und braucht darzue kenen Lehenherrl. Consens, Er bleibt aber nicht destoweniger Lehenman, und suecht Man bey ihme, und den seinigen die Lehensdienst, und Raichmussen: und dises, weil es eine sach von Wichtigkeit, und grosser Consequenz ist, hat Man in etwas ausfüehrlicher vorstellen: beynebens aber mit Maasgeben wollen, ob Ihr Churfürstl. Durchl. dem von Lerchenfeldt zur Gnad etwas anders befehlen und oblge Regel limittiren wollen. Siga. München, den 30. Jenner 1674.

Huefnagl.

XXIX.

Extract aus dem letzten und sechsten Theil der ober-österreichischen Landtafel. titulo. 32.

Da auch der verstorben Lehenman, mehr dan Einen Lehens Erben hinder sich verlassen hette, oder sonsten die Lehen dorth sein, das sye von alters auf den ganzen Namen und Stamen, und als ville Persohnen zu gesambter Handt Unuerschaidentlich in einen Lehenbrief verlichen worden, zu latein feuda simultanea genant, So ist Unnoth, dz alle hinderlassene Erben sich insonderheit anmelden, sonder ist genug, dz sich der Eltist, oder Jhr gesambter Lehentrager, für sich und in Namen seiner Mit-Erben mit specifirung aller und jeder Namen derselbigen anmelde, und die belehnug suechen

Ob sich auch gleich hernach durch todtsahl, oder in anderweeg ein Verenderung mit bennen in Lehenbrief begriffnen und Mitbelehneten Erben einen begäbe, so ist doch darumben kein Anmeldung, Pflicht, Noch Lehen-Brief vonnetten, so lang doch der Eltist oder Lehentrager der obbemelter massen in sein und seiner Mit Erben Namen dz Lehen einmahl ordentlichen empfangen, und gethragen, noch im Leben ist, und sich mit Jhme kein Verenderung derentwegen eine Neue Belechung erfordert wurdte, zuegetragen hat.

Und obschon der belehenden Mit-Erben ein Jeder die Lehen zuuerdienen schuldig, ist doch Unnoth sich bei alle des abgeleibten Lehenherrns Erben anzumelden, oder absonderlich einen jeden derselbigen die Pflicht zu laisten, sonder ist genug dz dieselbige denn Eltisten, oder welchen Under den Erben die Verleichung der Lehen gebiehrt und aufgetragen werden geschehe.

Collationirt gegen der bei gemainer löbl. Landtschafft Registeratur findtigen Landttaffel, und ist dieser Extract von Wortt zu Wortt gleichlauttent allda Eingetragen Testatus Linz den lesten Märty a. 1606.

(L. S.)

Franz A. Shwarz
Einer Löbl. Landtschaft Secretarius.

Zwecter Theil.

XXX.

Auszug aus den Akten des kurbaierischen Lehenhofs zu München.

Ihro Excellenz
Hochgebohrner Reichsgraf
Gnädiger Herr

Auf Eur Excellenz an mich abgelassenes von 22. biß solle nit verhalten, dz ob zwar die angeschlossene Remonstration zimblich specios scheinet, und dergleichen bey anderen Lehenhöfen möge practiciret werden, Jedoch aber bey dem Chur Bayr. Lehenhof alhier von alters her ein anders, und so vill neblich observiret worden seye, daß so offt ein mit *investirter vasall* oder simultanee investitus mit Todt abgangen, oder sich sonst mit dems ein Veränderung begeben, der Fahl jedesmahl von den ybrigen *Coinvestitis recognoscirt* worden, welches auch die auswendige Lehen vasalen bey dennen ausser Landts entlegenen Ritterlehen-Guettern beobachten wie mit villen Exemplen zu belegen wäre, Ja, wan dergleichen *Recognition* ausser acht gelassen, und inner jahr und tag der Fahl nit *requiriret* worden, so hat Man so gar auch gegen den Auswerdtigen die *Caducität protendiret*, welche aber hernach gebührents abkomen, und Praestanda praestirt haben, das ainzige ist, so bey dennen Lehen quaestionis zu moviren wäre, weillen nemblich Er. Excellenz Dero Hr. Vatter Hochseel. Gedächtnus von gnädigster Lehenherrschafft den Consens ad testandum gehabt, warumen Man sich dessen, und der daryber aufgerichten leztwilligen Disposition nit bedienet, und die Lehen darnach nit empfangen habe, dan Stante hoc wären die Hochgrafl. Herrn Erben nit schuldig geweft, bey allen Lehen Guettern, wie beschechen, sich mit einander, et simultanee investiren zulaſſen, und ob zwar mir nit wiſſend, was etwan deſſen Urſach geweſt sein möchte, So kan doch seyn, bz Hochgedacht Gräfliche Herrn Erben besorgt haben, weillen deren Hr. Vatter Excellenz Thailslehen erſt erkaufft, und alſo Primus acquirens geweſen, es mechte hinnach da ain oder anderer allein inveſtirter ohne Leibs Erben verſturbe, sich aine Apertur, und Haimbfälligkeit eraignen, sich alſo zur praecaution mit geſambter Hand et simultanee inveſtiren laſſen, wie dan ein solches sich besorglich aniezto auf abſterben deſſ Hr. Graf Joſeph Clement mit Baumbgartten bezaiget hätte, welches Landtguett von Dero Hr. Vattern erſt erkaufft, und *in sua persona feudum novum worden*, dergleichen *feuda nur ad Descendentes:* nit aber *ad Collatorales* devolviret werden, und bey solcher Beschaffenheit wäre dem Hochgräffl. Haus per simultaneam investituram weith mehrers vigiliret: als praejudiciret worden, im fahl aber einich andere Urſach obhanden geweſt sein solte, das Man bey empfahung der Lehen an seithen der Hochgraff. Herrn Erben deſſ gnädigſt Lehenherrl. Conſens, und daryber hin gemachten vätterlichen Diſpoſition sich nit bedienet, sondern die Simultaneam Inveſtituram acceptiret habe, belieben Eur Excellenz solches ohnſchwer demnächſtens zueröffnen das gleichwie Man bey dem Churfürſtl. Lehenhof einen mit *inveſtirten* nit für ein bloſſen antwartteten und *nomine tenus inveſtitutum*, sondern *pro vero vasallo, qui Ius in re habet*, halten thuet, und ein solcher fahl die Servitia equeſtria gleich anderen, praeſtiren müſſe, per accidens aber iſt, ob er oder ein anderer von Coinveſtitis die Nuzung habe, alſo wäre auch nit zu verantwortten, da Man zu Praejudiz gnädigſter Lehenherrſchaft, und propter malam Conſequentiam aus der alten Obſervanz schreitten solte, Im ybrigen haben Eur Excellenz mit Dero Diener zu befehlen allermaſen zu

Gnaden mich jederzeit gehorsambl. empfelche, und verbleibe.

Auf dessen mehrteste zeillen dienet zur Nachricht, daß Hr. Graf Ernst Fugger Hochseel. Gedachtnus neben andern Herrn Grafen Fuggern bey Norndorf, Donnersperg, Planckhenburg, Echingen, Erlosing, Anzenhofen, und Baselbach investiret gewest, und ob *Actu* gleich derselbe bey solchen Lehen *Possessor* nit gewest, noch etwas *de fructibus participiret*, So seind ihme die Lehen nit als anwarttenten verlyhen gewest, sondern von Lehenherrschafts wegen gleich dem *Possessori* selbst *aequale Ius proportionaliter* bestanden worden, dan das die Herrn Grafen Fugger Unter Jhnen selbst Pacta familiae gemacht, und einen die Possession: und Comoditatem fructuum ohne Lehenherrl. Consens attriboniret, ist per accidens, und gnädigster Lehenherrschaft ohne Praejudiz, und Nachtheil, dahero so offt ein Coinvestitus verstürbt, mues dessen beym Lehen gehabtes Ius, und Portion intra debitum tempus recognosciret werden, wie bey der alhiesigen Lehens Curia durchgehents sowohl bey dennen ein als ausländischen Lehen giettern observiret würdet, und etliche in specie auch Herrn Graf Fugger propter oimmissam recognitionem mulctiret worden seynd.

Verbesserungen.

S. 24. Lin. 35. u. ff. bis S. 25. Lin. 23. gehört ans Ende der S. 45. und die Ausdrücke: infra p. 52. b. und Vid supra p. 26. waren bloß Erinnerungen an den Sezer, folglich wegzustreichen.

S. 38. Lin. pen. für consangiumtus lese consanguinitus.

S. 93. Lin. 23. für Langango, Language.

S. 101. Lin. 3. für Römisches Recht, Römisches Fallrecht.

www.ingramcontent.com/pod-product-compliance
Lightning Source LLC
Chambersburg PA
CBHW030401230426
43664CB00007BB/696